U0501806

血战天下

湘军征战史

廖正华 著

中国出版集团

现代出版社

图书在版编目（CIP）数据

血战天下：湘军征战史 / 廖正华著 . —北京：现代

出版社，2017.1

ISBN 978-7-5143-5348-8

Ⅰ．①血… Ⅱ．①廖… Ⅲ．①湘军—军事史—通俗读物

Ⅳ．① E295.2-49

中国版本图书馆 CIP 数据核字 (2016) 第 224832 号

血战天下：湘军征战史

作　　者：廖正华

责任编辑：张　霆

出版发行：现代出版社

通讯地址：北京市安定门外安华里 504 号

邮政编码：100011

电　　话：010-64267325　64245264（传真）

网　　址：www.1980xd.com

电子邮箱：xiandai@vip.sina.com

印　　刷：三河市南阳印刷有限公司

开　　本：710mm×1000mm　1/16　印　　张：23.5

版　　次：2017 年 1 月第 1 版　　印　　次：2017 年 1 月第 1 次印刷

书　　号：ISBN 978-7-5143-5348-8

定　　价：45.00元

序一：湘军的精神到底是什么？

去年夏天，我和天闻数媒的马英老师在北京新康路上的宏状元粥店喝粥，席间谈及湖湘文化的话题。马英老师问我："湖湘文化的本质到底是什么？"这话问得突然，我来不及细想，只答了一句："霸蛮。"

马英老师是北京人，虽也来过湖南，但对湖南的了解十分有限，他自然不会懂得"霸蛮"的意思，于是便问我。我一时找不到很好的普通话中的词汇来解释"霸蛮"这个词，只答了一句："蛮横。"

这个词一出口，我便有些后悔了。"蛮横"的确是湖南精神的一面，尤其是邵阳人，向来以蛮横闻名。但这个词，是个贬义词，而湖南精神，很显然只能是中性或者褒义的。所以，蛮横并不足以概括湖湘文化的实质。它和"霸蛮"并不相等。

那么，湖湘文化的"霸蛮"性质到底是什么呢？在写完《血战天下：湘军征战史》这本书后，我想用这样一句话来解释"霸蛮"，那就是"不要官，不要钱，不要命"！这"三不"精神，在湘军将领们身上，体现得最为明显。

湘军将帅中，不要官的典型代表是雪帅彭玉麟。他曾多次辞去显官要职，宁做闲云野鹤，也不愿替腐败无能的清王朝效力。

湘籍著名作家唐浩明先生对彭玉麟的不要官，有过经典的论述。唐先生说："古往今来，有多少人求官、跑官、钻官、买官，又有多少人为了升官，什么卑鄙无耻的事都干得出，还有多少人或颟顸无能，或老迈病弱，却依旧占着一个职位不放。像彭玉麟这样一生辞谢六项崇职要缺，甘愿做苦役实事，甘于做普通百姓的人，衡之古今官场，实在是凤毛麟角，难寻难觅。"雪帅彭玉麟，就是这么一个千古难觅的不要官的奇人！

其他湘军将帅在对待做官这件事上，与彭玉麟的态度差不多。虽然他们并不排斥做官，但无官可做，他们大多能够处之泰然。一般来讲，他们都不会为了做官而拼命钻营。这与李鸿章的"拼命做官"，形成了鲜明的对比。

与不要官一样，不要钱也是湘军将帅们的共同特征（贪财者亦有之，如鲍超，但只是少数，且多为中下级将领）。廉洁自律，这是湘军将帅们高出日后的淮军将领、北洋军将领的重要方面。

湘军统帅曾国藩带兵之初，就立下了不要钱的誓言。虽然曾国藩不像彭玉麟那样绝对清廉，为了融入官场，他也会收灰色收入，但他一不贪污受贿，二不挪用公款，是可以入清官之列的。

与曾国藩一样，胡林翼在即将前往贵州做官的时候，也在先祖坟茔前立下誓言，决不贪污一文钱。后来，胡林翼也基本上做到了这一点。

除曾国藩、胡林翼、彭玉麟外的其他湘军将领，也大多能清廉自守。其中的左宗棠、刘长佑等人，尤其以清廉闻名。

湘军的精神除了不要官、不要钱外，还有一个不要命。说到湘军的不要命，我不得不提一个人，那就是左宗棠。

当阿古柏侵略军吞并中国新疆，进窥中国内地的时候，李鸿章等人还在大放厥词说什么放弃新疆。那时候，如果不是左宗棠据理力争，新疆很可能就永远不是中国的领土了！当时，左宗棠已过花甲之年，并且病魔缠身。可是他浑然不顾一己之存亡，只求为中国保住新疆！这是什么精神？这是不要命的精神！

当法国侵略者吞并越南，进窥中国西南的时候，李鸿章等人还在鼓吹什么和谈。那时候，如果不是左宗棠坚决主战，积极备战，中国西南的矿藏可能都是法国人的了！当左宗棠最后一次南下督战的时候，他已经双目失明，举步维艰。可是他明知大限之期不远，却依旧义无反顾地南下，走向反侵略的前线。这是什么精神？这是不要命的精神！

这种不要命，坚决反抗外敌侵略的精神，就是湘军精神中最可贵的一点！任何军队，只要有了这种精神，即便武器很差，也能击败强大的外敌。甲午战争中国之所以败给日本，主要原因绝不在于武器低劣，而在于当时的清政府中的某些人（比如慈禧太后、李鸿章），没有不要命，与日寇血战到底的精神！

不要官，不要钱，不要命，这就是"霸蛮"！这就是湘军精神！这就是湖南精神！而它，更应该成为中国精神！如果我们每一个中国人，都能有这种精神，中国梦的实现，将指日可待！

廖正华

2016.3.1

序二：清末湘军果真是外战外行吗？

　　每每与人谈起清末的湘军，总有人说湘军"内战内行，外战外行"。历史的事实到底是怎样的呢？在说出我的观点之前，我先介绍一位普通历史爱好者很可能听都没有听说过的湘军将领。

　　他叫方友升，是湖南长沙人。早年加入湘军。后随左宗棠入陕甘，办理军需。作为刘锦棠麾下的重要将领，参与收复新疆，清廷赏给他头品顶戴。

　　1884年3月，清军兵败北宁，滇桂边境局势危急。4月，清廷命当时的湖南巡抚潘鼎新带兵前往广西，取代北宁战败的诸将，抗击法国侵略者。方友升也奉上谕，统率所部两千人，跟随潘鼎新前往广西。

　　不久之后，方友升和另一位湘军将领王德榜等人一起，率部取得了观音桥之战的胜利，击毙击伤法军一百多人。遭受重创的法军狼狈南逃。

　　在后来的镇南关一战中，方友升虽然不像冯子材、苏元春、王德榜等人那样是决定胜负的关键人物，但也率部驻守在后路，颇有功劳。之后的谅山大捷，方友升也有参与。

　　中日甲午战争中，方友升所部虽然没有直接和日军交手，但也驻守在山海关外，守卫后路。战后，方友升就任广东南韶连镇总兵。

　　八国联军侵华后，当时的湖南布政使锡良奉上谕统率湖南劲字五营、湖北武功五营（挂名湖北的军队，其实是湘军）北上勤王。湖北劲字五营的统帅，就是方友升。1901年4月，方友升率部驻守在娘子关。当时，清廷一味求和，多次命令山西巡抚岑春煊警告方友升等前线将领，不准回击列强的进攻。23日凌晨，德军及教民两千多人猛攻娘子关，方友升率部稍作抵抗后，即根据岑春煊的指示，撤离娘子关。方友升传奇的外战生涯，至此才画上一个并不完美的句号。

我们可以拿出一张中国地图，按照新疆喀什、广西友谊关、河北山海关、广东韶关、山西娘子关的顺序，连几条线，然后想象一下清朝末年的那种交通情况，这样一来，我们不难想象方友升万里奔赴、保家卫国的辛劳。这还只是说奔波，还没有说其他的困难。苦劳不消说了，那是肯定有的。那么功劳有没有呢？诚如我上面所说，方友升所部在收复新疆、中法战争中的功劳，还是比较大的。

我一直在想，这样一个每当外敌入侵就勇敢走上前线，并且确确实实打过胜仗的人，是我们这些从来没有拿过枪的书生可以随便诋毁的吗？我觉得我没有这个资格。读者诸君，扪心自问，你们有这个资格吗？

说完了方友升，我要郑重地说出我的观点，那就是：清末湘军外战胜多败少，即便是败，那也是站着败，而不是跪着败的！战斗的结局虽有不同，但湘军精忠报国的精神以及永不服输的血性，始终没有改变！

首先说收复新疆一战。虽然人数只占进军新疆的清军总人数的三分之一，但湘军是这一战的绝对主力。收复古牧地、乌鲁木齐等地的战斗，是刘锦棠麾下湘军和金顺所部清军一起打的，但湘军是占主要地位的。后金顺前往攻打玛纳斯南城，久攻不下，最终还是湘军赶到，解决了问题。

进军南疆的关键一仗达坂争夺战是湘军打的，达坂、吐鲁番两城是湘军收复的。张曜等部虽然攻下了托克逊，但并未遭遇强敌，不算关键战斗。南疆作战，湘军是先锋，张曜等部为后继，几乎所有的仗都是湘军打的。后来反击阿古柏余孽的战斗，也基本上是湘军打的。

总而言之，收复新疆一战，百分之七十以上的功劳要记在湘军账上。当然，这一点是普通历史爱好者所熟知的。

然后说说中法战争。中法战争的主力是湘淮军，其中百分之四十的战功要记在湘军账上，另有百分之四十的战功是淮军的，包括冯子材所部在内的其他军队分享剩余的百分之二十的功劳。

在中法战争中，湘军胜多败少。第一次基隆保卫战，湘军名将曹志忠指挥得当，取得完胜。第二次基隆保卫战，由于刘铭传放弃基隆保沪尾，最终清军撤离基隆，算不上失败。沪尾保卫战，湘军名将孙开华指挥得当，重创法寇，使法军不敢再窥伺沪尾，功劳甚大。月眉山阻击战，包括湘军在内的清军没能守住阵地，算是失败，但法军不敢继续进击，所以月眉山失守对大局未产生巨大影响。镇南关、谅山大捷，湘军苏元春、王德榜两部是参战主力，战功并不逊色妇孺皆知的冯子材多少。镇海一战，湘军名将欧阳利见沉着指挥，使孤拔不敢进击，取得胜利。

总而言之，湘军在中法战争中，胜多败少，为中法战争的胜利做出了巨大的贡献。这些历史事实，一般的历史爱好者知道的甚少。

然后再说说中日甲午战争。著名近代史专家张鸣教授认为，甲午战争中的湘军之所以战斗力差，是因为"现代化水平还不如淮军"，"装备更为落后"。果真是这样的吗？

事实上，湘军兵败牛庄的直接原因是清廷中了日寇"佯攻辽阳，实取牛庄"之计。在第三、四、五次海城反击战的时候，清军在海城外围集结了六万多人，数量远远超过日军。然而清廷中计之后，海城外围的清军只剩下了一万多，人数远远少于日军。这一万多军队中，只有魏光焘的三千多人、李光久的两千多人参加了牛庄之战。其余的军队由于晏安澜的阻挠，并未开往牛庄。

这样一来，魏光焘、李光久以六千余人对阵日军两个师团两万多人，失败是必然的。然而就是在这种绝望的情形下，湘军的表现依旧不错。连日本人都不得不承认："其能久与日军交锋者为武威军（魏光焘麾下湘军名武威军），奋力决战，力战一昼夜，实清军中所罕睹也。"连日本人都佩服，我们又何必抹黑他们呢？牛庄一战，击毙日寇七十余，这一战果在整个中日甲午战争中都是极少见的，是很不错的。可见，魏光焘、李光久以及六千余湘军是努力了，是拼命的。失败主要怪清廷中枢没能识破日军诡计！

当然，湘军兵败更深层的原因在于清廷的腐败以及制度的落后等，张鸣教授所说的武器装备不如日军也是一个原因。但武器装备的落后绝不是唯一的原因，也不是主要的原因。一支丢掉血性的军队，武器装备再好，也不能战胜强敌！

和牛庄之战一样，湘军抗日保台，也是知其不可为而为之。当时，慈禧太后生怕得罪日本，严禁大陆接济台湾。张之洞、刘坤一等人想支援，也被慈禧的谕旨所禁止。大陆的接济没有，而日军的数量却是如此之多，失败是必然的。

然而，就是在这种绝望的情形下，七千湖湘子弟依旧奋起抗击，他们当中的许多人，最终都长眠在宝岛台湾，其中包括新楚军的优秀将领湖南湘潭人杨载云、湖南平江人胡轮。台湾亲民党主席宋楚瑜先生就曾公开表示："我作为湖南人，可以很自豪地讲，湖南人是用生命防卫过台湾。""湖南人爱台湾不是用嘴巴讲，在历史上用血来表达对台湾维护的感情。"

最后说说湘军在八国联军侵华战争中的作为。湘军将领刘光才率领的忠毅五营、劲字五营取得东天门阻击战的胜利，使法、德列强不敢深入山西，进逼慈禧太后及光绪帝所在的西安，功劳甚大。

最后，方友升率领的武功五营、刘光才率领的忠毅五营、劲字五营，分别放弃娘子关、固关西撤。这虽然是比较可耻的事，但其主要责任在慈禧太后、李鸿章、庆亲王。这些人一味求和，多次命令山西巡抚岑春煊警告刘光才、方友升，面对列强的进逼不准还击。刘光才、方友升不能违命，所以才丢弃要地西撤。这件事怪不得他们。即便是在这种情况下，刘光才麾下将领彭定云率部稍微反抗一下，就击毙了德军及教民百余人，算是出了一口恶气。

综上所述，清军湘军并非外战外行，而是外战内行。杨度在《湖南少年歌》中所说的"中国如今是希腊，湖南当作斯巴达；中国将为德意志，湖南当作普鲁士"，"若道中华国果亡，除非湖南人尽死"，并非吹嘘，而是晚清历史的事实。

廖正华

2016.3.3

目　录

第一章　湘南烽火 / 001

1847 年的这一榜可以称得上真正的龙虎榜。其中的很多杰出人才会和湘军发生关系，例如李鸿章、沈葆桢、郭嵩焘、李宗羲等都是这一榜的进士。这些人是曾国藩人脉关系的重要组成部分，也是李鸿章人脉关系的基础，对中国近代史产生了重要影响。

第二章　楚勇崛起 / 013

罗泽南非常喜欢《大学》中的"知止而后有定，定而后能静，静而后能安，安而后能虑，虑而后能得"这一句，以及《左传》中的"一鼓作气，再而衰，三而竭"，将其升华为以静制动的战略思想。罗泽南日后镇压太平军经常使用的办法是：开始假装不能战，使太平军懈怠，然后突然杀出。这就是以静制动的战术。

蓑衣渡，湘军一鸣惊人 / 014
长沙城下，江忠源、左宗棠无力回天 / 017
地道战，在南昌城下打响 / 023

第三章　长衡练兵 / 031

湘军为什么那么牛？太平天国领导人杨秀清、石达开、陈玉成、李秀成等都是人中之龙，为什么就干不过湘军呢？笔者认为，湘军之所以那么牛，主要原因有二：一是针对绿营的弊端制定了一系列的制度；二是湘军水师的建立。这两件事，都是在衡州完成的。

　　官场愣头青曾国藩的奇耻大辱 / 032

　　衡州奠基：湘军为什么那么牛 / 036

第四章　血战湘鄂赣 / 043

　　之前，左宗棠一直充当张亮基幕僚。张亮基调往山东后，左宗棠回到家乡。湖南巡抚骆秉章久闻左宗棠的大名，派人聘请他为幕僚。骆秉章非常信任左宗棠，将军政大事全部交给左宗棠处理。所以，从 1854 年到 1859 年，湖南的军政大权掌握在左宗棠手中。

　　名震天下的江忠源，被小小知府坑了 / 044

　　激战湘潭，重要的转折点 / 047

　　岳州，多米诺骨牌继续推倒 / 054

　　千寻铁锁沉江底，湘军拿下田家镇 / 060

第五章　赣鄂相持 / 067

　　一开始，曾国荃并不被曾国藩看好，但很快曾国荃就用优异的表现回击了曾国藩的偏见。他考取了优贡生，成了五兄弟当中除了曾国藩以外学历最高的一位。在带兵打仗上，他也很快超越了一直被曾国藩看好的哥哥曾国华。

　　石达开给了湘军当头一棒 / 068

　　临江，盘活江西的胜负手 / 073

　　武昌，见证胡林翼的崛起 / 083

　　再战湖口，彭郎夺得小姑回 / 092

第六章　进军安徽 / 097

　　三河之战是湘军历史上最大的失败。此战，湘军损失数千人，元气大伤。当在老家守孝的胡林翼接到三河战败的战报后，当即倒地大哭，吐血不止，很久才苏醒过来。或许，就是丧母，也没让胡林翼这么伤心过吧！随后，胡林翼草草布置家事，然后迅速赶往武昌，处理三河之战的善后事宜。

三河镇，湘军永远的痛 / 098

会战宝庆，李续宜赢了石达开 / 105

曾、胡联手，叩开安徽门户 / 112

第七章　战安庆 / 121

郭嵩焘不得已，只好拿出奏折交给潘祖荫。潘祖荫打开奏折一看，才知道这是一道保荐左宗棠的奏折。起初他并不在意，只是漫不经心地看，当看到"国家不可一日无湖南，湖南不可一日无左宗棠"这句话时，他的情绪突然激动了，高声喊道："好文章！"

血战赣北，左宗棠救了曾国藩 / 122

血战皖北，一陈难敌多、鲍 / 135

第八章　激战川浙 / 147

石达开被俘后，被清军押送至成都处决。临刑前，这位太平天国的硬汉表现出了崇高的气节。连骆秉章、刘蓉这些他的老对手都不得不为他喝彩。在中国历史上，失败了却依旧能令对手折服的，除了石达开外，恐怕再也找不出几个来了。

战四川，刘蓉和石达开的终极对决 / 148

战浙江，一个女人帮了左宗棠 / 157

第九章　战江宁 / 167

虽然李秀成表达了投降意愿，但曾国藩、曾国荃兄弟还是准备杀掉他。促使他们动杀心的主要是两件事。一个是与李秀成一样被俘的太平天国松王陈德风在牢中见到李秀成，当即长跪请安。另一个是老百姓将萧孚泗的亲兵王三抓去杀害，以报复萧孚泗抓捕李秀成。

血战江宁：曾国荃与李秀成的终极对决 / 168

苦战两年，曾国荃进了江宁城 / 173

第十章　最后的较量 / 183

李鸿章是何等聪明的人，他哪里不知道刘铭传在撒谎，可刘铭传毕竟是淮军的将领，刘铭传的脸面就是他李鸿章的脸面，他不能打自己的脸……十多年后，当鲍超麾下骁将孙开华、曹志忠在中法战争的台湾战场上与刘铭传再度相逢时，他们依旧无法原谅刘铭传。他俩与刘铭传的矛盾，险些造成了台湾保卫战的失败。

血战闽南，左宗棠与李世贤、汪海洋的终极对决 / 184

血战湖北，新湘军覆灭 / 194

第十一章　左宗棠收复新疆 / 205

临别之时，林则徐从行李箱中取出一大捆文件、书籍，放到左宗棠手中，对他说："历史会证明的，俄国才是中国的真正敌人。我老了，看不到这一天了，你还年轻，一定会看到这一天。东南海防，或许还有别的人可以办理，但西定新疆，我看只有你左季高可以做到。这是我穷尽毕生心血收集来的关于新疆的资料，我将它们全部赠送给你，你以后用得着，希望你不要辜负我的期望。"

决定中国命运的大讨论：海防与塞防之争 / 206

古牧地，湘军一炮成功 / 212

达坂城里除了姑娘，还有湘军 / 220

漫漫黄沙，阻不住湘军收复南疆 / 228

第十二章　伊犁交涉 / 237

当时，左宗棠已经六十九岁了。多年的戎马生涯，使他患上了多种疾病。虽然身体已经大不如以前，能不能活着回到关内都很难说，左宗棠依旧饱含着巨大的爱国热情，奔赴抵御俄国侵略者的前线。在跟随他前往哈密的队伍中，有几名壮士抬着一口空棺材，跟在他的乘舆后面。那是他为自己准备的！

　　痛打落水狗，反击阿古柏余孽侵扰 / 238

　　白发筹边，左宗棠抬棺西征 / 244

第十三章　中法战争 / 255

　　左宗棠看到合约，气得浑身打战，乃至不能读完。情绪激动的他浑然忘记了忌讳，连声喊道："出队！出队！我还要打！这个天下，他们久不要。我从南边打到北边，又从北边打到了南边。我还要打，皇帝也奈何不了我！"刚喊完，一口鲜血从他的喉咙中涌出，喷洒一地。

　　抗法中流砥柱：左宗棠与彭玉麟 / 256

　　首战基隆，曹志忠胜了法国人 / 265

　　再战沪尾，孙美人大败法国佬 / 272

　　必须把法国人阻击在月眉山 / 284

　　血战镇南关，苏元春、王德榜名扬天下 / 293

第十四章　中日甲午战争 / 305

　　李光久长叹一口气，说："事到如今，我也豁出去了。朝廷怪罪下来，由我李光久一人承担责任。湘军自建军以来，就不准败不相救。我李光久宁愿与武威军一齐覆灭，也不愿做败不相救的懦夫！"

　　湘军史上最悲壮的一战：血战牛庄 / 306

　　誓与台湾共存亡——新楚军血战宝岛 / 318

第十五章　八国联军侵华战争 / 331

　　曾国藩、左宗棠等湖湘名人苦苦维系的清朝，最终被一群以湖南人为主的革命志士推翻，这或许也是一种宿命吧。总而言之，属于湘军的传奇还将继续，但属于曾国藩、左宗棠这些人的旧的封建时代已经一去不复返了。

附录：大事年表 / 339

第一章　湘南烽火

湘南有座山，名字叫崀山；崀山之下有条江，名叫夫夷江；夫夷江畔有座城，名字叫新宁。我们的故事，就从这座新宁小城说起。

新宁偏处湘南山区，在古代是真正的蛮荒之地，从没出过有全国影响力的人物。可是，到了近代，新宁出现了人才井喷的现象。湘军的重要创始人江忠源以及晚清重臣刘长佑、刘坤一等人，都是从这里出发，走向历史舞台的。

俗话说，乱世出英雄。近代新宁之所以出人才多，是因为这里很乱，农民起义很多。其中规模最大的是李沅发起义。

1849年夏天，整个长江中下游地区都遭遇了洪灾，新宁受灾尤其严重，饥民很多。为了生存，饥民们聚集到一起，成立把子会，干起了打土豪、分粮食的事业。把子会的带头大哥，即是李沅发。

把子会在新宁的所作所为引起了官府的警觉，新宁知县万鼎丞设计捉去了把子会的两名重要骨干。李沅发为救两人，率领会众杀进新宁城，斩杀万鼎丞并迅速控制住新宁城周边的重要据点。

为了积聚财力与清军长期抗衡，李沅发派会众在城内挨家挨户地清缴地主豪绅家的财产。新宁城内的地主豪绅们，因此遭受沉重打击，好几家家产被抄，人也被杀。

正因为这一番打土豪的行动，引出了新宁城内的一位重要人物。这人便是日后的湘军名将刘长佑。

在包公戏里面，包公总是一张黑脸。但其实，历史上的包拯脸并不黑。当然，历史上也确实有一些以身体黑为重要标志的历史名人，刘长佑就是其中一个。

这个"刘黑炭"，虽然黑，但性格和包公完全不同。刘长佑性格谦和、仁慈，带兵三十年，没有诛杀一位将佐。按照常理来说，像他这样性格的人是很难成为名将的。湘军中就有不少这样的例子。李元度就是一位对部下太过放纵的将领，因此经常打败仗，最终被曾国藩定性为"终非名将"。刘长佑虽然也一样对部下管教不严，但他的仁慈已经达到了可以感化部下的程度，部下都不忍欺负他，都愿意自觉遵守军纪，严格按照军令行事。最终，刘长佑带出来的军队，打了不少胜仗。刘长佑也凭借着这些"战功"，步步高升，最终成了重要的封疆大吏。

刘长佑自小就和另一位日后的湘军重要将领江忠源要好，后来就读岳麓书院期间又结识了日后的湘军名将席宝田，又辅导日后湘军的另一位名将刘坤一的功课。江忠源、刘长佑、席宝田、刘坤一，这四位是日后湘军江刘一系的骨干将领，而刘长佑是其中的重要纽带。

李沅发派人查抄新宁城内富豪的财产，刘长佑的父亲是生意人，家里钱财不少，因而势必成为起义军查抄的对象。于是，刘长佑带领家人，趁乱逃出城，去农村暂避。邻居刘坤一一家随后也逃了出来。

刘坤一是刘长佑的族叔，却比刘长佑年幼不少。他长期跟随刘长佑在岳麓书院读书，算得上是刘长佑的弟子。

刘坤一十分仰慕刘长佑，他所作的文章，写完之后一定要请刘长佑批改，甄别高下，而刘长佑则对刘坤一寄予厚望，尽其所能谆谆教诲。刘坤一年轻气盛，有时候不服刘长佑的教训，但刘长佑丝毫不生气，继续栽培他。除了作文以外，刘长佑还在为人处世等许多方面给予了刘坤一不少的教育。日后功成名就，青出于蓝的刘坤一提及青年时期刘长佑对他的教诲，依旧充满感激。这种感情，就像李鸿章对待曾国藩一样。

刘坤一在早期湘军中名气并不大，但后来却成为湘军将帅中对晚清政局影响最大的三位人物之一。另两位即曾国藩、左宗棠。这是后话，且按下不表。

为了使宝庆知府早日得知新宁被起义军攻陷的消息，赶紧派兵前来镇压起义军，刘坤一的父亲派刘长佑、刘坤一星夜前往宝庆府城，将新宁城内发生的巨变告诉知府。

宝庆知府听完刘长佑、刘坤一两人的陈述后，大惊，当即命令刘长佑、刘坤一集合团练攻城，等待朝廷正规军的到来。

说到新宁县的团练，我们不得不提及另一位湘军中的重要人物，那就是江忠源。新宁城的这支团练，就是江忠源一手缔造的。

江忠源出身一个读书世家。受当时风行湖南的经世致用思潮的影响，江忠源不怎么看重科举，讨厌背经书，而喜欢读那些有助于安邦定国的书。

1837 年，江忠源考中举人。与他一起中举的，有后来湘军中的重要人物郭嵩焘。这层人脉关系，对江忠源日后的人生转变产生了重大影响。

虽然中了举，并且是新宁县开天辟地的第一个举人，但江忠源并不是什么"好学生"。他喜欢赌博，为了赌，连身上的衣服都可以当掉。他又喜欢打抱不平，为了义气可以不顾国法道德。因为这些离经叛道的行为，江忠源不为"正人君子"所喜欢。在文化人的圈子中，江忠源是个被排斥的另类人物。

直到江忠源遇到曾国藩以后，这种情况才有所转变。江忠源和郭嵩焘是同年，而郭嵩焘则是曾国藩的结拜弟兄，因而，三人同在京城期间，郭嵩焘将江忠源介绍给了曾国藩。

江忠源本来是不乐意去见曾国藩的，因为他知道曾国藩是出了名的喜欢克制欲望的"圣人"，而他最讨厌的，就是礼法约束。然而见到曾国藩之后，他的看法改变了。曾国藩并没有和他谈大道理，而是和他聊起了市井中的一些趣闻。江忠源觉得曾国藩这个人有意思，于是拜他为师。曾国藩也认为江忠源是百年一遇的人才，对他刮目相看。这两位日后重要的湘军创始人，他们的人生命运，就这么牢牢地结合在了一起。

当时，湖南连年灾荒，饿殍遍野，被逼无奈铤而走险的人很多。江忠源知道天下即将大乱，因而对曾国藩说："新宁秘密结社的情况很普遍，随时可能造反。"当时的曾国藩对社会形势还没有深刻的了解，他并不相信江忠源的判断。

虽然曾国藩不信，但江忠源还是坚信自己的判断。回到家乡新宁后，江忠源开始了他的团练生涯。他召集家乡的父老乡亲，反复陈说团练的重要性。不少人响应江忠源的号召，新宁县的第一支团练武装就这么产生了。

清朝夺取天下，靠的是八旗和绿营。当时，八旗和绿营的战斗力还是不错的。然而，随着时间的推移，这两支队伍都腐化了。对江忠源这样的汉人来说，对绿营的感受往往更深一些。江忠源深知绿营的弊端，当他开始举办团练的时候，他就发誓要造就一支与绿营完全不一样的队伍。

江忠源的团练与八旗、绿营最大的区别在于加强了思想教育。每月初一，江忠源召集团众，反复陈说所谓的忠义思想，使团众明白作战的意义，从而紧密地联系在一起，胜则同庆，败则相救。

江忠源的心血并没有白费，经过几个月的训练，新宁的团练已经初成规模。1847年，江忠源正是凭借着这支团练队伍，帮助清廷镇压了雷再浩起义。

由于领导镇压雷再浩起义，江忠源得到清廷褒赏，当上了知县。李沅发率众攻陷新宁的时候，江忠源正在浙江做官。不过，江家并不止江忠源一个人有着名将的潜质，他的几个弟弟也都是厉害角色。江忠源不在，他的弟弟领导团练，也足以和李沅发周旋。

当时，江忠源的大弟弟江忠濬在浙江陪同哥哥。于是，江忠源的第二个弟弟江忠济成了新宁团练的主管者。江忠济在江忠源四兄弟当中，是最能打的。但这个人比较势利，贪图眼前的小利益，没有长远的眼光。

当刘长佑、刘坤一奉宝庆知府之命，回新宁组织团练镇压起义军的时候，他们首先找到的就是江忠济。江忠济听了刘长佑的讲述后，立即集合团练，向新宁城扑去。

这时候，另一支团练部队也杀向了新宁县城。他们的首领，就是日后大名鼎鼎的湘军名将李续宾。

李续宾是湖南湘乡人，性格沉默坚毅，成天不说话，但只要一张嘴，那就是至理名言，做事能够沉住气，时机不到决不出手。他的这个性格，类似汉朝初期的名将周勃，按照《史记》的说法，这种性格叫作"重厚少文"。

湘军名将大多是书生从戎，虽然征战沙场多年，但武功依旧很差。李续宾是个例外。李续宾虽然也是书生，但未从军之前他的武功就很高。传说他能举起重达三百斤的物品，能拉开三石弓，并且百步穿杨。总之，这位李续宾，是个关云长式的人物，与曾国藩、左宗棠这些手无缚鸡之力的书生是完全不同的。

李续宾在未从军之前，就与日后的许多湘军名将有了紧密的联系。李续宾父亲六十寿辰，罗泽南、王鑫、刘蓉、刘典、杨昌濬、萧启江等人都来贺喜，这些人日后都是湘军名将。1848 年，李续宾去县城缴纳赋税，正好碰上来县城办事的日后湘军水师的重要将领杨载福，两人一见如故，虽然没有结拜，但感情胜似兄弟。李续宾是将这些日后的湘军名人联系在一起的重要纽带。

李续宾是湘军诸将当中最早举办团练的一位。在李沅发起义爆发前十年，李续宾就拉起了一支团练队伍，比江忠源组建新宁团练还要早几年。

当时，湘乡、邵阳之间很不安宁。李续宾家的生意主要在邵阳，受到了极大的威胁。为了保护生意，李续宾的父亲倡导办理团练，但响应的人很少，事情很难办成。

见父亲的团练事业毫无起色，李续宾主动承担起了往返联络的职责。1839年，他往返湘乡、邵阳之间十余次，终于将团练办成了。虽然大家推举李续宾的哥哥李续家为团练总负责人，但实际上管事的是李续宾。后来，李续家忙于生意，无暇照料团练，李续宾就成了湘乡、邵阳团练的主管。

李沅发起义的消息传到邵阳县，引起了极大的骚动。邵阳县内的官绅们都害怕起义军杀到邵阳来。邵阳县的教谕彭洋中是李续宾的好朋友，他劝李续宾率领团练前往新宁镇压起义。李续宾并不想掺和这件事。这时候，当时在邵阳做生意的李续家也写信来劝李续宾出马。李续宾这才下定决心，前往邵阳县。

李续宾来到邵阳县，对彭洋中说："这些反贼是乌合之众，剿灭并不难，只是绿营兵无用，灭不了他们。我想招募一些农村壮丁，这些人保卫家乡的想法很强烈，肯定会尽力杀贼。"

邵阳本有团练的基础，所以招兵工作进展比较顺利。仅仅三天工夫，就招募到了两百人。李续宾亲自教他们武艺。

这时候，刘长佑、江忠济率领的新宁团练已经杀向了新宁城。李续宾闻讯后，立即率领刚刚训练几天的邵阳团练，也杀向新宁。

两支团练部队杀到新宁城下，与起义军展开轮番厮杀。激战持续了个把月，双方都损失惨重，但谁也制伏不了谁。

这时候的清政府，由于制度弊端以及暮气沉重，应对突发事件的能力相当差。新宁团练与起义军打了一个多月，从湖南各地调来的绿营军队才陆续抵达新宁城外。在这些人当中，有两位日后的湘军名将，那就是湘军水师绝代双骄——彭玉麟和杨载福。

彭玉麟是湖南衡阳人，出生在安徽。其父是基层官员，长期在安徽做官。其母是浙江人，随父母来到安徽，得以结识彭玉麟的父亲，并喜结良缘。

彭玉麟的母亲有个妹妹，名叫竹宾，也就是广为人知的梅姑。梅姑是被彭玉麟外婆收养并抚养大的，与彭玉麟虽然没有血缘关系，但在伦理上，依旧是彭玉麟的阿姨。

梅姑虽是彭玉麟的长辈，但年龄却比彭玉麟还小两岁。两人年纪相仿，经常在一起玩，日久生情。彭玉麟喜欢画梅花。每当彭玉麟画梅的时候，竹宾便伏在一旁，一边看，一边帮彭玉麟磨墨。

不幸的是，他们之间的这种真挚的爱情，后来遭到了彭玉麟母亲的坚决反对。两人最终没能走到一起。

彭玉麟很不满意母亲包办的婚姻，在儿子出生后即与妻子断绝关系。他的心里，只能容下梅姑一人，其他人对于他来说毫无意义。

梅姑在彭玉麟母亲的逼迫下嫁给别人，不久之后就因难产早逝。彭玉麟悲痛欲绝，发誓要为梅姑画一万幅梅花。后来，彭玉麟果然履行了他的誓言。他不停地画梅花，一生累计下来，作品超过了一万幅。

彭玉麟的梅花作品，和他那刚直的性格一样，有一种风骨隐含其中，不媚俗、不妥协。曾国藩特别欣赏彭玉麟所画的梅花，以能得到彭玉麟的梅花作品为荣。

青少年时期的彭玉麟，在感情上非常痛苦，在生活上也一样痛苦。就读石鼓书院期间，他经常吃了上顿没下顿。但彭玉麟并不自暴自弃，他把安贫乐道的孔子弟子颜回当作自己的榜样，督促自己努力学习。

为了养家糊口，彭玉麟不得不去绿营军中当差。李沅发起义爆发后，当时护理湖南巡抚的湖南布政使万贡珍下令，从湖南各地抽调兵勇，前往新宁镇压起义。彭玉麟所在的衡阳协绿营部队正在抽调的部队中。之前，彭玉麟只是随军镇压过一些小股起义军，而这一次，他将真正受到战争的考验。

彭玉麟日后的重要搭档杨载福也在被抽调的绿营军队中。杨载福出生在一个军人世家，其祖父参与镇压苗民起义，在永绥王瓜寨阵亡，同时阵亡的还有他的伯父。因为父亲和兄长的事迹，杨载福的父亲从军后，得到了朝廷的重用，一直做到守卫长城重要关隘的直隶独石口副将，成了响当当的从二品大员。

杨载福从小跟随父亲学习骑射，武功很高。在湘军将领中，像他这样出身武将的，还有鲍超以及塔齐布、多隆阿等八旗将领。这些人的共同特点是作战勇猛。鲍超、塔齐布勇多于谋，而杨载福、多隆阿算得上智勇双全。

与生性刚直的彭玉麟不同，杨载福的性格比较谦和，与刘长佑类似。但他与刘长佑也有显著区别，那就是刘长佑治军不严，主要是以德服人；而杨载福治军很严，主要是以威严服人。

虽然绿营军中并不乏彭玉麟、杨载福这样的真正人才，但这并不能改变整个绿营腐化堕落、暮气沉重的现实。这些军队从湖南各地来到新宁后，对起义军形成了兵力上的绝对优势。但这些人根本不敢上阵杀敌，除了嗾使团练继续猛攻之外，他们什么也不会做。

新宁、邵阳两支团练在新宁城下遭到起义军的猛烈打击，始终攻不下城池。刘长佑觉得这么打下去不是个办法，于是果断改变战术。他找来一些矿山的工人，挖掘地道。这是地道战术的第一次使用。以后，无论是湘军，还是太平军，都会反复使用这一战术。很多经典的攻坚战，像庐州之战、九江之战、安庆之战、江宁之战，都是地道战术与反地道战术的反复交锋。

团练战术的改变，令李沅发感到手足无措。这时候，起义军还面临着许多其他的困难。首先是城中的粮食已经快吃完了，粮食供给面临着极大的困难。其次是起义军的精锐力量，在与清军的厮杀中已经消耗殆尽。在这种情况下，李沅发觉得，成功坚守新宁的可能性已经很小，出路只有一条，那就是突围。

镇压起义军的清军来自湖南各地，相互之间没什么配合，李沅发充分利用这一点，成功地率军冲出了包围圈，向湘桂边境的莽莽群山中挺进。

绿营兵打仗不行，"抢功"倒是蛮积极的。他们一边糊弄此时的湖南巡抚冯德馨，说起义军已经完全被消灭了；另一方面赶紧将正在追击起义军的两支团练队伍叫回来，将他们立即遣散。刘长佑、李续宾虽然不情愿，但也没有办法，只得将团练遣散，回家休息。

这些绿营兵生怕团练抢走全歼起义军的大"功"，将团练打发走，却万万没想到，起义军主力尚存，于是打脸的事情马上就发生了。起义军在大绢峒设伏，重创绿营兵，阵斩守备熊钊。大绢峒一战，给了绿营兵当头一棒。道光皇帝得知起义军主力仍在，大怒，命湖广总督裕泰火速前往湘南，主持镇压起义军。

皇帝亲自催促，裕泰当然不敢怠慢，赶紧来到湘南。说来也巧，当时裕泰手下的一名幕僚很欣赏刘长佑，多次向裕泰推荐刘长佑，而当时裕泰的住处，和刘长佑家相邻。于是，裕泰请人把刘长佑叫来。两人见面后，聊了许多。裕泰认为刘长佑是天下奇才，非常器重他。

刘长佑对裕泰说："李沅发并没有什么长远的志向，我料定他折腾一番后，必然回到新宁。大人只要在新宁布下天罗地网，必能活捉李沅发。"

裕泰赞同刘长佑的看法，请刘长佑率领团练再次出征。刘长佑本不想再出山，但最终他还是被裕泰的诚意打动了，带领新宁团练第二次走上了镇压李沅发起义军的战场。这时候，彭玉麟也跟随绿营部队前来追击起义军。刘长佑与彭玉麟在群山之中的战场上相见，一见如故。这应该是彭玉麟日后能够进入曾国藩集团的重要因素。虽然向曾国藩推荐彭玉麟的是常豫，但很可能的是，在常豫之前，与曾国藩、彭玉麟关系都很紧密的刘长佑已经在二人之间架起了一座桥梁。

这时候，清朝道光皇帝驾崩，咸丰皇帝即位。新官上任三把火，皇帝上台也不例外。咸丰皇帝刚即位的时候，很有革新朝政的气势。一方面，他命臣下直言不讳，指出他的缺点，愣头青曾国藩于是上了一道《敬呈圣德三端预防流弊疏》，弄得咸丰大怒，差点砍了曾国藩的脑袋。另一方面，咸丰加紧调兵遣将镇压李沅发起义。他命广西巡抚郑祖琛、贵州巡抚乔用迁与裕泰密切配合，迅速将起义镇压。于是，乔用迁把他手下的一员得力干将，派到了湘桂黔边界的黎平。这个人，就是日后湘军的重要统帅胡林翼。

胡林翼出身一个书香世家，其父胡达源是进士。湘军将领中，父辈为进士的只有胡林翼一例。因此，论青少年时期家庭权势的显赫，其他湘军将领是远远比不上胡林翼的。

与不够聪明、性格内敛，又喜欢克制自己的曾国藩不同，胡林翼天赋很高，很聪明，性格豪爽开放。他们的这种性格的差异日后会表现在用兵打仗上。在决定湘军命运的重要战役太湖、潜山一战中，曾国藩就曾与胡林翼在战略上产生了极大的分歧。这部分内容在后面的章节中会详细讲到。

湘军将领读书都有自己的偏好，胡林翼最喜欢读的是历史书。胡林翼擅长从历史书中总结行政经验，用于实践。胡林翼说："历史书是历代圣贤寄托情怀的所在。无论政治、军事，还是财政、民生，历史书中都有。如果能仔细读读，辨别政策的优劣，那么日后经世致用的基础，就算打下了。"

胡林翼日后的所作所为，正是沿着这条道路前进的。无论是担任贵州地方官，还是担任湖北巡抚，胡林翼都把从历史书中学来的众多行政手段用到了实践当中，这是胡林翼能够成功的关键。

胡林翼的人生转折，是从贵州开始的。他在贵州做的最主要的一件事，就是镇压当地的小股起义军。由于成效尚可，胡林翼开始有了一点名气。

在镇压小股起义军的过程中，胡林翼独自发展起了自己的团练队伍，成了日后湘军中除江忠源、李续宾以外的另一位团练高手。

胡林翼之所以要用团练，而不用体制内的绿营兵，主要是出于经济上的考虑。贵州是个穷地方，没有多少财政收入，不可能有大笔银两支撑镇压小股起义军。这促使胡林翼重用团练。胡林翼算过一笔账，用兵一千一个月需要银两六千，而用团练一个月只需要银两一千二百。很显然，用团练更划得来。

更重要的是，团练比绿营兵实用。绿营兵是体制内的，长期养尊处优，没有物质诱惑根本不会拼命。团练不一样。团练都是老实的农民，没有那么多心思，只知道为上级而战，所以在战场上精神面貌很好。另外，团练也比绿营兵更熟悉贵州山区的地形，对镇压小股起义军有利。

用兵不如用民，这是胡林翼的正确选择，也是奠定他成功之路的基石。凭借着这一套做法，胡林翼成功地镇压了多股起义军。虽然只是贵州省的地方官员，但胡林翼的名字早已经被皇帝牢牢记住。皇帝在接见从贵州来到京城的官员时，总会问为什么胡林翼的名声会那么好。

李沅发所率领的起义军在贵州与胡林翼等贵州军队展开激战，不幸战败，于是转战广西，希望与洪秀全的拜上帝会会合，谋求发展。在广西，李沅发又遇到了一位日后的湘军名将，他就是李孟群。

湘军将领主要是湖南人，非湖南人而比较出名的有鲍超、多隆阿等人，李孟群也比较有名。在太平天国初期，李孟群是太平军凶恶的敌人，曾经让他们吃过不少苦头。后来的湘军水师中，也留下了李孟群的重要足迹。

在湘军诸将中，李孟群的另一特色是学历高。他是1847年的进士。湘军将领中为进士的有曾国藩、胡林翼、李孟群、黄淳熙。李孟群和黄淳熙都是1847年中的进士。1847年的这一榜可以称得上真正的龙虎榜。其中的很多杰出人才会和湘军发生关系，如李鸿章、沈葆桢、郭嵩焘、李宗羲等都是这一榜的进士。这些人是曾国藩人脉关系的重要组成部分，也是李鸿章人脉关系的基础，对中国近代史产生了重要影响。

李孟群在这一榜当中成绩并不好，没能进入翰林院，被分配到边远的广西担任知县。不过，从后来的发展来看，这是因祸得福。正因为被分配到广西，李孟群有了和太平军交手的机会，从而得以立功并不断升官。

在李孟群等率领的广西军队的堵截下，李沅发起义军接连战败，没能实现与拜上帝会联合的既定目标。连续的转战，使得起义军元气大伤。这时候的起义军，只剩下了几百人。

这时候，之前已经考取优贡生的刘长佑，在父亲的催促下，离开军队前往京城参加朝考。刘长佑离开后，他的堂弟刘长伟成了新宁团练的领袖，继续参与镇压李沅发起义军。

不久后，就像刘长佑所预料的那样，李沅发在四处转战接连失利的情况下，率领起义军残部重新回到了新宁，不幸钻进湖广总督裕泰精心布置的圈套中。

在最后金峰岭大战中，李沅发全军覆没，他本人被刘长伟俘虏。

一个小小的两千人的起义，折腾了清政府大半年，让它的腐败无能彻底暴露在世人面前。为发泄怨气，咸丰皇帝命人将李沅发押赴京城斩首，以显示他的"盖世武功"。然而，这并不能吓倒前赴后继的起义者。李沅发牺牲后不到半年，伟大的太平天国起义就爆发了。

第二章　楚勇崛起

蓑衣渡，湘军一鸣惊人

当江忠源因丁忧再次回到新宁的时候，李沅发起义已经被镇压了下去。虽然没有参与镇压李沅发起义，但江忠源注定将要走向历史前台。历史不会抛弃他，也不能抛弃他。

谈到江忠源的出山，我们不能不提到左宗棠的哥哥左宗植。左宗植当时在京城担任内阁中书的官职，他很熟悉江忠源，知道江忠源怀抱经天纬地之才，于是向朝廷重臣祁寯藻推荐江忠源。

这时候，太平天国起义爆发，发展势头迅猛。被咸丰皇帝派往广西镇压起义军的大臣都成了太平军的手下败将。咸丰皇帝不得已，只得命重臣赛尚阿前往广西，主持镇压起义军的大局。赛尚阿临行前，祁寯藻向他推荐了江忠源。于是，江忠源率领着他的团练，跟随赛尚阿来到了广西。

新宁团练刚到广西的时候，衣服褴褛，与穿着光鲜的绿营兵形成了鲜明的对比。这些绿营兵，打仗没本事，嘲笑团练却很在行。各种污言秽语传到了江忠源的耳中，江忠源毫不在意。他知道，只要团练能打一两场胜仗，那些人自然会闭嘴的。

机会很快就来了。绿营兵数万人遇到太平军，根本不敢逼近作战，只有江忠源率领着新宁团练一边筑垒，一边逼近太平军。

太平军见新宁团练只有几百人，穿着又那么烂，没把他们放在眼里，于是纷纷出垒将新宁团练包围住。面对气势很盛的太平军，江忠源主动示弱，好像毫无战斗力的样子。这样一来，太平军的骄气就更盛了。

突然，鼓声大作。还没等太平军明白过来是怎么回事，江忠源已经率领团练杀进了他们阵中，斩杀数百人。太平军大败，撤出战斗。

新宁团练的表现令绿营兵刮目相看。绿营将领乌兰泰对那些绿营兵说："你们平时就知道嘲笑团练，今天看到他们的厉害了吧！"

江忠源的表演还没有结束。绿营军中有一个叫开隆阿的将领，擅长射箭，曾经射杀老虎数十只，得了一个绰号，叫作"打虎将"。

江忠源的才能远在开隆阿之上，但他依旧尊重开隆阿。这天作战，开隆阿冲得太猛，陷入了重围中，箭很快就要用完了，而周围的太平军越聚越多。

江忠源在高处观战，看到开隆阿被围，一边喊道"勇将难得，不得不救"，一边骑上一匹好马，冲入太平军阵中，将开隆阿救了出来。

开隆阿非常感激江忠源的救命之恩。之前，开隆阿因勇猛在绿营军中很有威信。现在连他都拜服江忠源，其他绿营官兵也就更不敢小看江忠源了。

虽然江忠源率领的新宁团练在战斗中表现出了极高的战斗力，但他依旧难以摆脱小人物人微言轻的悲剧命运。他的许多重要策略，没有被上级采纳。其中最为重要的是合围永安城。

当时，太平军一改初期的灵活机动，长期驻守永安。清军数万人很快杀到了永安城周边。江忠源认为，太平军聚集在一处，人数不足一万，清军比他们多几倍，如果采用合围的战术，挖深沟，筑高垒，长期围困，则太平军终有一日会弹尽粮绝。

江忠源的这一战术，在日后会被湘军反复应用，九江、安庆、江宁等重要城市，都是通过这一战术攻下的。事实证明，这一战术是太平军的重大威胁。但这时候，并没有多少人意识到这一点。

主持前线战事的向荣反对江忠源的看法。他认为，兵力分散难以形成合力，容易被太平军各个击破，正确的做法应该是集中兵力驻守永安北部，然后挑选数千精兵进战。

之后，清军按照向荣的战术行动，虽然逼近至永安城下，但始终无法战胜太平军。太平军也乘胜冲出重围，北进桂林。

江忠源愤恨自己的策略得不到采纳，称病回到新宁。不久，清军在桂林城下被太平军重创，大将乌兰泰也战亡，对于清军来说，形势变得非常危急。江忠源不得已，只得再次出山，前往桂林。

这时候，刘长佑已经从京城回到了新宁。江忠源对刘长佑说："桂林危险了，我不能不去解救。你当出山助我一臂之力。"

刘长佑本不想再带兵打仗，但江忠源是他多年的好朋友，他不能不出手相助。于是，他答应了江忠源。刘长佑自此加入江忠源军中。江忠源性格豪爽，擅长领导；刘长佑性格严谨，擅长管理。两人的搭配天衣无缝，江刘系湘军早期的一系列重要胜利，都是两人倾力合作取得的。

临行前，刘长佑前往劝说刘坤一跟随自己一起战斗，但刘坤一的父亲很古板，只许刘坤一参加科举，不许他出去带兵。就这样，刘坤一错过了江刘系湘军早期的所有重要战斗。

当时，清军在桂林城的东、西、南三面都驻有重兵，太平军想攻破并不太容易，唯独城北清军力量薄弱，是太平军的主攻方向。就在太平军即将从北门破城而入的时候，江忠源、刘长佑率领新宁团练进驻城北，导致太平军的计划失败。太平军无法攻下桂林，只得继续北进，进入广西、湖南交界处。

太平军的北进，给江忠源、刘长佑出了一道难题，那就是太平军下一步的作战目标将是哪里。经过缜密的分析，江忠源、刘长佑认为，太平军下一步很可能趁湘江水涨，乘船直下，攻打湖南省城长沙。

哨探的报告证实了江忠源、刘长佑的判断。太平军获得了几百艘民船，将老幼妇女和辎重，全部载在船上，准备乘船直下，北攻长沙。

江忠源、刘长佑知道，要想阻挡太平军，唯一的办法就是在湘江中设置障碍物，限制其水营的行动然后伏击之。那么，伏击地点选在哪儿呢？刘长佑说出了一个地方，得到了江忠源的认可。这个地方就是蓑衣渡。

蓑衣渡是湘江上的一个渡口，江面狭窄，水流湍急，在水中设置障碍物的话，很容易封锁船只行动。同时，蓑衣渡的西岸有一个沙滩，可以布置伏兵。

伏击地点选中后，江忠源、刘长佑率领新宁团练迅速来到蓑衣渡，砍掉江边的大树，将树干丢进湘江中，封锁住湘江。接着，将军队布置在西岸的沙滩上，等待太平军的到来。同时，江忠源派人联系驻守在蓑衣渡北边的绿营将领和春，请求他派兵封锁住蓑衣渡东面，以便合击太平军。和春派麾下名将张国梁率兵前往东岸布防。张国梁阳奉阴违，迟迟没有到达指定地点。

这时候，太平军犯了重要错误。南王冯云山为发泄私愤，攻打毫无战略意义的全州，结果不仅自己身受重伤，而且拖慢了太平军的进军速度，给了江忠源、刘长佑从容布防的机会。这是导致太平军兵败蓑衣渡的重要原因。

1852年6月5日早晨，太平军全军北进。由于侦探不仔细，此刻的太平军并不知道江忠源、刘长佑已经截断了湘江。当他们来到蓑衣渡的时候，才发现河道已经被堵塞，而且西岸有伏兵。

事已至此，太平军只好仓促应战。战斗持续了两昼夜，太平军的伤亡特别大。南王冯云山在攻打全州的时候已经身受重伤，在此战中再次受伤，不久离世。冯云山的英年早逝，是太平天国的重大损失。假使冯云山不亡，太平天国日后的权力斗争应当不会发展到兵刃相见的程度，太平天国的历史或许会因此而改写。

激战至6月6日晚上，洪秀全、杨秀清见损失惨重，被迫放弃乘船直下攻取长沙的计划。这时候，清军方面，张国梁的部队依旧没有来到蓑衣渡。这意味着，太平军将再一次绝处逢生。

6月7日，太平军以小部分兵力牵制湘江西岸的新宁团练，而大部队由陆路东进。清军发现后，连忙尾追，但无济于事。从此，太平军纵横湘南，几乎没有遇到任何对手。对于清廷来说，湖南的局势危险了。

永安、蓑衣渡两战，在江忠源的谋划下，清军都有可能重创太平军。然而，绿营将领大多是饭桶，前有向荣不采纳江忠源合围永安的谋略，后有张国梁不按指令到达蓑衣渡东岸，太平军因此一再绝处逢生。战火，向湘军的大本营——湖南燃烧开去。

长沙城下，江忠源、左宗棠无力回天

湖南省城长沙是具有两千多年历史的文化名城。屈原、贾谊曾在这里吟咏，名将黄忠在这里归顺刘备，五代十国中的楚国在这里建都，朱熹、张栻曾在这里讲学。及至近代，这里更成了无数湖湘名人成长的所在。作为晚清众多湖湘名人对立面的太平天国革命运动，也在这里留下了重要印迹。

太平军在湘南站住脚跟后，即以西王萧朝贵为首领，率领两千精兵长驱直入杀至长沙城下。长沙之战正式打响。

当时，湖南巡抚骆秉章已经被革职，新任湖南巡抚张亮基还没有到，因而骆秉章暂时仍拥有巡抚职权。为了不给太平军留下任何屏障，骆秉章主张坚壁清野，命手下焚烧长沙城南的民房。他的这一应敌措施遭到了一个人的反对。这个人就是湖南安化人罗绕典。

罗绕典是前任湖北巡抚，三年前丁忧回籍，此时奉旨帮办湖南军务。罗绕典不忍心人们因战争而流离失所，坚决反对坚壁清野。

罗绕典反对，骆秉章也就不好采取行动。这样，太平军来到后，就得以凭借民房的掩护，向清军发起猛烈袭击。

罗绕典这才后悔反对骆秉章的主张，悬赏招募一些胆大的人，前往城下焚烧民房。虽然有重赏，但没多少人敢拿性命开玩笑，所烧的房子并不多。于是，长沙城中的官绅都怨恨罗绕典，都说是他把战火引到长沙城中来的。

得知太平军前锋部队杀至长沙城下后，江忠源、刘长佑率领楚勇（即新宁团练），日夜兼程往长沙赶。虽然速度很快，但他们还是晚于太平军半个月才来到长沙城下。这时候，西王萧朝贵已经阵亡，但太平军的攻势依旧猛烈。

江忠源、刘长佑来到长沙城下后，仔细查看地势，发现了一处战略要地。那就是天心阁对面的蔡公坟。此处是长沙城南的制高点，占据这里就可以屏蔽长沙城，再加上西面的湘江，便可将太平军的活动范围大大缩小。

江忠源将他们的想法告诉给罗绕典。罗绕典不以为然，怒斥道："敌军凶猛，谁敢去那里扎营！"

罗绕典话音刚落，江忠源即怒吼道："只要你下令，我就敢在那扎营！"罗绕典平时见到的，都是一些绿营将领，杀敌落后，抢功争先，从没见过像江忠源这么不要命的。听江忠源这么一吼，他愣了许久才答应江忠源的请求。

得到罗绕典的同意后，江忠源即会同和春，率兵占据蔡公坟。从此，太平军的活动范围被局限在城南一角，不能进击长沙城的东面以及北面。

杨秀清得知萧朝贵阵亡后，率领太平军主力部队杀至长沙城下。当杨秀清看到蔡公坟已经被清军占领的时候，责备前期负责攻城的将领不抢先攻占此处，并说："长沙城中肯定有高人。"

长沙城中的确有高人。第一位高人江忠源已经到了城中，第二位高人左宗棠也即将到达城中。

此时的左宗棠虽然是村野匹夫，但名气很大。他的亲家陶澍、恩师贺熙龄都是当时湖湘学派的代表人物。大名鼎鼎的林则徐就是陶澍的部属。因为这层关系，林则徐很重视左宗棠，曾经邀请左宗棠充当他的幕僚。1850年年初，两人在湘江舟上夜话一宿，谈到了安定新疆的问题，更是一时的佳话。

此外，左宗棠之所以名气大，和一位日后湘军的重要统帅的竭力推荐有关。

这个人就是胡林翼。胡林翼与左宗棠本是好友，后来胡林翼妻弟陶桄又成了左宗棠的女婿，因为这些关系，两人情同手足。胡林翼到贵州当官后，不遗余力地向长官推荐左宗棠，对左宗棠名气的提高产生了重要影响。

当新任湖南巡抚张亮基准备去长沙收拾烂摊子的时候，胡林翼向他推荐了左宗棠。此前，张亮基在云南当官，胡林翼在贵州当官，是云贵总督林则徐的左膀右臂。两人惺惺相惜，感情很深。胡林翼认为，凭借这层关系，张亮基一定会重用左宗棠的。于是，他给张亮基写去了一封推荐左宗棠的信。

胡林翼说："左宗棠品行端正，廉洁自律，忠肝义胆，与一般人绝不相同。他懂地理，懂兵法，懂典章制度，更精通时事，是难得的奇才。另外，他还有一个优点，那就是淡泊名利，即便他的谋略成功，他也不愿受赏。相信您一定会赏识他的。"

张亮基接到胡林翼的信后，很高兴，立即派人带上礼物去湘阴请左宗棠出山。令张亮基感到奇怪的是，左宗棠拒绝了他的邀请。

张亮基并没有放弃。在他看来，能否请左宗棠出山关系到长沙城能否守得住。于是，在进入长沙城中后不久，他就又派人前去邀请左宗棠。

当时，左宗棠的哥哥左宗植以及好友郭嵩焘、郭崑焘都和左宗棠住在一处。在劝左宗棠出山的这个大事业中，这三人都扮演了重要角色。他们一起劝左宗棠说："张中丞是堂堂的一省巡抚，不惜放下身段，用厚礼来请你出山，这种事在古代或许有过，但现在很少看到了。你应该答应他，成全他礼贤下士的美名。"

这时候，左宗棠又收到了江忠源和胡林翼请他出山的信件。当时，江忠源正率楚勇在长沙城南与太平军作战，看到局势危急，他想起了昔日好友左宗棠，于是给他写了一封信，劝他出山。

左宗植、郭嵩焘、郭崑焘、江忠源的劝说，对左宗棠肯定会有所触动，但最终促使左宗棠成行的，很可能是胡林翼的这封信。胡林翼说："张中丞赤胆忠心，是林文忠公（林则徐）一样的人物。您平时最佩服文忠公，怎么就不愿辅佐与他一样的张中丞呢？我不会劝您去危险的地方，但目前形势危急，您能袖手旁观吗？如果湖南全境都被太平军占领了，您住的那柳家庄、梓木洞能单独保住吗？"

在众多亲友的劝说下，左宗棠终于放弃了隐居避世的想法，来到长沙城中襄助张亮基。刚来长沙的时候，张亮基对守住长沙毫无信心。江忠源、左宗棠两大高手先后来到他身边，极大地提升了他的信心。他觉得，只要按照江忠源、左宗棠所说的去做，这长沙城一定守得住。

这时候，长沙城内的战局又发生了变化。由于江忠源抢先占领蔡公坟，太平军的活动范围被限制在城南一角，清军得以集中兵力对太平军形成反包围之势。同时，由于活动范围受限，太平军的粮食油盐供应都出现了紧张的局面。长此下去，太平军将被清军聚歼在长沙城下。

杨秀清明白，只有派一支队伍渡过湘江向西发展，才有活路。河西的洋湖一带晚稻已经成熟，可以供给军粮。其他的军需用品，在河西也可以得到有效补充。于是，杨秀清派翼王石达开率军渡过湘江，在河西扎营，连绵十余里。同时，搭建浮桥连通湘江两岸，在湘江中间的水陆洲上驻有重兵，以保护浮桥。

太平军的行动引起了江忠源、左宗棠的注意。两人不约而同地将目光放到了河西一个叫龙回潭的地方。

左宗棠对张亮基说："敌军背水结阵，犯了兵家大忌。官军已经封锁了他们的东面、北面，只要再封锁住河西，就可以将他们彻底困住。河西最紧要的地方是土墙头、龙回潭。现在应该派一支军队进军河西，扼守两地，防止敌军逃窜，然后便可将他们聚歼。"

江忠源的看法与左宗棠完全相同。当骆秉章、张亮基、罗绕典向他询问守城方略的时候，他说："官军对敌军已经形成包围之势，只有西面还有空隙。请调一支军队扼守龙回潭，防止敌军逃窜，然后便可将他们聚歼在长沙城下。"

看来，龙回潭成了这盘棋局中最紧要的一个所在。那么，派谁领兵渡江扼守龙回潭呢？当时，太平军在城南的攻势很猛，张亮基、江忠源、左宗棠都不能他顾，只有向荣手握雄兵，没有用武之地，可以西进。于是，张亮基命向荣迅速率军挺进河西。

此前，张亮基曾会同曾国藩的老师吴文镕参劾过向荣。向荣怀恨在心，不愿听从张亮基的指挥。张亮基只好请赛尚阿发布命令，向荣这才率军渡过湘江。

张亮基请向荣扼守战略要地土墙头，向荣不听，结果土墙头被太平军占据。接着，张亮基又请向荣扼守另一个战略要地龙回潭。向荣不听，回话说："我是已经革职的提督，敌军从龙回潭逃窜，我不负责。"

向荣不去扼守土墙头、龙回潭，却看上了水陆洲。按照他的想法，只要将水陆洲上的太平军消灭，断掉浮桥，太平军就将被彻底困死在城南一角。

向荣率领精兵三千人，由河西渡江到达水陆洲北，然后向南推进。石达开命令士兵以水陆洲上的树林为掩护，开展游击战，对抗清军。

　　清军一放枪，太平军就躲进树林中。清军找不到太平军，士气低落。这时候，太平军迂回至清军的背后，发起突然袭击。清军哪里见过这种阵势，被太平军一冲就彻底溃散。

　　清军伤亡上千人，狼狈逃往河西。此战中，向荣要不是骑着一匹好马跑得快，就成了石达开的俘虏。这是太平天国第一条好汉石达开的成名之战。

　　向荣经此惨败，心灰意冷，完全没有心思前往扼守战略要地土墙头、龙回潭。张亮基很焦急，但是没有办法。

　　这时候，清廷因钦差大臣赛尚阿、湖广总督程矞采屡战屡败，罢免了他们的官职，任命徐广缙为钦差大臣、湖广总督，督办军事。

　　太平军对长沙发动猛攻，张亮基急得如同热锅上的蚂蚁，而徐广缙派来的先锋大将福兴却丝毫不着急，行军速度很慢。从衡阳到湘潭，不过三百里，福兴走了七天；从湘潭到长沙河西南端的坪塘不过一百里，福兴走了五天。看来，这位先锋大将是有些惧怕太平军，不敢迫近作战，所以才慢腾腾地行军。

　　张亮基得知福兴来到坪塘后，写信给他说："河西最紧要的地方是龙回潭，请迅速派兵扼守，以免敌军从那里逃脱。"福兴收到信后，并不回复，也没有派兵前往扼守龙回潭。

　　张亮基见形势危急，派江忠源前往湘潭说服徐广缙。无论江忠源怎么苦口婆心地劝说，徐广缙就是无动于衷。徐广缙对江忠源说："敌军首领生长在岭南，害怕寒冷，将来肯定不会北进。从湘潭南下回窜广西是他们的唯一选择。所以，扼守湘潭比进军长沙更重要。"

　　事已至此，江忠源已经无力回天，几个月的辛苦，换来的是这样的结局，这令江忠源感到非常愤怒。

　　后来的事实证明江忠源、左宗棠的判断是相当准确的。太平军果然从龙回潭逃出了重围，并迅速攻克了益阳。

　　太平军离开长沙后，湖南布政使潘铎到张亮基处报喜。张亮基拍案长叹，道："敌军本来已经陷入了绝境，如果我们能按岷樵（江忠源，字岷樵）、季高（左宗棠，字季高）的办法，早点扼守龙回潭，现在敌军很可能就全军覆没了。可是现在，敌军跑了，万一让他们渡过洞庭湖，天下将再也没有其他力量可以制伏他们。我们不能消灭敌军，对不起圣上，罪孽深重，还谈什么庆贺？"于是，张亮基连忙派兵追击太平军。向荣最喜欢尾追，行动最迅速，追得最紧。

虽然暂时摆脱了危险，但太平军依旧很困难。横亘在他们面前的，是一望无际的洞庭湖，这对他们来说，简直是无法逾越的天险。

太平军来到了一个叫作临资口的地方。临资口是资江和湘江交汇的地方，临近洞庭湖。太平军在这里遇到了麻烦，这里的河道中塞满了木栅、石块，还有众多渔船组成的强大防线。

布置这些防御措施的，是一个叫吴士迈的岳阳人。之前太平军还在湘南的时候，湖北巡抚常大淳就预料到太平军很可能北进，奏请将岳州的防务划归湖北办理，并亲自前往布置。吴士迈自以为擅长军事，向常大淳主动请缨，常大淳便把布置防御的重任交给了他。吴士迈深知临资口的重要性，命人截留渔船，堵塞入湖口，并以木栅、石块堵塞河道。

太平军见临资口已经被封锁，放弃了经由洞庭湖北进的计划，转而从陆路攻打湘阴，试图杀出一条血路来。

负责湘阴防御的清军将领得知太平军前来，早已经逃之夭夭。不过，湘阴城中有一位牛人，最终阻止了太平军的前进。他就是之前参与镇压李沅发起义，日后将成为湘军水师重要统帅的杨载福。杨载福凭借湘江天险，积极防守，太平军不能攻克，只得再次折回临资口。

这时候，太平军陷入了绝境。前面是一望无际的洞庭湖，后面是向荣的追兵，太平军已经无路可走。此刻，如果向荣尽力一战的话，太平军将很难幸免。然而，这位向荣将军，是个十足的饭桶，他根本不敢逼近攻击太平军。太平军也因此再次摆脱危机。

其实，清军方面并不是没有明白事理的人。有一个叫周清元的湘阴人，在太平军来到临资口后，混在那些前往太平军中交易的商人当中，暗自记下太平军的士兵、舰船、粮食、枪械数目。

随后，周清元前往向荣营中，对向荣说："敌军在长沙城下遭遇重创，现在能战的不过三千余人，其余都是被裹挟的老百姓。临资口四面环水，湘江包裹东南，资江绕其西北，周围数十里都是平原，没有遮挡，不利于敌军转移或躲藏，是聚歼他们的绝佳场所。他们所掠夺的船只，笨重不能行动，一把火就能烧光。请将军派精兵扼守他们可能逃窜的道路。这样一来，他们就只能坐以待毙。"

向荣不以为然，斥退了周清元。自参与镇压太平天国以来，向荣已经错失了三次重创太平军的机会。第一次在永安，第二次在长沙，第三次就是这次。

太平军无路可走，只好集中全力攻打临资口。不久，他们就将河道中的木栅、石块全部清理，杀到入湖口。吴士迈得知太平军进攻，立马逃跑，他辛辛苦苦截留下来的一万多艘渔船，全部成了太平军的战利品。日后，太平军就是凭借着这一万多艘船，纵横长江两岸，并最终攻下江宁，走进了他们梦寐以求的小天堂。

地道战，在南昌城下打响

在太平天国运动初期，真正算得上太平军对手的，只有一个江忠源。在永安，在蓑衣渡，在长沙，江忠源都有机会重创太平军，但最终都因绿营的无能而功亏一篑。这令江忠源感到懊恼。不过，在清廷给他加官晋爵后，他的愤懑情绪就没有了。清廷每奖赏他一次，他为清廷效力的心情就急迫一分。长沙之战后的一年中，他不断奔波，到处镇压农民起义。

太平军占领江宁后，发起了西征作战。江西省城南昌成为太平军的进攻目标。江西巡抚张芾并无军事才能，他把守住南昌的希望完全寄托在了江忠源以及楚勇身上。

江忠源得知太平军即将进攻南昌后，率领楚勇三昼夜疾驰四百里，在太平军到来的前一天进驻南昌城。负责攻打南昌的太平军将领赖汉英本来想杀南昌清军一个措手不及，却不料半路杀出个江忠源，破坏了他的好事。

张芾把江忠源看作是大救星，将军队的指挥权完全交给江忠源，并下令文官知府以下、武官副将以下，必须听从江忠源的指挥。之前，江忠源从没有全权指挥过一场战役。人微言轻是导致他的许多重要谋略落空的重要原因。这一次，他终于掌握了全部指挥权。

在长沙之战中，罗绕典在太平军未到之前拒绝烧掉南门外的民房，导致清军被动。江忠源吸取了罗绕典的教训，刚到南昌城，就下令焚烧城外的民房、店铺。一时间，火光冲天，烟雾弥漫数十里。城外方圆两里，顷刻间就成了一片焦土。江忠源的这一策略给太平军的攻城带来了巨大的麻烦。在整个南昌攻防战中，太平军都因没有遮蔽物，无法迫近南昌城作战。这大大增加了太平军攻城的难度。

江忠源深知不听指挥是绿营的通病。于是，他把楚勇安排出去，监督其他军队。遇到玩忽职守的，怯战逃跑的，骚扰百姓的，楚勇可将其抓住斩首。江忠源的这一招很管用，南昌城内原本混乱的局面有了很大的改观。

太平军无法迫近南昌城作战，只得依托江边的船只，在江畔的文孝庙建立据点。当清军来进攻的时候，他们就依托文孝庙反击；当清军退却的时候，他们就回到船上休整。太平军凭借这种战术，以逸待劳，多次击败清军的进攻。

最激烈的战斗发生在1853年7月7日。这一天，江忠源以绿营兵在前，他弟弟江忠济率领的楚勇在后，兵分三路向太平军发起猛攻。为了鼓舞士气，他自己亲自登上城楼督战。

江忠源的意图并不是正面强攻。事实上，清军在正面的进攻虽然声势浩大，却只是佯攻。江忠源真实的目的是要烧掉停泊在文孝庙附近的太平军船只。在主力队伍兵分三路杀向太平军的时候，他另派一支队伍前往文孝庙烧船。

正面进攻的清军气势汹汹，直逼太平军营垒。太平军假装不能战，躲在营垒中不出去。清军以为太平军怕了他们，骄气很盛。

这时候，狂风暴雨突然而至。太平军乘机从营垒中一起杀出，喊声震动沙场。清军没料到太平军有这一手，稍作抵抗就退回城中。

与此同时，偷袭文孝庙的另一路清军也遭遇了失败。这支队伍平时没怎么参战，不少士兵临阵慌张，将火弹抛掷到自家队伍中，烧了自己人，秩序大乱。这样一来，行动也就失败了。

清军无法拿下文孝庙，太平军无法迫近南昌城作战，南昌攻防战因此陷入了焦灼状态。双方的较量变成了地道战术与反地道战术的交锋。

江忠源在长期与太平军作战的过程中，总结和掌握了一套预防和破坏地道攻城的办法。这些办法包括月城法、开壕法、瓮听法等。

所谓月城法，就是加筑月城，以防城墙被轰塌后太平军直接冲入城中。所谓开壕法，就是挖掘壕沟，截断地道。所谓瓮听法，就是在城根处挖洞放入瓮，使人坐其中，通过声音判断太平军在何处挖掘地道，然后采取针对性措施，破坏太平军的地道。

江忠源的这些办法行之有效，太平军挖掘的地道遭到很大破坏。另外，江忠源还收买变节分子，获取地道信息，从而破坏地道。

江忠源的办法虽多，但也不能做到万无一失。少数太平军挖掘的地道最后成功引爆并轰塌城墙，对江忠源的城防体系构成了致命威胁。

最严重的一次情况发生在 7 月 28 日。这天，太平军的一处地道成功引爆，将南昌城轰塌六七丈。江忠济等人急忙派兵勇前去堵塞。这时候，附近的太平军另一处地道也引爆了，刚刚前去堵塞缺口的清军兵勇被炸得血肉横飞。

太平军抓住这千载难逢的良机，纷纷来到城下，发起了总攻击。清军兵勇奋力抵抗。当时，南风很大，爆炸引起的烟雾往城内吹，清军很难受。太平军乘势登上城墙，清军吓得不敢抵抗，掉头就跑。

眼看太平军就要攻入南昌城中，江忠源的楚勇精锐部队杀了过来，与城上的太平军展开了激烈的肉搏战。这时候，风向转变，太平军的后继部队被烟雾眯住了眼睛，没能及时赶上。楚勇乘机冲下城墙，对太平军发起猛攻。

清军的增援部队陆续赶来，在兵力上对太平军形成了绝对优势。太平军以寡敌众，伤亡很大，被迫撤出战斗。

在整个南昌攻防战中，江忠源无时无刻不处在高度紧张的状态中。除了对付太平军外，他还得对抗来自内部的分裂势力。这比对付太平军更加麻烦。九江镇总兵马济美就是这么个专搞分裂的家伙，给江忠源带来了很大的麻烦。

江忠源知道太平军的厉害，因而始终采取坚壁固守的防御战术，在没有把握的情况下很少主动出击太平军。马济美对此很不满。他认为太平军不过是一群乌合之众，主动出击几次就能将他们彻底击垮。他多次请求江忠源主动出击，遭到江忠源、张苶的反对后，愤愤不平。

7 月 28 日清军与太平军大战一场后，马济美觉得这一仗清军打得窝囊，扬言要报仇雪恨。第二天，他找到江忠源，请求楚勇配合他的军队，共同出击太平军。江忠源的幕僚怕马济美发生不测，建议江忠源派楚勇出击，但江忠源的答复只有四个字：坚守勿出。

马济美得知江忠源不愿出击后，非常恼怒，骑上一匹快马，冲入太平军阵中。他手下的兵勇知道太平军的厉害，不敢跟随前往。只有他的儿子马丙南一人前往营救。父子俩很快陷入重围。

激战片刻，马济美被太平军的长矛刺穿胸部，落马阵亡。马丙南也同时被太平军斩杀。马济美的阵亡告诉世人一个简单的道理：情商比能力更重要，一味蛮干，只会害人害己。

击斩马济美是太平军在南昌攻防战中取得的重大胜利。清军这边，自马济美阵亡后，大家普遍认识到了江忠源的正确。从此以后，质疑江忠源的声音几乎不存在了。江忠源办事也就方便了许多。

虽然多次击败太平军的进攻，但形势对江忠源来说，依旧严峻。他不得不四处请求援兵。正因为他的一纸请援书，引出了一支重要的部队，那就是湘乡勇。

湘乡勇也就是湘乡团练，其主要领导人除了之前已经讲到过的李续宾外，还有罗泽南、王鑫二人。

罗泽南是湘乡的意见领袖，弟子很多，影响力很大。湘军中的许多名将都是罗泽南的弟子，包括李续宾、王鑫、李续宜、曾国荃、杨昌濬等人。历史上有一种说法：中兴将相，十九出湖湘；湖湘将帅，十九出湘乡；湘乡名将，十九出罗山。罗山就是罗泽南的号，指代的就是罗泽南。所以，这句话要表达的意思就是：湘军名将绝大部分都是罗泽南的弟子。培养了一大批人才，这是罗泽南对湘军集团的第一个大贡献。

和李续宾一样，王鑫也是罗泽南门下最优秀的弟子之一。不过，王鑫的性格与李续宾完全不同。王鑫热情奔放，擅长演讲，鼓动听众情绪的能力特别强。

王鑫喜欢说大话。他七岁的时候，乡里有人考中了举人。王鑫的父亲问他："你羡慕吗？"王鑫回答说："羡慕。但是科举功名不可强求，得失不足挂怀。我的愿望是：造福天下百姓！"同样的大话，王鑫还说过不少，其中有一句很经典：人生一息尚存，即当以天下万世为念。喜欢说大话，一方面反映出王鑫志向高远，但另一方面也反映出他不够务实的缺点。

罗泽南、李续宾、王鑫等人编练的湘乡勇，与绿营有很大的区别，这主要体现在以下几个方面。

第一，军纪严明。湘乡勇编练初期，李续宾即请湘乡知县出告示曰：如有不遵号令约束，造谣惑众，奸淫掳掠，泄露军情，损坏人民房屋、坟墓及身体，犯此者死。如有聚众赌博，吸食鸦片，遗失器械，喧哗斗殴，犯此者杖革。如有点名无故不到，操练不勤，出入不告，吹弹歌唱，争先恐后，犯此者责罚。这些铁的纪律得到了认真地执行，所以湘乡勇以及由湘乡勇分化出去的各路湘军部队，一直是湘军当中军纪最严明的。

第二，注重思想道德教育。这主要是罗泽南的贡献。罗泽南早在从军之前就是到处布道的先生，从军后他就把讲堂搬到了军队中。每次技艺操练结束之前，罗泽南都要对士兵反复陈说忠君爱国、礼义廉耻等思想。他提出了一个口号，叫作：白天打仗，夜里讲学；上马杀贼，下马读书。正是这种不遗余力的思想道德教育，使得湘乡勇以及由其分化而来的各路湘军部队有了自己的灵魂。这是罗泽南对湘军集团的第二个大贡献。

第三，兵归将选，兵为将有。湘乡勇的组建，从一开始就不自觉地遵循一个原则：兵归将选，兵为将有。兵归将选，就是由营官组阁，一朝天子一朝臣。给你几百人的编制，你愿意要谁就要谁。营官自己选择的哨长和什长，自然都会绝对服从他的命令，把他当成自己的父兄，这就是兵归将有。

第四，以静制动的战略战术思想。这也是罗泽南的贡献。罗泽南非常喜欢《大学》中的"知止而后有定，定而后能静，静而后能安，安而后能虑，虑而后能得"这一句，以及《左传》中的"一鼓作气，再而衰，三而竭"，将其升华为以静制动的战略思想。罗泽南日后镇压太平军经常使用的办法是：开始假装不能战，使太平军懈怠，然后突然杀出。这就是以静制动的战术。这是罗泽南对湘军集团的第三个贡献。

湘乡勇的这些特色后来被曾国藩吸收改进，从而有了日后纵横天下的湘军。由湘乡勇分化出来的各路军队，是日后湘军的基础力量。曾胡系湘军以及左系湘军的骨干力量，都是从湘乡勇分化出来的。在收复新疆一战中充当主力的刘锦棠所部湘军以及在中日甲午战争中扮演重要角色的李光久所部湘军，都是从湘乡勇发展而来的。没有湘乡勇，就没有湘军，这是不争的事实。

时任湖南巡抚骆秉章、帮办湖南团练大臣曾国藩准备派出湘乡勇前往南昌，助江忠源一臂之力。湘乡勇因此由湘乡来到了长沙，屯驻在城南书院。由于穿着破烂，湘乡勇遭到了不少人的耻笑。湖南巡抚骆秉章也觉得湘乡勇的装备太寒碜，准备发给他们衣甲。

李续宾反对骆秉章的做法，他说："敌军轻装上阵，不用防护，所以战斗力强。湘乡勇与之争斗，也应该穿短衣，踏草鞋，才能制胜。加上防护，士兵容易滋生胆怯心理，反而会打败仗。"湘军不用防护，拼命冲锋的风气，从李续宾这时候就已经形成了。

当初，江忠源的楚勇去广西，因穿着破烂，被绿营耻笑。现在，湘乡勇在长沙又遇到了同样的事情。看来，以貌取人是世人的通病。楚勇用战功折服了绿营，而湘乡勇，也即将用优异的战绩，令那些看不起湘乡勇的官员们刮目相看。

湘乡勇来到南昌后不久就遇上了战斗。清军兵分四路进攻太平军。罗泽南率领湘乡勇担任主攻，另外两路在旁边协助，还有一路趁机偷袭。

战斗打响后，罗泽南奋勇当先，督率湘乡勇扑向太平军营垒，喊杀声震动沙场。湘乡勇人人激奋，奋勇冲锋。

就在湘乡勇即将取胜的时候，太平军派出一路奇兵迂回袭击清军背后，导致清军阵脚大乱。其他三路清军先后溃逃，只剩下湘乡勇还在孤军奋战。在战斗中，罗泽南的多名弟子丧生。

罗泽南见已经没有了取胜的希望，率领湘乡勇撤出战场。湘乡勇出省的第一次战斗以失败告终。虽然如此，他们在战斗中表现出来的与众不同的风貌，还是令人眼前一亮。曾国藩在得知湘乡勇的战斗情况后，即料定湘乡勇日后必能成功。

清军增援南昌的队伍陆续到来，使太平军意识到，他们已经不可能攻克南昌。于是，他们选择了退兵。南昌攻防战以清军的胜利告终。

在南昌攻防战之前，太平军纵横长江两岸，没有人能阻挡他们。这次，江忠源让他们碰了一个大钉子。作为南昌获胜的最关键人物，江忠源在清廷眼中的地位得到了迅速的提升，他的威望也达到了一生中的最高峰。

俗话说，盛极必衰。就在南昌攻防战结束后不久，发生了一件看似很小但后来却改变了江忠源命运的事情。

事情出在江忠源的弟弟江忠济身上。江忠济英勇善战，对江忠源的帮助很大。但这个人有个很大的缺点，就是贪财。

南昌攻防战结束后，江西省犒赏楚勇两万两银子，江忠济将这笔银子全部收入私囊，不分给士兵们。士兵们得知这件事后，愤愤不平，图谋杀掉江忠济。江忠源得知后，赶紧将江忠济打发回新宁，以抚慰楚勇。可是，经过这一番事变后，楚勇对江忠源失去了信心。他们希望刘长佑接替江忠源出任楚勇领袖。

江忠源得知士兵们的想法后，命刘长佑竖立"刘"字旗，让愿意跟随刘长佑的楚勇站到"刘"字旗下。刘长佑一向尊重江忠源，他不想搞分裂，但形势的发展已经不容他推辞了。就这样，刘长佑自立一军。楚勇一分为二，从此走向衰落。

　　江忠源之所以能够在蓑衣渡、长沙、南昌等战斗中取得不错的战绩，靠的是刘长佑、江忠济。刘长佑擅长管理，江忠济勇猛善战，是江忠源的左膀右臂。现在江忠济被迫回家，刘长佑因士兵的推戴另立门户，江忠源身边的能人越来越少了。这为他日后的悲剧命运埋下了伏笔。

第二章　长衡练兵

官场愣头青曾国藩的奇耻大辱

太平军离开湖南后，那些在太平军进攻湖南期间遭受沉重打击的官绅们，终于可以舒一口气了。在他们看来，太平军不可能再杀回湖南了。

官绅们当然可以活在幻觉中，但湖南巡抚张亮基不可以。虽然种种迹象表明太平军将要顺江东下占据东南，但杀回湖南依旧是太平军的优先选项之一。湖南防守，丝毫不能放松。

对张亮基来说，最近唯一的好消息是曾国藩在郭嵩焘的劝说下，来到长沙就任帮办团练大臣。有曾国藩、左宗棠、江忠源三大牛人辅佐，张亮基才稍微放下心来。

曾国藩一来到长沙，就提出了编练新军的计划。曾国藩对张亮基说："敌军起事至今，已经有两年多了。国家为此耗费了大量人力物力，却没起到任何作用，真是令人丧气。我之前在兵部，听说前线的士兵，看到敌军就跑，完全不敢迎战。造成这种局面的原因，在于这些士兵平时没有训练，所以临阵无胆无识，只能打败仗。要改变这种局面，只有仿照戚继光、傅鼐的练兵方法，练出一支真正的精兵。"

对曾国藩的这一番话，张亮基深有体会。在之前长沙之战中，他就目睹了绿营的无能。

建立新军，张亮基之前不是没有考虑过。左宗棠之前提议从各地乡勇中挑选出两千人前来长沙集训，就得到了张亮基的首肯。然而，编练新军千头万绪，不是一般人能胜任的。张亮基知道自己不行。幸好这时候，曾国藩主动提出编练新军，张亮基便顺水推舟将这一重任交付给了曾国藩。

接下来的好几天，曾国藩都在巡抚衙门里，与张亮基、左宗棠、江忠源等人商量建立新军的事情。在反复的讨论中，事情终于有了眉目。随后，曾国藩上了一道折子，以编练大团为幌子，获取编练新军的合法性。

事实证明，曾国藩的这一招瞒天过海，实在是太高。咸丰皇帝被骗，仅仅批示"知道了"三个字。这样模糊的批示给了曾国藩充分发挥的空间。给晚清历史造成巨大影响的湘军，就这样产生！

一切似乎都在按照曾国藩的计划发展。然而，事情没有那么简单。曾国藩要改变清朝已经施行了两百年的兵制，绝不是一件容易的事。事实上，很多原有体制内的既得利益者反对曾国藩的做法，并挑起了一轮又一轮的反对曾国藩的浪潮。

最先挑战曾国藩权威的是一个叫清德的副将。清德是典型的体制内的寄生虫，平时最大的爱好就是养花。论养花，他是高手；论带兵打仗，他就完全是外行了。太平军攻打长沙期间，曾挖地道轰塌南门城墙。清德见城墙崩塌，吓得赶紧摘掉顶戴，躲到老百姓家中。如此胆小无能，却能做到从二品的大官，可见清廷的用人机制出了多么大的问题。

清德带兵打仗不行，窝里斗却是高手。在与曾国藩发生矛盾后，他四处散布对曾国藩不利的言论，说曾国藩事事插手，不仅架空了提督，还架空了按察使、布政使，乃至巡抚。清德还诋毁被曾国藩重用的日后湘军的名将塔齐布，说他与曾国藩勾结，图谋不轨。

湖南提督鲍起豹公开支持清德，新任湖南巡抚骆秉章也默许清德对曾国藩的攻击，而曾国藩的重要支柱张亮基已经调离湖南，左宗棠和江忠源也已经离开了长沙。敌人渐渐增多，而朋友越来越少，曾国藩在长沙的日子越来越不好过了。

这时候的曾国藩，并没有练成日后出神入化的坚忍功夫，面对清德和鲍起豹的攻击，他选择了正面回应。他的一封奏折，让清德丢了官。

曾国藩原以为清理了清德他的处境会好起来，但事实正好相反。他的主动出击，使得绿营和湘军的矛盾公开化了。于是，一连串的严重事件接踵而来，让曾国藩陷入噩梦当中。

首先是在湘南镇压起义军的过程中，绿营兵杀害湘军士兵。后来，应江忠源的请求，湖南派军援赣，其中有绿营兵，也有湘军。在前往江西的过程中，绿营兵再次杀害湘军士兵。曾国藩虽然愤怒，但也不敢彻底决裂，只得忍气吞声。曾国藩的退让使得绿营兵更加嚣张。

此后，绿营兵与湘军经常发生械斗。一次，一名湘军士兵试枪，不小心击伤绿营的长夫（旧时军队中长期征用的民夫）。绿营兵以此为借口，制造事端，吹起号角，摇动军旗，准备进攻湘军。面对绿营兵咄咄逼人的攻势，曾国藩再次选择忍让，他将那名惹事的湘军士兵当着绿营兵的面狠狠地鞭打了一顿。绿营兵这才收手，放过湘军。

绿营和湘军的矛盾逐渐升级，最终酿成了大事端。事端的起因是永顺兵（属于绿营，来自湘西的永顺）与塔齐布统率的辰州勇（属于湘军，来自湘西的辰州）械斗。绿营兵又像上次那样，吹起号角，摇动旗帜，准备攻击辰州勇。

这一次，曾国藩坐不住了。无休止的内斗极大地干扰了湘军的训练。另外，制伏绿营也是曾国藩获得官场威信，从而推行铁腕政策（涉及政治、经济、民生、军事等许多方面）的前提。出于这些考虑，曾国藩决定出击，抓捕制造事端的绿营兵。

按照常规，抓捕绿营兵应由提督执行。所以，曾国藩派人拿着公文去请鲍起豹出面抓人。鲍起豹因而获得了挑拨离间的绝佳机会。

表面上，鲍起豹似乎很支持曾国藩，在得到公文后，立马派人把惹事的绿营兵抓了起来。背地里，鲍起豹派人散布谣言，说曾国藩要处决这些惹事的绿营兵。

绿营兵听信了谣言，群情激愤，日夜在长沙城中游荡，寻找机会对曾国藩以及塔齐布下手。长沙城中的文武官员，为了避免被绿营兵误伤，全都紧闭大门，不再出入。整个长沙城笼罩在一片恐怖的氛围中。

这一天，曾国藩正在住处看书，忽然外面喊声大作："曾国藩，给我滚出来！""曾国藩，快滚出来！"

曾国藩放下书本，来到窗口向外望，只见门外聚集了不少人，有的拿着刀矛，有的拿着鸟枪，还有的打着火把。很显然，来者不善。

曾国藩走向门口，准备出去与绿营兵理论。他的随身亲兵拦住了他，说："大人不可出去！外面那些人很显然是针对大人来的。大人出去，会很危险！我听说塔将军的官署今天已经被这些人袭击了，房子被烧掉，塔将军本人躲到菜地里才得以幸免。请大人三思！"

曾国藩听罢，昂起头，狠狠地说："我是堂堂的帮办团练大臣，要是怕这些小毛贼的话，以后还怎么在湖南官场立足！"说罢，大踏步地走向门外。亲兵紧紧跟随。

曾国藩刚走出大门，还没说话，那些绿营兵就拿着刀矛向他砍来。其中一人走在最前面，挺着长矛向曾国藩的胸口刺去。曾国藩的随身亲兵见状，连忙挡到曾国藩前面。那长矛直刺亲兵的肋骨处，鲜血喷涌而出。曾国藩见形势危急，连忙夺路而逃。

曾国藩的住处和巡抚衙门是紧挨着的，骆秉章就住在巡抚衙门内。曾国藩来到巡抚衙门外，一边使劲地敲门，一边大声喊道："中丞大人，中丞大人！开门，快开门！绿营兵哗变，要害我性命！"

或许骆秉章是真的没有听见，又或许骆秉章实在不愿意救援曾国藩，门始终没有打开。

这时候，刚才那名刺伤曾国藩亲兵的绿营兵又追了上来。正当那人再次挺着长矛，向曾国藩刺来的时候，门终于开了。骆秉章从门中走出，对着那绿营兵厉声喝道："你想干什么！"那人见是骆秉章，连忙收回长矛，站立一旁。这时候，外面的绿营兵全部拥了进来，高举着刀矛、鸟枪、火把，向曾国藩和骆秉章示威。

骆秉章继续喝道："你们想干吗？谋杀朝廷大员该当何罪，你们不清楚吗？还不给我退下！"

人群并没有被骆秉章吓倒，谁也没有离去。那名刺伤曾国藩亲兵的绿营兵站了出来，指着曾国藩道："曾国藩欺人太甚！辰州勇与我们械斗，却只处决我们的人，辰州勇那边一个人也没抓！岂有此理！曾国藩不给我们一个说法，我们绝不回去！"

骆秉章见硬的一手没有奏效，只好用软的一手。只见他摆一摆手，示意大家先冷静下来，然后说："弟兄们，我想大家是误会了。你们的那几个兵，是曾大帅请来核实情况的，根本没有处决一说。大家切莫相信！"

那名刺伤曾国藩亲兵的绿营兵道："你说的，可是真话？"

骆秉章道："我是堂堂的湖南巡抚，两千万百姓的父母官，怎么会言而无信！"说罢，他将自己的亲兵叫过来，交代他说："去把那几名永顺兵放了！"

待那几名永顺兵被放出后，聚集在巡抚衙门后院的这群拿着刀矛、鸟枪、火把的绿营兵才慢慢散去。

刚与死神擦肩而过的曾国藩仍有些许后怕，他努力迫使自己镇静下来，然后对骆秉章施礼道："谢中丞大人救命之恩。"

骆秉章拍了拍曾国藩的肩膀，笑道："涤生（曾国藩，号涤生），你还是太嫩了，办事太操切，得罪的人太多，以后像这种抓人的事情，还是应该和我商量后再做决定。我现在担心的是，你躲得过今天，躲不过明天。你得想个法子才行。"

这天晚上，曾国藩整夜没睡。湘军以及他个人的命运，现在都到了一个节点上。如果不采取果断措施加以改变，那么不但湘军练不成，自己也有性命之虞。翻来覆去想了一整夜之后，曾国藩决定向老师湖广总督吴文镕写信求助。

吴文镕完全支持曾国藩的做法，却对鲍起豹无可奈何，认为只能将此事上奏朝廷，听候处理。

曾国藩接到吴文镕的信后，长叹一声，道："国家正值危难之际，皇上焦头烂额，我们做臣子的不能替皇上分忧，反而因为自己的私事打扰他，这是不对的。我还是躲开那些人算了。"就这样，曾国藩定下了把湘军拉到衡州去的计划。

如果说在绿营、团练之外另辟蹊径创办新军是湘军成功的第一步的话，那么移兵衡州则是湘军成功的第二步。正是在衡州，湘军奠定了日后成功的基础。

衡州奠基：湘军为什么那么牛

在衡州府城北部蒸水注入湘江的地方，有一块低洼之地，名唤演武坪。这里与两个著名的历史人物有关，一个是吴三桂，一个是曾国藩。吴三桂在这里练兵反清，曾国藩在这里练兵保清。对晚清历史产生了重大影响的湘军，就是在这里走上正轨的。

很多对湘军史感兴趣的朋友有这样的一种疑问：湘军为什么那么牛？太平天国领导人杨秀清、石达开、陈玉成、李秀成等都是人中之龙，为什么就干不过湘军呢？这一节咱们就来剖析一下湘军成功的秘诀。

笔者认为，湘军之所以那么牛，主要原因有二：一是针对绿营的弊端制定了一系列的制度；二是湘军水师的建立。这两件事，都是在衡州完成的。

制度一：兵为将有。在湘军兴起之前，清朝制度规定，遇到大规模的叛乱，由朝廷指派钦差大臣主持军务，兵员由朝廷指派，粮饷、军械等都由朝廷派发。

这样一来，无论是总督、巡抚等文官，还是提督、总兵等武官，掌握的军权都很有限。曾国藩编练湘军，兵员由自己招募，粮饷、军械自己筹办，摆脱了朝廷的控制。湘军实际上成了湘军诸将的私家军。

此外，曾国藩还改革绿营的征调制度，建立了严密的组织架构，确保湘军控制在他的手中。绿营的征调，是一种东拼西凑的做法，其结果便是"兵与兵不相得，兵与将不相习，将与将又各不相下"，战斗力低下。

湘军则不同。湘军的招募，均由统领亲自坐镇，不假手于他人。营官由统领挑选，哨官由营官挑选，什长由哨官挑选，勇丁由什长挑选。由于是自行招募，所招的人大多是亲朋戚友。这样一来，所有的人都愿意为直接上级拼命。这与一盘散沙的绿营形成了鲜明的对比。

曾国藩凭借着这些手段，牢牢地掌控着湘军，从而确保湘军听命于他。这是湘军成功的根本。否则，让朝廷瞎指挥，湘军必败。

制度二：加强思想道德教育。江忠源编练新宁团练、罗泽南编练湘乡团练的过程中，都强调思想道德教育的重要性。曾国藩受两人的启发，非常重视思想道德教育。

曾国藩抓思想道德教育的主要手段是训话。就像农村每旬定两三天赶集一样，曾国藩每逢三、八的日子都会在全军面前训话。每月训话六次，每次几个小时。曾国藩手下的各级军官也仿效曾国藩，对部下训话。从这个层面来讲，湘军不仅是军队、大家庭，也是一所学堂。每个人在这里，都可以学到很多知识以及做人的道理。这种耳提面命的训话，对保证湘军良好的精神面貌起到了巨大作用。

训话的内容主要有两个方面：忠君爱国、爱护百姓。曾国藩尤其注重后者。当时的绿营兵骚扰百姓的情况很严重，曾国藩发誓改变这一局面。在训话中，曾国藩反复陈说爱护百姓的重要，希望以此唤醒士兵们的天良，使他们做老百姓利益的保护者，而不是践踏者。此外，曾国藩还编写《爱民歌》等通俗易懂的歌谣，让士兵们传唱，从而潜移默化地使他们受到教育，懂得爱护老百姓。

制度三：设立长夫。绿营未设长夫，出征时需要征发大量民夫。强拉民夫的事件经常发生。曾国藩针对这一弊端，在湘军中设立了长夫。长夫所做的事，和民夫是一样的。两者的区别在于民夫是临事征集的，而长夫是固定跟随军队的。不用征夫，湘军骚扰百姓的事件较之绿营少了很多。

制度四：强化训练。曾国藩对训练抓得很紧。曾国藩练兵的重要特色是早起。每天天还没亮，湘军士兵就必须起床训练。曾国藩也同时起来，去各营视察训练情况。事实证明，经常早起能够振作精神。早起训练成了湘军保持朝气的重要手段。在一天的其他时间段，湘军也抓紧一切可以利用的时间训练，按照曾国藩的说法，达到了"无刻不练"的程度。长时间、高强度的训练，是湘军战斗力的重要保证。

制度五：高薪。绿营兵的饷银，分为战时和非战时两种。战时饷银很高，所以太平军起义才两年，清廷的国库就空了。但非战时的饷银很低，不足以养家，所以绿营兵大多有自己的副业，对军事训练采取敷衍的态度。由于平时缺乏训练，这些人到了战场上就只能打败仗。对此，曾国藩深有感触。在建设湘军之初，他发给士兵们高薪。每名湘军士兵的月饷为三两多银子，足以养家。这样一来，湘军士兵不会分心，战斗力也就有了保证。

制度六：结硬寨。它最初的提倡者是罗泽南，后来经曾国藩大力推广，得到众多湘军将领的认可。湘军非常注重壕墙的建设。每行军到达一个新的地方，第一个任务就是建设壕墙。即便只是临时过一夜，也要建设壕墙。壕墙不仅是自卫的重要工具，也是置敌人于死地的重要手段。湘军遇到防守严密难以立即攻克的城池，往往将其围住，然后四面建设壕墙，一面对付城内的敌人，一面对付城外的敌军援兵。九江、安庆、江宁等具有重要战略意义的城市，都是这样被湘军攻克的。

制度是成功的保障，但仅仅有制度而缺乏利器的话，湘军还是不能成功。湘军有利器，那就是湘军水师。

湘军水师在湘军与太平军的这场旷日持久的厮杀中，扮演了重要角色。它的重要作用体现在四个方面。

第一，配合湘军陆师攻占战略要地。比如1860年，湘军水师配合降将韦志俊部攻克枞阳，切断安庆太平军的补给通道。

第二，直接配合陆师作战。比如1858年，杨载福、彭玉麟督率湘军水师发炮配合李续宾部，攻克九江。

第三，阻断长江两岸的联系。比如1861年，彭玉麟率领湘军水师横截长江，使太平军陈玉成部无法渡江攻打武昌。

第四，利用水道运兵运饷。在古代，通过水路运输物资比陆路快捷许多。

太平军后期之所以陷入被动，主要原因之一就是水道大多被湘军占领，运送物资相当困难。

水师是如此重要，但最初湘军将帅们并没有意识到这一点。最早提出兴建湘军水师想法的人，应当是郭嵩焘和江忠源。

1853 年，应江忠源的请求，骆秉章、曾国藩派兵援赣。罗泽南的湘乡勇是其中的一路军队。郭嵩焘就是跟着罗泽南来到南昌战场的。

在南昌期间，郭嵩焘随江忠源驻扎章江门。章江门的对面就是战略要地文孝庙。清军和太平军在文孝庙展开了多轮激烈厮杀。

清军对文孝庙的多轮进攻都无功而返，这令郭嵩焘感到很困惑。通过盘问俘虏，郭嵩焘得知了原因。太平军之所以能守住文孝庙，是因为他们有强大的水营作为后盾。

郭嵩焘于是对江忠源说："敌军自顺江东下以来，横扫长江，没有对手。官军要想灭掉他们，必须先灭掉它的水营；要想灭掉它的水营，必须先编练强大的水师。"

江忠源对此深有感触，当即请郭嵩焘撰写奏折。郭嵩焘写好后，江忠源即将此奏折上奏朝廷。奏折的大意是请湖南、湖北、四川造船，广东提供炮，编练长江水师。

朝廷收到奏折后，批示允许各省编练水师。于是，各省兴建水师的事业风风火火地开展了起来。做这事的人不少，但最终做成的却只有曾国藩一个人。

和其他各省一样，曾国藩开始造水师的时候，也遇到了很多的麻烦，其中最主要的是不知道怎么造战船。曾国藩是一个讲究技术的人，他冥思苦想参照古代的造船法造了许多船，但最终都不满意。

就在曾国藩一筹莫展的时候，不少水师人才来到他的身边。一个名叫成名标的人自长沙来到衡州，向曾国藩说明了快蟹、舢板两种船的制作方法。另有一个叫褚汝航的人自桂林来到衡州，向曾国藩说明了长龙船的制作方法。长龙、快蟹都是大船，舢板是小船。

曾国藩非常高兴，当即令成名标、褚汝航两人试着制造。结果很成功。之前曾国藩自己造的船，是由民船改造过来的。民船的底板不足以承受大炮发射时所产生的后坐力，往往会被震裂。但这次成名标、褚汝航造的船，完全没有被震裂的痕迹。欣喜若狂的曾国藩当即命成名标、褚汝航在湘潭开设船厂，专门造船，很快造成快蟹船四十艘，长龙四艘，舢板八十艘。

这时候的曾国藩，还不知道舢板是最适用的，虽然舢板造得多，但并不占绝对优势。迷信大船、轻视小船，是当时人的普遍心态。

这一天，曾国藩的好友黄冕从长沙来到衡州，曾国藩请他观看水陆各营。观看完毕后，曾国藩很不自信地对黄冕说："陆师还算有点把握，水师怎么样，真是不好说，我看不怎么行。"

黄冕沉思一会儿，说："不见得。依我看，陆师不如水师可靠。水师别开生面，敌军的水营肯定比不上。只是长江港汊很多，大船不好掉头，恐怕不如舢板小船适用。应该多造舢板。"

听了黄冕的一席话，曾国藩才开始重视起舢板来。后来的事实证明了黄冕判断的正确，舢板确实是最适用的。湘军水师开始出征的时候，舢板小船还不占绝大多数，但到1856年前后，舢板小船就已经占绝大多数了。

船的问题解决了，人的问题又把曾国藩困住了。对于当时的湖南人来说，水师是闻所未闻的事。愿意统带陆师的将领很多，愿意入陆师的士兵也很多，却很少有人愿意入水师。

当时曾国藩手下最重要的两员水师将领是褚汝航和夏銮。这两人虽然都熟悉水战，但都是从广西调来的，本身也不是湖南人，很难融入湘军这个几乎全是湖南人的集体中。其中最重要的一点是这两人都不会湖南话，与来自湖南乡下的士兵很难交流。久而久之，他们在湘军水师中的权威便受到了挑战。他们从广西带过来的兵，遭到了湖南籍士兵的杀戮。

种种迹象表明，非湖南籍的将领带不了湘军水师，正是在这样的一种情况下，日后湘军水师的两位重要领导人彭玉麟和杨载福进入了曾国藩的视野。

彭玉麟自参与镇压李沅发起义后，归家奉养老母。后又出来为耒阳一富商管理当铺，参与镇压当地的会党起义。曾国藩建设湘军水师的时候，彭玉麟正在家中为母亲守丧。在曾国藩的诚恳劝说下，彭玉麟怀着拯救桑梓的念头加入了湘军。杨载福自成功守住湘阴后，名声大噪。这次也被曾国藩调入湘军中。

曾国藩并没有马上命彭玉麟、杨载福管理水师，而是把两人安排在他弟弟曾国葆的营中历练。

没过几天，曾国葆就找到曾国藩说："我这几天考察雪琴（彭玉麟，字雪琴）、厚庵（杨载福，字厚庵）的处事能力，发现他们都是大将之才，绝不会久居人下。

我请求做他们的副手。"

曾国藩大为惊讶，当即叫来彭玉麟、杨载福两人，任命他们为营官，命他们各自招募一营士兵。彭玉麟、杨载福就这么成了湘军水师的将领，与褚汝航、夏銮平齐，但地位稍低。

早期湘军水师中的名人，除彭玉麟、杨载福外，还有鲍超、黄翼升、李成谋、李朝斌。

鲍超是四川人。他本是体制内的绿营兵，有一份稳定的工作，但他的梦想并不是当一名普通的兵。他仰慕的是关羽、岳飞，他要做的是大将军。所以，当李沅发在新宁起义的消息传到四川的时候，鲍超立刻就辞去了体制内的工作，骑上一匹快马，赶赴湖南。然而，当他辗转千里来到湖南的时候，李沅发起义已经被镇压下去了。

折腾了几个月，没赚到一分钱不说，还把国家管饭的工作给丢了，这时候的鲍超，别提有多难受了。不过天无绝人之路，鲍超很快被日后因参与镇压太平天国而广为人知的向荣看上，再次成为一名绿营兵。后来，鲍超跟随向荣前往广西镇压太平天国，因勇猛善战而名声大振。

命运还在继续和鲍超开着玩笑。他在战斗中受伤，被迫回长沙。这时候的鲍超，陷入了绝望的境地。他找不到新的工作，而囊中只剩下几百铜板。他用这些钱买来鸡鸭鱼肉，准备和老婆一起饱餐一顿，然后饮毒酒自杀。

这一幕被他的一位邻居看到。这位邻居立马将情况告知了日后湘军的另一位名将黄翼升。黄翼升连忙赶到鲍超住处，阻止了他们夫妻的轻生行为，怒斥鲍超说："王侯将相宁有种乎！你信我的话，就去参军，不但死不了，还能富贵！"

鲍超听从了黄翼升的劝告，再次投入绿营军中。这次他的上级就是之前说到的那位被曾国藩重用的塔齐布。现在，曾国藩编练湘军水师，鲍超又投入杨载福营中。

救下鲍超的这位黄翼升是湖南长沙人，以前是个铁匠，又曾做生意卖爆竹，但都没法养活自己。曾国藩编练湘军水师，黄翼升投入军中。后来成为湘军水师重要将领。

李成谋，湖南芷江人。李成谋未发迹的时候，家里很穷。他父亲去世了，家里连买口棺材的钱都没有。李成谋的舅舅实在看不下去了，借给李成谋几两银子，命李成谋兄弟三个去买副棺材葬父。李成谋和两个弟弟商量说："这几两银子虽然可以买口好棺材，但不够款待那些帮我家办丧礼的乡亲们。不如这样，咱哥仨拿这钱去赌场博一把，要是赚了钱，就款待乡亲们，要是赔了，咱们自己葬父，不需旁人帮助。"

两个弟弟都叫好。哥仨就这样去了赌场，玩了整整一夜，把银子全输掉了。于是，三人找来芦苇，包裹好父亲的尸体，将之埋在黄牛墩。后来李成谋发迹了，大家都说是因为黄牛墩风水好的缘故。若果真如此，那真是因祸得福了。

曾国藩编练湘军水师，李成谋投入军中，后成为湘军水师重要将领。他和黄翼升后来都做到长江水师提督。另一位湘军水师重要将领李朝斌和黄翼升一样，是长沙人。黄翼升、李成谋、李朝斌三人地位相等，都是湘军水师第二等的将领。

就在湘军水师编练成行的时候，太平军杀入了湖南境内。年轻的湘军即将迎来第一次考验。结局如何呢？

第四章 血战湘鄂赣

名震天下的江忠源，被小小知府坑了

曾国藩编练湘军，抛弃的不仅有绿营，还有团练。江忠源的新宁楚勇在南昌城下发生分裂后，曾国藩更坚定了抛弃团练的想法。可是，作为湖南团练创始人之一的江忠源却并不认可曾国藩的想法。当曾国藩好心提醒江忠源先把兵练好，然后再去与太平军作战的时候，江忠源一笑置之。

客观地讲，江忠源的看法也不是没有道理。眼光一直很好的他已经看到了湘军崛起对清政府的威胁。江忠源对曾国藩说，这些士兵虽然暂时可以帮助我们镇压太平军，但日后的遣散会是一个大的问题，搞不好就会前门拒虎，后门进狼。日后历史的发展证实了江忠源的先见之明。由被遣散的湘军组成的哥老会，日后成了反清的重要力量。

不过，江忠源的投鼠忌器显然有点过分了。他反复向曾国藩说，军队的强弱在于将，无论是八旗、绿营，还是湘军，只要将领行，那么军队一定行。历史给了他验证自己理论的机会，当他被清廷催促着前往安徽的时候，他带的主力不是湘军，而是绿营兵。

大部分楚勇被湖广总督、湖北巡抚留在了武昌，没有随江忠源东进。更为严重的是，江忠源的重要搭档刘长佑此时也因为生病不能随他东进。在之前的蓑衣渡、长沙、南昌诸战中，刘长佑是江忠源的重要助手。他的谋略以及管理能力，是江忠源能够取得成功的重要保障。缺少了刘长佑的辅助，江忠源感觉有些力不从心了。

即便是独立支撑，江忠源依旧要赶往远离湖南大本营的安徽。他要做大清的忠臣，以战绩来回报重用他的咸丰皇帝。他想立功的心情太过急迫，乃至违背曾国藩所讲的"打仗不慌不忙，先求稳当，次求变化"的原则，导致自己陷入危险的局面中。

庐州知府胡元炜给江忠源带来的都是好消息。胡元炜在给江忠源的信中说，庐州城兵马、粮草很多，饷银也很充裕，丢了可惜，希望江忠源能够迅速增援庐州，指挥庐州保卫战。

胡元炜的信使得江忠源加快了东进的步伐。虽然此时的他已经重病缠身，而且身边只有一两千兵，他还是义无反顾地往庐州赶去。

就像南昌之战那样，江忠源这次又比太平军先到城中。事情的进展似乎很顺利。然而，当江忠源把庐州城里里外外巡视一遍的时候，他傻眼了。那个胡元炜说的全是谎话！此时的庐州城，缺粮草，缺饷银，兵员也不多，而且大多是新兵，没多少战斗力。

还没等江忠源完全弄清楚庐州城内的情况，太平军就已经杀到了城下。凭借兵力的优势，太平军很快将庐州城团团围住。由于清军没能及时烧掉城外的民房，太平军得以占据民房作为掩体，向庐州城发起猛烈的攻击。

这时候的江忠源彻底怒了！他在心里恶狠狠地骂道：这个胡元炜，不仅不抢先烧掉城外的民房，还欺骗我，真是罪不可恕！他想杀掉胡元炜，震慑城中原有的军队，但又怕激起更大的变故，犹豫不决，最终没有下手。江忠源的仁慈使他付出了沉重的代价，后来就是这个胡元炜在关键时候给了江忠源致命的一刀。

咸丰皇帝知道庐州的重要。如果让太平军占据庐州，当时已经威胁到京津地区的北伐军将获得一个重要的补给站。这样一来，清廷在北线的压力将会更大。守住庐州，就是保卫京津。所以，咸丰皇帝为打赢这一仗下了血本。他从各地调来许多绿营兵，试图保住庐州。但是就像长沙之战那样，清军虽然多，却没有一个掌握全局的前线将领。各路兵马各自为战，总体战斗力不如太平军。

和清军一样，太平军也想把庐州之战当作一场战略决战来打。大量的太平军被派往庐州城外。由于是统一指挥，太平军的战斗力比清军强，多次击败清军。这样一来，江忠源在庐州城中就陷入了绝境。

得知江忠源陷入重围后，刘长佑很后悔当初没有带病跟随江忠源。为了解救江忠源，他带领一千多楚勇，从湖北出发前往庐州。与此同时，江忠源的大弟弟江忠濬也率领一千楚勇，从湖南出发前往庐州。

由于太平军将庐州围得水泄不通，这两路人马到达庐州后不能与城内的清军取得联系。为了尽早支援江忠源，刘长佑、江忠濬叫来江忠源的族弟江忠信，命他率领几十人，怀抱着城内急需的白银，趁夜偷偷地越过太平军营垒，进入城中，告诉江忠源援兵已到。江忠信等人很快完成了任务。江忠源见江忠信勇猛，就把他留在了城中。

太平军对庐州的总攻开始了。他们引爆了地道中的炸药，将庐州城墙炸塌十余丈。太平军随即一拥而上，守在城墙边的清军士兵当即溃散。

江忠源有着丰富的对付地道攻城的经验。虽然被太平军杀了进来，他依旧不慌不忙，指挥清军一边烧杀冲入城中的太平军，一边抢堵城墙。

这时候，庐州城的另一面响起了震耳欲聋的喊声。在一片混乱之中，江忠源根本不知道发生了什么事，直至江忠信赶过来告诉他太平军从另一面杀入城中了。

原来，那个庐州知府胡元炜早就与太平军暗通款曲。他手下的不少士兵早就接受了太平军布置给他们的任务，那就是在太平军攻城的时候，放下绳索，把太平军吊上城去。

太平军得到这些优质的内应后，制订了一个声东击西的攻城计划。表面上，他们的主攻方向是这一侧，采取的是传统的地道战术，而实际上他们在这一侧的进攻是佯攻，目的是吸引住江忠源的注意力，为他们在另一侧借助内应攻上城墙扫清障碍。

当身后震耳欲聋的喊杀声越来越近的时候，江忠源知道，庐州城已经不可能守住了。此时，他的脑海里只剩下了一个念头，那就是舍弃性命，报效清廷。

江忠源拔出佩刀，横在脖子上，仰天长叹道："我征战两年，战无不胜，攻无不克，不料最终竟是这样的结局！"说完，他将刀靠近脖颈，准备自杀。

说时迟，那时快。江忠信在一旁看到江忠源自杀，赶紧冲过来，夺掉他手中的刀，吼道："留得青山在，不愁没柴烧！大哥不要胡来！"

说完，江忠信背起江忠源，就往城门跑。这时候的江忠源，已经抱定了必死的决心，虽然被江忠信紧紧卡住，他还是想尽一切办法反抗。他猛咬江忠信的肩膀以及耳朵，弄得江忠信身上鲜血淋漓。

最后，江忠信实在痛得不行，只好将江忠源放到地上。江忠源立马站起身来，对江忠信说："你赶快出去，告诉荫渠（刘长佑，号荫渠）和其他兄弟，替我报仇！"

说完，江忠源挥舞佩刀，杀向太平军阵中。太平军手持长矛，逼攻江忠源。

不一会儿，江忠源就身受十伤，奄奄一息。这时候，他看见前面就是水关桥下的古塘，于是拼尽最后的气力，跳进古塘中。湘军先驱江忠源就这样结束了自己的生命。

庐州被太平军攻克后，刘长佑、江忠濬率领的楚勇并没有离开。之后，他们和其他各路清军一起攻克庐州，了却了江忠源的心愿。

在湘军的历史上，江忠源就像一颗流星一般，曾经星光闪耀，但很快就走向了败亡。他的失败，带给了湘军将帅们太多的思考。

曾国藩从江忠源的败亡中总结出了一条重要的教训，那就是打仗只能用自己的将，用自己的兵。其他军队可以协助作战，但为主的一定要是自己的将，自己的兵。像江忠源那样带着一群绿营兵与太平军作战，是不可能胜利的。

另外，曾国藩还总结出了另外一些教训，比如作战不能急，要先求稳当，后求变化。所以后来，曾国藩面对朝廷操之过急的瞎指挥，敢于反抗。比如1860年太平军二破江南大营，清廷命曾国藩迅速挺进苏州，曾国藩就不听。

激战湘潭，重要的转折点

当江忠源在庐州陷入重围的时候，清廷多次命曾国藩率湘军前往解围。然而，曾国藩抱定了不做好充足准备决不出师的信念，宁愿看着自己最得意的弟子被太平军斩杀，也不提前出师。直到太平军再度杀进湖南，曾国藩才不得不率领他的湘军踏上镇压太平军的第一步。曾国藩湘军与太平军主力的大会战，即将拉开序幕。

正在曾国藩准备北上迎敌的时候，一个毛头小子跑到了他的前面。这个人，就是前面说到的湘乡勇的创始人之一王鑫。

在南昌之战中，王鑫的很多亲友丧命，这令他很伤心，于是他便想练一支精兵，与太平军决一雌雄，替亲友报仇。他的这一想法和当时在衡州编练湘军的曾国藩不谋而合。于是，曾国藩便想让王鑫招一两千军队，并入他的湘军系统中。

王鑫这人，才能极大，但有个致命的缺点，就是自负。他不满曾国藩对他的控制，与曾国藩渐行渐远，后来投靠了与曾国藩颇有矛盾的湖南巡抚骆秉章。

当太平军再次杀向湖南的时候，王鑫为了抢功，率部迅速向北推进，赶在曾国藩及其湘军之前，与太平军交上了火。

战斗首先在湖南、湖北交界的战略要地羊楼司展开。一开始，王鑫的先锋部队被太平军击败。随后，王鑫率领主力部队杀来，扭转了战局，击杀太平军百余人，迫使太平军撤退。

初战告捷，王鑫满以为可以舒一口气了，于是命士兵休息，准备吃饭。这时候，大股太平军杀来。王鑫连忙率部抵抗，被占据人数优势的太平军击败。激战数小时后，王鑫被迫率部撤退至岳州。太平军乘胜追击，攻打岳州。

眼看岳州即将不保，曾国藩及时派出了援兵。朱孙诒、邹寿璋、曾国葆等湘军将领率领着士兵奔赴前线。

一个多月前，清军曾与太平军在岳州城下展开激战。当地的人们为了躲避战乱，纷纷逃离家园。所以，当王鑫等人进入岳州的时候，城中一片破败景象。军队急需的粮食、柴火，根本得不到供给。

这时候，湘军将领邹寿璋对王鑫说："岳州破败，粮食、柴火供应不上，不可守也。应该马上撤退。"

王鑫不是不知道岳州守不住，但他平时大话说得太多，拉不下脸来做缩头乌龟。被曾国藩等耻笑，对于他来说，比凌迟还难受。于是，他率领士兵主动出击太平军。王鑫的不理智使得清军的局面更加危险了。

曾国藩派出舢板前往营救王鑫。王鑫得知后，大为羞愧，拔出佩刀往脖子上一横。眼看王鑫就要自杀，他身边的亲兵赶紧跑过来夺掉他手中的刀，推着他就往岳州城外跑。最终，王鑫及其手下九百余人逃了出来。日后帮助左宗棠平定浙江、收复新疆的大将，大多在这九百人之中。这些人的生还要感谢曾国藩。

这一战也是年轻的湘军水师与太平军的第一次交锋。湘军水师在这一战中表现得并不好。除了杨载福一营完好无损退出战场外，其他九营不同程度出现了溃败。

这是彭玉麟参加的第一场水战。虽然军队溃败，但他还是努力弹压，并率部奋力作战。当湘军水师其他部队都已经离开时，他依旧率领着他的一营水师奋战在洞庭湖中。

曾国藩见水师其他将领都回来了，唯独彭玉麟没回，以为他遭遇了不测，对着烟波浩渺的洞庭湖黯然神伤了半天。突然，身后响起了一阵欢呼声。彭玉麟回来了！曾国藩赶紧跑过去迎接。从这一刻起，曾国藩认定，随着作战经验的丰富，彭玉麟也会成长为像杨载福那样的悍将。

岳州战败后，湘军退至长沙。太平军则长驱直入，很快占据离长沙城仅仅六十里的靖港。

太平军并没有直接攻打长沙。自西征以来，太平军攻打大城市，都没有获得好效果。南昌没有拿下；庐州虽然拿下了，但由于没有消灭援军主力，占据庐州的太平军很快就陷入了清军的重围中，得地而不得势。所以，这次太平军没有直接打长沙，而是分兵攻占湘潭，取远势包围长沙。

得知太平军攻陷湘潭后，曾国藩连忙命塔齐布率湘军陆师向湘潭杀去。这时候，摆在曾国藩以及湘军诸将面前的一个重要问题是：湘军水师应该往哪里进军呢？北边的靖港，太平军水营随时可能南下威胁长沙；南边的湘潭，太平军临时征集的民船不仅可能顺流而下威胁长沙，而且不利于湘军陆师攻打湘潭。两边都很需要水师，应该如何取舍呢？

曾国藩召集相关人士讨论湘军水师的进军方向。被召集的人士，不仅包括湘军水师十位营官，还包括左宗棠等人。之前，左宗棠一直充当张亮基的幕僚。张亮基调往山东后，左宗棠回到家乡。湖南巡抚骆秉章久闻左宗棠的大名，派人聘请他为幕僚。骆秉章非常信任左宗棠，将军政大事全部交给左宗棠处理。所以，从1854年到1859年，湖南的军政大权掌握在左宗棠手中。

在这次关乎湘军存亡的讨论会上，左宗棠提出了他的看法。左宗棠说："我认为，应该以水师主力进攻湘潭。即便失败，也可以杀出一条血路，与留守衡州的罗山（罗泽南，号罗山）、迪庵（李续宾，号迪庵）会合，足以自保。这是上策。以主力进攻靖港则不然。一旦失败，湘军水师只能退守长沙，成为瓮中之鳖。这样一来，湘军水师势必保不住。长沙，乃至整个湖南，也都会保不住。"

左宗棠的话并没有使大家意见统一起来，那些认为应该以水师主力进攻靖港的依旧坚持自己的看法。最后，大家推选彭玉麟做最后的决断。彭玉麟在湘军水师将领中，以谋划、管理能力见长。所以，大家在这个关键的时候，愿意将命运寄托在他的判断上。

彭玉麟的看法，与左宗棠完全相同。于是，曾国藩下定决心以湘军水师攻打湘潭。决策虽然对了，但曾国藩在执行的时候，却打了折扣。他命彭玉麟等人率领湘军五个营先前往湘潭，并与他们约定，自己会在第二天率领剩下的五个营前往湘潭。

到了这天晚上，事情发生了变化。一些人在曾国藩面前历陈进攻靖港的重要性，又欺骗曾国藩说靖港太平军只有几百人。曾国藩的定力不够，改变了原来的计划。原本应该前往湘潭的五营湘军水师，最终被他用来攻打靖港。

长沙城中的湘军将领们还在讨论水师进军方向的时候，湘潭之战已经打响了。清军方面的主将是湘军初期的第一悍将塔齐布。

湘军当中，猛将众多。其中最猛的，前期为塔齐布，后期为鲍超。塔齐布作战很有特色。每次开战，他喜欢背着一把火枪、两把腰刀，手里拿着长矛以及套马杆，单枪匹马冲入对手阵中。一般不允许别人跟随，一定要跟随的，必须武功超群，否则会遭到他的鞭打。塔齐布就是这么一位很独、很猛的将领。

塔齐布虽然很猛，但没有谋略。每次开战之前，从不说怎么进兵，怎么接应，怎么埋伏，往往使得部下不知所措。开战之时，就知道单枪匹马向前冲。

塔齐布军中，有关谋略、管理方面的事情，都由另一名将领周凤山处理。周凤山的特点与塔齐布相反，懂谋划，但胆识不够。塔齐布、周凤山能力互补，确保了这支部队的战斗力。

塔齐布率军杀至湘潭郊外的高岭。太平军出城迎战。塔齐布手里拿着大旗，率先冲入太平军阵中。湘军士兵见主将如此勇猛，也纷纷向前冲去，奋力作战。不一会儿，湘军就击杀了太平军九名将领。太平军纷纷撤往城中。塔齐布率军追至城下。

第二天，太平军出城寻找湘军决战。塔齐布、周凤山定下诱敌深入的计策，在一座山的左右两边设下伏兵，配备众多大炮，然后以少数兵力引诱太平军。

湘军的诱敌部队且战且退，将太平军引入山中。这时候，两边大炮齐轰，击杀太平军百余人。突然遭遇重创的太平军，队形很快就乱了。这时候，埋伏在两侧山上的湘军冲出，与太平军展开白刃战。

太平军自起事以来，很少遇到敢与他们近距离接战的清军。所以，当湘军冲下来与他们白刃相对的时候，他们都被吓到了。不一会儿，太平军就败下阵来，往城内退去。

与此同时，前往湘潭的湘军水师五营部队也与太平军展开了大规模的厮杀。这五营，包括褚汝航、夏銮、杨载福、彭玉麟各自带的一营。

褚汝航、夏銮是这五营湘军的正、副首领，但这两人带出来的队伍绿营习气很浓，战斗力不行。要打胜仗，还是得靠杨载福、彭玉麟带出来的队伍。他们才是真正的精兵。在湘潭之战中发挥重要作用的，正是杨、彭的队伍。

　　看到湘江两岸太平军船只多达数千艘，有些湘军士兵有些害怕了。这时候，杨载福手下一个叫周清元的士兵站出来，高声喊道："敌军抢来的民船不能作战。咱们放一把火就能把它们烧光，何必怯懦！"这个周清元，就是之前劝向荣合围临资口的那个周清元。

　　周清元在这里所说到的民船不能作战，非常重要。太平军船只虽多，但都是征集来的民船。民船上没有办法安炮，因为民船的底板无法承受大炮发射时所产生的后坐力。没有大炮，就不能远距离袭击敌人。所以，这些民船在实战中毫无用处。事实上，太平军也只是用它们来运兵运粮而已。

　　湘军水师的战船则不一样。因为经过了特殊处理，湘军水师的战船底板能够承受后坐力，所以能够安炮，因而能远距离轰击敌人。并且，湘军水师的大炮都是洋炮，其威力是相当大的。所以，这些战船在实战中的价值非常大。

　　周清元驾舢板冲入太平军船只中。太平军并无攻击湘军的工具，只好拿船上装载的瓷碗袭击周清元。周清元一把抓住瓷碗，朝太平军中扔过去，正中一名太平军将领。太平军从来没有见过这么勇猛的对手，因而对湘军水师产生了畏惧情绪。

　　见太平军胆气已丧，杨载福、彭玉麟督率士兵驾驶舢板冲入太平军船只中，到处抛撒火球。在激战中，杨载福多次受伤，但仍奋勇向前，极大地鼓励了湘军的士气。

　　经过4月27日、28日两天的焚烧，太平军临时征集来的船只几乎全部被焚毁。太平军撤退至城南窑湾一带。至4月29日，太平军又征集来几百艘民船，准备运兵向上游撤退。

　　太平军的动向在湘军的掌控之中。4月30日凌晨，杨载福、彭玉麟率领湘军水师长驱直进，追击太平军船队。两军在湘潭下摄司相遇。

　　湘军水师开炮轰击，太平军船只四散逃离。杨载福、彭玉麟见太平军已乱，督率士兵驾驶舢板冲入太平军船只中，到处放火。顷刻间，除了行动迅速及时逃离的少数船只外，太平军的其他船只全部被烧毁。

　　大火腾空而起的时候，太平军方面负责湘潭一战的将领林绍璋与数百太平军弃船登岸。5月1日黎明，这些人从湘潭西门乘梯子登城墙入城，却被湘军袭击。湘军夺下他们的梯子，乘势攻入城中。湘潭落入湘军之手。

林绍璋率领残部朝靖港方向撤去，沿途遭到王鑫等部湘军袭击。最终到达靖港的太平军，仅仅剩下了四人。

湘潭之战是太平军自起兵以来的第一场大规模的惨败。日后，李秀成在总结太平天国历史时，将湘潭大败称为"天国十误"之首，可见其重要性。

正当湘军水、陆两军在湘潭取得重大胜利的同时，湘军主帅曾国藩却栽了一个大跟头。这是怎么一回事呢？

前面说到，曾国藩在一些人的劝说下，准备进攻靖港。曾国藩的这一决定，遭到不少幕僚的反对。日后湘军的重要将领李元度就对曾国藩说："湘潭那边，精兵齐聚，拿下胜利是毫无问题的。咱们这边，最好坚守勿动。"曾国藩不以为然。

4月28日，曾国藩亲率大小战船四十余艘，陆勇八百，前往攻打靖港。当天，西南风很大。湘军攻靖港是顺风顺水，所以船速很快，一下就扎进了太平军炮台的轰击范围之内。

遭到一阵猛烈的轰击后，湘军士兵觉得无法取胜，便将风帆扯下来，将船开往靖港对岸的铜官渚，准备撤退。由于逆风逆水，撤退的速度很慢，于是他们只好派出一部分人用缆绳牵引战船往前行进。太平军见湘军陷入了困境，连忙派出小分队砍杀牵引战船的士兵。

眼看战船既不能上，也不能下，湘军士兵们都慌了神。他们浑然不顾湘军军纪，纷纷跳上岸逃跑。

说完水师，再说陆师。湘军陆师八百人与团练一起攻击太平军。团练作战经验太少，看到冲上来的太平军就慌了神，连忙往后逃跑。湘军陆师被团练冲散，不成队列，也只好撤退。

撤退途中有一座浮桥，是用门扇、床板拼成的，不是太牢靠。湘军争着上浮桥逃跑，结果把桥压断，一百多人掉进江里丧命。

看着自己辛苦训练出来的湘军在战场上如此狼狈，曾国藩心急如焚。为了止住溃败，他将令旗插在岸上，手里提着大刀，高声喊道："过旗者斩！"

无论曾国藩如何愤怒，都无法唤醒士兵们的良知。他们一个个地从令旗旁边绕过，让曾国藩感到万分绝望。

靖港惨败，使曾国藩感到万分愤懑。情急之下，他来到座船的船帮处，一头扎进冰冷的水中。幸好幕僚章寿麟及时发现，将他救了上来。

和李元度一样，章寿麟也反对进攻靖港，所以曾国藩不准他跟随前往靖港。曾国藩的学生兼幕僚陈士杰担心曾国藩的安危，请章寿麟躲在座船的后舱中前往靖港，暗中保护曾国藩。结果，在最关键的时候，正是章寿麟救了曾国藩。

曾国藩一上来，就质问章寿麟道："你怎么在这里！"

为了缓解曾国藩的愤懑情绪，章寿麟欺骗曾国藩说："我军在湘潭获得大胜，中丞大人特差在下前来报喜！"

对章寿麟的话，曾国藩将信将疑。虽然不再自杀，但他的心情依旧很差。曾国藩的朋友们得知战败的消息，纷纷前来安慰曾国藩。其中，李元度、左宗棠两人对稳住曾国藩的情绪起到了重要作用。李元度因此赢得了曾国藩的绝对信任。

第二天，前线果然传来了湘潭大胜的消息。湘江中浮江而下的太平军船只残留物也证实了这一点。曾国藩的心结这才解开，大笑道："这就是命啊！"

曾国藩在靖港的败仗与塔齐布、杨载福、彭玉麟等人在湘潭的胜利比起来，很显然前者是微不足道的。事实上，在得知湘潭大败后，驻守靖港的太平军就主动撤退了。虽然是功大于过，但曾国藩依旧得向朝廷检讨靖港一战的失败。他拟了一道《靖港战败自请治罪折》，请求朝廷处分他。

清廷对曾国藩的处罚是革职，但仍命他率领湘军与太平军作战。同时，清廷提拔曾国藩的重要嫡系将领塔齐布为湖南提督。这样一来，通过塔齐布，曾国藩掌握了更大的权力。

曾国藩这次为什么能过关呢？其中的原因除了湘潭大胜抵消了部分罪责外，还与一个人有关，这个人就是文庆。

文庆是满洲镶红旗人。当时，一般的满族官员都排斥汉人。文庆与他们不一样。文庆主张破除满汉隔阂，不拘一格地使用人才。他说："要办大事，必须注重汉人。他们都是从民间来的，清楚政策弊端、百姓疾苦。不像我们这些人，一辈子就出京城两三次，什么都不懂。"

当曾国藩兵败靖港，朝廷一片质疑之声的时候，文庆站出来说："曾国藩有声望，能杀贼，一定能成就非常之功。"文庆的力保，使曾国藩获得了与太平军继续周旋的机会。战争，还要继续下去。

岳州，多米诺骨牌继续推倒

湘潭、靖港两战后，太平军将主要精力放在了对湖北的进攻上。在湖南，他们暂取守势。曾国藩因此得到了极好的整军备战的机会。

曾国藩整军的理念是，打过败仗的一律裁撤。这样一来，湘军陆师就只剩下了参加过湘潭之战的塔齐布的部队、留守衡州的罗泽南的部队以及少数其他部队，而湘军水师只剩下了参加过湘潭之战的五营。经过整顿，湘军人数虽然变少了，但战斗力却更强了。

1854 年 6 月 26 日，太平军二克武昌。接下来，他们的作战目标，很明显将是湖南。为了避免被动挨打，曾国藩决定先发制人，对湘北重镇岳州发起进攻。

褚汝航、夏銮、杨载福、彭玉麟率领的四营湘军水师作为先锋，最先杀到岳州城下。褚汝航等人制定了一个诱敌深入的计策，由夏銮负责诱敌，由杨载福、彭玉麟负责两翼包抄。

7 月 24 日中午，夏銮率部直插太平军水营驻守的南津港，炮击一阵后，掉头就跑。太平军没有上当，坚守不出。夏銮只好掉转船头继续炮击，然后又掉头逃跑。如此往返几次，太平军并不上当。

夏銮见太平军始终不出来，十分懊恼。为了完成诱敌的任务，他率部驾驶舢板冲入太平军船只中，到处放火。太平军终于被激怒了。他们倾巢而出，对杀进来的湘军水师发动了猛烈袭击。夏銮率部且战且退，慢慢地将太平军引到了湖中。

太平军杀得兴起，集中力量进攻夏銮所部。突然，后面喊声大震。一艘插着红旗的湘军舢板冲在最前面，后面跟着几十艘舢板，向太平军杀来。这是从南面包抄过去的杨载福所部。冲在最前面的是湘军后期重要将领鲍超。为了与其他战船区别开来，以便计算战功，鲍超的舢板上总是插着一面红旗，非常醒目。

太平军只好分出一部分兵力对付身后的敌人。激战片刻后，从侧面又传来了震耳欲聋的喊声。这是从北面杀过来的彭玉麟所部。彭玉麟率部直冲太平军中间，将太平军拦腰斩断。

接二连三被偷袭，使得太平军乱了阵脚。部分胆怯的太平军士兵开始撤退。这时候，褚汝航也率部杀了过来，加入击杀太平军的行列中。太平军见敌众我寡，纷纷后撤。

湘军取得了岳州之战的开门红，击毁太平军船只百余艘，并占领南津港。7月25日，湘军水、陆两军占领太平军主动放弃的岳州府城。太平军水营此时已经退往城陵矶。

7月27日，太平天国名将曾天养督率太平军水、陆两军反攻岳州。战斗主要在洞庭湖中展开。

湘军水师采取的战术依旧是诱敌深入，由向导官何南青等负责诱敌，由彭玉麟、杨载福负责左、右包抄，由褚汝航、夏銮负责中路进击。

曾天养见湘军的向导船小而且少，颇为轻视，命令手下快速进击。何南青等且战且退，将太平军引入包围圈中。

褚汝航、夏銮率部从中路进击。冲在最前面的太平军船只被湘军炮弹击中船舵后，水手纷纷落水。湘军士兵冲杀过来，夺获了这艘船。头船被夺，严重地打击了太平军的士气。

这时候，褚汝航等人发现，不远处有一艘太平军的插有龙旗的大船，上面坐着一个人，头戴紫金冠，身穿黄马褂，用黄伞遮阳。褚汝航等人判断，这是一名太平军将领，于是集中全力攻击这艘大船。这名将领抵挡不住，又怕成为湘军的俘虏遭受侮辱，于是投水自杀。

太平军正集中全力对付前面的敌人的时候，突然，后面和侧面都响起了震耳欲聋的喊杀声。彭玉麟、杨载福率部从左、右两边包抄过来了。

彭玉麟率部杀到太平军的背后。彭玉麟亲自发炮，击伤太平军十余人。遭到突袭的太平军陷入一片慌乱。这时候，彭玉麟督率士兵驾驶舢板冲入太平军船只中，到处放火。太平军的火药船也被烧着了，顿时烟雾弥漫，覆盖了半个洞庭湖。

与此同时，杨载福率部从侧面冲入太平军船只中，将太平军拦腰斩断。激战片刻后，杨载福发现不远处的一艘插有黄旗的太平军战船上，站着一个穿着黄袍的人，身旁有十几个人护卫。

杨载福判断，那是一名太平军将领。于是，命士兵驾驶舢板载着他逼近那艘船。当两船相碰之时，杨载福手拿长矛，飞身跃入太平军船只中。不一会儿，他就将那名太平军将领刺杀。事后查验得知，这名太平军将领名叫汪得胜，是太平天国的一位丞相。

激战至此，太平军已经没有了取胜的可能。曾天养只得率领太平军水营残部向城陵矶退去。

7月30日，太平军发起对岳州的第二轮反攻。这次太平军方面的主将，除了曾天养以外，还有韦昌辉的弟弟韦俊。这个韦俊，日后会和湘军发生许多重要的事情。他与湘军的第一次碰面，就是这次。

这次太平军吸取了前两次失败的教训，采取了以逸待劳的战术。在道林矶与湘军水师遭遇后，他们就主动撤退，把船停靠在岸边，将风帆卸下来，等待湘军水师来攻。

因之前屡战屡胜，此时的湘军水师傲气十足。褚汝航等人明知强攻太平军水营毫无用处，依旧指挥士兵向前杀去。结果，湘军水师的多轮进攻都被太平军化解。湘军遭受重大损失。名将彭玉麟在战斗中被炮击中右肘，伤情严重。

湘军水师及时调整了战术。部分湘军士兵驾驶舢板，顺流而下，来到太平军水营的后面，然后乘着猛烈的西北风，冲入太平军水营中，到处放火。

当时，西北风很猛。大火乘着风势，迅速蔓延。刹那间，太平军的四百余艘船只就被焚毁殆尽。事已至此，韦俊、曾天养只得率部撤退。

接下来的几天，水路没有大战。8月8日，曾国藩来到岳州。与他一起到来的，还有带着广东水师前来支援湘军的陈辉龙。

陈辉龙的到来在湘军水师中引起了不小的轰动。在当时的湘军水师中，有一种盲目崇拜两广水师的心理。即便湘军水师在战场上至今还没有失败过，曾国藩等人依旧不认为湘军水师比两广水师强。陈辉龙从广东带过来的战船，似乎也在证明着这一点。这些船制造精良，上面的大炮亮锃锃的，令湘军将士们艳羡不已。尤其是那两艘大拖罟，像漂流在江上的皇宫一般，真是太雄伟了！

褚汝航这些湘军将领在陈辉龙面前，就像私塾学生在先生面前一样。陈辉龙请他们说说太平军的情况。他们便一边夸赞广东水师，一边极力贬低太平军水营，陈辉龙听着听着，觉得自己凭借广东水师，完全可以扫平长江。

褚汝航等人的态度，使得陈辉龙的自信心极度膨胀。第二天一大早，陈辉龙便前往曾国藩住处，向曾国藩请战。

曾国藩虽然不擅长打仗，但善于总结经验。他根据湘军水师之前的战斗情况，总结出了一条水战的重要法则，那就是顺风顺水绝不能轻易出战。当天刮的是东南风，对湘军来说，往下游出击就是顺风顺水。因此，曾国藩有些担心。

听曾国藩说完担心后，陈辉龙大笑道："本将带领水师三十年，什么样的阵势没见过？区区长毛，何足挂齿！又何必论顺流还是逆流、顺风还是逆风？今日一战，我定要取下韦逆、曾逆的项上人头！"

曾国藩本有些崇拜两广水师，又见陈辉龙如此自信，也就答应了他的请求，下达了进兵的命令。大家终于可以一睹广东水师的真正战斗力了！

这次作战，湘军方面的主将是陈辉龙、褚汝航、夏銮。杨载福在后面观战。之前受重伤的彭玉麟也带伤在岸边观战。

由于顺风顺水，清军战船推进的速度很快。太平军主将韦俊见清军水师浩浩荡荡地杀来，有些畏惧，连忙率部撤退。

清军水师紧跟上去。这时候，陈辉龙乘坐的拖罟由于船身太重，吃水太深，搁浅在了城陵矶附近。船上的士兵见有危险，纷纷跳水逃离。陈辉龙只得和剩下的几十名士兵守在拖罟上，等待其他战船来救。

此时，其他清军战船由于顺风顺水，推进速度太快，已经远离了陈辉龙所乘的拖罟，不能及时救援。

太平军主将韦俊觉察到了陈辉龙的困境，命令所有太平军战船集中全力进攻陈辉龙所乘拖罟。

当褚汝航、夏銮率领战船杀到拖罟搁浅区域时，太平军已经完成了对拖罟的包围，湘军战船根本无法接近拖罟。

得不到援助的陈辉龙很快被太平军斩杀。解决陈辉龙后，韦俊将矛头对准褚汝航、夏銮。很快，褚汝航、夏銮乘坐的战船也被太平军包围。

杨载福、彭玉麟得知战败的消息，立马驾驶舢板前来营救。他们很快稳住了局面，但褚汝航、夏銮还是因为太平军的逼迫投水自尽了。

韦俊见湘军水师已经站住阵脚，无法扩大战果，于是撤离战场。随即，杨载福、彭玉麟也率领着湘军水师残余力量回到岳州城下。这次战斗加重了彭玉麟的伤情。此后，他的一营湘军水师，由一名叫作萧捷三的将领统带。直到田家镇之战前夕，彭玉麟才伤愈复出。

城陵矶之战是湘军水师历史上损失将才最多的一次。湘军水师的创始人褚汝航、夏銮以及新到的重要将领陈辉龙，都在这一战中丧生。从短期来看，这对湘军水师会有一些不利影响，但从长期来看，这是有利于湘军水师的发展的。因为，褚汝航、夏銮、陈辉龙这些人不亡，湘军水师中的真正人才杨载福、彭玉麟就不能出头，湘军水师就不可能有大的发展。

杨载福很快用实际行动证实了，他比褚汝航、夏銮、陈辉龙等人厉害得多。第二天，杨载福就前往曾国藩住处，请求出战。

杨载福说："夫战，勇气也。我看将士们因为昨天的失败，都很气馁。这么下去，湘军将会一蹶不振。"

曾国藩觉得他说得有道理，但又害怕再次打败仗，因而犹豫不决。最终，他拗不过杨载福再三请求，批准了他的提议。

当太平军水营还沉浸在昨天的胜利中沾沾自喜的时候，杨载福已经率领湘军水师杀了过来。来不及准备的太平军很快落了下风。韦俊只得率部往下游撤离。

水路的大战至此告一段落。此后岳州之战的重头戏，将转移到陆路上来。湘军方面，陆路的主将为塔齐布、罗泽南。太平军方面，陆路的主将和水路一样，都是韦俊、曾天养。

8月11日，也就是杨载福击败太平军水营后的第一天，曾天养率部在城陵矶登陆，兵分三路对岳州发起反攻，正好与驻守在岳州北门的湖南提督塔齐布碰上。塔齐布也分三路迎击。

曾天养、塔齐布都是猛将，都喜欢单枪匹马向前冲，所以在这一场交锋中出现了小说中经常出现但实战中很少见的单挑场景。

曾天养首先出击，跨马提枪杀入湘军阵中，刺中塔齐布的战马。眼看塔齐布就要落马被曾天养斩杀，塔齐布身边的一位亲兵手拿长矛猛地刺向曾天养。曾天养只顾对付塔齐布，没提防半路杀出个程咬金，于是被塔齐布的亲兵刺翻在地，并被塔齐布割下了首级。

太平军士兵见主将阵亡，料想难以抵挡湘军，纷纷撤退。湘军迅速追击，击杀太平军八百余人。

曾天养是太平天国名将，号称除杨秀清以外最能打的太平军将领。他的阵亡，对太平军士气的打击相当大。

当时，湘军陆师的另一支劲旅罗泽南部驻扎在岳州北面的芭蕉湖一带，只有两营一千人。8月13日，太平军出动几千部队，将他们包围住。

眼看两营湘军就要遭遇灭顶之灾，罗泽南最得意的弟子李续宾站了出来。他想出了一个绝妙的驱逐太平军的计策。

李续宾找来几个哨官，命令他们迅速准备灯笼、火把各一千个。哨官们完全不明白李续宾的用意，却不敢违背李续宾的命令，只得赶紧去准备。

随即，李续宾独自一人悄悄地前往塔齐布营中，与塔齐布商定破敌计策。李续宾走后，塔齐布命士兵四处张贴援兵即将到来的安民告示。

这天夜里，李续宾命手下三百人带着部分灯笼、火把，悄悄地前往塔齐布营中。到达之后，会合塔齐布所派的五百人，点亮灯笼，点燃火把，浩浩荡荡地往李续宾营中前进。到达之后，将灯笼、火把熄灭，然后再像之前一样悄悄地前往塔齐布营中，接着又浩浩荡荡地回到李续宾营中。这些士兵来回跑了十几趟之后，李续宾才允许他们休息。

到了四更时分，李续宾命人叫醒他手下的所有士兵，命令他们赶紧修筑新的营垒。随后，李续宾让他们饱餐一顿，做出准备战斗的姿态。

凌晨的时候，太平军才发现湘军新建了许多营垒。他们联想起湘军到处贴援兵到来的安民告示以及昨天夜里湘军营中不断有人到来的情形，料定湘军大股援军已到，于是立即撤退。

原来，这一切都是李续宾布置的空城计。太平军被忽悠，失去了全歼湘军罗泽南部的最好机会。

自7月底岳州之战打响以来，太平军屡战屡败，太平天国高层对此很不满。为了夺回岳州，他们派出以石达开族兄石镇仑为首的一万九千名援军前往岳州战场。援军到来后，韦俊即率军主动寻求湘军决战。

湘军罗泽南部再次成为太平军的重点攻击对象。面对上万的太平军，罗泽南沉着冷静，决心运用以静制动的战术将他们击溃。

当太平军气势磅礴地向湘军营地发起猛攻的时候，罗泽南、李续宾和他们的士兵们都龟缩在营垒中，好像惧怕太平军一样。

太平军以为他们捏到了软柿子，却没想到这支湘军部队也和塔齐布所部一样，不是那么容易对付的。好几轮迅猛的进攻不能奏效后，太平军的气势就下去了。

突然，湘军营中喊杀声震耳欲聋。还没等太平军明白是怎么一回事，罗泽南、李续宾已经率领湘军士兵猛地冲杀了出来。太平军从来没见过这么凶悍的敌人，纷纷后撤。

罗泽南、李续宾奋勇追击，一直将太平军驱逐到十几里以外的地方，才停下脚步。此战湘军大获全胜。

与此同时，太平军的另一支部队对塔齐布所部发动了攻击。在塔齐布、周凤山的率领下，湘军士兵奋勇作战。太平军无机可乘，只得退去。

太平军未能击溃湘军，也就失去了战争的主动权。很快，他们就遭到了湘军的攻击。

8月21日，湘军分三路攻击太平军。塔齐布率部直捣太平军的大本营高桥，遭到太平军的猛烈炮击，不能前进。这时候，从周边赶来的太平军援兵陆续到达，将塔齐布所部围住。

眼看塔齐布所部就要被太平军灭掉，罗泽南、李续宾率部及时杀至太平军的背后。太平军只顾击斩当面的敌人，没料到会有湘军从他们背后杀来，于是遭受重创。这样一来，塔齐布所部也就安全了。

这时候，周凤山也率部杀了过来，击杀太平军近百名。三路湘军合兵一处，占领一处高地。太平军前来迎击，未能击溃湘军，只得退回高桥。

岳州之战前，作为职业军人的塔齐布一直看不起书生领兵的罗泽南。经过岳州城下的这几战后，塔齐布改变了他的看法。湘军水师中也有类似的情况。起初，作为职业军人的杨载福看不起书生领兵的彭玉麟，但经过湘潭、岳州等大战后，杨载福也逐渐认可了彭玉麟。塔齐布、罗泽南、杨载福、彭玉麟，就是湘军初期的四大名将。

曾国藩见太平军的注意力都集中了在陆路，水路空虚，于是命湘军水师主动出击，太平军水营遭遇重创。至此，太平军全线溃退的局面已不可扭转。至8月25日，太平军全部撤出湖南境内，岳州之战以湘军的胜利而告终。

千寻铁锁沉江底，湘军拿下田家镇

湘军攻克岳州后，随即将目标瞄准了湖北省城武昌。这是湘军第一次攻打大城市。塔齐布、罗泽南、杨载福这些湘军名将，将会交出怎样的答卷呢？让我们拭目以待吧！

自 6 月攻克武昌后，太平军就在城外构筑大量防御工事，以应对清军随时可能对武昌发起的进攻。太平军将防御的重点放在了城外江边一个叫花园的地方。他们在这里布置了三支军队，一支驻扎在江边，一支驻扎在湖边，还有一支驻扎在连接江和湖的大堤上。

在花园阵地前，太平军挖掘了一道宽二丈、长约三里的深沟。在沟的内侧竖立木城，堆积沙土作为掩体，在中间设置炮眼；在沟的外侧钉下许多木桩，在木桩外又钉下竹签，并在周围插满荆棘。木城之内，又设置有砖城、内壕，安置大炮百余门。这么严密的防线，真可谓是太平天国的"马其诺防线"了。

曾国藩的一些幕僚见太平军将主力布置城外，城内空虚，于是对曾国藩说："应该绕过花园，直取武昌。只要拿下武昌，北岸的汉阳、汉口可不战而下。"

李续宾反对这种看法。他说："敌军的精锐力量都布置在了城外，在城内的不过是几千老幼病残。如果我们集中全力进攻城内，那么城内的敌军肯定会弃城不守。到那时候，我们就不好办了。守城吧，会陷入敌军的包围中；不守吧，这城就白攻了。所以，直接进攻城内不是好办法。我的观点是：要想彻底拿下武昌，必须先消灭城外的敌军。一旦城外的敌军被消灭，城内的敌军将不战自溃。这样一来，武昌就将牢牢地掌握在我们的手中。"

曾国藩赞成李续宾的看法，于是召集塔齐布、罗泽南、周凤山等将领商讨消灭城外太平军的策略。

罗泽南从袖子中抽出自己绘制的地图，一边指着地图上的相应地点，一边分析形势说："从纸坊到武昌有两条大路。一条经过洪山，一条经过花园。敌军的精锐都聚集在了花园。如果我们经洪山攻打武昌，驻守花园的敌军势必会断我后路，我军将陷入前后夹击之中。很显然，这是不可取的。所以，我的观点是：集中全力进攻花园。只要拿下花园，武昌将不攻自破。至于洪山一路，只需布置少量兵力牵制敌军即可。"

曾国藩听完，看了看地图，沉思了一会儿，说："罗山兄所言甚是。"接着，他把目光投向塔齐布背后的周凤山，问："你怎么看？"

塔齐布只懂作战，不懂谋略，他军中的大小事宜，都由周凤山打理。周凤山并没有太大的才能，却深得塔齐布赏识。当时，塔齐布、周凤山所率领的湘军有八千人之多，而罗泽南只有三千人。曾国藩之所以问周凤山，就是希望他主动承担起攻打花园的重任。但是，这个周凤山并没有什么胆识，他不敢打硬仗。

罗泽南见周凤山推三阻四，甚为失望，大声说道："我的军队人数少，恐怕不能对付花园的强敌。但如果没有人敢打这一仗的话，我罗泽南愿意舍命一试！"

曾国藩被罗泽南的气势所感动，当即将攻打花园的重任交给了罗泽南，塔齐布的部队则作为牵制兵力，前往攻打洪山。

罗泽南将部下分为三部分，分别从江边、堤上、湖边进军。太平军凭借木城，猛烈轰击湘军。湘军损失惨重。

罗泽南很快找到了避开炮火的办法，他命令士兵匍匐前进。这样一来，湘军的伤亡就减少了许多。

李续宾带领着部分湘军士兵很快杀到太平军营垒前。突然，李续宾大吼一声，杀入太平军营垒中。湘军士兵紧随其后，奋力作战。很快，太平军重点设防的战略要地花园就落入了湘军的手中。

塔齐布站在高山上观战，见罗泽南的部队拿下了花园，就对一旁的周凤山说：

"罗山兄乃一介书生，尚且如此英勇，我们再不出击，岂不令人笑话？"于是，塔齐布率军杀向洪山。不一会儿，他们就拿下了洪山。

果然不出李续宾所料，花园和洪山失守后，太平军就失去了守住武昌的信心。在主将石凤魁的带领下，他们全部撤出了武昌。随即，武昌落入湘军之手。

咸丰皇帝接到收复武昌的奏报后，喜形于色，对身边的某位军机大臣说："没想到曾国藩一介书生，竟能立下这么大的功劳！"

这位军机大臣听后，提醒咸丰皇帝说："曾国藩只是个在籍侍郎，登高一呼，从者万人，对于国家来说恐怕不是好事。"当时的朝廷中枢中，像文庆那样主张重用汉人的毕竟是少数，更多的重臣还是主张压制汉人。

咸丰皇帝在这位军机大臣的提醒下，开始猜忌曾国藩。当曾国藩上奏请辞刚刚获得的湖北巡抚一职时，咸丰皇帝就坡下驴，改任陶恩培为湖北巡抚，同时命曾国藩以兵部侍郎的身份，带领湘军东征。此时的曾国藩或许没有想到，正是这次与督抚实权的失之交臂，在日后会使他陷入长达四年的被动局面中。

太平天国东王杨秀清得知武昌失守后，大惊，将湖北军事交给燕王秦日纲处理。秦日纲受命后，即由九江前往湖北、江西交界的田家镇、半壁山一带设防。

田家镇位于湖北、江西交界处，是长江上的一处重要据点。田家镇对岸，有座半壁山，高耸在长江边。此处的长江，不仅狭窄，而且是个急转弯。种种地理特征，造就了田家镇这个长江上的天险。秦日纲选择此处作为阻击湘军东进的战场，是相当明智的。

虽然时间仓促，秦日纲还是抓紧时间，布置起了一道看起来相当稳固的防线。在秦日纲的指挥下，太平军在北岸筑起木城多座，安设炮位；在南岸的半壁山上筑营五座，在营垒前挖掘了一道三四丈宽的深沟，引水灌之，在沟的内侧竖立炮台、木栅，在沟的外侧钉满竹签、木桩；在田家镇与半壁山之间的长江中，架起铁链六条，在铁链的西侧排列战船三四十艘，在铁链的东侧排列民船五千余艘。

很快，负责攻打半壁山的湘军陆师部队就兵分两路杀向半壁山。罗泽南率所部驻守在半壁山下，塔齐布率所部驻守在军山嘴。两军相距十余里，中间是一条小河。

为了与罗泽南所部取得联系，塔齐布派人搭建浮桥。桥还没修好，数千太平军就杀了过来。与此同时，原本驻守在江中船上的数千太平军、从北岸渡江过来的数千太平军以及驻守在半壁山营垒中的数千太平军，全部出动，气势雄壮地向湘军杀了过来。

几路太平军人数加起来，在三万左右，而罗泽南所部湘军，只有二千六百人。对于湘军来说，这是一场敌众我寡的较量。

罗泽南登上高山，眺望太平军营中。当他看到太平军漫山遍野地向前推进的时候，他知道，要想打赢这一仗，还是得靠以静制动。于是，他下令道："全军隐伏，没有我的命令，谁也不准出击！"

罗泽南所部虽然是精兵，但也并非全是好汉。在蜂拥而至的太平军面前，他们中的极少数人害怕了，其中有三人甚至做出了临阵脱逃的举动。

李续宾派人追上这三人，将他们绑到军队前。湘军的原则是兵归将选，兵为将有，所以士兵大多与将官沾亲带故。这三人与李续宾的关系就很密切。从情感上来说，李续宾决不愿大义灭亲。然而，他明白，不杀掉这三人，军心就不能稳定，也就不可能打胜仗。于是，李续宾抽刀亲自砍杀了那三人，然后对着士兵们大声喊道："这就是做逃兵的下场！"

李续宾的这一行为对那些妄图脱逃的士兵来说，是一个极大的震撼。于是，军心稳定了下来。大家都按照罗泽南的命令，隐伏在阵地中。

秦日纲见当面的湘军人数不足三千，以为胜券在握，命太平军猛烈进击，却始终找不到湘军决战。这样过了一两个时辰后，太平军的士气就下去了。

突然，湘军营垒中喊声大作。紧接着，一个个湘军士兵像出山的猛虎一样迅猛地向太平军阵中杀去。太平军抵挡不住，纷纷向半壁山上撤退。

湘军士兵大多是农民出身，爬山是他们的长项，所以，险峻的半壁山根本难不倒他们。很快，湘军士兵就杀上了半壁山顶。太平军士兵无路可逃，纷纷跳崖，其中不少人撞到石头上，挂到树上，掉到江中，失去生命。只有极少数人保住性命，凫水逃至江中船上。

少数太平军没有选择跳崖，而是趁乱跑到半壁山下，寻找船只撤离。湘军士兵见状，一边高喊，一边从半壁山上冲下，追杀他们。太平军胆气已丧，秩序大乱。不少救援船只由于太平军抢着往上登，承受不了重量，很快沉没。还有几十艘救援船只没来得及开船，就被湘军杀入。少数得以开动的救援船只，也因为船夫被湘军震耳欲聋的喊杀声所吓倒，两腿打战，不能正常摇桨，耽误了逃离时间，最终被湘军的火弹、火箭焚毁。

湘军攻克半壁山后，用绳索吊着士兵，放下悬崖，将太平军在长江南岸的铁索砍断。但太平军依旧凭借着数千艘船只，牢牢地控制着北岸的铁索。

这时候，彭玉麟已经伤愈复出。湘军水师的前敌指挥是彭玉麟和杨载福。他们两人在得知罗泽南攻克半壁山后，决心凭借水师的力量冲破田家镇。彭玉麟制订了一个兵分四路（以一路保护大本营，三路进攻）、火烧铁索的作战计划，得到了曾国藩的认可。

彭玉麟手下一个叫孙昌凯的人被推到了风口浪尖上。这人是铁匠出身。按照彭玉麟的规划，这人将带领第一路湘军水师，完成最关键的砍断横江铁索的任务。彭玉麟自己则率第二路湘军水师，掩护孙昌凯的行动。

临行之前，彭玉麟对孙昌凯说："不要开炮，也不要抬头看。直奔铁锁上面，将其熔断。等敌军反应过来开炮的时候，你的船队已经顺流而下了。我亲自为你抵抗敌军的战船。"

孙昌凯应诺，随即率船队向下游驶去。彭玉麟所率领船队跟在后面，随时准备接应。

驻守在铁链西侧战船上的太平军，自以为防线无懈可击，颇为松懈。面对湘军水师的突然袭击，他们很快就乱了阵脚。

趁着太平军出现慌乱的短暂时间，孙昌凯率部杀至铁链旁，一边命士兵砍断太平军战船与铁索之间的铁钩，一边亲自鼓动风箱，熔炼铁索。不一会儿，铁索就被熔断。本来依托于铁索的众多太平军民船，在水流的冲击下，纷纷向东漂去。

这时候，太平军战船上的士兵才反应过来，纷纷向孙昌凯率领的船队开炮。彭玉麟在后面看到这一情形，连忙命手下士兵开炮还击。太平军战船不多，大炮又落后，因而他们的火力很快被湘军水师压制住。孙昌凯毫发无损，率部顺流而下，追击太平军。

杨载福在后面见彭玉麟等人得手，迅速率领第三路湘军水师，顺流直下，从铁索断裂处冲过，一直驶到田家镇下游三十里的武穴一带。此时漂流到此处的太平军民船上的士兵，见突然杀出这么一支船队来，非常惊愕。为了保存性命，他们纷纷跳入江中，试图游回北岸。

杨载福见太平军不战自乱，迅速掉转船头，逆流而上，一路抛掷火把，焚烧太平军民船。这时候，彭玉麟已经率部将太平军战船全部击毁。随即，彭玉麟率领船队顺流直下，和杨载福所部一样，到处焚烧太平军民船。

湘军水师的舢板船非常灵便，往来太平军船只之中，四处放火，大火腾空而起，太平军苦心征集的几千艘民船全部被焚毁。田家镇水战，以湘军水师的胜利而告终。

自湘潭之战以来，太平军除了在靖港、城陵矶两战中挫败湘军外，没有取得其他值得一提的胜利。这其中的原因是多方面的。其中最重要的一个原因是，太平军水营战船太少，大炮落后，无法抵御湘军水师的进攻。太平军要想扭转屡战屡败的局面，必须尽快想办法改变水营的现状才行。

第五章　赣鄂相持

石达开给了湘军当头一棒

湘军自湘潭之战后，屡战屡胜，仅仅用了半年多的时间，就将太平军驱逐出了湖南、湖北。连续的胜利麻痹了曾国藩、彭玉麟等湘军将帅本该紧绷的神经。轻敌自负的他们普遍认为，照当前的形势发展下去，再过半年他们就将杀进江宁城，割下洪秀全的首级。

只有少数人还保持着清醒的头脑。当时掌握着湖南军政大权的左宗棠，就是其中一个。他写了好几封信给曾国藩，劝他不要轻敌冒进。当时的曾国藩正在兴头上，完全没有在意左宗棠的劝告。

左宗棠又写信给湘军重要将领罗泽南。罗泽南接受了左宗棠的劝告，回信说：“也许你会认为我们是在讳疾忌医，但事实上，我身在军中，又怎会不知道军队已经成了骄兵？即便像伊尹、吕尚那样建立丰功伟绩，也不过是过眼云烟，更何况湘军取得目前这么点成绩，就用了两年多呢？这有什么好骄傲的呢？”罗泽南虽然意识到了问题，但他孤掌难鸣，无法阻止湘军的冒进。

与此同时，太平军方面也发生了一些变化。太平天国的杰出将领石达开和曾国藩一样，是一个善于总结经验的人。他仔细分析了太平军与湘军的历次战斗，总结出了失败的最主要原因。于是，他开始改造太平军水营，一边仿照湘军水师制造战船，一边整训军队。湖口之战爆发前夕，石达开手下已经有了一支强大的足以与湘军水师对抗的水营部队。湘军对太平军的变化毫无察觉。他们将为此付出重大的代价。

田家镇之战后，湘军水师重要将领杨载福留在武穴养病。彭玉麟成了湘军水师的前敌总指挥。彭玉麟擅长谋划，但临战能力不如杨载福强，而且生性自负、急躁。彭玉麟的这些弱点，在即将开始的大战中，将被石达开充分利用。

得知湘军水师东进后，太平军即在赣江上流准备小船百余艘，在船中堆积柴草，中间撒满火药，并浇上灯油。当湘军水师推进至湖口的时候，太平军将这些船点燃，让它们顺流直下，冲出湖口，撞向湘军水师。太平军水营士兵驾驶战船，跟在这些船的后面，施放火箭、火球，攻击湘军水师。

湘军水师士兵见火船向他们冲来，连忙拿起竹篙，将火船推向中流。这样一来，太平军的火船全部顺着江流东下，没能烧到湘军战船。太平军水营士兵的进攻，也被湘军化解。湖口之战湘军与太平军的第一次交锋，湘军获胜。

此后，太平军针对彭玉麟急躁的性格弱点以及曾国藩等人急于求胜的心理，对湘军进行了心理战。每天夜里，太平军都派出一千余人，在岸上将火箭、火球抛向湘军战船，并大声叫喊。湘军水师将士因此彻底不得安睡，精神状态很差。彭玉麟更是咬牙切齿，恨不得活吞了石达开。

除了心理战外，太平军还在鄱阳湖口设置木簰数座，以对抗湘军水师的进攻。木簰的四周有木城，木城的中间是望楼。木簰、木城、望楼结合在一起，就像漂浮在水上的城堡一样，非常雄伟。木簰的背后，是太平军仿照湘军水师战船制造的新式战船。

太平军精心设计的防御工事阻挡了湘军水师的前进。彭玉麟急火攻心，茶饭不思，却依旧等不到胜利的消息。

一直到 1855 年 1 月 23 日这天，彭玉麟才得到好消息。在这一天的战斗中，湘军的炮火击中了太平军木簰上的火药箱。

随着一声巨响，大火腾空而起，迅速烧掉了木簰当敌的一面。但在木簰的背面，英勇的太平军战士依旧在开炮。木簰旁边望楼上的太平军士兵，更是屹立不动，英勇抗击湘军的进攻。直到木簰被烧光，望楼倾倒，这些太平军士兵才跳入水中，游回到岸上。

湖口之战是湘军与太平军的第二次交锋，胜利者依旧是湘军。湘军每胜一次，急于求胜的心理就增强一分。石达开要的就是这种效果！

木簰被湘军击毁后，石达开迅速采取行动，下令将大船凿沉，封锁鄱阳湖口，仅仅留一个隘口出入。

1 月 29 日这天，湘军水师将领萧捷三、黄翼升等率领着长龙、舢板一百二十余艘，载兵两千人，在湖口外巡视。忽然，他们发现前面湖中有不少太平军的运粮船。

之前，彭玉麟曾建议主动袭击鄱阳湖内太平军的运粮船，以断绝湖口太平军的粮食供给，使他们不战自溃。但这一策略遭到了其他湘军将领的反对。萧捷三、黄翼升一直为彭玉麟的计策得不到实施而惋惜。所以，当他们面对太平军运粮船的时候，便毫不犹豫地选择了按照彭玉麟的计策去做。一百二十艘湘军战船、二千名湘军士兵，就这么被萧捷三、黄翼升带着，从隘口处冲入了鄱阳湖。

见湘军水师杀来，太平军士兵连忙驾驶运粮船逃跑。萧捷三、黄翼升率部快速追击。不一会儿，萧捷三、黄翼升的船队就深入二十多里，来到了姑塘一带。

这时候，萧捷三、黄翼升才预感到前面的运粮船可能是诱饵，目的是引诱他们深入，然后困住他们。于是，他们赶紧率领船队往回撤。然而这时候，一切都晚了！太平军已经将隘口封锁，并且在出口处布置了严密的火力网。萧捷三、黄翼升，连同一百二十余艘湘军战船、两千名湘军水师士兵，都被困在了鄱阳湖当中！

由此，湘军水师被分割为外江、内湖两支。在外江的湘军战船，主要是长龙、快蟹等用来装载物资的大船。这些船没有舢板的协助，是无法单独作战的。

石达开抓住了这一千载难逢的破敌良机。他命一些部下驾驶数十艘战船，围攻停泊在长江内的湘军大船，又命另一些部下驾驶数十艘小划，冲入湘军营中，火烧湘军船只。同时，石达开命驻扎在两岸的太平军抛掷喷筒，协助水营作战。

这个晚上，太平军大获全胜，焚毁湘军战船数十艘。湘军水师被迫退至九江附近的江面上。

曾国藩紧急征调正在养病的杨载福。2月3日，杨载福率领战船从九江往湖口前进，正好碰上逆流而上的太平军水营。两军血战一番，最终湘军获胜。太平军水营退回湖口，上升的势头暂时得到遏制。

稍作休整后，石达开再次发动对湘军水师的攻击。2月11日深夜，没有月光，四周漆黑一片。太平军利用黑暗，驾驶着数十艘小划，悄悄地逼近湘军水师大营。

此时的湘军将士，大多已经进入梦乡。突然，他们被船外震耳欲聋的喊杀声惊醒。当他们迅速穿好衣服，迈出船舱观望的时候，迎接他们的是太平军的喷筒、火箭。遭遇突然袭击的湘军，纷纷溃散。

曾国藩乘坐的拖罟特别大，在湘军战船中特别显眼。太平军对其发起了猛烈的袭击。曾国藩只得迅速逃离。

或许是从半壁山、田家镇的辉煌突然跌落到失魂落魄的境地令曾国藩难以接受，他再次跳水自杀。当然，这一次还是有人将他救起。随后，他的亲兵们簇拥着他，登上一条小船，逃到罗泽南军营中。

湖口之战是石达开军事生涯当中最辉煌的一战。在这一战中，不仅湘军水师两大名将之一的彭玉麟完败于他，就连湘军统帅曾国藩都差点成了他的俘虏。这一战，让湘军上下记住了石达开。即便是左宗棠这样自负的人，都非常佩服石达开。这是其他太平军将领绝对享受不到的待遇。

第二天，曾国藩刚从惊吓中恢复过来，他的结拜弟兄刘蓉就跑出来对他说："外江、内湖两支水师不能会合的话，湖口将永远攻不下来。四天之后就是除夕，敌军防备必定空虚。这是我们攻下湖口，救出内湖水师的最佳机会。"

于是，曾国藩召集杨载福、彭玉麟、塔齐布、罗泽南等将领商议。水师方面的将领认为罗泽南所率领的中营战斗力不行，主张由李续宾率领右营，配合塔齐布的部队，前往攻打湖口。

罗泽南擅长思想教育，作战能力并不强。他之前取得的许多胜利，绝大多数是靠李续宾打出来的。所以，水师方面的将领不愿罗泽南出战。

湘军士兵们刚刚经历惨败，心理阴影仍在，不愿再战。他们将意见反映到李续宾那里。于是，李续宾反对出兵。

湘军将帅们整整议论了三天，还是没能达成一致看法。最后，曾国藩不得不使用主帅的权力，逼迫塔齐布、李续宾出兵。

李续宾愤然说道："出兵的建议，虽然是霞仙（刘蓉，号霞仙）提出来的，但是下令出兵的，是涤帅。涤帅奉皇上谕旨，东征讨贼。如果我不听他的，就是藐视朝廷。这不忠之名，我李续宾不能背负！"于是，大家定下了出兵的计划。

2月16日，塔齐布、李续宾各带一千人前往攻打湖口。士兵们愤恨不已。刚离开营垒，就有人扬言说："本想今天是除夕，可以好好地休息一天。没想到，却被那些鸟人给扫了兴！老子今天就是要故意打败仗，让那些鸟人闭嘴！"

诸如此类的话很快在湘军士兵中传播开来，大家都没了打仗的心思。终于，有人冒着被砍头的危险，带头逃跑。其他湘军士兵见状，也一哄而散。塔齐布、李续宾根本拦不住他们。

一开始，太平军不明白湘军在干什么。等了许久后，他们才意识到这是消灭湘军的良机，于是倾巢而出，向湘军杀来。

这天夜里，湘军士兵都回到了营中，并无伤亡，只是湘军将领塔齐布、李续宾始终不见人影。

李续宾的部下以为主将遭遇不测，纷纷找刘蓉算账。这时候的刘蓉，早已经躲到了水师中。士兵们找不到刘蓉，就围住曾国藩的中军大帐。就在士兵即将哗变，曾国藩即将遭遇不测的时候，李续宾回来了。

当天，由于士兵们都已经跑光，李续宾和塔齐布被甩在最后，被太平军重重包围。李续宾差点被太平军砍杀。危急时刻，是李续宾的坐骑救了他。这匹马，不但跑得快，还能跃过很宽的河。最终，李续宾借助宝马的力量，逃出了重围。

与李续宾一样，塔齐布也差点丧命。逃出重围后，为了躲避太平军的抓捕，塔齐布在老百姓家中躲了三天，之后才回到军中。

日后，湘军统帅胡林翼在总结这一段历史的时候，认为湘军输在彭玉麟的急躁和刘蓉的狂妄上。彭玉麟急躁，以致中了石达开的诱敌深入之计，致使一百二十艘战船陷入鄱阳湖中。刘蓉狂妄，在完全没有取胜可能的情况下，建议湘军出兵，差点导致塔齐布、李续宾丧命。

九江、湖口一带接二连三的失利，对于湘军来说，还不是最致命的。石达开还有更厉害的招数！

之前，湘军离开武昌东进，由于推进速度过快，在武昌至九江间留下的兵力太少。当时驻守在这一区域的，只有湖广总督杨霈率领的五千清兵。石达开利用清军的这一致命失误，派秦日纲等统兵西上，攻打湘军的后路，即武昌至九江间的广袤土地。

如果杨霈是个厉害角色，清军的这一失误也就算不得什么，太平军也不可能取得太大的战果。事实与此相反。杨霈这个人虽然官位高，却是一个废物。就在塔齐布、李续宾出击湖口的同一天，驻守在湖北广济、正在欢度除夕佳节的杨霈所部，被突然杀到的太平军一窝端了。

太平军乘胜西上，迅速攻克汉口、汉阳。曾国藩闻讯后大惊，立即派湘军水师将领李孟群、彭玉麟等人率领外江水师前往湖北。

李孟群自参与镇压李沅发起义后，一直在广西做官。太平天国金田起义的时候，他正是金田村所在的桂平县知县。因为这层原因，李孟群成了湘军将领中最早与太平军交手的一位。当时，李孟群是很能打的。因为战功赫赫，他升官很快。

后来，曾国藩创办湘军水师时，李孟群奉命带广西水师前来支援。城陵矶之战后，李孟群与杨载福、彭玉麟并列为湘军水师三大统帅。在攻取武昌的战斗中，李孟群表现优异。后随曾国藩东进。此时，他与彭玉麟一起回援湖北。湘军水师的另一名将领杨载福则回到湖南，督造战船，训练军队，为援助湖北做准备。

与此同时，湘军陆师的一支重要军队也向武昌开去。他们的领袖是日后赫赫有名的湘军统帅胡林翼。

胡林翼自镇压李沅发起义后，一直在贵州做官。后来，他奉当时的湖广总督吴文镕之命，率部前往湖北。但他还没到湖北，吴文镕就已经身亡。正当胡林翼进退失据的时候，曾国藩向他伸出援手。从此以后，胡林翼就加入到了曾国藩湘军的行列中。在攻取武昌的战斗中，胡林翼表现优异。之后，他随曾国藩东进。此刻，他率部回援湖北。

湘军的回援并没能挽救湖北的危局。4月3日，太平军三克武昌。清廷闻讯后，命胡林翼署理湖北巡抚，命李孟群担任湖北按察使，负责攻打武昌。胡林翼、李孟群能完成这一艰巨的任务吗？

临江，盘活江西的胜负手

湖口之战是一个重要的转折点。之前，湘军一路凯歌高奏，仅仅用了半年多时间，就将太平军逐出了湖南、湖北。之后，湘军流年不利。曾国藩主导的江西战场尤其悲惨。

自年初湖口战败后，曾国藩遭受的第一个大打击是塔齐布的去世。这对曾国藩来说，不仅意味着失去了一员虎将，更意味着失去了一个减轻朝廷疑忌的重要手段。此后，清廷指派官文坐镇上游，监视湘军，给湘军造成了很大的麻烦。

塔齐布勇猛有余，谋略不足，因而手下多匹夫，少战将。这与湘军陆师另一位名将罗泽南完全不同。罗泽南麾下名将甚多，尤其出色的李续宾、李续宜、蒋益澧等人，后来都成了独当一面的大将。

周凤山虽有些谋略，但生性怯懦，临事优柔寡断，也不是将才。这样的一个人，带着一群匹夫，很显然是不能打胜仗的。所以，在塔齐布逝世后，他生前率领的这一支曾经打过不少胜仗的军队，就不可避免地走向了败亡。

塔齐布去世不久，水师方面又传来噩耗。湘军内湖水师统帅萧捷三在攻打湖口的战役中阵亡。湘军又损失一员虎将。

湘军内湖水师虽然被困在鄱阳湖内，但依旧比太平军水营强。萧捷三、黄翼升等人面临的首要问题，不是生存，而是冲出湖口，重获自由。

曾国藩决定发起对湖口的进攻。刚成军不久的湘军陆师李元度部被他推上战场。他们的任务是配合湘军水师的行动。

1855年9月4日，这是曾国藩与李元度等人约定攻打湖口的日子。这一天，北风劲烈，巨浪滔天，并不利于湘军水师作战。但急于攻克湖口的曾国藩不想改变攻击时间。

萧捷三、黄翼升见李元度所部已经兵临湖口城下，指挥湘军水师奋勇向前。太平军首领见状，连忙派出战船迎敌。

湘军水师开炮，猛击太平军战船。太平军并不后退。于是，萧捷三、黄翼升命湘军水师轮番出击。湘军战船冲入太平军阵中，往来冲杀。如此交战几个回合后，湘军水师并没有占到什么便宜。

眼看战斗就要失败，湘军内湖水师统帅萧捷三焦急万分。突然，他站到船头，举起军旗，高声喊道："狭路相逢勇者胜！是好汉的，就跟我冲！"说罢，命手下开动战船，直冲太平军阵中。湘军士兵们见主将如此勇猛，也纷纷开动战船，往太平军冲去。

驻守在两岸高地上的太平军见湘军发起了总攻，连忙集中炮火猛烈轰击湘军水师。萧捷三正在指挥战斗，突然，一颗炮子向他袭来。接着，他便倒在了战船上。

黄翼升见萧捷三阵亡，异常愤怒，高喊着为萧捷三报仇的口号，命手下开动战船，杀入太平军阵中。湘军士兵们纷纷驾驶战船，向太平军冲去。

太平军见湘军的攻势很猛，便撤退到岸上炮火能够保护的区域内。湘军发起多轮攻击，都以失败告终。

突然，湘军水师的一艘长龙船失火，滚滚黑烟，腾空而起。太平军见状，估计湘军已经溃乱，于是倾巢而出，围攻湘军水师。

湘军水师士兵见到这一幕，高兴得不得了。之前，太平军一直退缩防守，湘军拿他们没办法。现在，他们主动杀出来，事情也就好办了。

当太平军杀到湘军水师面前的时候，他们后悔了，因为湘军水师不仅没有乱，反而像一匹匹饿狼一样咬向了他们。他们抵挡不住，连忙撤退。于是，湘军水师一鼓作气，冲出了湖口天险。

湘军内湖水师虽然冲出了湖口，但两岸的太平军并未遭受重创。在这种情况下，湘军内湖水师留在长江中很危险。于是，曾国藩命他们依旧回到鄱阳湖中。

9月4日这一仗，湘军折了大将萧捷三，却没有完成战略目的，显然是失败的。这是自年初湖口战败后，曾国藩遭受的第二个大打击。

紧接着，第三个大打击也降临到曾国藩身上，那就是湘军陆师名将罗泽南请求回援湖北。塔齐布去世后，湘军陆师的真正名将就只剩下了罗泽南。曾国藩只能指望他帮助自己稳定江西局面。可是现在，连罗泽南也想离开。如果失去罗泽南的帮助，曾国藩还能靠谁守江西呢？

罗泽南想要回援湖北，并不是一时的心血来潮，也不是见曾国藩落难就弃他而去。回援湖北，这是罗泽南、李续宾等许多人的共同想法。就连曾国藩本人，也认为应该这么做。

早在武昌刚刚失陷的时候，李续宾就写信给曾国藩说："湖口虽然险要，但并非不可攻破。只是攻破之后没有人能够守住，终归还是会被敌军占领。武汉三镇雄踞长江上游，又是粮饷的来源地，比湖口重要得多。攻克武汉，不但可以堵塞敌军进入四川的道路，也可以高屋建瓴，掌握东南的命脉。这是战胜敌军的根本大计。"

后来，罗泽南也写信给曾国藩说："武汉、湖口都是战略要地。攻克湖口，就可以将敌军的运输线长江拦腰斩断，使他们上下不能相顾。攻克武汉，则可以雄踞长江上游，令下游敌军得不到充足的物资补给，逐渐穷蹙。相对而言，武汉更为重要。能保住武汉，就能保住湖北周边省份。保住湖北周边省份，就能逐渐向下游发展，直到夺回全部失地。"

曾国藩虽然赞同罗泽南、李续宾的看法，但他并不想放弃攻打湖口。直到9月4日战败后，曾国藩才最终决定暂缓攻打湖口。不久后，曾国藩就做出命罗泽南所部回援湖北的决策。

曾国藩的结拜兄弟刘蓉担心他的安危，对他说："湘军陆师可以依仗的大将只有智亭（塔齐布，字智亭）、罗山兄二人。现在智亭已故，诸将可以依仗的，只有罗山兄一人。涤兄如果命他回援湖北，将来一旦有危险，靠谁来支撑局面呢？"

曾国藩长叹一声，道："我也知道这些，但是从东南大局考虑，只有这样才是最佳选择。让他们和我一起困在江西，没有用。还不如让他们去湖北。如果他们有幸攻克了武昌，天下事尚有可为。这样一来，我虽然被困在江西，也是光荣。"

不久后，罗泽南即率部前往湖北。临行前，曾国藩的另一位结拜兄弟郭嵩焘对罗泽南说："涤兄兵少，不足以应付江西困局。罗山兄还是留下来保护他吧。"

罗泽南仰望天空，长啸一声，然后道："如果上天不要本朝灭亡，则涤生一定不会有事。你不要担心。"

有人去，也有人来。来的这位名头也不小，他就是湘军水师重要将领彭玉麟。萧捷三战亡后，湘军内湖水师由黄翼升暂时统率。曾国藩担心黄翼升不能胜任，于是调当时在衡州老家养伤的彭玉麟前来江西统率内湖水师。

当时的江西，绝大多数府县已经被太平军占领。彭玉麟只得取道广东、福建前往南昌。一路上，要经过不少太平军把守的关卡。彭玉麟装作乞丐，骗过了所有把守关卡的太平军。

到南昌城下时，守城门的清军不知道他是彭玉麟，厉声呵斥。彭玉麟于是亮出身份，吓得那些人赶紧去报告巡抚以及曾国藩。

曾国藩得知彭玉麟到来后，赶紧出来迎接。当他听完彭玉麟冒着生命危险穿过太平军防区的传奇故事后，紧紧地抱住了这位与自己颇为投缘的血性汉子。从此以后，彭玉麟备受曾国藩赏识。

这时候，南昌西边的瑞州府、临江府都被太平军攻占。这两地离南昌都只有一二百里，对南昌构成了重要威胁。于是，曾国藩命周凤山率部先攻瑞州，后剿临江。

周凤山不同意曾国藩的看法，他对曾国藩说："临江府的樟树镇，西通临江、瑞州，东通抚州、建昌，是最重要的战略要地。临江、瑞州在赣江以西，与省城隔着一条江，还可设法防守。但樟树镇在赣江以东，敌人占据此地，即可长驱直入南昌城下。这样一来，省城会更危险。我建议先攻樟树镇，后剿临江。"

周凤山的这一看法是不错的。如果说周凤山还有一点可取之处的话，就是这点地方。曾国藩反复思索后，觉得周凤山的看法正确，于是命他进军樟树镇。

太平军得知清军前来，连忙布置樟树镇防守。在镇西南扎营五座，高墙深壕，密钉竹签，以阻击湘军陆师；在镇东北搭建浮桥，修筑营垒一座及炮台多处，以阻击清军水师。

周凤山率领湘军陆师前往攻打镇西南的太平军营垒。诸将奋勇当先，枪炮刀矛一齐施展，与太平军展开血战。太平军中有一种藤牌兵，最骁勇善战。湘军的多次进攻都被这些藤牌兵化解。

周凤山在出兵之前就知道太平军中的藤牌兵最厉害，所以预先准备了专门对付藤牌兵的钩镰枪。周凤山命湘军士兵手持钩镰枪，向太平军阵中冲去。

果然是一物降一物，在钩镰枪面前，藤牌完全失去了效用。不一会儿，太平军中的藤牌兵就被斩杀殆尽。其他的太平军见状，连忙撤退。湘军取得了胜利。

与此同时，清军水师对樟树镇东北发动了攻击。由于缺乏陆师的接应，清军水师与太平军对攻许久，未能取胜。

后来，清军水师不得已，只得派出部分士兵登岸作战。这些士兵登岸后，绕到太平军营垒的背后，抛掷火弹、喷筒。很快，太平军营垒就燃起了大火。清军士兵趁势攻入。太平军纷纷撤退。

随后，太平军在岸上修筑的炮台也都被湘军捣毁。从营垒及炮台逃出的太平军或逃入村庄，或抢渡浮桥，一片混乱。

将岸上的太平军解决后，清军水师才从水上发动进攻。他们将战船排成一字，发射炮弹猛轰浮桥。太平军抵挡不住，纷纷撤退。于是，清军水师冲杀过来，砍断浮桥，并烧毁太平军船只百余艘。

攻克樟树镇的这一仗，周凤山打得相当漂亮。曾国藩大受鼓舞，命周凤山再接再厉，迅速攻取临江。

事实上，这时候的临江城中并无太平军。周凤山手下的两员将领毕金科、朱洪章，就曾过赣江探查，掌握了临江城中没有太平军的重要信息。他们向周凤山报告，请求周凤山迅速进兵攻占临江。然而，周凤山生性怯懦，不敢冒险，他否决了毕金科、朱洪章的建议，并且斥责他们年少冒昧。

此后不久，事情发生了重大变化。由于太平军猛攻樟树镇南边的吉安府，江西省内的不少官员，尤其是被围困在吉安城中的官员，迫切希望周凤山逆赣江而上，解吉安之围。周凤山于是改变进攻临江的既定计划，率军逆赣江而上，前往吉安。

石达开得知湘军南下后，立即在湘军背后的赣江上搭建浮桥，切断了周凤山所部湘军的归路。

周凤山得知这一消息后，知道中了声东击西之计，于是连忙召集营官商量对策。

毕金科埋怨周凤山之前不听从他的计策，以致造成今天的困难局面，于是没好气地说："事已至此，请统领乾纲独断。"

周凤山见部将不肯为自己分忧，号啕大哭，一边哭一边说："我完全没有主见。还请诸位帮我主持大局。"

于是，朱洪章进言道："如果我们继续前往吉安，一旦敌军在渡口设置重兵，我们进不能解吉安之围，退不能回樟树镇，必然全军覆没。现在，敌军虽然在后面搭建浮桥，但短时间内，难以建成。如果我们迅速进击，一定能将浮桥毁灭。"

大家都认为朱洪章的办法可行。于是，湘军掉转方向往回走。湘军一来一回，耽搁了二十多天，既失去了攻占临江的绝佳机会，也没有解吉安之围，更给了太平军从容布置兵力以逸待劳消灭湘军的时间，在战略上完全失败。

当湘军回到樟树镇的时候，太平军已经做好了充足的战斗准备。面对这种局面，毕金科和朱洪章主张固守。周凤山急于取胜，否定了毕金科和朱洪章的建议，命所部出击。结果，刚遇上太平军，经过长途奔袭疲惫不堪的湘军就败下阵来，纷纷溃逃。湘军名将塔齐布辛辛苦苦打造出来的这一支精兵，就这么被周凤山葬送了。

周凤山逃回南昌。曾国藩大怒，命人摘除他的顶戴。此后，作为湘军初期重要将领的周凤山再无辉煌战绩，逐渐淡出了人们的视野。

周凤山兵败樟树镇，给湘军带来了严重的后果。石达开认为，照这种趋势发展下来，太平军很快就能攻克南昌，俘杀曾国藩，占据整个江西。然而，历史并没有按照石达开预想的那样发展下去。从湖南、湖北不断前来的援赣军，逐渐吞食了太平军占领的土地。

援赣军主要有三支，其中两支由湖南派出，一支由湖北派出。其中的主力是湘军名将刘长佑率领的援赣军。

刘长佑自攻克庐州后，回到湖南，后来参与镇压湘南的小股农民起义军。曾国藩被困江西后，骆秉章、左宗棠准备派出援赣军。刘长佑被他们任命为援赣军的首领。

跟随刘长佑前往江西的，有许多日后的湘军名将，其中最著名的是席宝田和刘坤一。

席宝田是湖南东安人，早年与江忠源、刘长佑一起就读岳麓书院。和大多数湘军名将一样，席宝田也鄙视科举，喜欢研究经世致用的舆地、兵家之学。

当时，正值社会大乱之前，各种征兆已经显露出来。腐败无能的清朝官吏却依旧花天酒地。一次，席宝田叹气说："什么时候也让我做做知县，改变一下这种局面啊？"

刘长佑听完，呵呵一笑，道："你的志向不小嘛！我刘长佑是碌碌无为的人，能够做个教书匠养活妻儿就满足了。"刘长佑性格谦逊，所以他会这么说。

曾国藩在长沙练兵的时候，席宝田曾经写信给他谈论兵事，得到了曾国藩的赞赏，但当时席宝田并未出山襄助曾国藩。直到1856年刘长佑率兵援赣，席宝田才走上带兵打仗的人生道路。日后在中法战争中协助冯子材取得镇南关大捷的湘军名将苏元春，即出自席宝田麾下。

说完席宝田，再来说说刘坤一。作为刘长佑最重要的学生，刘坤一一直想跟随老师东征西讨，但他的父亲反对他带兵，希望他通过传统的科举考试之路谋取功名富贵。所以，刘坤一一直未能走上带兵打仗的人生道路。

1855年，刘坤一父亲病逝。这意味着刘坤一终于可以选择属于自己的人生道路了。刘长佑率兵援赣的时候，刘坤一虽然还在守孝期间，但已经迫不及待想要出山了。于是，他不顾世人的非议，毅然跟随刘长佑前往江西，成为刘长佑的得力助手。

第二路援赣军由曾国藩的弟弟曾国荃率领。与性格严谨、喜欢克制欲望的曾国藩不同，曾国荃热情奔放，相对而言更加可爱。

一开始，曾国荃并不被曾国藩看好，但很快曾国荃就用优异的表现回击了曾国藩的偏见。他考取了优贡生，成了五兄弟当中除了曾国藩以外学历最高的一位。在带兵打仗上，他也很快超越了一直被曾国藩看好的哥哥曾国华。

1856 年 3 月 1 日，石达开率部攻陷吉安府城，吉安知府被杀。此后很长一段时间，清廷都没有找到担任吉安知府的合适人选。直到这年秋天，清廷才任命与湘军渊源很深的黄冕担任吉安知府。

这个黄冕，就是之前劝曾国藩多造舢板小船、少造大船的那个黄冕。一般的历史爱好者可能不大熟悉他。但其实，他在湘军史上是比较重要的。他主要做了两件事：一件是替湘军筹集军饷；另一件是替湘军制造枪炮。曾国藩等人都非常喜欢用的劈山炮，就是黄冕设计的。这种炮，无论射程还是杀伤力，都远远超过当时国内制造的炮。这种炮是湘军攻城的重要武器，在湘军镇压各地起义军以及收复新疆的过程中，扮演了重要角色。黄冕就是这么一位站在曾国藩、胡林翼、左宗棠等湘军大佬背后的关键人物。

黄冕接到任命后，面临着一个重要的问题，那就是他不会打仗，而当时的吉安知府最重要的职责是夺回被太平军占领的吉安，这需要较强的军事才能。为了弥补自己的缺陷，黄冕决定找一个会打仗的朋友协助他。

黄冕想到了他的好朋友曾国荃。黄冕清楚曾国荃的才能，认为他可以建立一番功业。于是，黄冕前往曾国荃的住处，说服曾国荃出山。

恰好，这时候的曾国荃因为担心曾国藩的安全，也有入赣帮助哥哥的想法。他慷慨地对黄冕说："以前我哥哥老是打胜仗，我从没去军营中探望，也不想沾他什么光。现在哥哥有难，我这个做弟弟的理应前往营救。南坡公（黄冕，号南坡）要是能保证粮饷供给的话，我愿意带一支军队，前往江西。"

黄冕欣然答应。两人前往巡抚衙门，请求骆秉章支持他们的想法。于是，骆秉章命曾国荃招募两千人。很快，曾国荃就招来了两千人。由于这支军队最初的任务是攻打吉安，所以被人们称为吉字营。吉字营就是日后曾国荃攻陷安庆、江宁等重要城市的骨干力量。

吉字营的将领，大多出自罗泽南麾下，比如萧孚泗、张诗日、李祥和等。他们都是湘乡人。除此以外，吉字营最初的名将还有湘乡人刘连捷、邵阳人李臣典。1858 年，曾国荃的表弟彭毓橘加入吉字营。1859 年，之前说到的那位朱洪章加入吉字营。上述这些人都是吉字营中的重要将领。他们的名字，在日后的安庆攻防战、江宁攻防战中，将被反复提及。

三路援赣军进入江西后，慢慢蚕食太平军占领的土地。其中，刘长佑率领的援赣军取得的进展最大，对太平军的打击最重。

刘长佑率领着援赣军主力一路高歌猛进，迅速占领萍乡、袁州等重要城市，推进至临江府城下一个叫太平墟的据点前。

之前的不断胜利，使得这支援赣军中的不少将领滋生了轻敌自负的情绪。他们不再认真对待扎营等重要事务。在太平墟的北边，有一片很茂盛的森林。担任先锋的援赣军将领们在这里扎下营垒，连绵十余里，颇为壮观。

刘长佑来到前线后，见到将领们扎下的营垒，恼怒道："你们都没有读过《三国演义》吗？刘备当年不就是在树林边扎营，被陆逊一把火烧跑了吗？"刘长佑虽然看出了问题，但他已经来不及调整了，因为这时候漫山遍野的太平军已经杀了过来。

1857年3月15日，援赣军与太平军的第一场大决战在太平墟展开。援赣军方面的将领是刘长佑。太平军方面的将领是湘军的老对手韦俊。

在韦俊的指挥下，太平军如潮水一般向前涌动，集中全力攻击湘军的右路。湘军士兵施放枪炮猛击太平军。太平军伤亡很大，却依旧高歌猛进，毫无畏惧的情绪。

为了缓解右路的防守压力，刘长佑命左路、中路的士兵进击太平军。太平军分兵防守。战斗陷入胶着状态。

激战许久后，部分太平军绕到湘军右路的后面，向湘军营中抛掷火弹、火箭。大火烧着了湘军营垒边的树木，迅速蔓延开去。眼看右路就要被太平军突破，刘长佑连忙派出最精锐的老青营由中路驰援右路。

老青营正往右路前进，突然两侧喊声大作。原来，太平军早就料定湘军的援军会从这里经过，预先在此埋伏了四五千军队，张网以待。老青营遭遇伏击，损失惨重。

刘长佑、刘坤一见形势危急，带领亲兵往来督战。结果，两人都在战斗中身负重伤。

正激战的时候，刘长佑忽然看见右路大火腾空而起，太平军从四面八方涌入右路。湘军的右路被太平军占领了！

刘长佑知道惨败已经不可避免，于是拔出佩刀，准备自杀。刘坤一立马夺下他手下的刀，然后一边抱着他上马，一边安慰他说："事情还有转机，不必白白送命。"

随后，刘坤一骑上一匹骏马，带伤杀入太平军阵中。当他再回来的时候，却不见了刘长佑的踪迹。刘坤一焦急万分，四处寻找刘长佑。

找了半天后，刘坤一才看到刘长佑。这时候的刘长佑，躺在地上，高声呼叫拿马来，被几个亲兵拖着往外走。很显然，他依旧没有想通。他认为，在这样的惨败之后，他已经没有了继续生存下去的理由。所以，当他的亲兵准备保护他撤退的时候，他坚决反对，乃至出现了拖拽的情况。

当亲兵将马送到刘长佑的身边时，他不知突然从哪里得到了巨大的力量，迅速跃上马背，抽出佩刀对准渐渐围上来的太平军。

太平军被刘长佑这副威武的模样吓着了。他们挺着长矛，围在刘长佑的面前，却都不敢向前。这时候的刘长佑，突然打消了轻生的念头。趁着太平军不敢向前的机会，他在亲兵的保护下，冲出了太平墟。

这一战，湘军虽然惨败，但士兵伤亡并不大。所以，湘军很快恢复了元气。当地一些反感太平天国的官绅听说湘军战败，纷纷说："湘军是因为我们的原因，才推进过快，打了败仗。"于是，他们争先恐后地资助湘军。当地的团练也来协助湘军。这样一来，刘长佑这支援赣军的实力，不仅没有因太平墟之战的失败而减弱，反而增强了。大败之后迅速恢复并增强实力，这是刘长佑所部湘军的重要特色。

到了1857年10月，太平军又调集数万军队进攻围困临江城的援赣军。临江城内的太平军得知消息后，积极准备配合城外太平军的行动。

刘长佑见腹背受敌，果断决定集中兵力击破太平军援军。湘军士兵们按照刘长佑的命令，每营中留三成士兵守壕，其他士兵裹粮持枪，随刘长佑前往背后迎击太平军援军。

决战在10月13日凌晨展开。太平军凭借人数上的优势，主动挑战。不少湘军士兵都被太平军迅猛的气势所震慑，乱了分寸。

关键时候，是刘长佑稳住了军心。他厉声喝道："扎稳阵脚，没有我的命令，谁也不准乱动！等敌军到跟前后，再击鼓出击！"

太平军见湘军窝在阵中不动，颇为轻视，因而推进的速度很快。不一会儿，他们就来到了湘军的跟前。突然，湘军阵中鼓声大作。刘长佑率领湘军杀了出来！太平军招架不住，纷纷撤退。

这时候，刘长佑身边的一位幕僚提醒他说："穷寇莫追，恐有埋伏！"但这时候，湘军将士们早就冲到太平军阵中去了。刘长佑已经来不及下达停止追击的命令了。

事实上，太平军并没有什么埋伏。很快，湘军就烧掉了太平军四十七座营垒，取得了临江攻防战中最为关键的一场胜利。

此战之后，湘军牢牢地掌握了临江攻防战的主动权。由于湘军将临江重重包围，太平军的粮食供给渐渐得不到保障。不少太平军准备投降，却又担心投降后会被湘军屠杀，因此犹豫不决。

1858 年 1 月 22 日，被逼无奈的太平军打开临江城西门撤退。刘长佑身边的一位幕僚建议说："应该堵住缺口，将这些敌军斩尽杀绝。"

刘长佑微微一笑，道："我带兵多年，知道凡是被逼上绝境的敌军，都是无法阻挡的。如果把他们逼得太狠，他们会抱必死之心与我军血战。倘若敌军因此而转败为胜，那么局面就不可收拾了。再说了，那样做会造成极大的伤亡。以那么大的代价换取没有用的功劳，这不是仁义之人应该做的。"

于是，刘长佑命部下任由太平军从城中撤退，然后兵分两路，在后面惊扰太平军。从城中撤出的太平军受到惊扰，纷纷溃散。

攻克临江，对湘军来说具有重大的意义。临江的东面是南昌，西面是袁州，袁州的西面就是湘军的大本营湖南。所以，攻下临江以后，南昌周边的湘军与湖南大本营取得联系的陆路通道就被打通了。此后，南昌再无危险。

在此之前，湘军已经攻克湖口。在此之后不久，湘军又攻克九江。曾国荃率领的另一支援赣军也不断获胜，攻克了吉安。石达开辛辛苦苦打下的江西省土地，至此基本丧失。战争，将在安徽继续展开。

武昌，见证胡林翼的崛起

太平军三克武昌后，湘军将领胡林翼被清廷任命为代理湖北巡抚。在此以前，胡林翼不过是湘军的普通将领，并没有建立太大的功劳，声望远不如塔齐布、罗泽南、杨载福、彭玉麟等人。既然如此，清廷为什么突然将他提拔到这么重要的位置上呢？

这一切，都和一个人有关。这个人就是文庆。前面说到过，文庆曾在曾国藩兵败靖港的时候帮助他逃过清廷的重罚。那么，文庆和胡林翼有何渊源呢？

事情还得从十多年前说起。1840 年，文庆担任江南乡试主考官，与副考官胡林翼一起主持江南乡试。

在这次考试中，文庆将试卷中的下江（安徽位于长江上游，为上江；江苏位于长江下游，为下江）误写成上江，致使录取人数与学额不符，又私带江西举人胡某进入考场，引起轩然大波。他和胡林翼都将面临朝廷的重罚。

文庆欣赏胡林翼的才识，认为他将来一定能够做出一番事业，决心保护他。他对胡林翼说："事情是我做下的，与你无关。你是汉人，一旦受挫，将来就很难再起来。我是旗人，即便降几级，以后还是很容易官复原职。所以，这次的事情由我一个人承担责任。将来我做了大官，一定照应你！"

文庆主动承担了所有罪责，最终被朝廷重罚，而胡林翼仅仅遭到降一级的轻微处罚。后来，事情的发展与文庆的预料完全一样。遭受这次挫折后，胡林翼原本坦荡的仕途变得坎坷起来，而文庆很快复出，依旧高官稳坐。

1855 年 4 月，湖北巡抚陶恩培在太平军攻克武昌的炮火中负疚自杀。派谁担任湖北巡抚才能稳住湖北的局面呢？清廷中枢就此问题展开了激烈的讨论。文庆决定在这最关键的时候，兑现他当初的诺言，助力胡林翼登上人生的巅峰。于是，胡林翼就成了代理湖北巡抚。这对日后湘军的发展，产生了巨大的影响。

仔细地分析了当时的情况后，胡林翼认为，要想攻克武昌，必须先拿下北岸的汉阳。要想拿下汉阳，必须在汉阳西面的潢口、蔡甸一带布置重兵，阻断汉水的交通，开挖江堤，使一部分水师进入汉阳西面的湖中，与陆师一起从西面进攻汉阳；同时，命其他水师进入汉阳东面的汉水中，从东面进攻汉阳。

胡林翼试图用这种东西夹攻的战法攻下汉阳。要实现这一目标，湘军水师必须首先将汉阳东面的太平军消灭干净。因而，武昌攻防战的第一阶段，就成了争夺蔡甸以下汉水水面及两岸控制权的战斗。

1855 年 8 月 24 日，湘军水师在彭玉麟的率领下，顺汉水而下，发起了对蔡甸的进攻。在湘军的猛攻下，太平军纷纷撤退。鲍超奋勇当先，率部上岸追杀太平军。湘军陆师也前来助攻。很快，蔡甸就落入湘军之手。

8 月 27 日，彭玉麟率部挺进至五显庙。这里是汉阳城外太平军的大本营。太平军在这里修筑了许多高垒，连绵十余里。高垒之上，则是炮台。他们的战船全部靠岸停泊着，可以受到岸上炮火的保护。

凭借着严密的防御工事，太平军击退了湘军水师一次又一次的进攻。彭玉麟见强攻无效，大声吼道："既然已经到了虎穴龙潭，不拼命就不能脱险！"

随即，彭玉麟命部将率领十二艘舢板沿着北岸，悄悄地向下流行驶，然后迅速冲向南岸，火烧五显庙岸边的太平军船只。同时，彭玉麟命鲍超在上流做出总攻的姿态，牵制太平军的行动。

彭玉麟的这一招声东击西果然收到了奇效。很快，十二艘舢板上的湘军将士就完成了任务。他们烧毁了太平军停泊在五显庙岸边的所有船只。

占领五显庙后，彭玉麟率领湘军水师继续东进。驻守在汉水下流的太平军战船逆流而上，迎战湘军水师。

彭玉麟命孙昌凯率部沿着南岸挺进，命鲍超率部沿着北岸挺进，让出中流，任由太平军从中路杀入，进入湘军的包围圈中。

彭玉麟见太平军水营进入伏击圈，立即下达作战命令。此战中，鲍超最为勇猛，他率部首先夺取太平军快蟹船两艘，对太平军士气造成了重大影响。彭玉麟也率部夺获太平军长龙船一艘。

激战片刻后，太平军纷纷撤退，或被斩杀，或被生擒，或跳入水中游到两岸。此战，太平军再度惨败。

彭玉麟率领湘军水师乘胜东进，来到汉水汇入长江的地方。太平军在这里布置了严密的防守。他们以铁索连接废船七艘，横断汉江。在废船的后面，太平军还布置有七艘舢板船和三百余艘辎重船。其中，舢板船是专门用来护卫废船的。此外，太平军还在两岸布置有重兵。一旦废船遭受攻击，这些士兵就会冲出，施放枪炮，抛掷火弹、火箭，攻击湘军，以护卫废船。

太平军在此处的防守，与他们当年防守田家镇的时候颇为类似。于是，彭玉麟依旧采取当年的破敌策略，命部下冒着太平军猛烈的炮火，冲至废船边，砍断铁链。很快，这一批人就完成了任务。湘军水师乘胜进击，夺获太平军舢板船七艘、辎重船三百余艘，全部烧毁。

扫清水面后，彭玉麟率领湘军水师登岸作战，攻入太平军营垒中，烧毁太平军铸炮局五座，夺取大炮两百余尊。

8月30日，太平军从黄州调来战船数百艘，试图反击湘军水师。彭玉麟闻讯后，率湘军水师驶入长江，准备迎战。

这时候，湘军水师的另一名重要将领杨载福率部从上游的金口顺流直下，与彭玉麟所部会合，一起赴下流迎敌。杨载福自湖口之战后，回到湖南，在岳州负责制造船只，招募、训练水师士兵。7 月 31 日，他率领新练成的十营湘军水师来到金口。休整一月后，即上前线与太平军水营厮杀。

杨载福、彭玉麟水师会合后，在实力上对太平军水营形成了绝对优势。8 月 30 日这一天，他们与太平军在叶家渡血战一场，烧毁太平军船只二百余艘，取得重大胜利。

9 月 5 日，狂风大作，长江中巨浪滔天。湘军水师船只多为舢板小船，不能抵抗大风浪。于是，杨载福、彭玉麟率领湘军水师逆流而上，前往安全地带。

之前，杨载福率湘军水师顺流而下的时候，太平军没有准备，因而未能阻挡。但这时候，太平军已经在长江两岸布置了许多大炮，并以快蟹、长龙等大船横截中流，构筑了一道严密的封锁线。

逆流而上，艰难前进的湘军船只很快遭到太平军炮火的猛烈袭击。不一会儿，湘军就遭受了沉重打击，数艘舢板被击沉，两三百人阵亡。

杨载福、彭玉麟虽然齐名，但彼此间并不和睦。彭玉麟座船上的桅杆被太平军的炮火击断，船只难以前进，成了太平军炮火的活靶子。这时候，杨载福座船从旁边经过，彭玉麟急忙呼救。杨载福当作没看见，迅速离开。

眼看彭玉麟就要被太平军炮火击中，湘军水师将领成发翔驾驶舢板从旁边经过。彭玉麟急忙跳入成发翔的舢板中，因而逃过一劫。

胡林翼得知此事后，专门设宴为杨载福、彭玉麟劝和。善于调和诸将，是胡林翼的重要特色。

彭玉麟在 9 月 5 日这一战中受重伤，此后回到衡州养伤。不久后，曾国藩调他担任内湖水师统领。

正当胡林翼处心积虑攻打汉阳的时候，他的老巢金口被太平军端了。9 月 12 日，太平军兵分六路猛攻金口，击溃李孟群率领的水陆各军。胡林翼听说太平军占领金口，大惊，连忙率部撤退。湘军一退蔡家岭，再退岑山，士气低迷。

9 月 18 日，太平军从汉阳出发，分七八路围攻岑山。由于长期欠饷，湘军士兵们都不愿意出战。虽然最后他们在胡林翼的逼迫下勉强出战，但也是出工不出力。很快，他们就败下阵来。

胡林翼感到非常羞愧，骑上一匹快马，准备冲入太平军阵中成仁取义。他的马夫察觉到了他的意图，立即扬鞭打马，使马奔向旷野。马受了刺激，一路狂奔，无论胡林翼怎么努力，都无法使它停下来。

"扑通"一声，胡林翼连人带马栽入长江中。眼见胡林翼就要被长江水淹没，湘军水师猛将鲍超驾驶舢板从这里经过，及时救起了他。胡林翼感谢鲍超的救命之恩，从此以后，对他另眼相看。凭借着胡林翼的赏识，鲍超很快成为湘军重要将领。

从这一系列战斗中，我们可以看出湘军在水师方面较太平军有着较大的优势，但在陆师方面与太平军相比差距很大。胡林翼知道，只有大力发展陆师，才能击败太平军，攻克武昌。于是，胡林翼一面催促罗泽南赴鄂，一面命原本统带湘军水师的李孟群改带陆师。此后，武昌城外的湘军水师全部由杨载福统率。

罗泽南一军来到武昌城外后，对稳定武昌的局面起到了很大的作用。1856年3月，周凤山兵败樟树镇，南昌危急。病急乱投医的曾国藩，写信给罗泽南，请他率部回援江西。

从情感上来讲，罗泽南很想回江西，但是，从全局看，他不能走。此时从武昌撤军，会使之前围攻武昌的战果毁于一旦，太平军会因此重新振作。这对清军来说，是无法接受的。

为了兼顾感情和大局，罗泽南决定发起对武昌的总攻，以便迅速攻克武昌，然后前往江西，解救曾国藩。

1856年4月6日，建营在洪山顶上的罗泽南见太平军在小龟山一带行动，即派部将蒋益澧等分路进击，与太平军展开激战。

蒋益澧是罗泽南麾下除李续宾以外最能打的一位。罗泽南麾下的其他将领都是书生，只有蒋益澧读书少。罗泽南之所以收他做弟子，纯粹是因为他作战勇猛。

蒋益澧和李续宾交情很深。当年，李续宾在湘乡办团练的时候，蒋益澧就是积极参与者。李续宾撰写过一本叫作《孙子兵法易解》的书，其他人都看不懂，只有识字不多的蒋益澧能看懂。

蒋益澧等人奉罗泽南之命，冲入太平军阵中，与太平军血战许久。这时候，太平军大部分兵力从武昌城中涌出，漫山遍野地向前推进，气势宏伟。

罗泽南见太平军主力出动，认为聚歼太平军的时机已经到来，于是赶紧挥舞白旗。之前，罗泽南和部下商定，一旦太平军主力出动，他就挥舞白旗。其他部队看到白旗后，就立即往罗泽南所在的中营靠，以便集中力量攻击太平军。

湘军将部队集中后，实力大增。激战片刻后，太平军大败，退往城中，布置城门防守。

初战获胜的罗泽南，为了尽快攻下武昌，以便早日前往江西解救曾国藩，竟然乘胜率部直趋武昌城下。

这时候的太平军，在大东门附近布置上万兵力，将城门虚掩，引诱湘军进攻。同时，他们在城墙上安放许多大炮，装好炸弹，随时准备炮轰湘军。当罗泽南大军接近大东门的时候，太平军纷纷从大东门涌出。

罗泽南攻城心切，全然不顾安危，亲自策马上阵，冒险强攻武昌。两军在大东门下，来回激战。

正午时分，城墙上的太平军开始炮轰湘军。顷刻间，大炮齐发，弹如雨下。湘军阵亡八人，伤五十多人。

罗泽南正指挥士兵躲避，突然，一颗枪子击中了他的左额，血流如注。鲜血从他的脸上流下，染红了衣襟。

为了不影响士气，罗泽南虽然身受重伤，依旧神色不变，照常指挥作战。湘军因此得以从容退出战场。

罗泽南被护送回大营后，胡林翼和李续宾立刻带着医者来到洪山大营，替他治疗枪伤。医者详细检查伤口后发现，子弹入脑太深，已经无法取出。于是，医者对胡林翼、李续宾说："情况很严重。不采取紧急措施的话，会有生命危险。"

然而，无论胡林翼、李续宾怎么劝说，罗泽南就是不愿接受治疗。不接受治疗也就算了，还不分昼夜，与诸将商量攻城事宜。这样一来，罗泽南的病情就一天比一天严重了。

到了4月10日这天，罗泽南的病情已经很严重，躺在床上不能起来。然而，他依旧不肯休息，滔滔不绝地和诸将谈论时事。最后，他连说话都觉得吃力了。他的弟子们便递上笔墨，让他仰着头把自己想要说的话写下来。

罗泽南写的第一句话是：愿天再生几个好人，补偏救弊，何必苦限此蚩氓。他不知道，腐朽没落的清王朝行将就木，岂是几个所谓的"好人"所能挽救得了的？

后来，他又写了一句话，送给他的弟子们。这句话就是：乱极时站得定，才是有用之学。这句话是罗泽南思想的精髓，更是湘军的军魂。在生命垂危的时候，罗泽南依旧不忘传播他的理论。他的弟子们看到他写的话后，都感动得流下了眼泪。

4月11日，已经神散气喘的罗泽南，知道自己快不行了，拉着胡林翼的手，说："武汉，自古以来就是兵家必争之地。敌军不会轻易放弃此地。不血战一场，荆州、襄阳、岳州、鼎城等地，恐怕都不得安宁。"

胡林翼闻言，痛哭一场，紧紧地握住了罗泽南的手。这天夜里，胡林翼不忍离开，留在了洪山大营中。

4月12日，罗泽南突然汗流如注。他知道生命将尽，将李续宾、蒋益澧等弟子叫到身边，拼尽最后的力气，说道："我不行了。你们要好好辅助胡公，拿下武汉！"

胡林翼得知罗泽南病情突然加重，连忙赶来。罗泽南握住胡林翼的手，向他推荐自己的得意弟子李续宾、蒋益澧等人，并建议由李续宾接替自己，统率这支湘军陆师中最精锐的部队。

最后，罗泽南断断续续地对胡林翼说："武汉未克，江西复危，不能两顾。死，没有什么好遗憾的，遗憾的是事情没有了结。你和迪庵，要替我完成心愿。"说罢，溘然长逝。

罗泽南是湘军的重要创始人，他为湘军注入了灵魂，影响非常深远。他的去世，对湘军来说，是沉重的打击。

与塔齐布不同，罗泽南生前注重培养将才。他的麾下，名将如云。像李续宾这样的，虽然谋略不如他，但临阵打仗的能力比他还强。所以，在罗泽南去世后，他所率领的这支军队并没有走向败亡。它依旧是湘军陆师中最精锐的部队。

罗泽南的去世，使胡林翼暂缓了对武昌的攻坚。但清廷中枢根本不理解胡林翼的难处，依旧命他迅速攻克武昌。胡林翼不得已，只得继续进攻。

当时太平军在汉阳外布置了两百多艘鸟船。鸟船的外面，是一个大木簰，用来阻挡湘军水师接近。胡林翼认为，要想攻克武昌，必须先扫荡江面。于是，他和杨载福商量消灭太平军水营的办法。两人一致认为，应该采取火攻的办法。

杨载福一边从士兵中挑选出一些尤其勇敢的组成参战部队，一边命人在大船中放上火药、芦荻等容易燃烧的物品。

一切准备就绪后，杨载福把参战士兵聚集起来，对他们说："接近敌船后再点火。点燃后赶紧跳到舢板船上，快速回来！"

这天夜里，杨载福安排宴席，为参战士兵壮行。杨载福亲自为每名参战士兵斟酒，并说："成功回来的，每人赏银百两。有官的升两级，没官的赏六品实职。不要辜负了我的期望。"

湘军士兵们趁夜逼近太平军战船。一些士兵见太平军防守严密，互相嘀咕道："这仗一打，十有八九会把命丢了。"有一些后悔的士兵，就偷偷地溜掉了。

眼看这支军队就要被恐惧所吓倒，一名士兵慷慨地说："我们已经答应统领烧掉敌船，就不能反悔！即便战亡，那也是命！"于是，士兵们的紧张情绪得到了很好的缓解。

湘军船只迅速冲入太平军阵中。很快，湘军将士们就点燃了引线，然后迅速跳上舢板。有一些动作慢的，被火烧伤，还有少数人掉入江水中。最终，一名哨官阵亡，四十名士兵受伤。与辉煌的战果比起来，这点伤亡实在不算什么。

湘军水师摧毁汉阳外的太平军水营后，一路东下，直达九江。从汉阳到九江的长江江面，重新被湘军控制。这对武昌城中的太平军来说，是致命的打击。由于水路运输通道被断，此后他们得到的补给越来越少。

武昌城被太平军围攻一年多，形势逐渐变得对太平军不利。为了保住武昌，翼王石达开亲率大军前往武昌解围。

1856 年 8 月，石达开率领三万大军杀至武昌城下。这三万人当中，战斗力较强的从广西一路杀过来的太平军只有不到两千人，其他的都是去年在江西新加入太平军的花旗军，战斗力不行。因此，总体看来，这三万太平军的战斗力不怎么样，这对接下来的鲁家港决战产生了巨大影响。

胡林翼得知石达开大军杀到后，做出两个重要部署。首先，命蒋益澧率部回撤至鲁家港，保卫洪山大营的后路。当时，蒋益澧正率部攻打下游的黄州。接到胡林翼的命令后，他迅速率部回撤至鲁家港。其次，命鲍超等率领湘军水师袭击太平军船只，并支援陆师的行动。

鲁家港之战的第一阶段，是太平军对湘军发动的试探性攻击。在这一阶段，李续宾事先修好的双重壕沟起到了重要作用。

之前，李续宾命士兵在营垒后面修筑壕沟。罗泽南不明白他的用意。李续宾笑着说："只有胡公知道我的意思。"诸将听说这句话后，就去问胡林翼。胡林翼也不说是怎么一回事，只是催促士兵们赶紧动工。

到这时候，双重壕沟发挥了重要作用。因为有了后壕，湘军可以据守前壕抵御从城中杀出的太平军，可以据守后壕抵御前来解围的太平军，从而避免了在一条壕沟中面对太平军的前后夹击。事实证明，这种双重壕沟在实战中非常有用。鲁家港之战后，双重壕沟成了湘军的标志性战术。在日后的安庆攻防战、江宁攻防战中，这一战术将扮演重要角色。

湘军凭借双重壕沟，击退了太平军一次又一次的进攻。鲁家港之战的第一阶段，湘军与太平军打成平手。

鲁家港之战的第二阶段，是 8 月 28 日的决战。这一天，城内的太平军与城外的太平军同时行动，分许多路对湘军发起了猛攻。不一会儿，湘军方面就有七八处的防守出现了问题。

面对不断传来的告警信息，李续宾毫不慌乱。他摆出一副不愿交战的态势，命令士兵们说："敌人还没来到跟前就先冲出的，即便获胜，也要处斩！"

士兵们接到命令后，都隐伏在营垒中一动不动，静静地等待着李续宾发布总攻命令。

过了许久，李续宾估计太平军的士气已经下去了，于是下令各营一起冲出。湘军将领赵克彰奋勇当先，率部击杀几名冲在最前面的太平军，对太平军的士气造成了重大影响。

这时候，原本在山坡上的太平军分几路包抄湘军的背后。他们的行动被湘军发现。于是，蒋益澧率部分几路迎击。湖广总督官文派来的旗人将领舒保也率马队前来助攻。太平军大败。

此战过后，鲁家港之战胜负已定。此后，太平军无力再发动大的攻势。但石达开的大军并没有撤退。

正在这个时候，石达开接到了洪秀全的密信，命他回去铲除图谋犯上作乱的东王杨秀清。石达开看完密信后，傻眼了。这节骨眼上，让他离开湖北，不是拱手将武昌送给湘军吗？可天王的命令，他不得不从。于是，石达开离开湖北，前往下游。石达开离开后，武昌周边的太平军失去了主心骨，更无力发动进攻。湘军就此取得了关键的鲁家港之战的胜利，为攻克武昌奠定了坚实的基础。

石达开离开后，负责守卫武昌的太平军将领是湘军的"老朋友"韦俊。韦俊的军事才能很高，如果不发生意外的话，他在武昌城中坚持一年半载应该没问题。然而，就在韦俊踌躇满志守卫武昌的时候，一个噩耗传到他的耳中：他的哥哥韦昌辉以及阖家老小全部被洪秀全杀了。

在天京事变中，洪秀全先是借刀杀人，借韦昌辉之手杀掉杨秀清，接着又杀人灭口，处决韦昌辉。韦昌辉也确实该死，但他的家人大多是无辜的，却也被杀光。全家被杀，这对韦俊会产生多大的震动，是可想而知的。

此后的韦俊，虽然没有扯旗造反投靠湘军，但也没有多少心思守城了。1856 年 12 月 19 日，湘军攻克武昌。武昌这座重要的城市，到底还是落入了湘军之手。

此后，湘军继续东进，至 1857 年，最终将太平军逐出湖北。此时的态势，又回到了半壁山、田家镇之战后的那个样子。湘军的下一个目标依旧是湖口、九江，这一次，湘军能否顺利拿下这两座重要城市呢？

再战湖口，彭郎夺得小姑回

进入 1857 年下半年，太平军在江西的形势变得异常严峻起来。九江、临江、吉安等府城遭受长期围困。这其中最重要的是九江。

当时，九江的西、南、北三面都被湘军占领。九江城的物资补给完全依赖于湖口一线。因此，湖口的得失对太平军来说，至关重要。太平军在湖口构筑了严密的防线。他们在下钟山一带垒石筑城，安放大炮；在湖口对岸的梅家洲也修筑有坚固的城防工事；在江中排列战舰数百，以封锁湖口。

湘军将领们也意识到了湖口的重要性。李续宾就曾对胡林翼说："要想收复九江，必须先攻克湖口，使内湖水师冲出湖口，进入长江。"于是，湘军定下了先攻湖口，后攻九江的战略计划。

1857 年 10 月，李续宾率湘军陆师东进。随后，他与湘军水师将领杨载福、彭玉麟商定，在 10 月 25 日发起对湖口的总攻。

自 1855 年 1 月以来，湘军内湖水师已经在鄱阳湖中待了两年半还多。无论是彭玉麟、黄翼升等将领，还是普通的士兵，都急切盼望能够杀出湖口，重新遨游在宽阔的长江中。所以，对这一战，湘军内湖水师上上下下都很重视。

10 月 25 日凌晨，彭玉麟亲率湘军内湖水师所有战船驶向湖口。杨载福命外江水师发炮接应。

湘军内湖水师要想冲出湖口，必须经过一处石崖旁。这处石崖，高度和舢板相当。太平军知道这里是湘军水师的必经之地，所以将几门巨炮拉到了崖上，试图依托巨炮构成火力网，阻止湘军水师的前进。

　　当内湖水师的先头船只从崖下经过时，崖上巨炮齐发。湘军损失惨重，都司罗胜发也中炮身亡。彭玉麟忙令先头船只撤回，换一艘舢板前去冲杀，结果还是失败。彭玉麟又接连换上好几艘舢板前去冲锋，但无一例外地都失败了。此时，湘军的伤亡已经达到了百余人。

　　湘军水师虽以作战勇猛著称，但士兵们面对这种场面，也不免有些胆怯。有些人对彭玉麟的指挥不满，说："冒着炮火冲杀没用，白白浪费士兵的生命。我们应当寻求别的进军路线。"

　　彭玉麟一听，大怒道："我们湘军自衡州出师以来，至今已有五年。这五年间，不知多少弟兄在敌军的炮火、刀矛下丧生，难道我们不应该为他们报仇吗？今天我们在这里畏缩缩停滞不前，对得起他们吗？"

　　将士们听了彭玉麟的话，都羞愧地低下了头。彭玉麟又接着慷慨地说："今日之战，唯有努力向前，退后格杀勿论！"

　　就这样，一艘又一艘的湘军水师舢板，前赴后继地向石崖冲去。太平军本以为重创湘军水师之后，他们就会知难而退的，却没想到他们愈战愈勇，大有不过关誓不罢休的气势。

　　石崖下的战斗持续了一个多小时。太平军的几尊巨炮，由于连续发射，炮管发热迸裂，不幸先后报销。湘军内湖水师趁着这个难得的时机，全部从石崖下顺利通过，进入长江，与外江水师会合。

　　湘军水师自1855年1月29日被太平军分隔在外江与内湖之后，历经两年多，终于重新会合。长江上欢声四起，震动江水。

　　湘军的高兴劲儿还没过，就遇到了大麻烦。之前，为了防止湘军水师的进攻，湖口太平军将大锚、铁链沉于江底。这时候，湘军水师往来穿梭，有不少船只被铁链钩住，船身沉重，难以行走。

　　湖口太平军见湘军水师被困住，倾其全力发炮攻击。突然，太平军身后，响起了震耳欲聋的冲锋声，一队队如龙似虎的骑兵、步兵向湖口太平军杀来。这支雄兵是从哪里杀来的呢？

　　原来，10月24日这天，李续宾命他的弟弟攻打梅家洲。他自己则率部渡过长江，扬言要攻打安徽东部重镇宿松县。安徽的太平军被他的这一招声东击西迷惑，不敢增援湖口。

当天夜里四更时分，李续宾率部再次渡过长江，绕道八里江，来到湖口城后的北山。士兵们攀着藤萝上山，悄悄潜伏下来。驻守湖口的太平军把主要精力都用在了对付正面进攻的李续宜所部上，浑然不知身后埋伏着一支虎狼之师。

当湘军水师战船被铁链钩住难以行动时，太平军只顾炮击前面的湘军水师，完全没有提防后面，因此被李续宾杀了个措手不及。太平军大败，退缩到营垒中。

10月26日凌晨，李续宾率部架设云梯攻打湖口县城，一支支火箭从云梯处射入城中。突然，一声巨响，城内瓦石飞空，墙垒迸裂。原来，是湘军的火箭射中了城中的火药库，引起了大爆炸。这一声巨响，使太平军坚守湖口县城的信心遭受重创。守将黄文金打开城门，率部撤出湖口县城。湖口因此落入湘军之手。

驻守梅家洲的太平军见湖口已陷，知道大势已去，也弃垒而走。但他们的归路已经被湘军切断，这一支太平军最终全部被湘军歼灭。

10月25日、26日的湖口战役，是一个重要的转折点，它标志着湘军水师自1855年1月29日以来的被动局面彻底宣告结束。对于太平军水营来讲，湖口一战是致命的，石达开辛辛苦苦积攒起来的一点点水军力量，在这一战中化为乌有。太平军水营，自此以后，再也没有奋起过。

湖口之战后，彭玉麟等率湘军水师乘胜追击，他们的目标是将太平军的水军力量彻底逐出江西。不久后，彭玉麟等率军夺取彭泽县江中天险小孤山。彭玉麟欣喜异常，诗兴大发，在小孤山的悬崖峭壁之上，题上了这首著名的《攻克彭泽夺回小姑山要隘》：

　　　　书生笑率战船来，江上旌旗耀日开。
　　　　十万貔貅齐奏凯，彭郎夺得小姑回。

这首诗突出地体现了彭玉麟风流蕴藉、不斤斤于吞吐规仿而又气势宏远、别具旨趣的胸襟与情怀，历来被视为彭玉麟一生数千首诗中最好的一首。

11月3日，杨载福率领湘军水师开始攻打彭泽县。11月8日，城内的太平军弃城撤退，湘军占领彭泽县。接着，杨载福率领湘军水师乘胜东下，攻破江西、安徽交界处的马当峡，杀入安徽境内。11月9日，湘军水师攻克安徽望江，11

月 11 日又攻破东流，杀到安庆城下，并成功地击毁了太平军设在安庆西门外的三座堡垒。11 月 12 日，湘军水师又攻克安庆旁边的军事重镇枞阳，然后继续东下。11 月 15 日，湘军水师攻克铜陵，顺流而下直至繁昌的老县城峡口。此地距离太平天国的首都天京，只有区区四五百里长江水面。在这里，湘军水师与清军定海总兵李德麟所率领的水师会合，并帮助李德麟击败驻守在泥汊的太平军水营，占领泥汊。第二天，杨载福率领湘军水师返航，回到彭泽。

在短短不到半个月的时间内，杨载福率领湘军水师长驱直入，向东挺进一千多里，如入无人之境，此举极大地震撼了太平天国。湘军水师威震天下。

湘军水师为什么突然之间与太平军水营相比有了这么大的优势了呢？这与石达开在天京事变后的转变有关。天京事变后，石达开与洪秀全嫌隙日深，他失去了以往那种可以专制一方的权力，从此以后不再关心水军的发展，而只与湘军在陆地上争锋。他的这一转变，注定了他和太平天国最终的命运。

湘军水师已经有了很大的优势，湘军陆师的情况就没有那么乐观了，他们仍需在江西与太平军展开一城一地的争夺。李续宾所部，在湖口战役结束后，移师九江城外。他满心以为，借着湖口大捷的余威，他的部队能够迅速攻克九江。然而，事情远远没有他想象中的那么顺利。

如果给中国历史上善于防守的名将来一个排名的话，太平天国的九江守将林启荣应该能排进前十名。他的坚忍，连他的对手曾国藩、罗泽南都十分佩服。曾国藩在给弟弟的信中，多次感叹自己不如林启容坚忍。罗泽南也曾叹息说："九江并不大，湘军很容易合围，而且这里地势低洼，易攻难守。但是林逆军容整肃，旗帜甲胄鲜明，令湘军一看就觉得气馁。林逆如此善战，湘军将领都不如他。"

李续宾这次又顿兵九江城下长达半年多。直到第二年，也就是 1858 年 5 月间，战事才出现重大转机。

当时齐聚九江城下的，除了李续宾的陆师之外，还有彭玉麟、杨载福所统率的湘军水师。湘军水师驻扎江岸，严密封锁长江，九江太平军的补给线，完全被切断。为了解决军粮问题，林启荣号召士兵在城市的空隙处种植小麦。

在多次强攻无法奏效之后，李续宾决定采用开挖地道的办法，将火药从地道运至城墙下，从而轰破城墙。这也不是什么新招，当年李续宾和刘长佑攻破李沅发镇守的新宁县城，采用的就是挖地道的办法。挖地道破坚城这一招，湘军以后还会多次运用，尤其是后来曾国荃攻打安庆、江宁的时候。

1858年5月18日，地道挖成。李续宾请来杨载福、彭玉麟两位水师将领，一起商讨攻城事宜。他们三人约定，在次日，由李续宾率领陆师攻打九江的东、南、西三面，由杨载福、彭玉麟率领水师攻打九江北门临江一带，一起发力，务必一举攻下九江。

次日凌晨，李续宾命人将运至地道尽头的火药点爆。"轰隆"一声巨响，九江城墙被炸塌一百余丈。李续宾见状，忙率领士兵从城墙塌陷处冲了进去。与此同时，其他两面的湘军陆师以及彭玉麟、杨载福所率的水师，也对九江城发起了猛攻。

九江城里的太平军无法阻挡冲入城中的湘军陆师部队，又四面受敌，于是渐渐崩溃。林启荣率众巷战，亡于阵前，太平军驻守九江的一万多名将士也全部被杀，九江落入湘军手中。湘军自1854年12月第一次攻打九江起，历时三年半，才将其攻下。

湖口、临江、九江、吉安等战略要地的相继失守，标志着太平军势力基本上被逐出江西。战争，将在江西下流的安徽省继续展开。

第六章　进军安徽

三河镇，湘军永远的痛

在曾国藩走向人生低谷的 1855 年至 1858 年，湘军统帅胡林翼成了最耀眼的政治明星。在他的指挥下，湘军攻克了武昌、湖口、九江等战略要地，将太平军从湖北、江西逐了出去，掌握了战争的主动权。

胡林翼的梦想，并不仅仅是做一个称职的湖北巡抚，他有着更大的野心，他想成为太平天国的终结者。安徽是他的下一个目标。

正当胡林翼准备指挥李续宾等部开赴安徽的时候，他的母亲病逝了。按照当时的礼制，胡林翼需要在家守孝两年多。这样一来，他就无法指挥湘军对安徽的进攻了。

前面说到过，李续宾擅长战术，但战略不行。此前，胡林翼的指挥在很大程度上弥补了他的这一缺陷。可是现在，胡林翼已经回老家了，接替胡林翼指挥湘军的官文是个无能之辈，并且对湘军心存猜忌，李续宾该怎么办呢？

此时的曾国藩已经复出（1857 年 3 月至 1858 年 7 月，曾国藩因父丧在家守孝），但清廷给他的任务是对付当时在福建的太平军石达开部，所以他不能越权指挥进攻安徽的战斗。他看到了失去胡林翼荫庇后的李续宾所面临的困难局面。

他在给左宗棠的信中说："润帅不夺情，是顺应天理人情的。只是胜帅（胜保）总管安徽事务，与迪庵素无交情，又心胸狭窄，难免不会掣肘他。如果有矛盾，只有润帅才能保全他。"

曾国藩又在给李续宾、李续宜兄弟的信中说："润帅回家后，不仅我和你们兄弟，还有厚庵、雪琴等人，失去了依靠，整个东南大局都危险了起来。听说湖北省提议，请官帅（官文）奏请润帅夺情，不知润帅肯为天下苍生行此权宜之计否？"

曾国藩又写信给胡林翼，与他商量。曾国藩说："自从你回家以后，我是天天担心，好像失去了什么似的。想要劝你夺情吧，与我们常常探讨的君子之道不符。让你在家里守孝吧，我、厚庵、雪琴以及李家兄弟，都失去了依靠。"

面对曾国藩的劝说，胡林翼不为所动，他说："天下最大的危害，不是敌军，而是社会风气败坏。如果我夺情出山，却尸位素餐，那以后将有什么脸面教导老百姓？官帅宽仁博大，推诚待人，淡村（罗遵殿）、蕙生（庄受祺）都是行政高手，厚庵、迪庵都是天下第一等的名将。有这些人在，大局毫无问题。只要湖北能及时供应粮饷，安徽不掣肘，厚庵、迪庵等人就一定能拿下安徽。"

最终，胡林翼没有夺情出山。他的这一决定，对日后的战局产生了重大影响。他的不可替代的重要性，很快就在接下来的一系列事件中体现了出来。

1858 年 8 月，太平军陈玉成等部攻克当时的安徽省城庐州，湘军将领李孟群率部撤至六安。随后，清廷命都兴阿、李续宾率部向舒城、桐城一带进军，剑指庐州。

都兴阿和他手下的一位悍将多隆阿都是旗人，但他们所统率的军队大多是湘军。两人都有名将风范，多隆阿尤其厉害。

多隆阿有勇有谋。在勇的方面，他与塔齐布类似，临阵喜欢带头冲锋。因此，他带出来的部队很强悍。

在谋的方面，他也很突出。他不认识汉字，因此没读过古代兵书。但他经常让人给他讲《三国演义》里的故事，因而掌握了一些战略战术。在战场上，他善于灵活应用这些战略战术，因而经常打胜仗，受到胡林翼的赏识，成了都兴阿的重要助手。

接到命令后，都兴阿、李续宾分头行动，准备率部东进。当时，李续宾能带走的只有八千人。有人对他说："出境进击，兵力不雄厚不行。除了中路以外，还应该在两侧各布置两支部队，总共五路，齐头并进，才能成事。每路士兵不能少于三千。"李续宾认为再增加上万人，粮饷一定供应不上，否定了这人的建议。

还有人对李续宾说："应该从别处调几千兵替守九江、彭泽，以换取守卫这里的湘军六千人，随同前往。"李续宾认为安徽局势万分紧急，调兵已经来不及，没有采纳这人的建议。

于是，李续宾率领八千湘军以及少数杂牌军迅速东进。这时候，太平军攻破江北大营，随时可能北进。负责安徽军务的旗人将领胜保，急得像热锅上的蚂蚁，反复催李续宾等军快速挺进庐州。

胜保这个人，毫无才能，成事不足，败事有余。湘军将领私下里都戏称他"败保"，因为他老打败仗。但他是旗人，是朝廷重点保护的对象。所以，当他在安徽面临危局的时候，朝廷很担心，于是十天之内三次给李续宾下密旨，命他迅速赶往庐州。李续宾接到圣旨后，深感责任重大，加快了东进的步伐。

起初，和李续宾一起奉旨援庐的，还有一个都兴阿。但这时都兴阿已前往攻打安庆。为什么都兴阿部要改变既定方略，进攻安庆呢？原来，都兴阿、李续宾认为，安庆是庐州太平军的巢穴，要想攻下庐州，必须先拿下安庆。于是，他们分路进兵。李续宾部负责北进，攻打桐城、庐州；都兴阿部与湘军陆师鲍超部、湘军水师杨载福部负责攻打安庆。

在兵力充足的情况下，这种分兵是没有任何问题的。但清军的实际情况是，兵力太少。所以，这次分兵是很有问题的。

李续宾部向桐城挺进后，逐渐与清军主力部队拉开了距离，成了孤军。但他们依旧很顺利地拿下了桐城。此时，他们离最终的目标庐州，只剩下最后两百里。

李续宾部自东进以来，战无不胜，攻无不克，军队上上下下都弥漫着一种骄横的心理，平时以冷静著称的李续宾本人，都有些飘飘然了。

但这支军队中，也不乏一些头脑冷静的人。有人就对李续宾说："我军驰骋千里，已经疲惫不堪，不能再战。而且，兵力不足也是一个很大的问题。现在攻克的城镇，如果留兵防守的话，用于进攻的兵力就少；如果不留兵防守的话，后路就会空虚。这都会招致失败。正确的做法应该是南下，与安庆城下的官军会合，合围安庆。"

曾国藩的弟弟曾国华当时也在李续宾军中。他对李续宾说："我军屡战屡胜，好运气已经到头，不可再战。"除了向李续宾阐述外，曾国华还将他的这一想法写在家书中，告知曾国藩。

虽然不断有人提醒李续宾冷静，但他依旧我行我素，率军向庐州杀去。为什么这时候的李续宾听不进不同意见呢？原因有两个：一个是他自己骄傲自负、刚愎自用；另一个则是清廷的不断催促。个人认为，后一个原因可能更重要。李续宾认为，自己原本只是个普通人，是清廷的提拔，让他做了高官。出于感恩，李续宾觉得自己只有不断取得战功，才能对得起朝廷，而不应该前怕虎后怕狼，计较个人的得失存亡。

事实上，这时候的湘军李续宾部，已经遇到了很大的问题。为了攻取沿途的城镇，湘军伤亡惨重，再加上每攻克一座城市，都要留下部分兵力防守，这时候能用于进攻的湘军士兵已经不多。另外，由于远离长江，湘军的粮饷军械只能陆运，耗时耗力，也给湘军的进击带来了麻烦。

11月3日，湘军李续宾部推进至庐州外围的三河镇。这里是太平军的重要据点。太平军在这里储存了大量的粮食、军械、弹药，供陈玉成、李秀成大军使用。守卫此处的太平军将领，叫作吴定规。他命令部下在这里修筑了九座营垒。

李续宾审察形势后，认为要想攻破庐州，必须先攻克三河镇的太平军营垒。于是，在11月7日这天，湘军对三河镇太平军营垒发起了总攻。

湘军分路进击，斩杀太平军百余名，迫使太平军退入营垒中防守。随后，湘军乘胜攻入垒中，纵火焚烧营垒。

在湘军的猛攻之下，太平军被迫放弃营垒，退入庐州城中。很快，湘军就占领了所有营垒。

在这一战中，湘军虽然获胜，却伤亡了一千多人。这相当于庐州前线湘军总兵力的五分之一。湘军将领们这才害怕起来，向官文等人请求救援。但急切之间，援军无法到来。

与湘军的孤军深入不同，此时的太平军，援军不断到来。其中就有陈玉成和李秀成率领的太平军中最精锐的部队。太平军援军连营数十里，漫山遍野地排列，气势相当宏伟。

李续宾见到这阵势，才意识到遇到了大麻烦，连忙催促援军前来。关键时候，又一个旗人捅了李续宾一刀，这人就是和胜保一样混账的官文。官文接到李续宾的求救信后，将信传示前来会议的湖北省高官，然后哈哈大笑道："迪庵是古今少有的名将，战无不胜，攻无不克，哪里用得着救！"官文不派援兵，把李续宾逼上了绝路。

接下来的几天，陈玉成率部步步紧逼，缩小包围圈。李续宾不得已，只得主动出击，派麾下将领金国琛率六成兵力主动出击，与陈玉成兵团决战。

11月15日凌晨，金国琛率部向金牛镇方向挺进，在樊家渡、王家祠堂等地，遭遇太平军陈玉成部顽强阻击。随后,金国琛不顾兵单力寡,将部下分为几队,迎战太平军。

见湘军分兵作战,陈玉成也将部下分作几队,以其中的一半正面迎击湘军,以另一半向湘军背后包抄。

黎明时分,两军陷入混战。湘军的武器更先进一些,因此炮火更猛烈。激战许久后,太平军抵挡不住,只得后撤。随后,湘军继续向金牛镇方向挺进。

突然,大雾弥漫,能见度极差。乘着浓雾,陈玉成迅速率领主力兵分几路,包抄到湘军的背后,切断湘军的退路。

待湘军反应过来的时候,一切都晚了。太平军趁势冲入湘军阵中,往来冲杀。激战许久后,湘军伤亡上千,开始溃散。

李续宾得知金国琛战败后,立即派出援救部队。然而,这些援救部队都没能冲破太平军的阻击。

这时候,留守湘军大本营的士兵已经不多。之前败在李续宾手下的吴定规瞅准湘军这一破绽,率军杀向湘军大本营。与此同时,太平军的另一支精锐部队也在李秀成的率领下,来到了三河镇战场。与李秀成一起来到战场的,还有不少捻军队伍。太平军及捻军在兵力上占据了绝对优势。

李续宾见太平军及捻军从多个方向杀来,将部队分为两部分。一部分留守大本营,对付吴定规率领的太平军。另一部分由他亲自率领,前往迎击陈玉成、李秀成等率领的太平军以及捻军。

正激战的时候,李续宾突然发现太平军阵中出现了许多马队。这些马队主要来自太平军的盟军,即捻军。

湘军中马队很少。都兴阿的队伍中倒是有不少马队,但李续宾和都兴阿麾下虎将多隆阿有矛盾,曾对多隆阿说过这样的一句狠话:"有你的马队帮忙我打仗,没你的马队帮忙我也照样打仗!"这样一来,都兴阿的马队都没有跟随李续宾北进。这件事情对三河之战的结局,产生了重大影响。

马队极少的湘军面对捻军马队居高临下的砍杀,很快败下阵来。战败后的湘军龟缩在营垒中,不敢冒头。

这时候,有人劝李续宾率部冲出重围,退往桐城。李续宾愤然说:"敌军起事至今,已经有八九年了。为什么总是平定不了?就是因为官军动不动就败退,助长了敌军的嚣张气焰。我与他们不一样!今天,我宁愿死,也决不后退!"

说完，李续宾拿出朝廷发给他的圣旨，全部烧了。随后，他向身边的幕僚解释自己的行为，说："不能让圣上的笔迹落到敌军的手中。"

这天夜里，李续宾试图趁着月色突围，但无论他怎么努力，都无法冲出太平军的重重包围。无奈之下，李续宾只得回到营中固守。

这时候，湘军士兵们已经看不到胜利的希望，纷纷溃散。李续宾无法阻挡他们，最后也只好跟着士兵们逃出。然而，四面八方都是太平军和捻军，李续宾就是插翅也飞不出去了！最终，李续宾在一片哀号声中自尽。与他同时丧命的，还有曾国藩的弟弟曾国华等。

李续宾虽然自尽，但留守湘军大本营的少数湘军依旧没有溃散。他们坚持了三天，最后几乎全部被太平军歼灭。

三河之战是湘军历史上最大的失败。此战，湘军损失数千人，元气大伤。当在老家守孝的胡林翼接到三河战败的战报后，当即倒地大哭，吐血不止，很久才苏醒过来。或许，就是丧母，也没让胡林翼这么伤心过吧！随后，胡林翼草草布置家事，然后迅速赶往武昌，处理三河之战的善后事宜。

李续宾阵亡后，由罗泽南开创、李续宾承继的这一支湘军陆师中最精锐的部队，并没有就此退出历史舞台。李续宾的弟弟李续宜收集从三河之战中败退回来的湘军，插入自己的军队中，重建了这支湘军陆师中最精锐的部队。

李续宜也是罗泽南的学生，之前一直隶属李续宾部。与哥哥李续宾擅长临阵指挥不同，李续宜更擅长战略。事实上，李续宾之前取得的许多战功中，都有李续宜的一份功劳。

在痛失罗泽南、李续宾两位股肱之将后，胡林翼将重振湘军雄风的希望寄托在了李续宜的身上。因而，李续宜很快成为胡林翼麾下的得力干将。曾国藩、左宗棠等湘军重要人物，也很看重李续宜。

除了弟弟李续宜日后是名将外，李续宾的儿子李光久日后也是湘军名将。在 1895 年的中日甲午战争中，李光久率部血战牛庄，写下了湘军抗日史上最为辉煌的一笔。

陈玉成、李秀成歼灭进击庐州的湘军李续宾部后，随即乘胜西进，进击舒城、桐城。当时还在安庆城下的都兴阿听说桐城即将失陷，大惊，上奏请求撤兵，以免重蹈李续宾的覆辙。他说："一旦桐城不保，围攻安庆的官军将腹背受敌，难以自保。与其这样，不如主动撤退至潜山、太湖一带布防。"于是，清廷命围攻安庆的清军全部撤退。

多隆阿与鲍超不愿意撤退。在这些猛将的眼中，撤退是最为耻辱的事情。所以，他们宁愿战亡，也不愿撤退。关键的时候，鲍超麾下的一名重要将领娄元庆说服了鲍超、多隆阿，使他们改变了看法。

娄元庆原是胡林翼部将，后来投入鲍超营中，深受鲍超的重用。与娄元庆齐名的是一位名叫宋国永的将领。娄元庆、宋国永是鲍超霆军（鲍超，字春霆，故其军名霆军或霆字营）中除鲍超以外最重要的将领。日后在中法战争中取得沪尾大捷的孙开华，这时候也小有名气。但与孙开华齐名，在中法战争中也为保卫台湾做出重要贡献的曹志忠，这时候还是名不见经传。孙开华、曹志忠是霆军后期重要将领。

太平军陈玉成、李秀成等部攻克桐城后，随即继续西进，迅速拿下潜山、太湖等重要城镇。

这时候，清军主将都兴阿已经退到了宿松。局势已经不允许都兴阿再退，因为宿松的背后就是湖北。如果让陈玉成、李秀成杀入湖北，都兴阿就是长着九个脑袋，恐怕都不够朝廷砍的。所以，他必须将太平军阻击在宿松城外。他命湘军将领鲍超在宿松城外的二郎河构筑防线，准备在这里与太平军决战。

为攻下宿松，打开进入湖北的大门，陈玉成施展了一招声东击西。他自己亲率主力正面进攻宿松，而派麾下将领李四福率领其他部队经黄泥冈，绕到清军的背后。

得知陈玉成大军杀至宿松城下后，都兴阿日夜备战，不敢懈怠。12 月 1 日，都兴阿麾下名将多隆阿率部主动出击，进攻陈玉成大军。

陈玉成大怒，率领太平军奋起反击。由于李四福率领的另一路太平军在黄泥冈遭到清军顽强的阻击，没能按原计划绕到清军的背后，宿松城下的太平军实际上处于孤军奋战的局面。很快，他们就败下阵来。刚刚修筑的三十多座营垒全部被清军占领。

初战失败后，陈玉成并不气馁，他前往太湖劝说李秀成，与他一起出兵消灭驻守在二郎河的湘军。当时的鲍超，还没有什么名气。陈玉成以为他是软柿子。于是，在进攻都兴阿军失败后，陈玉成就将鲍超所部湘军列为重点打击对象。

李秀成并不愿意出战。他认为，清军虽然在三河镇遭受重创，但实力还在，不是那么容易对付的。对于太平军来说，现在要做的就是稳固防线，保住已有的战果。

虽然作战计划遭到李秀成的否决，但陈玉成依旧不放弃。在他的多次劝说下，李秀成终于同意出兵。

得知陈玉成、李秀成大军即将杀来，都兴阿赶紧调整了防御部署。清军很快在二郎河集结了三万兵力，占据了进可以战、退可以守的有利地势，等待太平军的进攻。

12月11日，战斗打响。陈玉成把希望寄托在捻军的马队上。战斗一打响，他就命捻军的马队轮番冲击清军阵营。陈玉成满以为捻军的马队还能再现三河之战中的辉煌，却不知都兴阿手下也是有许多马队的。虽然到晚清的时候，清军中的八旗兵已经腐朽不堪，没有多少战斗力，但是八旗兵中的马队，依旧是全国最强的。捻军的马队并不是他们的对手。于是，激战片刻后，捻军的马队大败亏输，纷纷撤退。

随后，清军的马队迂回到太平军的背后，到处放火。大火给太平军造成了极大的混乱。清军乘势出击，击杀太平军数千人。

陈玉成在安庆精心训练的童子军、长矛手数千人，被鲍超、多隆阿等部击杀十分之七八。这令他很伤心。痛哭一场后，他率部撤出了战场。

当陈玉成大军与清军决战的时候，勉强参战的李秀成并未率军出击，因而保存了比较良好的战斗力。当清军向他们攻过来时，他们凭借防御工事，击退了清军的多次进攻。鲍超、多隆阿见无法吞掉李秀成大军，于是撤围回营。李秀成得以率部从容退出战场。

二郎河之战终结了太平军自三河大捷以来不断西进的态势。此后，湘军无力发起对安徽的进攻，太平军也无力发起对宿松乃至湖北的进攻，双方暂时处于均势，直到1859年年底太湖、潜山之战爆发。

会战宝庆，李续宜赢了石达开

6月底的湖南总是很热，位于湘中腹地的宝庆府城也不例外。虽然太阳已经落山，但令人难受的闷热依旧没有缓解的迹象。往年的这个时候，大家都习惯去资江边，痛痛快快地洗个澡，然后回家吃饭睡觉。然而今年，他们无法享受到这一乐趣了。自太平军攻城后，驻守城中的清廷官绅为防止城中百姓与太平军联合，下达了禁止出城的命令。于是，城中百姓无法外出洗澡，只得早早地躺到凉席上，在与闷热以及无处不在的蚊子做一番斗争后，逐渐睡去。

随着夜幕的降临，宝庆城中逐渐安静了下来。一切都是那么静谧，丝毫没有大战将至的意味。不过这个时候，有一人安静不了。他悄悄地爬到城墙上，将早就准备好的绳索固定在城墙上，然后顺着绳子慢慢地滑了下去。在确认四周并没有太平军后，他小心地迈开步伐，向资江边移动。

他是要去江边洗澡吗？不是。他身上肩负着比洗澡重要万倍的使命。为了尽快完成使命，来到江边后，他立马跳入江中，然后迅速游到了对岸。在这里，他的朋友早已准备好了一匹快马。他从朋友手中牵过马，一跃而上，然后迅速往东北方向赶去。

这个人是谁？他肩负着怎样的重要使命？一切都得从年初石达开率领几十万大军杀入湘南说起。

众所周知，天京事变后，石达开因备受洪秀全猜忌，最终选择与洪秀全分道扬镳，率领几十万大军独自作战。由于缺乏稳固的后方及友军的配合等许多原因，此后的石达开，再也无法重现当年的辉煌。他的军队屡战屡挫，被迫不断转移。

即便如此，刚进入湖南那阵，面对准备不足的清军，石达开还是取得了辉煌的战绩。1859 年 3 月 2 日，石达开率部攻克桂阳县。3 月 12 日、13 日，相继攻克宜章、兴宁两县。3 月 15 日，攻克郴州府城。3 月 17 日，又攻占桂阳州城。这段时间，太平军的进攻大有摧枯拉朽之势。

度过最初一段时间的恐慌后，清政府逐渐稳住了阵脚，开始布置兵力，阻挡太平军的前进。

当时，湖南的军政大权都掌握在左宗棠的手中。湖南巡抚骆秉章根本不管事。权力高度集中在一个有能力的人手中，无疑是有利于作战的，这对日后宝庆之战的结局产生了重要影响。

面对石达开大举入湘，而湘军大多在外省作战、本省兵力不足的局面，左宗棠借用巡抚的名义，发布了一道招兵令。很快，就招集到了四万兵力。

清军的招兵工作之所以进展得如此顺利，是有原因的。要招兵，首先得有钱；其次要有兵源。

首先说钱。湖南省这几年在左宗棠的治理下，财政状况好转，府库中存银六十万两，加上各地捐输来的七十万两，一共有一百三十万两可供左宗棠使用。这笔银子相当于四万军队半年以上的饷银。所以，左宗棠不愁没钱招兵。

再说兵源。湘军打出名气后，士兵数量激增，因各种原因离开军队回到湖南的士兵也逐渐增加，因而，湖南有充足的优质兵源。这些士兵有着丰富的作战经验，来之能战，战则常胜。这对日后宝庆之战的结局也产生了重要影响。

手里掌握数万军队后，左宗棠得以从容布置防守。当时，左宗棠判断太平军的下一个作战目标是衡州府城。所以，他把招募来的大量兵力都用在了防堵太平军北进上。

石达开见湘军已经控制了通往衡州府城的水陆交通线，便采用声东击西的办法，先以少量兵力对衡州以南的常宁发起佯攻，吸引湘军主力，而后由他自己亲率主力向西北挺进，经永州、祁阳，杀向湘中重镇宝庆府城。

4月初，石达开率部杀至永州城下，从东、南、北三面将永州城团团围住。在城内清军的顽强阻击下，太平军未能实现迅速攻克永州的战略计划。

这时候，由湘军名将刘长佑等人率领的各路清军向永州杀来，很快实现了对围城太平军的反包围。石达开见四面受敌，损失惨重，便放弃攻打永州，兵分两路，按照原计划，杀向宝庆府城。

其中一路由石达开麾下重要将领赖裕新、傅忠信率领。他们的作战任务是攻打湖南、广西交界处的东安县城，威胁湘军将领刘长佑、刘坤一等人的家乡新宁，然后取道武冈，从西面进攻宝庆。

这一路太平军旗开得胜，在4月22日攻克东安。当刘长佑率领湘军追来时，东安早已经落入了太平军之手。

随后，这一路太平军再次一分为二，分别由赖裕新和傅忠信率领。赖裕新率部对广西全州发动佯攻，将湘军主力刘长佑、刘坤一两部吸引至全州。这时候，留守湖南的太平军傅忠信部果断行动，对刘长佑、刘坤一的家乡新宁发起了攻击。

刘长佑、刘坤一得知家乡危急，连忙从全州撤兵，回到新宁。在这里，他们被占尽地利、以逸待劳的太平军傅忠信部打得大败，营垒全部被踏平，辎重悉数被缴获。击败这股追兵后，傅忠信率部从容地挺进宝庆府城。

这时候，进入广西的太平军赖裕新部已经与广西全州等地的天地会起义军会合，并在他们的配合下，杀回湖南，分兵进攻武冈、新宁，牵制湘军刘长佑等部增援宝庆府城。这一部分太平军在5月中旬抵达宝庆城外。

说完赖裕新、傅忠信所率领的这一路太平军，我们再来看看由石达开率领的另一路太平军。这一路太平军的作战计划是北上攻打祁阳，然后杀向宝庆府城。他们与清军的主要战斗都在祁阳城外展开。

石达开率部偷渡湘军水师重兵防守的湘江后，进入祁阳北面。这一带多山。其中有一座叫作熊罴岭的山，是重要的战略据点。

从4月底到5月初，太平军和清军在熊罴岭展开多轮厮杀，互有胜负。到了5月中旬的时候，石达开得知赖裕新、傅忠信所率领的另一路太平军已经到达了宝庆城下，决定尽快解决熊罴岭的清军，以便迅速挺进宝庆府城。

5月17日，石达开率部兵分十路，对驻守熊罴岭的清军发动猛攻。两军激战数小时，不分胜负。

为了战胜清军，石达开施展了一招声东击西。他将太平军分作两路，一路假装战败，引诱清军追击，另一路包抄至清军的侧翼，发动攻击。清军果然上当。

激战片刻后，清军的退路被太平军截断，大本营也遭到太平军猛攻。为了避免全军覆没，清军被迫放弃熊罴岭，冲出重围，退守洪桥。

由石达开率领的这一路太平军在取得熊罴岭会战的胜利后，迅速北上，兵临宝庆府城下。

总体而言，石达开所率领的这支太平军，在进入湖南后，一直到宝庆会战前，除了永州城外的失败外，表现都是不错的。一系列妙笔生花的运动战，使清军目不暇接，疲于奔命，尤其令人拍案叫绝。事实证明，石达开的这支军队，擅长运动战，不擅长攻坚战。然而后来，石达开还是由于种种原因，陷入了宝庆城外的攻坚战中。

为什么石达开一定要攻下宝庆府城呢？这与宝庆的地理位置息息相关。宝庆位于湘中腹地，从这里出发可以攻击许多具有重要战略意义的地区。太平军攻占此处，既可以作为攻下衡州、长沙、武昌，从而控制湖南、湖北的基地，也可以从这里出发，或向西进军，经辰溪、沅陵，进入四川的秀山、酉阳，或向北进军，经常德、澧县、荆州、宜昌，沿着长江进入四川，实现建立四川根据地，高屋建瓴威胁湘军大本营湖南、湖北的战略目的。所以，石达开要不惜一切代价地拿下宝庆府城。

太平军在宝庆府城下会师后，随即兵分三路，从西、南、东三面包围宝庆府城。石达开亲率第一路人马，驻守城南十里的澄水桥；赖裕新率第二路人马，驻守城西五里的神滩渡；傅忠信率第三路人马，驻守城东十二里的泥湾。这样一来，城内清军与城外清军只能经由太平军兵力单薄的北路取得联络。

为了迅速合围宝庆，石达开对驻守北路的清军发起了攻击。从6月3日开始，一直到6月17日，太平军经过长达十五天的持续进攻，终于击溃了驻守北路的清军，控制住了宝庆府城的北面，实现了合围宝庆的目的。

这样一来，城内清军和城外清军就无法取得联系了。城内清军得不到城外的补给，很快出现了粮饷匮乏的局面。困守城中的清军将领赵焕联急得像热锅上的蚂蚁。他认为，必须尽快把宝庆城中的危险情况告诉湖南巡抚骆秉章。于是，他将宝庆城中的情况画成一幅图，然后找来一个擅长游泳的士兵，命他带着图游过资江，迅速赶往长沙，将这幅图交到巡抚衙门。这一节开头所说到的那位身负重要使命的士兵，也就是赵焕联所派出的这一名士兵。

这名士兵骑上快马，日夜兼程，很快来到湖南巡抚衙门，把密图交给了衙门的差役。随后，差役将密图交给了主持宝庆战事的左宗棠。

左宗棠打开密图一看，很快明白了赵焕联的意思。赵焕联的主张是，趁太平军在宝庆府城北路尚未站住脚跟之际，派重兵从北路杀入，打通与城内清军的联系通道。

左宗棠非常认同赵焕联的主张，试图将这一主张付诸实施。当时，宝庆府城周边的清军虽然多，但都是仓促招募的，战斗力有限。将领方面，也没有真正的一流将才。其中，只有刘长佑和他率领的军队稍微靠谱一点。因而，一开始，左宗棠将打通北路的希望寄托在了刘长佑身上。

然而，当左宗棠将他的想法告知刘长佑的时候，刘长佑果断地拒绝了左宗棠的部署。刘长佑为什么不敢进军宝庆北路呢？主要原因是当时石达开正亲率主力进攻刘长佑驻守的宝庆东路。在这种情况下，刘长佑根本不敢乱动。另外，由于太平军分兵进攻刘长佑、刘坤一等湘军将领的家乡新宁，刘长佑被迫分出刘坤一所率领的两千湘军前往新宁。这在一定程度上削弱了刘长佑军的实力，导致他不敢冒险进军宝庆北路。

这样一来，左宗棠就碰到了一个棘手的问题：从哪里去找能攻破宝庆北路的军队呢？靠湖南省内临时招募来的这些湘军是不靠谱的。必须调湘军的主力部队以及一流将才前来，才能完成这一艰巨的任务。当时，湘军的主力部队以及一流将才都在湖北。那么，湖北方面会不会支持左宗棠的想法，派湘军主力以及一流将才南下呢？

关于这一问题，湖北方面存在着很大的分歧。主要分为胡林翼和官文两派。胡林翼认为，应该派湘军主力南下，由当时在湘乡老家看望老母亲的李续宜统率，进军宝庆。官文、都兴阿、多隆阿等旗人反对这种看法。官文等人认为，安徽的太平军陈玉成部一直对湖北虎视眈眈，以湖北现有兵力与陈玉成对抗，尚且不足，又怎么能抽调精锐南下呢？

针对官文等人的谬论，胡林翼指出，太平军陈玉成部在二郎河之战中遭受重创，没有一年半载根本恢复不了元气，暂时不可能进攻湖北。如果任由太平军石达开部发展，他们肯定会攻下四川。到时候，湖北腹背受敌，至少需要两万兵力才能阻挡石达开东下。与其到时候耗费大量人力物力堵截，还不如现在就帮助湖南把石达开解决了。

在胡林翼的努力下，湖北方面终于统一了意见。随后，官文、胡林翼会奏，请求清廷同意他们抽调重兵南下参加宝庆会战。他们的这一想法得到了清廷的支持。这样一来，攻入宝庆北路的军队也就有了。左宗棠少了一件麻烦事。

随后，左宗棠又遇到了另一件麻烦事，那就是在具体的作战方略上，他和许多将领有了矛盾。其中最为紧要的是李续宜所部湘军主力的进军方向。

多数将领认为，李续宜所部湘军应该从东面进军宝庆，因为这样可以屏蔽湖南省城长沙。李续宜麾下的湘军将士大多是湘乡人。和长沙一样，湘乡也在宝庆府城的东北面。所以，这些人也主张从东面进军。

眼看从东面进军就要成为定局，左宗棠焦急万分。他拿出赵焕联命人冒着极大危险送来的密图，向骆秉章、李续宜等人反复陈说自己的看法。最终，大家都接受了左宗棠的看法。于是，湘军定下了从北面进军的作战计划。

当李续宜率领湘军主力从益阳、安化一带向宝庆府城推进的时候，石达开正在猛攻驻守宝庆东面的湘军刘长佑等部，丝毫没有察觉到北面大股湘军逼近，因而未做准备。

7月24日，李续宜率部来到宝庆北面的水竹。随后，他亲自前往宝庆东面与刘长佑商量进军方略。两人按照左宗棠事先的规划，制定了声东击西的策略，即由刘长佑部在宝庆东面吸引住太平军的主力，而李续宜部则趁机杀向宝庆北面，肃清这一带的太平军，从而打通与城内清军联系的通道。

对于湘军的规划，石达开毫无所知。接下来的几天，他依旧率部猛攻湘军刘长佑等部，但始终没有成功。

7月27日，李续宜率领湘军主力渡过资江，向宝庆北路发起攻击。刘培元率领的湘军水师从水路进攻；金国琛率领的湘军陆师从陆路进攻。这个金国琛，就是在三河之战中率领六成湘军，因大雾被陈玉成切断后路，最终惨败的那个金国琛。三河之战后，金国琛辅助李续宜重振湘军主力。此时，他又随李续宜南下，参加宝庆会战。他是宝庆会战中湘军的前敌主将。

金国琛、刘培元率部水陆齐进，很快攻下太平军在宝庆北路的许多营垒、关卡，打通了与城内清军联系的通道。城内清军危而后安，标志着石达开的围点打援计划遭遇重大挫折。自此以后，湘军掌握了宝庆会战的主动权。

这时候，石达开才发现湘军的主攻方向是宝庆北路，于是命赖裕新、傅忠信率部迅速挺进宝庆北路，与湘军李续宜部决战。

7月28日，李续宜命金国琛、刘培元等湘军将领率部迎击太平军，重创赖裕新、傅忠信等部。太平军被迫全部渡过资江东撤。自此以后，宝庆府城的北路、西路都被湘军占领。

随后，李续宜率部渡过资江，在宝庆东路扎下营垒，试图与湘军刘长佑等部一起合击太平军。

石达开得知李续宜东进，率领太平军主力主动寻找湘军决战。8月13日，石达开亲率宝庆城外太平军主力分几十队猛攻李续宜大营。

李续宜所率领的这支湘军队伍，底子是罗泽南、李续宾打下的，一向以擅长以静制动著称。所以，石达开主动猛攻，正中李续宜下怀。湘军凭借严密的防守工事，化解了石达开大军的多次猛攻，取得了战斗胜利。

8月13日的这一战，是具有决战性质的。石达开遭此惨败后，彻底丧失攻下宝庆府城的信心。随后，他下达了全军陆续撤往广西休整的命令。

当时，清军对太平军，无论在兵力还是士气上都占据着绝对优势。如果果断行动的话，清军是有可能将石达开大军包围住并全部歼灭的。然而，清军并没有围歼石达开部的计划。

早在会战之前，左宗棠等人就指出了宝庆之战清军方面要达到的最终目的，那就是将石达开驱逐到贫瘠的广西，让他们自生自灭。左宗棠知道，石达开所部太平军的战斗力大不如前，已经不大可能对大局构成致命威胁。花费巨大代价将他们合围在湖南消灭，不值得。另外，左宗棠也担心将太平军合围后，他们会背水一战，爆发出巨大的战斗力，从而重创清军。那样的话，清军在宝庆会战中取得的战果就要付诸东流了。

由于清军没有尽力追击，石达开得以率领余部退入广西境内。当时，广西的农民起义如火如荼，而清军势力并不强大。石达开的部队在其他农民起义军的保护下，暂时躲过了清军的追袭，进入了长期隐伏，以待重新崛起的阶段。

湘军李续宜部击溃太平军，取得宝庆会战的胜利后，随即北上。这时候，湖北方面的各路清军经过了将近一年的调整，已经完全从三河之战失败的阴影下走了出来。他们接下来要做的，就是挺进安徽，击败陈玉成，为李续宾报仇。湘军与太平军在安徽的长期厮杀，又将拉开帷幕。

曾、胡联手，叩开安徽门户

湘军统帅各有性格。性格的差异，是导致他们之间产生矛盾分歧的重要原因。1860年太湖、潜山之战前，曾国藩和胡林翼在战略问题上，有着明显的分歧。导致这种分歧的主要原因就是他们的性格差异。他们俩，一个内敛，一个奔放；表现在作战上，一个力求稳当，一个喜欢冒险。

当时，湘军已经定下了四路进攻安徽的计划。第一路，由曾国藩统率，沿着长江，经石牌进攻安庆。第二路，由多隆阿、鲍超统率，经太湖、潜山进攻桐城。第三路，由胡林翼统率，经英山、霍山进攻舒城。第四路，由李续宜统率，经商州、六安进攻庐州。

其中的关键，是第二路。第二路的进兵路线就是当年李续宾杀向庐州的路线，是最直接最快速能够威胁到庐州的路线。对于湘军来说，必须先占据这一路，才能谈拿下整个安徽；而对于太平军来说，这一路是他们必须保住的。太湖、潜山成为决战的主战场，也就是必然的了。

当时，太湖、潜山两城被太平军占领着。太平军在城中布有重兵，但不足以阻挡湘军的全线进攻。所以，太湖、潜山之战的关键，对于湘军来说，不是攻城，而是打援。

如何击退陈玉成亲自率领的太平军精锐援军呢？湘军统帅胡林翼、曾国藩有着不同的打算。

一向以谨慎著称的曾国藩认为，应该仿照李续宾在鲁家港之战中使用的战法来打这场大战。具体做法是：以重兵围住太湖，迫使陈玉成率援兵前来解围，然后凭借内壕、外壕，一面对付城内的太平军，一面击退城外的太平军援军，直至援军溃败，拿下太湖。这种战法，湘军之前用得多，日后还会多次运用。之前，像李续宾攻武昌，刘长佑攻临江，都是采用的这种战法。日后，曾国荃攻安庆、江宁，也是用的这种战法。

胡林翼不赞成这种战法。胡林翼认为，按照曾国藩所说的这种战法作战，湘军虽然也可以取得胜利，但是见效太慢。他认为，湘军经过一年的休整，已经具备了与太平军主力决战的实力，应该主动寻找太平军决战，以便迅速拿下太湖、潜山，早日进攻安庆、庐州。具体做法是：将军队推进至新仓、小池驿一线，迎击陈玉成大军，寻求决战。

虽然胡林翼苦口婆心地劝说曾国藩赞同自己的战法，但曾国藩依旧不肯转变看法。如果不是此时的胡林翼和曾国藩并不在同等的地位上，他俩的意见分歧，将很可能给太平军带来重创湘军的重要战机。

最初，胡林翼只是曾国藩麾下的一员普通将领，名位完全不能企及曾国藩。但之后曾国藩兵困江西以及归家守孝的三四年间，胡林翼实现了大逆转。

胡林翼指挥湘军攻克武昌、九江、湖口等具有全局意义的重要城市，并将湖北打造为湘军除湖南以外最重要的后方基地，不仅赢得了远超曾国藩的声誉，在官位上也超过了曾国藩。他拥有督抚实权，并且是太子少保。这些，都是此刻的曾国藩所没有的。

正是这种高出曾国藩的地位，使得胡林翼能够不顾曾国藩的反对，毅然推行他的大决战计划。善于顾全大局的曾国藩在胡林翼下定决心后，也没有在行动上抵制胡林翼的策略。这样一来，胡林翼、曾国藩关于太湖、潜山一战战略的分歧，对湘军的作战几乎没有产生负面影响。

除了战略分歧外，胡林翼和曾国藩还在是否应该任命多隆阿为前敌总指挥的问题上，有着不同的看法。

本来，胡林翼、曾国藩是不需为这个问题大伤脑筋的。都兴阿有勇有谋，是很好的前敌总指挥。然而，就在太湖、潜山之战前夕，都兴阿因为腿伤，不能征战，被清廷调回了荆州将军任上。都兴阿离开前线后，任命谁做前敌总指挥，就成了一个大问题。

够资格做前敌总指挥的有两个人，一个是多隆阿，一个是鲍超。这两人之前都是都兴阿麾下将领，地位相当，战功也差不多，又都争强好胜。谁做主将，另一个都会不服。

胡林翼很清楚这一点，但他还是想任命多隆阿为前敌总指挥，将鲍超以及湘军其他将领都划归他统率。他之所以这么想，原因大概有两个。首先，多隆阿是旗人，任命他为前敌总指挥可以减轻清廷对湘军的猜忌，使湘军在向东进军的过程中少一些掣肘。其次，相对鲍超而言，多隆阿在谋略方面要好一点。

鲍超是个很要强的人。当他得知胡林翼有意让多隆阿出任前敌总指挥后，非常不高兴。于是，他找个借口，向胡林翼请求回家休息一段时间。胡林翼赶紧安抚他。

这边鲍超还没安抚妥当，那边多隆阿也撂挑子了。多隆阿对胡林翼说他的旧伤发作了，要请假休息几个月。多隆阿是真的旧伤发作了吗？当然不是！那他为什么也要在这节骨眼上撂挑子呢？

多隆阿有着自己的想法。他和鲍超合作已经不是一天两天了，知道鲍超这人好强，不会服从他的指挥。所以，多隆阿要装病请假，迫使胡林翼发公文正式任命他为前敌总指挥。多隆阿认为，只有这样，在即将到来的大战中，鲍超才不会违抗他的命令。

胡林翼很清楚多隆阿的想法，于是便想发公文正式任命。他在给曾国藩的信中阐述自己的想法，说："历史上，因为将帅不和而导致战败的事情，很多很多。我们必须引以为戒。多公这个人，虽然骄傲自满，但临阵之时，机智过人，而且是圣上亲自派往前线的，以副都统的身份出任前敌总指挥，最适合不过。他多次向我表达他的担心，怕春霆不服他。所以，我想发公文正式任命他为前敌总指挥，将春霆等人划归他统率。"

曾国藩反对胡林翼的看法。他给胡林翼回信说："不可将春霆划归多公统率。春霆战功卓著，即便让他做迪庵的手下，他都不愿意，更何况是做多公的手下？为战局考虑，劝春霆服从多公是有必要的。但不可强迫。写信劝说就是最好的方式。我这就写信给春霆。"

因为这个事，胡林翼与曾国藩书信往来，商讨了很久，还是没有达成一致想法。在此期间，胡林翼萌生了在多隆阿、鲍超以外，另选一人做前敌总指挥的想法。胡林翼想到了一个人，认为他的威望足以压服多隆阿、鲍超。

胡林翼想到的这个人，就是曾国藩的弟弟曾国荃。胡林翼写信给曾国荃，请他来前线总统各军，与陈玉成决战。

曾国荃并不愿意揽上这份差使。他给胡林翼回信说："多将军忠勇绝伦，完全可以胜任总统。他常常怀疑我们这些书生轻视武将。如果我当总统，他肯定不安。所以，还是让我当多将军的副手吧，这样将领们就和睦了。"

见曾国荃也这么推崇多隆阿，胡林翼坚定了以多隆阿为前敌总指挥的信念。他给曾国荃回信，说："你能这么想，真是国家的福气。"

就在大战即将拉开序幕之际，湘军及时统一了战略和人事。这对太湖、潜山一战的结局产生了重大影响。

1860 年 1 月 7 日，陈玉成率领大军推进至桐城。捻军也前来会合。第二天，两军自桐城兵分三路向潜山、太湖之间挺进，连营三十里，筑垒百余座，气势相当宏伟。

面对迅猛的太平军，刚刚当上湘军前敌总指挥的多隆阿下达了第一个重要命令，命鲍超率部挺进至小池驿，迎战陈玉成。

这天夜里，鲍超下达进兵命令，命所有的士兵在深夜的时候出发。等到要出发了，营官们前来问鲍超往哪里进兵。鲍超稀里糊涂，弄不清楚地势，又不肯在部下面前丢面子，当即吼道："问什么问！跟着老子走就是了！"

于是，湘军将士们跟着鲍超往小池驿方向前进。走到快天亮的时候，士兵们突然听到四面八方传来打更的声音。军人们对这种打更声特别敏感，一听就知道四周驻扎着千军万马。

鲍超勒住马，回头对营官们说："你们几个，下去看看，这里是什么鬼地方！"营官们下了马，带着几个亲兵，爬上高地观看。当时天还没亮，四周一片灰蒙蒙，所以这些人什么也没看到。

等到天亮，鲍超等人才知道自己的位置。原来，他们晚上行进得太快，已经一头扎进了陈玉成大军的营垒中！

众人一看，全都吓傻了。要知道，鲍超手下只带了三千兵啊，而在他们周边的起义军，至少有十万。

鲍超没有慌。为了稳住军心，他对着将士们大声吼道："弟兄们，不要怕！四眼狗（清军将领对太平军杰出将领陈玉成的蔑称）是咱们的手下败将，没什么可怕的！我们都深受国恩，理应奋勇杀贼，绝不能自乱阵脚，让狗给笑话了！"

将士们听鲍超这么一吼，情绪都稳定了下来。随后，鲍超下马亲自点燃大炮，炮击太平军营垒。

此时的太平军，还不知道湘军已经杀到了他们阵中。湘军的炮击，着实吓了他们一大跳。他们赶紧穿好衣服，排好队列，前往高处观察湘军营垒。这时候，他们发现，湘军只有区区几千人，并且把营垒扎在地势很低的平原上。

湘军自陷绝地的招数，令太平军将士们笑开了怀。他们纷纷嘲笑湘军，嘲笑鲍超。随后，他们冲下山坡，将鲍超所部湘军三千人团团围住。

胡林翼、曾国藩得知多隆阿命鲍超推进至小池驿，大惊。虽然多隆阿的这一部署符合胡林翼打一场大的歼灭战的计划，但胡林翼还是认为，多隆阿这么做，太冒险了，稍有不慎会葬送掉鲍超。曾国藩比胡林翼更不敢冒险，见到这种场面，自然是更加着急。

两位湘军统帅到处腾挪，调兵遣将，或直接前往小池驿，或加强后路。多隆阿也不含糊，派出麾下最精锐的部队前往小池驿增援鲍超。这与三河之战时，清军几乎无一兵一卒前往营救李续宾形成了鲜明的对比。

虽然援兵不断到来，但太平军毕竟在人数上相较湘军有很大的优势，因而鲍超所部的处境依旧不容乐观。最艰难的时候，胡林翼曾写信给鲍超说："能守则守，不能守就退。千军易得，一将难求，望自珍重！"

鲍超是个狠人。他认定的事情，不达目的他是决不罢休的。他给胡林翼回信说："四眼狗虽然厉害，但也只有这些伎俩，没别的招了！只是这些天来，雨下得太多，我才没有出击。等三五天后，天放晴了，我就全线出击，宰狗割肉，给您当下酒菜！"

凭借着这么一股呆气，鲍超率部挡住了十余万起义军长达二十来天的持续进攻，熬到了天堂驻军杀出大山，战局发生根本性转变的那一天。

天堂驻军是从哪里杀出来的呢？是从天堂镇周边的崇山峻岭中杀出来的。就是这支奇兵，决定了太湖、潜山之战的胜负。

天堂镇位于潜山县北，处在群山之中。四周都有关隘可守，有一夫当关万夫莫开之势。所以，在这里驻扎一支军队的话，不怕对手来攻。从这里出发，可以很快杀到潜山、太湖、桐城、舒城城下。这种退可守进可攻的有利地势，使得天堂镇自古以来就是兵家必争之地。

熟读历史书的胡林翼自然知道天堂镇的重要。早在太湖、潜山之战打响前几个月，胡林翼就派一名叫余际昌的将领率领九营军队进驻天堂镇，从北面、西面威胁太平军占领的潜山、太湖、桐城、舒城等重要城市。

太平军将领陈玉成也非等闲之辈，他也知道天堂镇的重要。得知清军占领天堂镇后，他派将领率部前往攻击，试图夺回天堂镇，结果被湘军打败。这样一来，湘军就牢牢地控制住了天堂镇要塞，继续威胁太平军占领的众多城市。

太湖、潜山之战打响后，天堂镇成了胡林翼下活整盘棋的关键之处。他命湘军将领金国琛率十四营湘军进驻天堂镇，与之前已经到这里的余际昌九营清军一起，向南推进，试图威胁当时已经推进至小池驿（位于天堂镇南面）的陈玉成大军的后路。

这个金国琛，就是之前参加过三河之战、宝庆之战的那个金国琛。他所率领的这支军队，也就是和他一起参加过宝庆之战的那支军队。

当时正是隆冬季节，漫山遍野尽是皑皑白雪，鸟道上全都结满了冰。还有的地方并没有路，需要徒手攀爬上去。士兵们每前进一里路，都要付出巨大的体力消耗。但是，为了出奇制胜，清军士兵们把这些困难都克服了。为了尽快奔赴战场，他们连除夕、元旦这样万家团聚的佳节都没有休息，照样行军。要是他们能把这股克服艰难的劲儿，用在反侵略的战场上就好了，可惜得很，他们吃了这么多的苦，只是为了维护一个病入膏肓的清王朝。

经过一段时间的艰难行军后，他们从山上俯瞰，看到了南面的平原。在那里，湘军鲍超、多隆阿等部正被十余万起义军团团围住，陷入了绝境。清军能否扭转战局，就看这支从天堂杀出的军队能否有所作为了。

金国琛、余际昌派出士兵，与山下的多隆阿取得了联系。两路清军制订了一个内外夹攻，击溃陈玉成大军的计划。

陈玉成一直关注着天堂镇那边的情况。作为一个有着丰富作战经验的杰出将才，他完全预料到了胡林翼会从天堂镇遣出一支奇兵袭击他的背后。但他没有想到，这支队伍会来得这么快，兵力会有这么多。

1860 年 2 月 2 日凌晨，陈玉成派出一支大军兵分四路，向金国琛所部清军阵地杀去。

这场战斗对于太平军来说，无疑是相当困难的。他们需要冒着清军居高临下发射的炮火，斩掉荆棘，然后攀援而上。可以想见，伤亡会很惨重。

虽然很困难，但是刚来到山下时，太平军仗着人数的优势，气势还是很盛，喊声震天。

金国琛伏在山顶的荆棘中观看太平军的动静，随后对全军下达命令说："没我的命令，谁也不准出击！"

依旧是熟悉的味道。罗泽南的湘乡勇又回来了。从罗泽南到李续宾，再到李续宜，到现在指挥的金国琛，变的是统军将领，不变的是以静制动的战略战术。

太平军见湘军并不发炮，非常高兴，赶紧砍掉荆棘，往上攀爬。当他们中的多数人都已经爬到山坡上的时候，湘军的总攻开始了。

随着金国琛一声令下，万炮齐鸣。炮声过后，一路路湘军士兵或从山上冲下进击太平军的先头部队，或绕至山坡上对太平军中路发起攻击，或绕至山下进击太平军后路。

太平军被湘军突然发起的这一轮猛烈的袭击所彻底击溃，纷纷回撤。湘军乘胜进击。

这时候，清军的另一支军队，即由余际昌率领的九营清军也从山上冲下，截击逃窜的太平军。太平军遭遇惨败。

2月2日这一战，只是金国琛、余际昌两部配合作战而已，驻扎在小池驿等地的清军并未前来支援。金国琛、余际昌知道，要想彻底击垮陈玉成大军，必须两路并进。于是，他们继续与多隆阿等联系，希望协同作战。两军约定以三次排炮为号，发动总攻。无奈风雨交加，几次预定的总攻都被迫放弃。

自太湖、潜山之战爆发以来至今，已经有二十多天了。陈玉成率领十万大军，在这么久的时间内都没能击溃清军，反而被从天堂镇杀出的一路奇兵反咬了一口，实在是太失败了。连日的阴雨更是阻挡了太平军对湘军的继续进攻。在这种情况下，太平军的士气非常低落。

2月16日，天气放晴。多隆阿等湘军将领试图发起对太平军的反攻。他们冒险前往太平军营地前修筑营垒。

见太平军的黄盖红旗布满山谷，马队纵横驰骋，很是凶狠，多隆阿不敢贸然发动进攻。为了试探太平军的战斗力，多隆阿准备采取诱敌深入的计策，诱使太平军与他作战。

随后，多隆阿命一小部分士兵主动进攻太平军，然后假装战败，将太平军引入湘军精心设计的包围圈中。太平军果然上当，陷入重围。

将前来追击的太平军围住后，多隆阿亲自率领马队冲入太平军阵中。太平军对湘军的认识还处在三河之战的阶段，认为湘军依旧没有什么马队，却没料到多隆阿手下有的是好马队！在多隆阿马队的冲击下，太平军纷纷撤退。

经过这次试探后，多隆阿确信此刻的太平军已经是强弩之末，没有了什么战斗力。于是，这天夜里，他召集鲍超等将领，与他们商定，在第二天对太平军发起总攻，企图一举击溃陈玉成大军。

2月17日，太湖、潜山之战的最后决战打响。湘军兵分多路向疲惫不堪的太平军发起猛烈的进攻。每一路湘军，都由步兵和马队组成。

三河之战的失败使胡林翼等湘军将帅认识到了马队的重要性。此后，他们痛定思痛，大力发展马队，或派人前往张家口、古北口买马，或请清廷从东北调来马队。经过一年的发展，湘军当中已经有了不少的好马队。在2月16日的战斗中，湘军马队就已经爆发出了极大的战斗力，而在2月17日的决战中，湘军马队也将发挥重要的作用，它们的主要职责是包裹在步兵的外面，防止太平军马队冲击步兵，并在战胜之后追袭太平军。

决战的主战场有两个。西路的主战场是罗山冲，清军方面的主将是多隆阿；东路的主战场是小池驿，清军方面的主将是鲍超。

通过侦察地形，多隆阿发现西路太平军的主力都在罗堰口以西的开阔地带，于是亲率湘军猛攻此处。

正当多隆阿率部奋勇厮杀的时候，驻守在罗山冲内的太平军从山中向湘军杀来，密密麻麻地向前推进，气势很盛。

多隆阿认为，如果不先将罗山冲内的太平军歼灭，则无法消灭罗堰口以西的太平军主力部队。于是，他率部分湘军冲入山内，追杀太平军。山内的太平军抵挡不住，纷纷撤退。

随后，冲入山内的湘军与留守山外的湘军内外夹攻，对驻守在罗堰口以西的太平军主力部队发动猛攻。太平军大败，纷纷撤退。

与此同时，在东路主战场小池驿这边，鲍超也率部重创太平军，烧毁太平军营垒一百余座，取得了胜利。

东、西两路都遭遇惨败后，陈玉成已经无法阻挡太平军的全线溃散。为了保存性命的太平军纷纷往深山中撤退。

金国琛、余际昌再次获得重创太平军的战机。他们率部从山上冲下，截杀山中的太平军。

金国琛在三河之战中败于陈玉成之手。但在太湖、潜山之战中，他却让陈玉成吃到了不少苦头。正是他和余际昌所率领的从天堂镇山中杀出的军队，威胁到了陈玉成大军的后路，改变了战局。在2月17日的决战中，他又率军追杀了不少山中的太平军。

太湖、潜山一战为金国琛了却了宿怨，也为多隆阿、鲍超赢得了名誉。多隆阿、鲍超，成为太平军最凶悍的敌人。

击溃陈玉成大军后，湘军很快拿下太湖、潜山两县，打通了进入安徽腹地的通道。湘军与太平军在安徽的争夺，即将翻开更为关键的一页。多隆阿、鲍超与太平军悍将陈玉成的终极对决，将演绎出怎样的精彩呢？

第七章　战安庆

血战赣北，左宗棠救了曾国藩

在京城湖南会馆的东边大概三四里处，有一条著名的胡同，名叫米市胡同。清朝的时候，这里是京城重要的文化中心之一。很多文人雅士都选择居住在这里。咸同年间领袖京城文坛的大才子潘祖荫，就居住在这里。

最近这段时间，潘祖荫很不高兴。因为囊中羞涩，他已经很久没有去京城名旦朱莲芬那里听戏了。

这天，潘祖荫正伏在几案上回忆朱莲芬的精彩演技，突然听到外面传来一阵急促的脚步声。这脚步声，潘祖荫最熟悉不过。如此火急火燎，除了郭嵩焘，不会有别人。

潘祖荫把郭嵩焘迎入书房。两人寒暄片刻后，郭嵩焘嬉皮笑脸地对潘祖荫说："伯寅兄（潘祖荫，号伯寅），最近怎么不请我去莲芬家啦？"

郭嵩焘这句话，正说到了潘祖荫的痛处。潘祖荫摇头叹气一番，然后说："最近手头紧，去不了莲芬家。"

听完这话，郭嵩焘依旧嬉皮笑脸地对潘祖荫说："少在我面前哭穷！今天这客，你请定了！"说完，郭嵩焘一把拉起潘祖荫，便往朱莲芬家中走去。

被郭嵩焘强拉到朱莲芬家后，潘祖荫浑身不自在。他实在不想在他欣赏的人面前露出穷酸相。

这朱莲芬，虽然看名字像个女孩子，但其实是男人。他是京城闻名的昆曲旦角，深受士大夫们喜欢。他很清楚潘祖荫的经济情况，知道他没钱。所以，他对潘祖荫就有些怠慢了。这样一来，潘祖荫更加坐立不安了。

这时候，郭嵩焘从口袋里拿出十两银子，对着朱莲芬说："朱老板，不要这么势利嘛。咱们有的是钱，这十两你先拿着。"

潘祖荫见郭嵩焘为他解了围，高兴得很，赶紧道谢。这时候，郭嵩焘慢腾腾地拿出一个布袋，放到桌子上，然后打开。

潘祖荫凑近一看，见布袋里面全是白花花的银子，足有三百两以上，心里就犯嘀咕了：这郭嵩焘想干什么呢？

这时候，郭嵩焘凑近潘祖荫，小声地说："伯寅兄，实不相瞒，今天我是有求于你。如果你愿意帮忙，这桌上的银子都是你的。"

潘祖荫正需要银子周转，于是赶紧问要他做什么。郭嵩焘神秘地说："想请伯寅兄帮忙递个折子。折子我已经拟好了，具体内容你先不要问。只要你肯递，这些银子都是你的。"

潘祖荫信任郭嵩焘，又贪图银两，于是立马答应。两人在朱莲芬家喝酒、听戏，玩了很久。直到下午，郭嵩焘才拉起潘祖荫，一起前去递折子。

路上，潘祖荫问折子的具体内容。郭嵩焘怕他得知内容后反悔，支支吾吾不肯说实话。

就这样，两人来到了奏事处。潘祖荫说："已经到了这里，我肯定不会反悔。只是折子的内容，必须让我知道。不然皇上问起来，我怎么作答呢？"

郭嵩焘不得已，只好拿出奏折交给潘祖荫。潘祖荫打开奏折一看，才知道这是一道保荐左宗棠的奏折。起初他并不在意，只是漫不经心地看，当看到"国家不可一日无湖南，湖南不可一日无左宗棠"这句话时，他的情绪突然激动了，高声喊道："好文章！"

听到这一声喊，郭嵩焘就放心了，因为他知道，潘祖荫这次是真的不会反悔了。果然不出他所料，很快，潘祖荫就把折子递上去了。

郭嵩焘为什么要怂恿潘祖荫上这么一道折子呢？一切都得从改变左宗棠命运的樊燮事件说起。

樊燮是湖广总督官文家的亲戚，靠着官文的推荐，坐到了永州镇总兵这个重要位置上。此人毫无才能，却喜欢摆官谱，所以左宗棠很看不起他。而他呢，也仗着自己是总督家的亲戚，看不起虽然大权在握但没有名分的左宗棠。两人因此闹出矛盾来。后来，樊燮在与左宗棠的斗争中落败，不仅被免职，还被抓了起来。

官文知道这件事后，非常愤怒，他不仅支持樊燮反告左宗棠，还亲自上奏弹劾左宗棠，说他利用巡抚的信任，把持湖南军政。

咸丰皇帝看到官文的奏折后，大怒，当即批示："如果左宗棠真的有不法行为，你就将他就地正法！"

对左宗棠来说，这真是祸从天降！此前，他掌握着湖南一省的军政大权，可以指点江山，激扬文字，粪土当年万户侯。此后，他却要为了躲避官文的加害，到处奔波。这真是一夜之间，从天堂掉到了地狱。

左宗棠的遭遇，引起了不少人的关注。这其中，既包括胡林翼、曾国藩等湘军将帅，也包括郭嵩焘、高心夔、王闿运等当时在京城的与湘军渊源颇深的人物。

当时，主掌朝政的是肃顺，而高心夔、王闿运正是肃顺身边的红人。于是，郭嵩焘便请高心夔、王闿运向肃顺求救。

和文庆一样，肃顺也很重视汉人。他答应救左宗棠，但提出了一个条件，那就是必须有人先上奏保荐左宗棠。

请谁上奏保荐左宗棠比较合适呢？郭嵩焘想到了潘祖荫。当时的潘祖荫，是咸丰皇帝身边的红人。他上的折子，咸丰都很重视。于是便出现了本节开始时说到的那些情节。

潘祖荫的折子果然引起了咸丰皇帝的注意。咸丰向他问起了相关情况。咸丰说："你怎么认识左宗棠？还知道他的为人？"

潘祖荫并未认真准备这次应对，被咸丰这么一问，他就有点语塞了。还好，他比较机灵，很快就想出了搪塞咸丰的话语。他对咸丰说："左宗棠是我的老师。"

咸丰一听，大惊，叹道："真没想到，这个左宗棠，还是你的老师！"这时候，咸丰皇帝对左宗棠的看法，就有些改变了。

此后不久，咸丰就找肃顺商量如何处置左宗棠。咸丰说："官文弹劾左宗棠，潘祖荫却又保荐他。左宗棠有不法行为，本来是应该严惩的。但如今天下内忧外患，需要真正的人才，替朝廷分忧。左宗棠既然有大才，那就应该重用。不知道你是怎么看的？"

肃顺见时机已到，立即说："我听说骆秉章很信任左宗棠，把所有的军政大事都交给他处理。官文弹劾左宗棠的奏折中，也说左宗棠揽权。照这样看来，骆秉章在湖南的功绩，都是左宗棠的功绩。可见，这个左宗棠，是有经天纬地之才的。"

听肃顺这么一说，咸丰皇帝彻底改变了对左宗棠的看法。官文觉察到了这种变化，立即改变了态度，装模作样地替左宗棠平反昭雪。于是，左宗棠担惊受怕的日子结束了。等待他的，将是光辉灿烂的明天。

此后不久，咸丰皇帝就与曾国藩商量如何安排左宗棠。曾国藩和胡林翼商量后，奏陈咸丰说："左宗棠才能极大，无论皇上委派给他什么差事，他都会尽力去做，报效朝廷。"

1860年6月9日，清廷下发谕旨，命左宗棠以四品京堂候补，随同曾国藩襄办军务。这标志着左宗棠的命运发生了重大转折。他的军事生涯即将拉开序幕。

随后，胡林翼也上奏保荐左宗棠。胡林翼说："左宗棠擅长军事谋略。之前在湖南帮助骆秉章处理军事，功勋卓著。恳请皇上命他迅速在湖南招募兵勇六千人，开赴江西、皖南，协助曾国藩作战。"

胡林翼之所以上这道折子，与当时的形势有着密切的联系。1860年6月，由于江南大营被太平军攻破，清廷命曾国藩代理两江总督，督师东下，夺取苏州。当时曾国藩手下的将领，只有一个从胡林翼那里换来的鲍超（曾国藩弟弟曾国荃负责攻打江北的安庆，归胡林翼节制，而鲍超率部随曾国藩渡江南下）靠谱一点，其他的都不堪大用。所以，胡林翼要奏请朝廷，命左宗棠编练一支军队，帮助曾国藩。

很快，咸丰皇帝批准了胡林翼的请求。就这样，作为湘军三大系之一的左系湘军，或者叫楚军，就应运而生了！

左系湘军最初的名将有三人，即王开化、杨昌濬和刘典。这三人，之前都曾是罗泽南的部下。也就是说，左系湘军和曾胡系湘军一样，骨干力量来自罗泽南集团。

王开化是王鑫的堂弟，一直跟随王鑫作战。王鑫病逝后，其统率的老湘营一分为二，分别由王开化以及另一位日后的湘军重要将领张运兰统率。

左宗棠一直很欣赏王鑫，因而对王开化也比较看重。刚创办左系湘军那会儿，左宗棠考虑到自己之前几乎没有带兵打仗的经验，便想请王开化在实战中手把手地教自己。

可是，这时候的王开化已经重病缠身，需要长期休养，他并不想再出山。左宗棠也知道这些，但作为新手的他不能缺少王开化。于是，他天天前往王开化家中劝说，希望用自己的真诚打动王开化。最终，他与王开化达成了君子协定。王开化答应出山教导左宗棠，但时间只有半年。后来的事实证明，王开化的到来对初出茅庐的左宗棠来说，有着至关重要的作用。

杨昌濬是湘军主要将领中书生气很浓的一位，诗词书画的功底都很不错，可以媲美彭玉麟。虽然身材魁梧，臂力过人，是打斗的高手，但他并不以勇猛著称。在左系湘军中，他管谋略和后勤的时候多，临阵冲锋的时候少。

杨昌濬之所以出名，是因为两个女人。

两个女人之一即是小白菜。杨乃武与小白菜案，因为相关影视剧的热播，已经家喻户晓，这里就不再赘述。另一个女人，是他的妻子陈氏。

杨昌濬小时候，家里很穷。他父亲怕日后拿不出聘礼为儿子娶媳妇，便将邻居家四岁的小女孩陈氏收为童养媳。杨昌濬与陈氏一起长大，青梅竹马，感情很深。

后来，杨昌濬做了大官。一个当地的富豪看中了他的权势，想把女儿嫁给他。杨昌濬的母亲穷了一辈子，见有富豪前来结亲，就有些心动了。她本以为杨昌濬会欢欢喜喜地答应下这门亲事，却没想到杨昌濬会坚决反对。

杨昌濬大义凛然地对他母亲说："我和陈氏，早就有了夫妻的名分。虽然表面上看上去感情不那么深，但事实上我们非常相爱。书上说，贫贱之知不可忘，糟糠之妻不下堂。我杨昌濬读了那么多的圣贤书，又是老百姓的父母官，怎么可以做抛弃发妻这样的禽兽之举？"

杨昌濬的母亲见杨昌濬如此痴情，也就没有强迫他娶富豪之女。贤惠孝顺的陈氏得知婆婆的行为后，并没有怪罪她，反而加倍努力地侍奉婆婆。

杨昌濬官做得很大，在外面的时候多。陈氏过不惯衙门的生活，便待在老家主持家务，侍奉公婆。为了有个放心的人照顾杨昌濬的饮食起居，她还专门替杨昌濬物色了一个小妾。

陈氏的贤惠换来的是杨昌濬对她深深的爱。陈氏病逝后，身为一品大员的杨昌濬不再续弦，直至许多年后追随陈氏而去。试问古今中外，地位与杨昌濬相当或超过杨昌濬的人当中，有几人能像杨昌濬这样痴情？

王开化、杨昌濬都是湘乡人，而刘典是宁乡人。之前，左宗棠在骆秉章幕府中的时候，非常重视刘典，命他办理宁乡团练。刘典率团练捕杀起义军一百多人，压住了反抗力量。从这件事中，左宗棠知道了刘典的才能。所以，当他着手编练左系湘军的时候，就把刘典请了出来。从此以后，刘典成了左宗棠的重要助手。左宗棠收复新疆期间，在后方主管后勤的就是刘典。

当左宗棠率领着他刚刚编练成功的左系湘军从湖南开往江西的时候，他的好朋友曾国藩在皖南碰了一颗大钉子。在太平军的逼迫下，这位"应变将略，非其所长"的湘军统帅，一度留下遗嘱，准备"殉国"。这又是怎么一回事呢？

原来，江南大营被太平军击溃后，清廷命曾国藩代理两江总督，率兵东进，夺取苏州。曾国藩知道，在当时的情况下谈夺取苏州是天方夜谭，但他不得不做出东进的态势，以免清廷猜忌他。于是，曾国藩率兵渡江，在祁门扎下营垒。

不久之后，太平军名将李世贤率领四万大军挺进皖南。他的第一个重要目标就是曾国藩祁门大营的东大门徽州府城。

面对来势汹汹的太平军，曾国藩准备亲自率军前往徽州镇守。为了摸清情况，曾国藩先派一个名叫朱品隆的将领前去徽州了解情况。朱品隆回来后，告诉曾国藩说："要守住徽州，至少需要精兵两万人。张公（张芾，1853年江忠源守南昌时的江西巡抚，后奉旨督办皖南军务）手下的兵虽然多，但精兵极少，不可靠。"

这样一来，曾国藩就有些犯难了。当时，归曾国藩统率的军队中，算得上精兵的只有鲍超所部。然而当时，鲍超的军队另有重任，无法前往徽州驻防。这样一来，曾国藩所能调往徽州的，就只有一些杂牌军队。靠这些军队对抗李世贤大军，显然是不靠谱的。

就在曾国藩左右为难的时候，他的老朋友李元度站了出来，向他主动请缨说，他只需要手下的三千平江勇，就能守住徽州城。

对李元度，曾国藩是又爱又恨。爱的是他学问好，人品好，并且在自己困难的时候不离不弃。当年曾国藩兵败靖港，不少人落井下石，侮辱曾国藩，陪伴曾国藩度过那段艰难日子的就是李元度。后来，曾国藩困守江西，很多曾国藩的好友都弃他而去，只有李元度默默地回到家乡平江，招募平江勇带往江西，保护曾国藩。因为这些，曾国藩很感激李元度。

但另一方面，曾国藩又恨李元度。这个"恨"，不是仇恨，而是恨铁不成钢。李元度领兵打仗，败多胜少，总是令对他寄予厚望的曾国藩失望。

李元度带兵，有两大毛病。首先是对部下太仁慈。对违反军令的将士，他不忍心严格执法。长此以往，他的军队中便形成了慵懒散漫的风气。这对军队战斗力的提升，是很不利的。

其次，李元度喜欢做学问，把许多时间用在了看书、写书上，因此耽误了治军。由于训练抓得不紧，防御工事的修筑督查不严，李元度的军队很难打胜仗。

对李元度的这些毛病，曾国藩心知肚明。但人往往是这样，喜欢一个人就很容易忽视他的缺陷。曾国藩就犯了这样的错误。当李元度向他主动请缨前往徽州驻防的时候，他答应了。

李元度率领手下的三千平江勇来到徽州后不久，太平军李世贤部就开始进攻位于徽州东北、距离徽州九十里的丛山关，试图占领丛山关，然后攻打位于徽州东北、距离徽州六十里的绩溪县城，最后进攻徽州。

得知太平军的动向后，李元度连忙派出两营队伍前往丛山关驻防。10月3日，李世贤凭借兵力上的绝对优势，击败这两营湘军，击毙其中一名营官，占领丛山关。

丛山关失守后，绩溪县城门户大开。三天后，太平军兵不血刃地占领绩溪县城。这时候，太平军距离徽州府城，只有区区六十里了。

这时候，曾国藩意识到徽州危险，连忙派出四营军队前往徽州，协助李元度防守。虽然增加了四营军队，对李元度来说，形势依旧不乐观。他的麾下，只有八营四千军队，其中还有两营是从未打过仗的新兵，而对手李世贤麾下，有四万能征惯战的太平军。对李元度来说，这是一场注定打不赢的战斗。

在具体作战中，李元度犯了一个重大错误，使本来就严峻的形势更加恶化了。本来，他如果收缩兵力重点防守的话，是可以和李世贤周旋一段时间，等待形势发生变化的。然而，李元度不是罗泽南、李续宾那样能够沉得住气的将领。他很浮躁。他把主要兵力布置在前沿，与太平军决战，结果很快被太平军击败。

经此惨败后，李元度才收缩兵力，认真防守。很显然，到这时候才这样做，已经没什么用了。

当时，由于连日阴雨，徽州城西门的城墙被雨水浸润后坍塌。太平军抓住战机，乘夜猛攻西门。清军抵挡不住，纷纷溃逃，徽州被太平军攻克。

徽州的失陷给曾国藩造成了很大的麻烦。此后，失去东面屏障的曾国藩祁门大营遭到了多路太平军的攻击。形势最危急的时候，曾国藩甚至写好了遗嘱，随时准备"殉国"。

除了从正面进攻祁门外，太平军还试图切断曾国藩祁门大营的粮道。位于祁门西面的景德镇因此成了太平军与湘军反复争夺的战略要地。对于太平军来说，占领景德镇既可以切断祁门曾国藩军的后路，也可以作为他们经略江西的基地，进而威胁湘军的大本营湖南、湖北。从1860年年底到1861年年初，太平军发起了多轮对景德镇及周边城镇的猛烈进攻。其中规模很大的有两次。这两次进攻太平军方面的主将分别为：黄文金、李世贤。

1860年12月，太平军将领黄文金率部由池州出发，向西进攻，紧逼战略要地湖口。

湖口是湘军经过几年血战才拿下的重要城镇。湘军将帅对它的重要性，有着深刻体会。当得知太平军进攻湖口后，曾国藩连忙调兵遣将，加强湖口的防御。

当时，湘军水师名将彭玉麟正率部攻打安庆。曾国藩命他迅速溯江而上，前往湖口，指挥湖口保卫战。彭玉麟的到来，对稳住湖口周边的战局，起到了至关重要的作用。

湖口城本是1859年彭玉麟负责兴建的，所以彭玉麟对它很熟悉。凭借这种熟悉，彭玉麟很快布置好了防线。但有一处，始终令他感到担忧。那就是湖口城的南门。和徽州之战时徽州城的西门一样，湖口城的南门也因为雨水的浸润而坍塌了。虽然彭玉麟督率士兵紧急抢修，但仓促之间，不能完工。太平军如果集中力量攻击此处，湖口城将有陷落的危险。这是彭玉麟最担心的。

12月24日，黄文金率部兵分四路直取湖口，气势凶猛。彭玉麟命湘军水师上岸登城防守，以大炮轰击太平军。激战许久后，太平军用来攻城的一百多架云梯，全部被湘军夺获。最终，没有了攻城工具的太平军，只得暂时退兵。

两天后，一支两千余人的清军队伍驰赴湖口。湖口的防守形势大为好转。得知这一消息后，太平军彻底丧失攻下湖口的信心。在黄文金等将领的率领下，他们全部撤离湖口城下。

彭玉麟最为担心的湖口城南门，最终并没有给他带来灾难。他取得了湖口保卫战的胜利，稳住了赣北局势。

离开湖口后，黄文金将目标锁定在了景德镇。在向景德镇进军的过程中，他们在江西的洋塘，与湘军鲍超、左宗棠两部展开了一场重要的决战。

洋塘位于湖口和景德镇的中间。洋塘的旁边，有一条河流，名叫漳田河。沿着漳田河往下，可以到达鄱阳湖。途中有个镇，名叫谢家滩镇，是战略要地。

战前，左宗棠和鲍超商量好，在洋塘东边会师，然后商讨进军计划。由于连日大雨，鲍超部行动迟缓，未能按期到达洋塘东边。这样一来，先到达洋塘东边的左宗棠部就面临着单独作战的不利局面。

太平军见左宗棠部杀到，连忙派出重兵围困他们。面对蜂拥而上的太平军，初出茅庐的左宗棠并没有必胜的把握。

眼看太平军就要冲过来，左宗棠急中生智，命部下临时赶造军旗，在上面写上一个大大的"鲍"字。军旗造好后，左宗棠命士兵拿着它爬上山顶，将它高高扬起。太平军见到这面"鲍"字旗，犹如见到了瘟神，连忙掉头撤退。

太平军为什么这么怕"鲍"字旗呢？原来，之前太平军在许多硬仗当中被鲍超打败，比如二郎河之战以及太湖、潜山之战等。久而久之，太平军对鲍超的部队产生了畏惧心理。左宗棠深知这一点，于是在紧急时刻命士兵挥舞"鲍"字旗，果然吓退了太平军。

太平军一路撤退，连洋塘大营都丢了。左宗棠由于兵力不足，且是初次作战，不敢去追。后来，太平军得知鲍超的部队并没有来到洋塘后，又回头重新占领了洋塘阵地。

第二天，鲍超才来到洋塘东边。一向以作战勇猛著称的鲍超，在与左宗棠短暂商量后，迅速将所部推进至离太平军洋塘大营只有三里的区域。左宗棠部在后面接应。

虽然在人数上占据着绝对优势，但太平军害怕鲍超，不敢对眼皮子底下的湘军发起进攻。怎样才能击溃湘军呢？黄文金考虑到太平军马队较多的优势，决定采取包抄的战术对付湘军。他亲率太平军主力在洋塘南边的谢家滩一带搭建浮桥，为偷渡漳田河，包抄至湘军的背后做准备。

仔细观察形势后，鲍超觉得有点不对劲，于是写信给左宗棠，将他看到的情况告诉了左宗棠。左宗棠看到信后，亲自率领六营湘军前往帮助鲍超。

左宗棠率部走出营门后不久，远远地便看见鲍超骑着一匹快马前来迎接。两人寒暄一番后，一起登上高山观察形势。他们发现，太平军的主力正在往南边的谢家滩一带移动。在左宗棠的指点下，鲍超识破了太平军的计谋。

这时候，左宗棠又发现了另外一个重大问题，那就是鲍超的部队把营垒都扎在了平原低洼之处。太平军从山上往下望，可以把他们的动静看得一清二楚。

鲍超为什么要这样做呢？是没有谋略吗？不是的。原来，鲍超所部湘军与湘军的其他部队不同，士兵主要来自长沙等大城市。这些人不喜欢在山地扎营，所以，他们经常把营地扎在平原低洼之处。鲍超自己也喜欢这么做。

左宗棠虽然看出了问题，但他知道鲍超有这个喜好，也就没有劝鲍超把营垒移到山上。如果不是太平军害怕鲍超，不敢进攻的话，鲍超将会遇到很大的麻烦。

中午吃饭的时候，鲍超请左宗棠将他的部队与自己的部队会合，以便集中全力消灭太平军。左宗棠欣然答应，并命手下一个叫罗近秋的将领率四营军队驻扎在鲍超老营的旁边，保卫老营。

1861年2月18日，在一切准备就绪后，鲍超亲自率领湘军主力进击谢家滩一带的太平军，重伤太平军主将黄文金。太平军士兵见主帅重伤，无心恋战，纷纷沿着浮桥撤往东岸。鲍超乘胜进击，将太平军在谢家滩一带的营垒全部毁掉。

这时候，驻守洋塘的太平军见鲍超率主力进击谢家滩，料想鲍超老营空虚，便倾巢出动袭击鲍超老营。

鲍超所部留在老营中的军队不多，且处在平原低洼之地，形势很不乐观。但这支军队战斗力颇强。面对人数占绝对优势的太平军的进攻，他们顽强作战，最终保住了阵地。

进攻鲍超老营的太平军久攻不下，士气低落。这时候，驻守在鲍超老营周边山上的湘军罗近秋部从山上冲下，向太平军发起猛攻。太平军大败，纷纷撤退。

洋塘之战最终以湘军的胜利而告终。自二郎河之战以及太湖、潜山之战后，鲍超又一次在硬仗当中，击败了太平军。

在洋塘遭遇惨败后，黄文金率部退往建德。鲍超等部湘军在后面紧追。3月7日，两军在一个叫黄麦铺的小村镇旁再次展开决战。

太平军见湘军快速追来，尚未扎稳营寨，便想趁湘军尚未立足之际，杀湘军一个措手不及。

当太平军漫山遍野地杀过来，呼喊声震动山谷的时候，鲍超没有被吓倒。他果断下令，命部下向太平军的薄弱处进击。很快，在湘军的猛烈攻击下，太平军纷纷撤退，进入建德城中。

不久后，清军将领陈大富率领的水师攻克建德。黄文金率部撤往安庆。从此以后，黄文金所率领的这支太平军就无法威胁到赣北、皖南的清军了。

洋塘、黄麦铺之战是鲍超军事生涯中的又一次重大胜利。本来就很忌惮他的太平军，自此以后更加忌惮他了。左宗棠所率领的左系湘军虽然是初次作战，但表现也很不错。这支部队已经成为湘军中的一支新的精兵。

不过，太平军并不是那么容易认输的，黄文金败后不久，李世贤就对赣北清军发起了新一轮进攻。1861 年 3 月，李世贤率大军挺进赣北，击败左宗棠麾下名将王开琳（王鑫的另一个堂弟）、罗近秋，并将罗近秋斩杀。

随后，李世贤率部击斩镇守景德镇的清军将领陈大富，占领景德镇。陈大富、罗近秋都是在对阵太平军黄文金部的过程中获得重大胜利的将领，却在转瞬之间，都被李世贤斩杀。这对清廷以及湘军将帅们来说，是一个极大的震撼！

景德镇的失守，把曾国藩逼上了绝境！当时，曾国藩祁门大营的粮饷供给，几乎全部要通过景德镇。所以，李世贤攻克景德镇，等于是切断了曾国藩的命脉！

曾国藩不愿坐以待毙，他要主动出击，进攻徽州！徽州的东面即是浙江。只要拿下徽州，曾国藩就可以从浙江那边拿到粮饷。有了粮饷，就可以避免溃亡。

曾国藩的许多幕僚反对进攻徽州，但曾国藩不为所动，依旧将能否攻下徽州看作是扭转战局的关键。他比较进攻徽州、进攻景德镇两种可以摆脱危局的作战方案时，说："论敌人的强弱，则徽州的敌人弱，景德镇的敌人强；论军队的行程，则进攻徽州只需走六十里，而进攻景德镇需要走四百里；论胜算，则攻下徽州虽然没有十足的把握，但攻下景德镇更加没有把握。所以，我军应该进攻徽州，而不是景德镇。"

于是，曾国藩亲率各路湘军向徽州发起进攻。4 月 14 日，湘军来到徽州城下。突然，天下起了大雨。这样一来，湘军携带的火器将无法使用。这给湘军的攻城造成了极大的麻烦。

虽然有困难，但湘军还是按照原计划，兵分两路对徽州城发起了进攻。这时候，其中一路湘军在执行作战计划的过程中，出现了失误。按照计划，他们应该由徽州城的西门绕至南门。但在执行的过程中，他们杀得兴起，浑然忘记了绕至南门，结果在西门下被太平军重创，伤亡近两百人。

曾国藩见伤亡惨重，连忙下令撤退。曾国藩大军对徽州城的第一次进攻，就这么结束了。

一次进攻失败后，曾国藩并不甘心，想要发起第二次进攻。当时他手下最重要的将领张运兰也赞成他的看法。于是，湘军第二次进攻徽州的计划就定下来了。

4月21日，湘军再次对徽州发起进攻，依旧没有取胜。曾国藩只得命将士们暂时撤退休整。

两次进攻失败后，湘军将士们对太平军产生了畏惧心理，心情非常低落。驻守徽州城中的太平军得知这一情况后，决定趁夜劫营，将湘军一举击溃。

这天夜里，太平军出击，冲入湘军营中，到处放火。本来就是惊弓之鸟的湘军遭到这番突袭后，纷纷溃散。

这时候，乱哄哄的人群中忽然来了一个人，跑来跑去，拦住那些准备溃逃的湘军将领说："大家不要慌！敌军并不多！只要我们保持镇定，他们就不能得逞！"

湘军将领们听了这个人的劝说，都镇定了下来。将领们稳定下来，士兵们也就不会乱动了。这样一来，太平军一举击溃湘军的想法，就无法实现了。

事后，曾国藩找来那位劝说将领们保持镇定的人，对他大加赞赏。这人到底是谁呢？

这人就是刘松山。刘松山是湘乡人，之前是王鑫的部下。王鑫去世后，他隶属于张运兰。由于为人朴实，从不夸耀战功，他没能引起曾国藩等湘军统帅的注意，直到4月21日夜里因劝说将领们保持镇定，而被曾国藩赏识。此后，他就成了曾国藩麾下的重要将领。日后在左宗棠的指挥下，率领湘军收复新疆的湘军名将刘锦棠就是刘松山的侄子。此时，刘锦棠已经在刘松山麾下当兵。

两次进攻徽州的失败，对于曾国藩来说，是相当致命的。如果在接下来的一到两个月中，局势没有发生重大改变，曾国藩所部湘军很可能因为缺粮缺饷而溃散，最终被太平军消灭。

然而，形势很快发生了逆转。由于李世贤被左系湘军击败，曾国藩大营的粮饷通道恢复畅通，陷入绝境的曾国藩重获新生了！之前，正是曾国藩的一纸奏折，使走投无路的左宗棠获得了带兵打仗的机会，从而实现了人生的转折，而现在，左宗棠用这样的方式回报了曾国藩。

左宗棠是怎样击败李世贤的呢？原来，太平军攻克景德镇后，左宗棠率军退守景德镇南边的乐平。

乐平是个小城，城墙大多坍塌，防守起来很困难。于是，左宗棠命士兵们沿着城墙修筑起壕沟，并从城东南的小河里引来水流，注入城外的堰塘中。壕沟和储满水的堰塘都可以阻挡太平军骑兵的推进。

李世贤决心攻下乐平，全歼左宗棠部。为试探左系湘军的实力，他派出少数先锋部队进攻乐平，被左宗棠击败。

李世贤得知败讯后，大怒，派出三路大军进攻乐平。左宗棠见太平军来势迅猛，下令坚壁不出。太平军猛攻许久，没能拿下湘军的阵地，士气低落。

左宗棠见太平军松懈下来了，命令将士们迅速杀出。太平军没料到在兵力上处于绝对劣势的湘军会反攻，没怎么做准备，于是猝不及防，大败亏输。

从左宗棠的这种破敌战术中，我们可以看到罗泽南的影子。事实上，湘军的这种以静制动的战术，是有传承的。罗泽南传给弟子王鑫，王鑫传给堂弟王开化，王开化再传给左宗棠。变的是军队，不变的是湘军的根！

遭遇两次大败后，李世贤决心集中力量，在乐平城与左宗棠决一雌雄。他把他能调动的军队全部调到乐平城下，将乐平城团团围住。

4月22日，李世贤大军对左宗棠驻守的乐平发起猛烈攻击。左宗棠依旧恪守以静制动的战术，在太平军进攻的时候坚壁不出，直到太平军杀到面前才零星出击。激战一整天，太平军没能攻下乐平。

第二天，李世贤根据昨天的作战情况，及时调整战术，将主攻方向由东北转向城西，集中全力攻击。

防守城西的湘军在这一天的战斗中损失惨重，眼看就要坚持不下去了。被逼上绝境的左宗棠只得命令全军奋起反击，力争一举击溃李世贤大军。

左宗棠与王开化、王开琳、刘典等商量出击线路，决定由他负责对付西路的太平军，由王开化负责对付中路的太平军，由王开琳负责对付东路的太平军。当时，西路的太平军最多最强。拈轻怕重不是左宗棠的风格，他要拿下的是最艰巨的任务！

听完左宗棠的布置后，王开化站起身来反对。他对着左宗棠，厉声说："季帅身负全军安危，不能犯险！西路的敌军，还是由我来对付！"说完，王开化又转向刘典，对他说："克庵（刘典，字克庵），你保护季帅，从中路杀出！"

见老师这么安排，左宗棠也不好反驳。于是，湘军的出击线路就定下来了：

左宗棠、刘典从中路杀出，王开化从西路杀出，王开琳从东路杀出。

随着一阵震耳欲聋的鼓声，湘军将士们全都从壕沟里冲去，向太平军阵中冲出。李世贤满以为胜利在握，却没想到湘军会突然发起攻击，于是就有些手忙脚乱了。主帅一慌，士兵们也就跟着慌了。

在湘军将士们的横冲直撞之下，太平军纷纷溃散。那天正下大雨，河水暴涨，太平军撤退得太过仓促，人马拥挤，很多人掉进河里溺亡了。李世贤本人身负重伤，经血战后突出重围。

乐平之战是左系湘军单独取得的第一场完胜，对扭转战局起到了决定性的作用。自此以后，李世贤放弃了经营赣北、皖南的计划，将主要精力放到了攻取浙江上。湘军很快攻克景德镇。曾国藩祁门大营的粮饷通道重新打通了。

这时候，曾国藩收到了他弟弟曾国荃（当时正率领湘军攻打安庆）送来的一封信以及数千石粮食。曾国荃在信中劝曾国藩说："困守祁门，没有什么用处。应该移驻东流，那样既安全，又能照应两岸，方便指挥。"

读完曾国荃写的信后，曾国藩很受感动，说："读《出师表》而不动心的人，一定不忠；读《陈情表》而不动心的人，一定不孝；读沅弟（曾国荃，字沅甫）这封信而不动心的人，一定不悌！"于是，他遵照曾国荃的建议，率部分军队移驻临近长江的东流县。在这里，曾国藩既可以受到湘军水师的保护，也可以靠湘军水师运送粮饷，也就没有了危险。

到6月份，太平军主动退出曾国藩做梦都想攻下的徽州。太平军和湘军关于赣北、皖南的这一场旷日持久的争夺，最终结束。

长江以南的湘军的下一个作战目标，将是太平军李世贤兵团的大本营浙江。左宗棠和李世贤的对决，将在浙江继续进行。

血战皖北，一陈难敌多、鲍

太平军将领韦志俊（原名韦俊）与湘军颇有缘分。自岳州之战起，他就一直处在对抗湘军的前线。其间，他作为主将，防守武昌一年多，令胡林翼、李续宾吃到了不少苦头。后来，他又在太平墟一战中，击败率军援赣的刘长佑。

这时候的韦志俊或许做梦也想不到，有朝一日，他会被那群昔日与他称兄道弟的太平天国将领们逼上绝境，最终被迫投入他的老对手湘军的怀抱。

韦志俊为什么要投降湘军呢？一切还得从那场彻底改变韦家命运的大屠杀开始讲起。在天京事变中，韦昌辉作恶太多，得罪了几乎所有的太平军领袖人物。虽然韦志俊没有参与韦昌辉的阴谋，但在那些人的眼中，韦志俊也是同谋。因此，他们把仇恨施加到了韦志俊身上。这使得韦志俊在太平天国中很孤立。同时，在天京事变中，韦家被灭族，使得韦志俊对洪秀全等人也产生了仇恨情绪。

一开始，这种相互仇恨、猜忌的情绪，并没有表面化。大家为了太平天国的共同理想，都选择把这种情绪压制在心底。但随着时间的推移，这种矛盾越来越公开化。

导致矛盾激化的事件是极度仇恨韦志俊的杨辅清受到了洪秀全的重用。杨辅清是杨秀清的结拜兄弟，由于杨秀清的被杀，他与韦家结下了血海深仇。洪秀全将他提拔为中军主将，地位在当时担任右军主将的韦志俊之上。这引起了韦志俊的不满和恐慌。

更为严重的是，自杨秀清的另一位结拜兄弟杨宜清攻占建德以来，杨辅清、杨宜清两人就不断侵吞当时是韦志俊势力范围的池州府地盘。这令韦志俊更加不安。

当时的太平天国领袖人物当中，与韦志俊关系好的只有一个李秀成。不断遭到羞辱后，韦志俊滋生了渡江北上投靠李秀成的想法。

1859年9月，韦志俊率军从池州出发，渡江北上，试图依托李秀成，另找一块地盘安身。韦志俊的想法遭到了陈玉成的坚决反对。为阻止韦志俊推进，陈玉成不惜诉诸武力，率部进攻韦志俊部。两军大打出手，伤亡惨重。李秀成为支持韦志俊，也率部参与厮杀，对陈玉成部发起攻击。因为这次内讧，太平军损失数千兵力。最终，韦志俊没能在江北立足，重新回到池州。

北进计划失败后，韦志俊打定了投降湘军的念头。10月21日、22日，韦志俊三次派人前往湘军水师营中，向杨载福说明投降意愿。为表明投降诚意，韦志俊除主动缴纳官印、牌照数百件外，还主动表示，愿意率部攻取芜湖、太平关、建德等处献给湘军。

杨载福不能做主，于是将事情上报官文、曾国藩、胡林翼等人。曾国藩、胡林翼得知消息后，就如何处置韦志俊及其部下，展开了激烈的讨论。虽然曾国藩、胡林翼采取了一些措施，但由于事起仓促，再加上曾国藩等人不信任韦志俊，最终韦志俊所部的接收工作做得很不好。

11月1日，为使曾国藩等人相信他的投降诚意，韦志俊派手下重要将领黄文金等人率部进攻芜湖。韦志俊投降是他的个人行为，他的手下绝大多数并不愿意背叛太平天国。所以，黄文金等人走到半路上，就掉转马头反攻韦志俊所在的池州。韦志俊率部顽强抵抗，击退黄文金等人率部发起的多次进攻。

进攻池州失败后，黄文金等人与韦志俊的仇人杨辅清取得联系，相约一起攻打池州。杨辅清欣然同意。随后，黄文金、杨辅清等人就率部向池州城发起攻击。

面对两万多太平军的猛烈攻击，韦志俊并不慌张。他指挥部下谨慎防御。与此同时，湘军水师将领彭玉麟率领三营水师驰援池州，极大地缓解了韦志俊所面临的困难局面。彭玉麟、韦志俊率部密切配合，击退了太平军的多次进攻。

黄文金、杨辅清等太平军将领认为，要想攻下池州，必须将清军的水师与陆师隔绝开来。于是，他们将部队一分为二，一路继续进攻池州，另一路负责隔绝水师。

当时，池州港口水很浅，湘军水师战船不能靠近作战。于是，负责隔绝水师的那一路太平军占据港口，成功地将清军水师与陆师隔绝开来。这样一来，彭玉麟率领的湘军水师就无法支援城内的韦志俊部了。

另一路太平军趁机对池州城发起猛攻。韦志俊率部与之血战几昼夜，虽然击退了太平军的进攻，但自身的伤亡也很大。

连续作战导致韦志俊部疲惫不堪，士气低落。太平军抓紧时机，集中力量攻城。12月23日晚上，韦志俊正在城外打仗，突然有奸细打开东门，将太平军放了进来。韦志俊得知消息后，赶紧杀回来围堵，但已经来不及了。太平军凭借人数上的绝对优势，很快就控制住了池州城内的所有重要据点。

韦志俊见已经无法夺回池州，只好率领少数残兵败将冲出重围，逃到泥湾，听候曾国藩、胡林翼等人处置。

曾国藩、胡林翼认为，这时候的韦志俊手下，还有几千士兵，留下来是个祸患，于是命彭玉麟将其中比较怯懦的遣散，留下其中比较勇猛的，分插到各军中。韦志俊所部的接收工作，就这么完成了。

池州得而复失，令曾国藩、胡林翼感到异常恼怒。他们将原因归结于韦志俊的无能，一再质疑韦志俊是否是真心投降。

之前在太平军中受够了气，本以为加入湘军后会受重视，结果依旧遭受排斥、质疑，这令韦志俊非常愤懑。他暗暗下定决心，一定要立一次奇"功"，让那些看不起他的人对他另眼相待。

机会很快来了。当时，湘军已经准备围攻安庆。和要想攻克九江，就必须先攻克湖口一样，要想攻克安庆，也必须先攻克它东面的屏障枞阳镇。对这一点，湘军统帅胡林翼有着深刻认识，胡林翼说："如果能够攻下枞阳，那么安庆将不攻自破。但要是攻不下枞阳的话，即使在安庆城下驻兵十年，也不能切断安庆的接济，也就不可能攻下安庆。"所以，安庆之战一开始，胡林翼就着手布置攻打枞阳镇。

考虑到韦志俊是从太平军那边投诚过来的，熟悉太平军的一些战术打法，胡林翼准备将这一艰巨任务交给韦志俊完成。同时，胡林翼命杨载福、彭玉麟率湘军水师配合并监督韦志俊完成任务。

枞阳南面有条罗塘洲，洲的东面是长江，西面是湖。杨载福、彭玉麟、韦志俊等人认为，必须将罗塘洲挖断，使湘军水师战船能够开进湖内轰击枞阳镇，才能拿下枞阳。湘军士兵们按照他们的想法去做，果然使湘军水师战船处在了有利的攻击位置。

随后，湘军水、陆两军开始进击枞阳。在湘军的猛烈轰击下，太平军守将万宗胜失去了守城的信心，走出战壕向湘军投降。于是，安庆的重要门户枞阳镇落入湘军之手。

得知韦志俊等部拿下枞阳后，曾国藩的弟弟曾国荃即率湘军陆师主力推进至安庆城下。曾国荃攻打安庆的战术，与李续宾攻打武昌、九江类似，都是挖深沟，筑高垒，凭借坚固的防守工事，内拒城中之敌，外阻来援之敌。这种笨办法对太平军的守城造成了巨大麻烦。

与此同时，胡林翼命多隆阿率部推进至挂车河，李续宜率部推进至青草塥，准备进攻桐城。

桐城的西北角有座求雨岭，地势高出桐城城墙，是重要的战略据点。太平军在岭上筑有石垒，并在石垒的周围修筑有宽两丈的石壕，防守比较严密。

多隆阿认为，要想拿下桐城，必须先拿下求雨岭。于是，他派三千士兵悄悄地推进到求雨岭的后面，然后亲率马队佯攻桐城，以吸引太平军的注意力。

果然，太平军的注意力都被正面进攻的湘军所吸引，没有注意求雨岭后面的湘军。这天夜里，潜伏在求雨岭后面的湘军乘着夜色，悄悄地爬上了求雨岭。

驻扎在求雨岭上的太平军哨兵虽然发现了湘军的动向，却没有予以重视。于是，湘军得以从容地在求雨岭上的险要之处修筑起三座炮台。

第二天早晨，石垒中的太平军从睡梦中醒来，才发现他们犯了大错误。湘军占据了险要之处，可以很好地炮击他们以及城内的太平军，而他们的炮火，却不能袭击湘军。

占据求雨岭使湘军在日后的桐城会战中占据了有利地势。从这一战中，我们可以看出多隆阿不仅勇猛，而且善谋。在这一点上，他比鲍超强许多。

得知多隆阿、李续宜两路大军向桐城杀来后，陈玉成立即率皖北太平军主力前来迎战，试图解桐城之围。与以往不同的是，这一次陈玉成并没有一来到战场就进攻，而是学着湘军的战术坚壁不出。

多隆阿见陈玉成不出战，说："敌军刚到就闭垒不出，这是想耗时间拖垮我们。不过，他们打着救援的旗号，来了却不敢战，士兵们一定很气馁。只要我们主动出击，就能动摇他们的军心。"

于是，多隆阿将手下的十八营湘军分作三队，向太平军发动猛攻。太平军被迫冲出战壕，与湘军展开厮杀。

很快，太平军就败下阵来，纷纷退回营垒中。多隆阿见到这一幕，笑道："人家都说陈玉成是敌军中最能打的，我看也不过如此嘛！"

陈玉成见多隆阿军很厉害，决定避强战弱，将矛头对准湘军李续宜部。然而，李续宜部也不是软柿子。

陈玉成率领大军向湘军李续宜部发起攻击。多隆阿得知，率部前往增援。陈玉成见多隆阿杀到，料想无法抵敌，连忙命部下后撤。

多隆阿前往会见李续宜，对他说："这支敌军没什么战斗力。我和他们交过手，知道他们的底细。我们两军分进合击，一定能将他们全歼。"李续宜欣然同意。

于是，多隆阿率军向陈玉成大军的西北面杀去，而李续宜率领大军绕至陈玉成大军的南面。

眼看就要被湘军合围，陈玉成被迫率部冲出战壕，与湘军展开对决。不多久，太平军就败下阵来，纷纷撤退。此战，陈玉成未能完成解桐城之围的战略目的。

在湘军曾国荃的长期围困之下，安庆太平军的处境越来越糟糕。为解安庆之围，太平天国干王洪仁玕提出了一个南北两路分进合击武昌，以迫使湘军回援，从而解安庆之围的办法，得到了洪秀全的首肯。按照洪仁玕的规划，担任北路进击任务的是陈玉成，而李秀成担任南路进击任务。

1861 年 3 月，陈玉成按照洪仁玕的规划，向鄂皖边境挺进，试图突破湖北巡抚胡林翼在这里布置的防线，向武昌挺进。这一次，陈玉成大军的进展非常顺利，他们很快攻下英山、蕲水等县以及黄州府城，威逼武昌。

当时，清军在武昌城内只有三千兵，而在黄州至武昌之间，没有布置一兵一卒。更严重的是，当时的武昌城中，没有镇得住场面的人。胡林翼在太湖，一时半会儿回不来。官文虽在武昌城中，但谁也不会指望他击退陈玉成。谁都知道，他没这能力。

此刻的武昌城中一片混乱。负责湘军后勤保障的官员为了保命，纷纷逃跑。主官阎敬铭急得上吊，被人救下。胡林翼的老婆陶夫人也携带养子逃到长江边的船上，随时准备逃跑。随后，官文这个堂堂的湖广总督，也逃到了城外。

这时候的陈玉成，如果行动迅速，似乎是有可能拿下武昌的。可后来的事实大家都知道，陈玉成并没有攻打武昌就退兵了。关于陈玉成退兵的原因，很多学术书上都归结为英国人巴夏礼的恐吓。

事实是否如此呢？不是！陈玉成之所以没有攻打武昌，是因为清军水师迅速封堵住了长江。在陈玉成大军西进的同时，清军水师将领张启基已经率领一百余艘战船封锁住了武昌至樊口段的长江。随后，湘军水师将领成发翔也率部回援，参与封锁长江。清军在长江上的防御，更加严密。至 3 月 28 日，湘军水师名将彭玉麟亲自来到下巴河调度水师。清军的长江防线，至此已经无法突破。

清军水师的力量是如此强大，而陈玉成手下并无水师，他是不能插翅飞过长江的。所以，对当时的陈玉成来说，他只能攻下汉阳、汉口，而不能攻下武昌。至 3 月 31 日，李续宜率领的十九营湘军杀到武昌，更是彻底断绝了陈玉成攻打武昌的心。

陈玉成没有打武昌，也没有打汉口、汉阳。当时，李秀成大军还在江西，没有进攻武昌。在这种情况下，陈玉成即便拿下汉口、汉阳，也无法调动更多的湘军回援。

随后，陈玉成在黄州等地留下部分军队，然后亲率主力部队杀回安徽，进抵安庆城外，试图直接解安庆之围。

与此同时，由洪仁玕、林绍璋等率领的援军从天京出发，也来到了桐城与安庆之间的新安渡、横山铺等地，连营三十里，希望和陈玉成大军会合，一起解安庆之围。

多隆阿知道洪仁玕、林绍璋都不是军事高手，于是主动出击，兵分三路进击太平军洪仁玕、林绍璋部。太平军大败，退至桐城。

随后，另一路太平军由黄文金率领，从芜湖出发，渡江进至桐城一带，试图先击败多隆阿，然后解安庆之围。

多隆阿知道黄文金是太平军名将，不能硬攻，只可智取，于是设下埋伏，命少数军队前往诱敌。黄文金中计，率领全军追击，结果被湘军重创。

多隆阿连战皆胜，极大地减轻了曾国荃的压力。这是曾国荃后来能够逼走陈玉成的重要条件。

陈玉成率部来到安庆城外后，在集贤关外的赤岗岭上扎下营垒四座，在安庆城北的菱湖北岸修筑营垒十三座。安庆城内的守将叶芸来则在菱湖南岸修筑营垒五座，将船放入菱湖中，与菱湖北岸的援军取得联系。太平军在菱湖南北两岸修筑的这十八座营垒，统称为"菱湖十八垒"。日后，湘军曾国荃、鲍超两部与陈玉成大军在安庆城外的对决，主要就是围绕赤岗岭四垒以及菱湖十八垒展开。

曾国荃见太平军通过菱湖，打通了物资运输通道，决定出兵掐断它。他命湘军水师名将杨载福督率部下将战船放入菱湖中，前往袭击太平军船只，同时命湘军陆师将领萧孚泗、曾贞幹（曾国藩的弟弟，原名曾国葆）率部护卫水师行动。

陈玉成见湘军出动，乃率部进击，将湘军萧孚泗部团团围住。眼看萧孚泗部就要被太平军全歼，曾贞幹率部及时杀到，将萧孚泗从重围中救出。

与此同时，湘军水师与太平军水营在菱湖中展开了厮杀。激战片刻后，湘军水师占据了上风，夺获了不少太平军船只。最后，由于湘军陆师没能在菱湖边占据一块根据地，湘军水师得不到支援，只得收船上岸。

此后几天，陈玉成率部逐步逼近湘军修筑营垒。曾国荃见形势有点被动，决定主动出击。他和杨载福、曾贞幹等将领商量作战计划，说："敌军营垒纵横，对我军威胁很大。应该出兵占据东面湖边，同时将水师战船放入菱湖中。这样，水师可以依托陆师，进击菱湖中的敌军船只；陆师也可以依托水师的保护，阻挡岸上敌军的进攻。只有这样，才能一招制敌。"

杨载福、曾贞幹等将领都同意曾国荃的作战计划。于是，曾国荃命曾贞幹率部前往菱湖东面岸边修筑营垒，同时命杨载福率部将战船放入菱湖中。

陈玉成见湘军修筑营垒，立即亲率大军前来攻击。曾贞幹率部一边防御，一边修筑营垒。很快，湘军就筑起了一道坚固的防御工事。自此以后，湘军就掌握了战斗的主动权。

与生性谨慎，作战畏首畏尾的曾国藩不同，曾国荃作战勇猛，经常亲临前线，因此多次遭遇险情。5月16日，他率领一支不到两百人的队伍，前往太平军营垒前侦察，被太平军发现。

太平军倾巢出动，兵分几路追击曾国荃。虽然在兵力上处于绝对的劣势，但曾国荃丝毫不慌张，他命令手下占据险要之处，准备与太平军血战。

太平军见湘军面对如此危险的局面，都没有慌张，认定这是曾国荃的诱敌深入之计，于是急忙后退。

这时候，湘军阵中鼓声大作。随着鼓声杀出的，是曾国荃以及他手下的那些恶狠狠的湘军将士们。

湘军的气势太过凶猛，导致太平军出现了误判。他们以为从背后追来的是湘军的大部队，于是一个个心惊胆战，迅速撤退。

经此惨败后，陈玉成认为暂时无法直接解安庆之围，决定率部北上，与洪仁玕、林绍璋、黄文金等军会合，先击败围攻桐城的湘军多隆阿、李续宜等部，然后再集中兵力，直接解安庆之围。于是，陈玉成在赤岗岭四垒以及菱湖北岸的十三垒中留下精兵后，率其余部队向桐城外围杀去。

5月23日，太平军陈玉成、洪仁玕、林绍璋、黄文金等部会合，分三路进攻湘军多隆阿部。第二天，两军展开决战。多隆阿率湘军兵分五路向太平军发起反击，一举击溃三路太平军。太平军大败，全部退入桐城。

曾国藩、胡林翼等湘军统帅见陈玉成北上，安庆城外的太平军没有主心骨，于是谋划击破安庆城外的太平军。他们将湘军鲍超部从江南调回江北，试图对太平军重兵布防的赤岗岭四垒发起攻击。

留在这四垒中的太平军都是陈玉成手下最精锐的部队。多年来，陈玉成正是靠着这支精锐之师，得以纵横长江北岸。其将领刘玱琳、李四福，是陈玉成手下最重要的四位将领中的两位，对陈玉成来说，尤其重要。

湘军鲍超部来到赤岗岭下后，随即对岭上的太平军发起攻击。鲍超所部的长项是防守，攻坚能力不行，加之这次他们面对的又是太平军中的王牌，所以战斗刚打响的时候，湘军伤亡很惨重。

遭受重创后，鲍超及时改变强攻的战术，派兵把赤岗岭四面围困起来，企图通过长期围困的办法，迫使太平军投降。

陈玉成北上之前，将大量的火药、枪支以及从各地征集来的粮食，都放在了赤岗岭上。所以，湘军的长期围困，短时期内并不能对赤岗岭上的太平军构成致命威胁。

不过，随着时间的推移，形势对于赤岗岭上的太平军来说，越来越不乐观了。不少太平军将士产生了悲观的情绪。

觉察到这一点后，鲍超积极施展诱降的战术。在鲍超的引诱下，李四福等太平军将领意志松懈，率部投降了湘军。湘军趁势占领了四座堡垒中的三座。

本来，按照湘军的一贯做法，投降者是不杀的，但曾国藩等人认为，李四福等率领的这些军队，是太平军中的精锐，留下来是个巨大的隐患，于是主张斩草除根。于是，湘军大开杀戒，将李四福以及其他投降者全部杀害。

虽然陷入绝境，太平军将领刘玱琳依旧沉着应战，坚守最后一座堡垒。直到最后实在守不下去了，他才设法突围。

这天深夜，刘玱琳率部乘着月色，一鼓作气，冲出重围，来到一条河边。当时雨水很多，河水暴涨。因此，刘玱琳等人无法徒步过河，被困在了河边。

很快，鲍超率领的湘军马队追了上来。太平军无处躲闪，绝大部分被湘军俘虏。刘玱琳率领余部两百人冲出重围，沿河向东前进，希望找到民船将他们送到对岸去。

找了很长一段时间后，刘玱琳等人终于找到了一艘民船。太平军争着上船，互相拥挤，折腾了好久后才全部上了船。

当船行进到河中央的时候，刘玱琳发现，迎面过来了许多战船。很显然，这是湘军水师的战船！刘玱琳想跑，但已经来不及了。

在被湘军击杀近百人后，剩余的太平军将士放下了武器。刘玱琳成了湘军的俘虏，被押送到杨载福大营中。随后不久，他就被湘军处决了。

赤岗岭之战的失败，对陈玉成来说，是致命的。在战斗中阵亡的四千太平军将士，全部是陈玉成手下最精锐的力量，其中的将领刘玱琳、李四福更是陈玉成的左膀右臂。这支军队覆灭后，陈玉成的实力也就削减了一大半。所以说，赤岗岭一战不仅决定了安庆攻防战的胜负，也决定了陈玉成兵团的命运，是一场真正的具有决定性意义的大战。

与此同时，湘军曾国荃部也对驻守菱湖十八垒的太平军发起了攻击。起初，湘军的攻坚遇到了很大的麻烦。虽然不少湘军士兵奋勇前进，将太平军设置在营垒外的障碍物木城、花篱都拔除干净了，还有一些士兵甚至已经杀入了太平军营垒中，但太平军还是凭借着洋枪洋炮，击退了湘军的进攻。

后来，由于长期下暴雨，菱湖水位猛涨。湖水浸入太平军营垒中，给太平军的防守造成了很大的麻烦。

曾贞幹将这一情况及时告知了曾国荃。曾国荃命他率部在水师的支援下，进攻菱湖十八垒。很快，曾贞幹就率部攻下了其中的好几座营垒。

7月7日，曾国荃派六营湘军驻扎在安庆北门外，截断城内太平军与菱湖南北两岸太平军的联系。

得知这一情况后，太平军大举出动，对这六营湘军发起猛烈袭击，结果却被湘军击败。

这样一来，菱湖南北两岸营垒中的太平军就陷入了孤立的状态。士兵们很恐慌，担心没饭吃，更担心湘军来进攻。

曾国荃知道，这时候是摧毁菱湖南北两岸太平军营垒的最佳时刻。于是，他命令湘军水陆齐进，对菱湖南北两岸的太平军营垒发起了猛烈的进攻。很快，湘军就占领了全部营垒。

菱湖十八垒的失陷，对于安庆城中的太平军来说，是致命打击。他们失去了唯一的一个与外界联系的通道，从此以后，陷入与世隔绝的状态中。很快，城内就发生了严重的粮荒。

得知安庆城中的危急状况后，陈玉成决定会合林绍璋、黄文金等部，挺进至安庆城下，直接解安庆之围。

得知太平军分三路出击后，多隆阿积极行动。他的军队不仅击溃了太平军林绍璋、黄文金两部，导致他们不能参加安庆会战，还一度将陈玉成大军阻击在安庆以西。多隆阿的出击，是曾国荃取得安庆攻防战最后胜利的关键。

到 8 月下旬，陈玉成大军终于突破湘军多隆阿部的防守，杀到安庆城下。随后，陈玉成率部对湘军曾国荃部发动了猛攻。

和李续宾攻打武昌时一样，曾国荃来到安庆城下后，也命士兵挖掘了内、外两道壕沟，据守内壕对付城内太平军的反扑，据守外壕对付城外援军的进攻。曾国荃与陈玉成关于安庆的最后厮杀，就是围绕外壕展开的。

最激烈的战斗发生在 8 月 27 日、28 日两天。8 月 27 日上午，陈玉成率大军猛攻西北角的湘军外壕。太平军每人拿着一把稻草，奋勇前进。来到湘军外壕前后，他们就把稻草抛入战壕中。顷刻之间，湘军辛苦挖掘的外壕就被填平了。随后，太平军冲过战壕，向湘军营垒中杀去。

曾国荃见太平军冲过了战壕，立即拿起大刀，冲至战壕边，砍杀冲在最前面的太平军。曾国荃的这一冒险行为，提升了湘军将士们的斗志。士气饱满的他们，凭借着洋枪洋炮，击退了太平军一次又一次的进攻。

激战一直持续到 8 月 28 日凌晨。太平军付出了一万多人阵亡的惨痛代价，依旧不能攻破湘军的外壕。此后几天，陈玉成大军继续进攻湘军外壕，但始终没有进展。

与此同时，曾国荃督率湘军对安庆发起了最后的攻击。曾国荃麾下第一猛将李臣典率部猛攻安庆北门，同时偷挖地道，埋设火药。

9 月 5 日，李臣典命士兵引爆火药，"轰"的一声，安庆北门城墙瞬间被炸塌几十丈。李臣典的部队率先杀进安庆城，曾国荃督率大军随后杀入。安庆落入湘军之手。安庆城外的陈玉成得知这一消息，连忙率军离开安庆战场，退守庐州。

安庆的失陷，使得太平天国的首都天京门户大开。从此以后，太平天国陷入了严重的生存危机当中。而对于湘军来说，攻克安庆是一个重要的战果。

得知湘军攻克安庆的时候，湘军统帅胡林翼已经进入了生命的最后阶段。为了攻克安庆，他费尽了心力，克城之后仅仅过了二十多天，他就撒手人寰了。

在湘军另一统帅曾国藩流年不利的这些年里，胡林翼指挥湘军攻克武昌、湖口、九江、安庆。他对湘军的贡献，不亚于曾国藩、左宗棠。如果不是英年早逝的话，他或许也能像曾国藩那样，在洋务运动中为国家做出一番贡献，甚至还能像左宗棠那样，在反侵略的战场上一展才华。历史没有给他再进一步的机会，悲哉！

第八章 激战川浙

战四川，刘蓉和石达开的终极对决

当左宗棠率领着他的左系湘军前往江西战场的时候，他的老东家、湖南巡抚骆秉章却要往西边去了。骆秉章的目的地，将是天府之国四川。

清廷为什么要把他调到四川去呢？原来，当时有一支由李永和、蓝大顺率领的起义军攻入了四川，势力发展很快。眼看四川即将成为起义军的天下，清廷亟须派一个能力出众的大臣前往掌控局面。湖南巡抚骆秉章成了他们眼中的最佳人选。

与清廷的其他封疆大吏比起来，骆秉章的才能并不算突出，但他有个最可贵的特点，那就是舍得放权。之前，他把军政大权交给左宗棠，后者把湖南打造成了湘军最重要的大本营。前往四川后，他又把军政大权都交给了左宗棠的好朋友刘蓉。这一次，同样收到了奇效。正是这个刘蓉，帮助骆秉章镇压了活跃在川蜀之地的各路起义军。

在此之前，刘蓉与湘军一直是一种若即若离的关系。他虽然协助罗泽南编练了湘乡勇，后来又担任曾国藩的幕僚，但并没有长期待在军中，更没有独当一面。他更愿意做一个纯粹的书生，而不是带兵打仗的将领。当左宗棠因樊燮事件被迫离开骆秉章幕府，左宗棠、胡林翼等人推荐他接替左宗棠，处理湖南军政大事的时候，他果断拒绝了。

为了请出刘蓉，骆秉章想尽了一切办法。他一边奏请清廷下旨命刘蓉出山，一边请曾国藩、胡林翼、左宗棠等刘蓉的好友帮他说服刘蓉。最终，刘蓉不得已，只得出任骆秉章的幕僚，随他一起进军四川。从此以后，刘蓉再也做不回纯粹的书生了。

当时的骆秉章麾下，并没有名将。跟随骆秉章多年的湘军将领刘岳昭，只能算二等将领。先期入川后来病逝的湘军将领萧启江在四川留下了三员将领，即胡中和、何胜必、萧庆高三人。这三人，比刘岳昭更差，只能算三等将领。所以，当时的骆秉章，非常需要将才。刘蓉向他推荐了自己的好朋友黄淳熙。刘蓉认为，黄淳熙有成为名将的潜质。

在湘军将帅中，有着进士功名的，只有寥寥数人。黄淳熙就是其中一个。黄淳熙是 1847 年中的进士，与李鸿章、郭嵩焘、沈葆桢、李孟群等人都是同年。

当他的这些同年们都已经做出一番重要事业的时候，黄淳熙还只是一个闲人。直到 1859 年石达开入湘，黄淳熙才逮着发迹的机会。他率领的军队，多次击败石达开及其手下的赖裕新等人。从此以后，他跻身湘军重要将领之列。

骆秉章对刘蓉几乎是言听计从，因此，黄淳熙得以率领他手下的军队跟随骆秉章前往四川。

在前往四川的途中，黄淳熙与骆秉章在用兵策略上产生了分歧。骆秉章主张谨慎进兵，而黄淳熙主张长驱直进。

喜欢猛冲猛杀，这是黄淳熙用兵的特点。在与湘军名将李续宜一起对付石达开的过程中，黄淳熙就对李续宜的谨慎很不满。在黄淳熙看来，湘军行之有效的那些做法，比如缓慢行军，每到一地就立即修筑营垒，等等，都是不对的。唯有猛冲猛杀，才能够打胜仗。

喜欢猛冲猛杀，与轻敌是紧密联系的。但黄淳熙的问题还不止这个。他不仅轻敌，还轻视别的湘军将领。他要了一些小手段，使骆秉章把刘岳昭留在了湖北作战。他以为，这样一来，就没人和他抢平定四川的大功了。但他没想到的是，正是他的这些自作孽的做法，使他走向了万劫不复的地狱。

1861 年春，黄淳熙得知李蓝起义军正在猛攻重庆北面的顺庆府后，征得骆秉章同意，率领麾下三千将士从万县出发，沿着山路迅速推进至顺庆府。

起义军见湘军气势汹汹地杀来，决定避其锋芒，南下攻打定远县。黄淳熙生怕起义军走脱，立即率领麾下将士向南边追去。

6 月 18 日，两军在距离定远县十余里的姚家店相遇。黄淳熙指挥湘军兵分三路，向起义军发起猛攻。

起义军仓促作战，毫无章法，很快败下阵来，纷纷撤退。少数保持镇定的起义军士兵，以营垒为掩体，用小枪向清军射击，但枪法很差，无法击中湘军。湘军士兵见了，纷纷露出嘲笑的表情。他们浑然不顾起义军的射击，猛冲向前，杀入起义军营垒中放火。很快，起义军的营垒就被全部焚烧。

这些起义军自起义以来，从没见过真正有战斗力的清军。这次突然遇到强悍的湘军，遭遇惨败，便产生了畏惧湘军的心理。于是，他们连夜撤离，往潼川方向前进。

不幸的是，一条河流阻止了他们的前进。这条河流就是涪江。当时正是梅雨时节，雨水很多，涪江水位很高，很难横渡。起义军不得已，只得潜藏在涪江边的二郎场。

黄淳熙很快率军追到二郎场。他担心起义军会迅速转移，于是决定迅速作战。他命将士们饱餐一顿，在第二天凌晨出发，向起义军发起总攻。

6月21日凌晨，湘军黄淳熙部与李蓝起义军的总决战打响了。起义军刚与湘军交手一会儿，就掉头往回跑。

湘军将士们见起义军如此不堪一击，于是放心大胆地向前推进。不一会儿，他们就来到了一个山谷中。

突然，四周山上鼓声、喊杀声大作。随着鼓声、喊杀声从山上冲下的，是无数英勇的农民起义军。

这时候，黄淳熙才知道中了埋伏。面对在数量上占绝对优势的起义军的凶猛攻击，黄淳熙并没有慌张。他的军队之前击败过面前的这支起义军，他在心理上有优势。

黄淳熙将所部湘军分成三路，以左、右两路对付从山上冲下来的起义军，而他自己亲率中路继续向前冲锋。随即，两军陷入混战。

激战许久后，湘军仍未击退起义军，这令黄淳熙感觉很恼火。自带兵打仗以来，无论是遇到石达开的军队，还是遇到其他的起义军，他从来都是摧枯拉朽地取得胜利，从没有军队能令他陷入苦战。今天是头一遭。这种突然遇到的困难局面使得黄淳熙的心理失去了平衡。他骑着战马，冲入了敌军阵中。

事实证明，将领不能不勇，但光有勇，也是不行的。由于雨水太多，当时的战场上泥泞不堪。黄淳熙冲入起义军阵中后，很快就由于战马陷入淤泥中，不得不下马作战。起义军将他团团围住。虽然他在如此被动的情况下，依旧杀伤大量起义军，但最终还是被起义军斩杀。

黄淳熙被杀后，湘军将士们没了领袖，只得逐渐退出战场。起义军并不知道被他们杀掉的是这支湘军的统帅，又畏惧湘军的强悍，不敢追赶。随后，起义军渡过涪江，往西边而去。

二郎场这一战，湘军虽然损失了一员大将，但没有遭受重创。李蓝起义军对湘军的畏惧不仅没有减轻，反而增加了。这为日后刘蓉镇压李蓝起义军，创造了有利条件。这是二郎场之战对湘军来说的一个积极影响。

黄淳熙阵亡后，刘蓉不得不亲自带兵对付李蓝起义军。他的卓越军事才华，在实战中得到了淋漓尽致的发挥。

1861年秋，蓝大顺率部分起义军围攻成都以北的绵州。刘蓉率湘军前往解围。9月18日，湘军大败起义军于绵州城下。这一战，是刘蓉的成名战。

在湘军将帅中，有著名的三亮（诸葛亮）：罗泽南是老亮，左宗棠是今亮，而刘蓉是小亮。此战过后，刘蓉获得了一个新的称号，叫作"赛诸葛"。这是他的对手李蓝起义军对他的称呼。从这个称号中，我们可以体会出绵州之战对李蓝起义军的打击之重。

一年多以后，1862年10月18日，刘蓉再次率军取得一场对阵李蓝起义军的大胜。在这一战中，李蓝起义军两大领袖之一的李永和不幸被湘军俘虏。

此战过后，李蓝起义军的骨干力量不复存在。幸存的起义军只能依附太平军等其他起义力量生存，已经不能威胁到四川清军。

刘蓉指挥湘军及时地将李蓝起义镇压下去，为他们之后镇压石达开大军创造了有利条件。由于缺乏当地起义军的配合，入川后的石达开陷入孤军奋战的不利境地，这是他最终失败的重要原因。

石达开为什么要离开广西，千里跋涉前往四川呢？原来，宝庆惨败之后，石达开部元气大伤，已经无法与湘军抗衡。此后，凭借其他起义军的保护，石达开部得以在广西休养生息。但随着其他各路起义军在湘军刘长佑、蒋益澧等部的打击下纷纷败亡，石达开部在广西的生存就成了问题。正是在这种情况下，石达开不得已重新拾起当年的计划，试图转战四川，开辟新的根据地。

1861年冬，石达开率部北上。历经四个月，在湘西、鄂西艰难跋涉两千多里后，石达开终于率部杀进了四川。

虽然这时候的石达开部离最后的目的地成都已经不太远了，但这最后一段路程，对于他们来说，是一个巨大的挑战。阻挡他们前进的主要是河流。川南河流纵横，每行进一小段就将面临河流的阻挡。这对于没有水师的石达开部来说，是致命的阻碍。一般的小河还好说，但像长江、大渡河这样江面宽阔的河流，想要渡过去，真是比登天还难！

骆秉章、刘蓉很清楚石达开的这一软肋。所以，当石达开大军向四川挺进的时候，他们就命水师封锁了各大河流，并将民船全部收缴。这样一来，石达开在川南，可谓寸步难行。

摆脱清军围困的办法只有一个，那就是突破长江！只要突破长江，进入江北，拿下成都就将易如反掌。

经过长途跋涉后，石达开准备在成都南面的宜宾县横江镇发起渡江战役。横江镇位于长江支流横江的南侧，距离长江只有三十里。横江镇以下的横江江面，水流很急。涨水期间，如果从横江镇驾船而下，可以利用流水的冲力一直冲到北岸。由于速度极快，即便敌军在江中布置炮船，也无法阻挡。

石达开觉得这里是渡江的绝佳地点。于是，他命部下征集来几十艘小船，进行试探性抢渡。结果令石达开很失望。由于当时是冬天（1862年11月），水量不足，导致水流的冲击力不够，从而使得太平军船只无法迅速抵达北岸。这样一来，清军可以很从容地击退太平军的进攻。

虽然试探性抢渡失败了，但石达开并未因此改变在横江镇一带渡江的计划。他认为，只要等到第二年春水暴涨，就能实现利用水流冲击力渡过长江的计划。于是，他命令全军就地扎营，长期驻守，抓紧时间制造战船，训练水手，为渡江做准备。

为了尽量发掘出军中的水战人才，确保渡江战役的胜利，石达开向全军下达命令说："凡是擅长水战的，都可以到统兵大将那里报名。如果能渡过大江，本王重重有赏。除每名过江的士兵都可以拿到十两赏银外，凡是有功劳的士兵，都赏检点职衔。功劳很大的，封侯爵、豫爵（太平天国低级爵位，比侯爵高一等）。"

这道命令发布后，许多或擅长驾船泅水，或擅长修船造船的人，被选拔了出来。此后，这些人在石达开的指挥下，或修造船只，或训练水战技巧，忙得热火朝天。

正当太平军在横江镇积极准备渡江的时候，他的老对手骆秉章、刘蓉调集重兵向横江镇压来。被骆秉章、刘蓉调往横江镇前线的，既有刘岳昭、胡中和、萧庆高、何胜必等率领的湘军部队，也有其他一些清军部队，兵力十分雄厚。很显然，骆秉章、刘蓉已经意识到，即将打响的这场横江大战，将在很大程度上决定他们能否干掉石达开。

面对数万清军的步步逼近，石达开感觉到了威胁。他将所能调来的军队全部集中到横江镇，严阵以待，准备决战。

　　当时，石达开把大营扎在距离横江二十里的双龙场。横江大战的序幕，正是在双龙场正式拉开的。

　　1863 年 1 月 8 日，石达开指挥麾下将士，兵分三路进击逼近双龙场大营的清军。清军也兵分三路应战。战斗进入胶着状态。

　　太平军占据了有利地势，而湘军在武器装备上要强过太平军。双方都有优势，又都有劣势，谁也吃不了谁。这样的胶着局面一直持续了二十多天。

　　眼看湘军就要因为久战无功而选择退兵，一些意外情况的出现改变了横江大战的走向。

　　1 月 30 日凌晨，进攻双龙场的清军倾巢出动，从北面向太平军阵地猛扑。太平军沉着迎战，以营垒为掩体，向清军猛烈射击。

　　眼看战斗将像往常那样进入胶着状态，突然，太平军的侧翼响起了湘军的喊杀声。太平军只提防当面的敌人，没想到湘军会从侧翼杀过来，于是大败亏输。

　　太平军怎么这么疏忽，忘记提防侧翼了呢？其实，这并不是太平军的疏忽。当时，太平军的侧翼，全都是绝地，按常理来说，湘军根本不可能杀上来。所以，太平军未防守两翼，是正常的。

　　那湘军是怎么杀上来的呢？原来，在此战之前，湘军将领胡中和通过盘问土人，得知了一条通往太平军双龙场大营的小路。于是，清军便制订了一个声东击西的作战计划，以主力从北面进攻双龙场，牵制太平军，而与此同时，胡中和则率湘军从小路杀向太平军的侧翼。太平军对清军的动向毫无所知，于是便中了清军的计策，陷入被动。

　　冲入太平军营中后，胡中和命湘军士兵发射火箭，焚烧太平军营垒。顷刻间，大火腾空而起。

　　面对危局，太平军将士毫无畏惧。他们浑然不顾即将吞噬他们的大火，依旧坚守阵地，向湘军射击。弹药用完后，他们有的搬起铁锅和石头砸向湘军，有的挥舞大刀冲向湘军阵中，毫不屈服。

　　太平军的勇敢精神，使他们摆脱了不利的局面。湘军对太平军发起的多轮进攻，最终都无功而返。

正在这胜负难分的关键时候，太平军营中忽然出现了骚乱。一些太平军士兵一边高喊着"石达开就要完蛋了，大家不要替他卖命"的口号，一边到处放火。

这是怎么一回事呢？原来，石达开刚刚来到横江镇的时候，为了迅速扩充兵力与清军决战，并未对前来投军的人员进行仔细审察，就将他们收留了。其中，就有不少混吃混喝的家伙。这些人毫无革命思想，不仅未能增强太平军的实力，反而成为军中的隐患。1月30日的双龙场之战，正是这些人的临阵倒戈，导致太平军出现混乱，让湘军逮着机会，攻取了双龙场大营。

见太平军出现内乱，军心不稳，湘军将领刘岳昭抓住机会，率部冲上双龙场大营，与先期攻入大营的胡中和部一起，猛攻太平军。不久后，湘军就占领了双龙场大营。

石达开见大营被湘军攻占，形势危险，连忙率领驻守在横江镇附近的所有太平军撤离，往云南方向撤去。就这样，湘军取得了横江大战的胜利。

横江大战的惨败，使石达开遭遇了自宝庆会战以来的最大失利，精锐几乎毁于一旦，成为他滑向覆亡深渊的重要一步。

1863年4月，经过短暂休整的石达开，再度踏上北上攻取成都的道路。他率军从米粮坝渡过长江，进入四川宁远。

宁远境内，到处都是崇山峻岭，地形非常复杂。石达开不清楚前进的道路，于是找来土人询问。土人告诉他："要想北上攻打成都，必须先渡过大渡河。去大渡河的道路有两条，一条是大路，一条是小路。大路虽然平坦，但比较远，且有清军重兵防守。小路则不同。小路虽然险峻，但很近，而且清兵毫无防守。所以，这次进兵，我建议走小路。"

石达开思考一阵后，接受了土人的建议，决定抄小路杀向大渡河边。石达开做梦也没想到，正是这个土人，把他引入了紫打地绝境！

紫打地是大渡河边的一处地名。这里前面是大渡河，左边是松林小河，右边是老鸦漩河，北面是崇山峻岭，只有两山之间的一条隘道可以出入。

5月14日，石达开率领大军经隘道，进入紫打地。随后，石达开亲自来到大渡河边，观察地形。映入他眼帘的是波涛汹涌的大渡河。虽然面前这条河不太容易渡过，石达开依旧很放心，因为当时的天气很好，很适合渡江，并且他的眼睛告诉他，对面完全没有清兵。

为了确认此事，石达开又命部下找来几艘木船，运送几百名骑兵到北岸去侦察。傍晚时分，这些骑兵从对岸回来。他们告诉石达开，对岸的确没有任何清兵。这样一来，石达开就更加放心了。

天有不测风云。就在这天夜里，本来很好的天气忽然变坏，下起了瓢泼大雨。到第二天早上，大雨依旧没停。紫打地对面的大渡河、左边的松林小河、右边的老鸭漩河，全都涨起了大水。

石达开带着土人，冒雨来到大渡河前观察水情。看着白浪滔天的河水，石达开有点担心了。土人却说："王爷不必担忧。现在还不到涨水的时节。这场大水，一两天就会退去。真正涨水的时节，应该是在一个月后。"石达开听完土人的话，放下心来，也就没有组织将士冒险抢渡。

这天夜里，石达开的一位夫人为他产下一子。石达开得知后，非常高兴，传令全军休养三天。就是这三天，使石达开失去了最后的一线生机。

就在石达开迟迟不渡江的这几天里，骆秉章、刘蓉调兵遣将，布下了严密封锁线。骆秉章、刘蓉命清军将领唐友耕、蔡步钟率部推进至大渡河对岸，负责阻挡太平军渡河；命湘军将领胡中和率部推进至紫打地北边的化林坪一带，援助唐友耕、蔡步钟两军；命湘军将领何胜必、萧庆高率部驻扎紫打地东北边的荥经县，以防太平军突破大渡河防线后，经这里直取雅州，乃至进军成都。同时，骆秉章、刘蓉命土司岭承恩率部封锁隘道，切断太平军的退路。

5月17日，天气放晴，水势平稳。石达开命部下将渡船拖到江边，准备渡河。这天下午，石达开派出部分精锐，作为先锋，开始抢渡大渡河。

这时候，清军唐友耕部已经杀到大渡河对岸。这些清军刚到，不明白太平军的情况，胡乱射枪，为自己壮胆。由于大渡河太宽，他们的子弹实际上根本伤不到太平军。

太平军见清军的乱枪不足畏惧，勇猛向前，可惜船到中流，由于水流太急，纷纷失去控制。为了避免无谓牺牲，石达开下令收兵。太平军第一次抢渡大渡河，以失败告终。

5月21日，水势开始平稳。石达开从军队中挑选出五千精锐作为先锋，再次抢渡大渡河。为了激励渡河的将士，他命令全军将士都到河边为他们呐喊鼓劲。

一开始，在战友们的呐喊声中，渡河将士们的行动颇为顺利。眼看部分士兵就要到达彼岸，突然，一股洪流从上流冲下，将太平军的渡船连同五千精锐士兵，全部卷入大渡河中。太平军第二次抢渡大渡河的行动，依旧以失败告终。

两次抢渡失败，损失精锐五千后，迫使石达开暂时放弃抢渡大渡河的想法。他把目光放到了紫打地左边的松林小河上。于是，石达开率军抢渡松林小河。

当时，松林小河的情况和大渡河差不多，也是河水暴涨，难以横渡，再加上镇守松林小河的土司王应元收了清廷的钱，拼命对抗太平军，所以，石达开大军抢渡松林小河的行动也失败了。

不久后，石达开再遭重大打击。他囤积粮食的马鞍山大营被土司岭承恩偷袭了！一两万人马，没有一粒粮食，怎么可能生存！

被彻底逼上绝境的石达开只得孤注一掷，做最后的抗争。他将军队分作三路，以两路抢渡大渡河，以一路抢渡松林小河。

面对危局，太平军将士虽然表现出了顽强的斗志，却依旧无法突破滔滔洪水。最终，三路抢渡的太平军全都败下阵来。

得知败讯后，石达开做出了一个惊人的决断，他要牺牲自己的生命，换取残余的六千士兵的性命。于是，石达开成了清军的阶下囚。他手下的六千将士，其中四千人由于先期遣散，侥幸生还。另外两千兵就没有这么好运了，他们成了清军将领唐友耕的刀下亡魂。

唐友耕为什么要杀他们呢？原因是他要抢"功"。之前与石达开接洽投降事宜的不是唐友耕。唐友耕为了抢"功"，抢走石达开，并屠杀其麾下剩余的两千兵。之后，他将石达开献给骆秉章、刘蓉，便可堂而皇之地贪天之"功"为己所有了。

石达开被俘后，被清军押送至成都处决。临刑前，这位太平天国的硬汉表现出了崇高的气节。连骆秉章、刘蓉这些他的老对手都不得不为他喝彩。在中国历史上，失败了却依旧能令对手折服的，除了石达开外，恐怕再也找不出几个来了。

石达开兵团的失败，使正处在危险之中的下游太平军，失去了一支策应之师。对此时的太平天国而言，这或许并不重要，但总归是失去了一次可能的翻盘的机会。

战浙江，一个女人帮了左宗棠

说起花船，朋友们首先想到的肯定是十里秦淮。"烟笼寒水月笼沙，夜泊秦淮近酒家。商女不知亡国恨，隔江犹唱后庭花。"杜牧的这首《泊秦淮》，让秦淮河的花船文化名扬天下。

其实，在古代中国，除了十里秦淮外，还有许多以花船文化闻名的山川河流。钱塘江上的江山船就是其中之一。

江山船往来于钱塘江上，与其他游船一样运载游客。其特点是每艘船上都有一名十七八岁的女孩子，周旋于游客之间。这名女孩子既是导游，可以向游客讲钱塘江两岸的名胜古迹、历史典故；又是卖艺者，给游客唱评弹、越剧等；还是卖色者。

江山船除了运载游客外，还有一个重要职责，那就是服徭役。清廷要是有什么东西需要江山船运输的话，就会找船总商量。

在左宗棠攻取浙江的过程中扮演了重要角色的王女，就是严州府的江山船船总。太平军没来的时候，她给清廷服务；太平军来了后，她又给太平军服务。

最近，前线的战事越来越紧张，而太平军向王女下达的运输任务也越来越多，越来越繁重。这样一来，王女接待的游客就越来越少了。与之相对应的是，钱也赚得越来越少了。这令王女感到非常愤懑。

当左宗棠派麾下将领魏喻义前来攻打严州的时候，她感觉到，她的艰难日子快要到头了。于是，她亲自前往魏喻义驻守的铜关，拜见魏喻义。

魏喻义是湖南桂阳人。早年在家乡组织团练，镇压起义军。1859 年石达开入湘的时候，他率部多次击败石达开，因此成名。1862 年奉调入浙江，帮助左宗棠。

得知江山船船总前来拜见后，魏喻义觉得他是堂堂的清军重要将领，去见一个女人太失格，于是便派一个手下前去见王女。

王女向那人陈诉了自己的苦恼，并表示愿意协助官军攻城。那人勉励王女报效国家，并向她透露一条重要消息，那就是西山团总林三也已经与官军取得了联系，愿意帮助官军攻城。

西山是严州城外的一处战略要地。太平军攻下严州后，这里的官绅在林三的领导下，组织团练，对抗太平军。得知湘军杀来后，林三便主动与湘军联系，将自己得到的情报告知湘军。

王女得知林三已经投靠湘军后，便又主动与林三取得了联系。三股势力互通消息，结成了同盟。太平军对这一切，毫不知晓，依旧信任王女，将许多重要信息告诉了她。

这一天，王女前往铜关，向湘军报告说："敌军准备在明天晚上袭击西山，到时候严州城内的防守一定薄弱。这是官军攻取严州的绝佳机会。你们如果行动的话，我愿意提供船只，将你们载到城下。"不多久，从王女那里得到消息的林三也来铜关，请求湘军出兵。

得知这一消息后，湘军将士们一个个摩拳擦掌，渴望战斗。魏喻义见士气高涨，答应了林三出兵的请求。

第二天，王女亲自率领几十艘江山船前来迎接湘军。魏喻义从麾下挑选出一千多精兵后，亲自率领着登上了江山船。这天深夜，他们来到了严州城下。

果然像王女所说的那样，由于太平军把主力都用到了攻打西山上，城内的防守非常薄弱。

随后，湘军士兵们在西门架设云梯，登上城楼，斩杀守门的太平军，用钥匙打开西门，放湘军大部队入城。

太平军根本没料到湘军会在这个时候发动总攻，一个个仓促应战，结果大多被杀。战至第二天凌晨，严州府城落入湘军之手。

这时候，攻打西山的太平军主力由于林三事先得知消息，做足了准备，无功而返。当他们回到严州城下的时候，发现城楼上飘扬着湘军的旗帜，知道湘军已经乘虚袭取了严州城，于是连忙撤退。

湘军这次能够攻克严州，主要靠的是王女，而严州的攻克，在整个浙江争夺战中，又占据了重要位置。所以，我们可以这样说，是一个女人，改变了浙江争夺战的进程。

严州的攻克，在整个浙江争夺战中，到底占据着怎样的重要地位呢？一切还得从左宗棠挥师入浙说起。

原来，太平军名将李世贤自乐平惨败后，会合李秀成，集中全力攻打浙江，很快拿下了浙江大部分府县。浙江巡抚王有龄并无大才，无力应付这么艰难的局面。于是，清廷命曾国藩催左宗棠率兵入浙。

随同左宗棠攻取浙江的重要将领，除之前说到过的刘典、杨昌濬、王开琳（王开化在乐平之战后不久病逝）以及上面说到的魏喻义外，还有蒋益澧、刘培元、黄少春、罗大春、王德榜、刘璈等人。

蒋益澧在1856年的鲁家港之战中与李续宾发生矛盾，之后潜居湘乡。不久后，广西农民起义风起云涌，亟须湘军前往镇压。其他湘军将领都嫌广西偏远，不愿前往。只有蒋益澧主动请缨前往。至广西后，蒋益澧率湘军连战获胜。后来，蒋益澧又率部配合湘军刘长佑部，将广西境内除太平军以外的农民起义基本镇压了下去。

左宗棠奉命援浙后，奏请清廷任命蒋益澧为浙江布政使，并招募三千人前来浙江。从此以后，蒋益澧成了左宗棠麾下的重要将领。蒋益澧手下有两员虎将，即高连升与熊建益，都英勇善战。

刘培元是湘军水师将领。在1859年的宝庆会战中，他率领的水师与金国琛率领的陆师水陆并进，重创石达开部，是清军取得会战胜利的关键。左宗棠奉命援浙后，奏请清廷任命刘培元为衢州镇总兵，并招募三千人前来浙江。

黄少春是刘典的老乡，他们都是宁乡人。当年太平军过湖南的时候，把他掳去。当了几年太平军后，黄少春逮着机会，投降清廷，加入湘军。后为左宗棠麾下重要将领。

罗大春是贵州人。早在太平天国金田起义之前，他就在广西镇压三合会起义。此后十几年，他转战各地，到处镇压农民起义军，屡立战功。后成为左宗棠麾下将领。

王德榜是湖南江华人，原籍广东东莞。1852年，太平军进入江华，王德榜与哥哥招募乡勇，对抗太平军。后为左宗棠麾下重要嫡系将领。

王德榜一生中最辉煌的时刻，并不是镇压太平天国，而是在中法战争中重创法国侵略者。1885年3月，他率领湘军配合另一员湘军名将苏元春、清军将领冯子材等，取得了震惊中外的镇南关大捷。那才是他一生中最辉煌的时刻。这是后话，在以后的章节中会详细讲到。

和王德榜一样，刘璈也是中法战争中的风云人物。当时，法军进攻台湾，刘璈负责台湾南部的防守，为清军取得台湾保卫战的胜利，做出了一定的贡献。这也是后话，在以后的章节中也会讲到。

左宗棠率大军攻入浙江后，进展很不顺利。左宗棠虽然智谋超群，但李世贤比他也差不了多少。两人在浙江的争斗，真可谓棋逢对手，将遇良才。因而，战争进入了胶着状态。两军在严州府、金华府以及金华周边的龙游县（位于金华西边）、汤溪（处在龙游与金华之间）、兰溪（位于金华北边）等地，长期抗衡，谁也灭不了谁。

到了 1862 年 10 月，事情开始有了转机。当时，由于湘军曾国荃、彭玉麟两部水陆齐下，进逼太平天国的首都天京，天王洪秀全命李世贤率主力回援天京。

李世贤并不想离开他辛苦打下的浙江根据地，但君命难违，他不得不率领七万精锐前往天京。临行前，他把金华、严州一带的军事交给他手下最重要的一员将领李尚扬，并对他说："严守各城五十天，等我回来与清妖决战。"

李尚扬是湖南安仁人，1852 年太平军入湘时加入的太平军。后成为李世贤麾下的重要将领。李尚扬虽然也不错，但是与李世贤相比，还是有比较大的差距。

减少七万精锐，主将又不如对手，使得太平军在金华、严州一带的力量大为削弱。战场的均衡就此打破。

左宗棠准备先拿下严州府，然后再集中兵力进攻金华府周边的战略要地。由于太平军方面驻守严州的主将谭富，与驻守兰溪的主将谭星是兄弟，左宗棠乃命刘典率军猛攻兰溪，牵制谭星，使他不能分兵协助谭富，同时命魏喻义相机攻取严州。接下来，便发生了本节开始时所说的那些情节，在王女、林三的帮助下，魏喻义攻下了严州府城。

严州府的失陷，极大地挫伤了太平军的士气。湘军因此得以迅速攻破太平军的金华、龙游、汤溪、兰溪防线。

李世贤离开浙江的时候说了句五十天后会回来，然而五十天过去了，他却丝毫没有回浙的迹象。其间，他除了写了一封信给李尚扬外，没有对金华、严州一带的军事给予任何其他帮助或者指示。这可难坏了李尚扬。由于湘军的长期围困，太平军中缺柴、缺米、缺弹药，已经到了崩溃的边缘。

这时候的左宗棠，并不想强攻金华府及其周边据点。他恪守"攻心为上，攻城为下"的兵法原则，对陷入困境的太平军开展了大规模的心理战以及策反行动。

当时，太平军方面驻守龙游县的主将陈廷香是湖南湘阴人，其老家离左宗棠故里柳庄只有几里路。左宗棠便想利用乡情说动陈廷香，使他主动献出龙游县。于是，左宗棠便派了两个熟识陈廷香的家乡人，前往龙游城中劝降。

这两人来到陈廷香营中后，首先说了一番叙旧的话语，然后代左宗棠表达了对他的敬意，其中特别强调了左宗棠也是老家人，大家都是乡亲。陈廷香听完两人的话后，沉默不语。

随后，两人便把话题引向目前的形势上。他们对陈廷香说："太平天国大势已去，龙游兵单粮绝，将军如果不果断弃暗投明的话，下场一定会很惨。我们都是您的老乡，不忍心看着您走向灭亡。希望您能好自为之。"

陈廷香一听，勃然大怒，道："咱们从前虽是乡亲，可现在分了人妖，势不两立。你们俩好大的狗胆，敢来我军中蛊惑人心！来人哪，把这两个奸细拉出去砍了！"

很快，两人的头颅就被砍了下来。陈廷香命手下把他们的头颅用竹竿挑起来，放到城楼上。

左宗棠在城外看到这一幕，大为恼怒，发誓有朝一日抓住陈廷香，一定把他活剐了。

劝降陈廷香的失败，并没有使左宗棠失去开展心理战和策反运动的信心。他命士兵们将带有劝降信的箭射入太平军营中，企图瓦解太平军的军心。

左宗棠的种种手段，最终收到了效果。驻守在汤溪城中的太平军将领彭禹兰暗自与湘军蒋益澧部取得联系，说他愿意为湘军攻克汤溪提供帮助。蒋益澧派部下与彭禹兰派出的人接洽，两人秘密制订了一个诱捕李尚扬的计划（当时，李尚扬是负责汤溪防守的最高将领）。

随后，彭禹兰对李尚扬说，他有一个绝妙的可以一举击溃湘军的办法，但需要到战壕边实地阐述才能讲清楚。

李尚扬破敌心切，立马带领七名将领跟随彭禹兰前往战壕边。彭禹兰正在比画战术的时候，一路湘军突然从对面杀出。李尚扬猝不及防，当即被湘军俘虏。其他七名将领也没能幸免。只有彭禹兰重新"逃"回城中。

原来，这一切都是彭禹兰和湘军精心设计的圈套。战壕对面的那一列湘军，是早就布置好的，只要彭禹兰把李尚扬等人诱出，他们便冲出擒拿。

李尚扬被捕后，留下了口供《李尚扬自叙》，随即被左宗棠杀害。李尚扬是太平军金华、严州一带军事的总负责人。他的被杀，极大地加速了金华以及金华周边据点中的太平军的崩溃。

与此同时，左宗棠命蒋益澧率部猛攻汤溪城。彭禹兰见湘军发起了总攻，连忙打开西门，放湘军进城。湘军冲入汤溪城中，与太平军展开激战。太平军在付出七千人阵亡的惨痛代价后，撤离汤溪。汤溪落入湘军之手。

此前，驻守金华的太平军主力已经推进到汤溪城外，试图解汤溪之围。湘军拿下汤溪后，便对援军发起猛攻。太平军抵挡不住，迅速向金华退去。

驻守龙游县的太平军将领陈廷香得知后路有变，连忙率军撤出龙游，往金华前进。处在龙游与金华之间的，正是湘军之前已经攻克的汤溪。湘军见龙游城中的太平军后撤，便在汤溪扎下口袋，坐等陈廷香钻进来。

由于撤离得太过仓促，从龙游城中撤出的太平军未能及时探明后路的情况，陷入了湘军的包围圈中。陈廷香在战斗中阵亡，余部纷纷溃散。与此同时，湘军进占龙游。

驻守兰溪的太平军将领谭星得知汤溪失陷后，也率部撤离。随后，湘军进占兰溪。

汤溪、龙游、兰溪等周边据点都失陷后，太平军重兵防守的金华也就失去了屏障，无法再守。1863年3月2日，湘军将领高连升、熊建益率部攻克金华府城。

从2月28日汤溪失陷，到3月2日金华失陷，仅仅三天时间，太平军就丢了四座城池。太平军的全线溃败，连他们的对手左宗棠都没想到。从此以后，远在金华四百里外的杭州城中的太平军，感受到了湘军的威胁。

湘军的凌厉攻势在杭州外围的富阳城下受到严重阻碍。为了拿下富阳，左宗棠不得不借用洋人的力量。法国人德克碑抢了湘军将领们的风头，成了富阳之战的主角。

富阳之战分三大战场展开，分别是：鸡笼山、宝塔岭、新桥。下面分别叙述之。

富阳之战湘军方面的主负责人蒋益澧来到富阳城下后，抱病沿江察看地势。他发现富阳北面的鸡笼山，地势最为险要。太平军在山下筑垒十余处，构筑补给通道，将从杭州运来的粮饷、军械送入富阳城中。

蒋益澧认为，要想攻破富阳城，必须先占据鸡笼山，切断太平军的补给。于是，他命水师调集战船，将陆师运至江北。1863年9月19日，湘军陆师对鸡笼山发起攻击。

驻守在鸡笼山的太平军见湘军前来攻击，主动冲出营垒，与湘军展开厮杀。激战片刻，太平军败下阵来，所有的营垒都被湘军毁掉。

随后，湘军或入驻太平军的旧垒，或在江边修筑新垒，驻扎下来。分布在钱塘江中的清军水师，一面保护江边的陆师营垒，一面炮轰富阳城。城中大乱。

与此同时，由德克碑率领的常捷军也在清军水师的护送下，在宝塔岭下登岸，对太平军发起攻击。常捷军的武器，是按法军的规格配备的，非常先进，对太平军构成了巨大威胁。激战许久后，太平军伤亡惨重。

天色渐晚，德克碑依旧不肯罢手，命令手下连夜用大炮轰击富阳城内外的太平军营地。这一夜，太平军的伤亡也很大。

第二天（9月20日）凌晨，蒋益澧亲自带兵杀到宝塔岭下，支援德克碑攻城。德克碑见湘军主将来到，急于表现自己，更加卖力地指挥手下炮轰太平军。不久后，湘军和常捷军就攻克了富阳城。

与此同时，湘军高连升部对驻守在新桥的另一路太平军发起猛攻。此处的太平军有一万多人。他们见湘军冲杀过来，主动冲出营垒，与湘军厮杀。

这时候，高连升得知湘军和常捷军攻克了富阳，督率湘军向太平军发动猛攻。太平军抵抗不住，纷纷向杭州城中撤去。

富阳失陷后，太平军知道湘军下一个进攻目标就是杭州，于是赶紧布置防守。他们将主力布置在杭州，由听王陈炳文统率，另在杭州西面的余杭布置一支军队，与杭州的太平军成掎角之势，由康王汪海洋统率。

见太平军兵分两路，湘军也兵分两路，分别进击杭州、余杭。率部进攻杭州的将领有蒋益澧、高连升等，常捷军将领德克碑也参与攻打杭州，而率部进攻余杭的将领主要是杨昌濬，另外还包括刘璈等人。

由于湘军猛攻余杭，太平军不得不从杭州城内调出部分兵力增援余杭。这些增援部队集结在杭州西北、余杭东北一带，漫山遍野分布，气势雄伟。蒋益澧登上高处看到这一幕后，决定集中兵力攻打杭州城外的太平军营垒，以迫使太平军回援，从而减轻攻打余杭的湘军的压力。

1864年1月9日，蒋益澧命高连升、德克碑等率部进攻杭州城外凤山门一带的太平军营垒，而自己亲率部分湘军进攻钱塘门外的栖霞岭一带，以牵制那一带的太平军，使他们无法增援凤山门。

高连升、德克碑等率部兵分数路进攻。见湘军与常捷军杀来，太平军毫不畏惧，冲出营垒，与湘军和常捷军展开厮杀。

见太平军冲出营垒，尚未站住脚跟，高连升连忙率湘军杀了过去。德克碑率部紧随其后，也对太平军发起猛烈进攻。太平军抵挡不住，只得退回石垒中。

高连升、德克碑乘胜急追，将太平军在此处的九座营垒全部踏破。此战后，太平军在杭州城外的营垒几乎全部被毁。形势对湘军以及常捷军来说，非常有利。

得知高连升、德克碑获胜后，负责攻打余杭的湘军将领杨昌濬也企图发起对余杭太平军的大规模攻击。他将矛头指向汪海洋的大本营临清堰。

2月3日，杨昌濬率部直捣临清堰。汪海洋得知后，派出数千精锐，迎击湘军。激战许久后，太平军落败，退入临清堰中。

湘军乘胜急追，直至临清堰下。这时候，杨昌濬才意识到危险。原来，这一带港汉纵横，地形非常复杂，根本无法排列队形，也就无法组织有效的进攻。意识到这一点后，杨昌濬急忙传令收兵，并令刘璈率部断后。

太平军见湘军不战自退，立即发动反攻，击杀击伤刘璈麾下三百余湘军，取得了一场小胜。

然而，临清堰的小胜无法扭转太平军的颓势。包括陈炳文在内的许多太平军将士，都对守住杭州城失去了信心。

陈炳文派他的族兄陈大桂前往苏州，向李鸿章请降。李鸿章随即写信给左宗棠，与他商量此事。左宗棠认为，陈炳文投降可以，但只能向他投降，而不能向李鸿章投降。于是，李鸿章告诉陈大桂，请他前往左宗棠营中商量投降事宜。

随后，陈大桂来到左宗棠营中，与之商量投降事宜。眼看陈炳文就要投降成功，一个意外事件改变了事情的进程。在杭州城内为清军充当内应的人员，在这节骨眼上暴露出身份，被太平军杀掉了。这样一来，陈炳文就不可能顺利投降了。

虽然没能促使太平军内乱，不战而下杭州城，但左宗棠通过陈炳文乞降这件事，看出了杭州城中太平军的困境。于是，他命蒋益澧迅速猛攻杭州城。

在湘军的猛攻下，杭州城的太平军损失惨重。3月31日凌晨，守不住城又无法投降湘军的陈炳文，率部撤离杭州城。这时候，他投降的时机依旧不成熟，直到这年 8 月，他才最终逮着机会投降清廷。

蒋益澧得知太平军潜逃后，随即督率湘军杀入杭州城中。就这样，杭州落入湘军之手。

杭州失陷的消息很快传到了余杭。汪海洋知道，这时候他再坚守余杭是没有意义的。于是，他率部撤离余杭，向北边逃去。随后，清军康国器部进驻余杭。

湘军与太平军汪海洋部的战斗在余杭北面的瓶窑镇一带继续展开。湘军方面的主将是罗大春。

从瓶窑镇往北，有一座重要的关卡，名叫安溪关。这里地势险峻，群峰竖立，有"一夫当关，万夫莫开"之势。之前，汪海洋曾派军在这里修筑了一座大石垒。这时候，他从安溪关撤退，便分出部分精锐驻守大石垒，对抗湘军，以迟滞湘军的追击，掩护大部队撤离。

罗大春率军来到安溪关下后，见太平军据守大石垒，便率军攻击。太平军凭借有利的地势，顽强抗击。这部分太平军的抗争耗费了湘军的大量时间，掩护了大部队的行动，保留下了重要的火种。

攻克杭州后，左宗棠完全掌控了浙江的局面。虽然此时的浙江，还有湖州等重要城市依旧处在太平军的控制下，但他们已经不能对清廷构成重大威胁了。在左宗棠攻克杭州之前，李鸿章就已经率领淮军攻克了江苏省城苏州。江浙大片土地的失陷，加剧了坚守在天京城中的太平军所面临的危险局面。

第九章 战江宁

血战江宁：曾国荃与李秀成的终极对决

正当左系湘军受阻于严州、金华一带的时候，曾国荃、彭玉麟率部水陆齐下，向太平天国的首都天京杀去。

他们遇到的第一个重要关卡，名叫金柱关。金柱关之所以重要，除了它是天京的重要屏障外，还有一个重要的原因，那就是从金柱关出发，可以经水路抵达太平军的重要粮食中转站——高淳县的东坝镇。

东坝镇以北有水路可通天京城外的秦淮河，以东有水路可通太湖。太湖周边，则是江苏的常州府、苏州府以及浙江的湖州府。这些地区，都盛产粮食。所以，经东坝镇转运，太平军就可以将常州、苏州、湖州的粮食，源源不断地运往天京。

对于湘军来说，只要攻克金柱关，进而拿下东坝镇，就可以切断太平军的这一条重要粮食运输线，加速江宁城中的太平军的崩溃。

金柱关的旁边，是安徽省的太平府城。为拿下太平府城，同时拿下金柱关，曾国荃制订了一个声东击西的作战计划。

在对金柱关周边据点发动了几天的佯攻之后，1862 年 5 月 18 日凌晨，曾国荃率部在湘军水师的帮助下秘密渡江南下，对太平府城发动突然袭击。

驻守太平府城的太平军以为湘军在攻打金柱关，一时半会儿不会杀过来，于是放松了警惕。当曾国荃大军杀来的时候，他们还在漫不经心地修葺城墙，根本没有做好战斗准备。于是，他们很快被湘军击败，被迫放弃府城，据守府城南面的一条河流对抗湘军。

第二天，湘军与太平军隔着那条河流，对打了一天。湘军伤亡二十余人，太平军也有少量伤亡。

驻守金柱关的太平军得知太平府城被攻陷后，失去了继续坚守下去的信心。

湘军水师趁机发动猛攻。到这天傍晚的时候，金柱关就落入了湘军之手。

据守在太平府城南面的太平军，得知金柱关失陷后，连夜撤离。就这样，湘军攻占了太平府城以及金柱关。

随后，急于拿下攻陷江宁头功的曾国荃，率部长驱直进，杀到江宁城外的秣陵关下。

太平军在这里修筑了坚固的堡垒，再加上关下港汊遍布，难以列阵，湘军想要顺利拿下这里，并不太容易。

通过侦察，曾国荃得知关内太平军缺少粮食和弹药，并不能长期与湘军抗衡。于是，曾国荃采取心理战，命士兵们对着关内大喊："你们已经被包围了，赶紧投降吧！湘军不杀俘虏！"

这样喊了一阵后，关内太平军的军心果然发生了动摇。不久后，驻守该处的太平军首领就向湘军投降了。

曾国荃命所有的太平军将士放下武器，接受点名，然后将其中的四百多人遣散，留下三百多人补充湘军，只杀掉了其中不愿背叛太平天国的数十人。就这样，湘军攻克了秣陵关。

当湘军陆师长驱直入杀到江宁城下的时候，湘军水师驻扎在金柱关，并未随同东下。彭玉麟得知曾国荃率部孤军深入，担心他重蹈李续宾的覆辙，于是连忙派麾下将领王明山等统率部分湘军水师东下，而他自己也在随后不久率领其他的湘军水师向东杀去。

湘军水师很快拿下头关，进逼江宁西面长江中的江心洲。太平军在这里的防守相当严密，修筑了很多石垒，控制了扼要地区。

彭玉麟、王明山督率湘军水师炮击洲上的太平军石垒。太平军则以石垒为掩体，用密集的枪炮还击湘军的进攻。湘军水师伤亡惨重。

战斗到下午3点的时候，彭玉麟命士兵携带火罐、火箭喷筒等可以焚烧太平军营垒的武器，登岸作战。

为躲避太平军的枪炮，湘军怀揣着武器，在芦苇丛中匍匐前进，慢慢逼近太平军的营垒。

很快，湘军士兵们就来到太平军营垒旁，将火罐、火箭喷筒等武器纷纷抛入太平军营垒中。

到处燃烧的大火迫使太平军士兵放弃营垒，纷纷撤退。湘军水师乘机发起总攻，很快就攻占了江心洲。

随后，湘军又攻占蒲包洲等长江中的洲岛，推进至江宁城的护城河口。与此同时，曾国荃率领的湘军陆师也在水师的护卫下，推进至雨花台。此地距离太平天国的天王府，只有几里的距离。

自1860年摧毁江南大营以来，洪秀全已经有两年没听见敌人的炮火了。这会儿，曾国荃杀到了他的眼皮子底下，可把他吓坏了。他赶紧下旨，命李秀成、李世贤立即率军回援。

李秀成、李世贤是堂兄弟。这哥儿俩有个共同的特点，那就是不怎么听命洪秀全，把保存自己的实力凌驾于太平天国的总体利益之上。所以，他们都不是太情愿回援。

李秀成回复洪秀全说："清妖的水师很强，我军没有水师，难以抗衡。我的想法是，我先送一批粮食、弹药到天京。有了这些粮食、弹药，凭现在天京城中的兵力，就足以与清妖长期周旋了。等两年后，清妖懈怠的时候，我再率军杀回。"

洪秀全收到李秀成的回复后，勃然大怒，下旨严厉责备李秀成，并催促他立即率军回援。

李秀成不得已，只好召开军事会议，商讨解救天京之围的对策。经过商量后，太平军将领们制订了一个三路出击解天京之围的作战计划：第一路，由李秀成亲率十万大军，进击湘军曾国荃部；第二路，由护王陈坤书率领，进击战略要地金柱关；第三路，由湘军的老对手杨辅清、黄文金率领，进击安徽东南的宁国府一带。

1862年11月13日，李秀成率领大军进至江宁城下，对湘军曾国荃部发起猛攻。李秀成与曾国荃的终极对决，正式拉开序幕。

战役的第一阶段，李秀成把进攻重点放在了由曾贞幹负责防守的江滨以及江心洲一带。

这一带北边的三汊河、南边的大胜关，都是通往江宁城下的河流的入口。湘军水师的战船正是从两个入口进入，经水道，源源不断地把粮食、弹药运送到曾国荃大军营中的。所以说，这一带是湘军的重要物资补给通道。如果这一块失守，曾国荃大军将很快陷入弹尽粮绝的险境。正因为这一带如此重要，曾国荃才命他的亲弟弟负责防守。

和哥哥曾国藩、曾国荃一样，曾贞干也是厉害角色。数万太平军在李秀成的指挥下，发动多轮进攻，依旧无法攻克曾贞干把守的江心洲以及江滨地带。李秀成试图切断湘军粮道的想法，最终未能实现。

随后，李秀成将进攻重点转移到曾国荃大军上。他们的战术，依旧是很传统的地道战术。因而，战役的第二阶段，主要是地道战术与反地道战术的交锋。

10月22日，李秀成命将士们每人背着一块木板，拿着一捆草，匍匐前进，慢慢逼近湘军营垒。

虽然遭到湘军炮火的猛烈轰击，有不少人阵亡，但最终还是有不少太平军将士杀到了湘军的后壕旁，将木板和草扔进壕沟内。顷刻间，湘军的后壕就被填平。于是，太平军将士们冲过后壕，向湘军营垒中杀去。

湘军将士们连忙拿起长矛，与冲上前来的太平军展开肉搏战。曾国荃见形势危急，拿起大刀，来到前线就近指挥战斗。突然，一颗流弹向他袭来，击中了他的面颊。曾国荃差点就要像武昌城下的罗泽南那样"出师未捷身先死"了。

面对湘军玩命似的肉搏战术，冲过湘军后壕的太平军勇士没有太好的破解战术。最终，他们不得不撤离战场。李秀成发动的对曾国荃大军的第一次猛攻，以失败告终。

10月23日，另一员太平军将领李世贤率领三万多将士来到江宁城外战场。此时，太平军的总兵力在十三万左右，是湘军兵力的五倍左右。太平军在人数上占据着绝对优势。在武器装备上，太平军也不比湘军差。李秀成的部队中，洋枪很多。如果不发生意外的话，太平军应当是可以轻而易举地将曾国荃大军彻底消灭的。

10月22日的战斗使曾国荃认识到，光有后壕并不能阻挡太平军的进攻，必须增加内墙、内壕，防御才能稳固。于是，曾国荃命将士们赶紧修筑内墙、内壕。

如何才能摧毁湘军的内墙呢？李秀成想到了一个好办法。这个办法本来是太平军擅长的，后来被湘军学了去。曾国荃就是玩这种办法的高手。这种办法就是挖掘地道。

为了迷惑湘军，李秀成命将士们把挖地道时掘出来的土装进箱子中，堆砌到战场前，假装构筑掩体。

曾国荃是玩地道战术的高手，李秀成的战术无法骗到他。为了挫败李秀成的计划，曾国荃命将士们向太平军堆砌的假掩体后面发射火箭喷筒等火器，又派出少量精锐士兵前往袭击太平军，引诱他们来到湘军的战壕边，然后派大部队将其消灭。靠着这些办法，湘军杀掉了不少太平军。

大规模的战斗在11月3日打响。此前，太平军挖掘的地道已经深入湘军修筑的内墙下。李秀成见发起总攻的时机已到，便将兵力集中到东路，命士兵们准备好门板、稻草等准备战斗。

11月3日上午，数万太平军全部推进至地道边，静静地等待战友引爆地道内的炸药。

午后，随着两声震耳欲聋的巨响，湘军将士们辛苦修筑的内墙被炸开两道二十余丈长的口子。

太平军见状，立即冒着地道引爆所产生的浓烟以及内墙倒塌所造成的粉尘，冲过内墙，向湘军营垒中杀去。

曾国荃见形势危急，立即颁布重赏令："只要能堵住缺口，使敌军不再冲杀进来，有功人员一律重重有赏！"

湘军将士们听了他的话后，纷纷向前，与太平军在缺口前展开白刃战。这样一来，太平军虽然人数众多，却也无法击败湘军，最终只得撤离战场。李秀成发动的对曾国荃大军的第二次猛攻，又以失败告终。

此战过后，曾国荃认为必须采取进一步的措施摧毁太平军的地道，不然每次都像11月3日那样的话，迟早是要出问题的。他和麾下的将领们商量对策时，大家一致认为应该先判断太平军挖地道的区域，然后从内墙外挖掘地道通往那个区域，这样就能洞穿太平军的地道。

11月15日，曾国荃麾下名将刘连捷开始按照这一办法对付太平军的地道。不一会儿，湘军就洞穿了太平军的一条地道。湘军士兵们奋力向前，很快就将正在挖掘这条地道的太平军全部击杀。

11月16日，曾国荃麾下的另一员将领萧开印也用这种方法洞穿了太平军的一条地道。湘军士兵们往地道中施放毒烟，又灌入不少污水，迫使太平军撤离这条地道。随后，他们将这条地道摧毁。

除了这种方法外，湘军将士们还主动出击，击杀正在挖地道的太平军。11月17日凌晨，湘军将领刘连捷趁太平军没有防备，冒着瓢泼大雨，分三路杀向太平军营垒中，摧毁三座有太平军在里面挖掘地道的太平军营垒。

进攻迟迟没有进展，导致太平军士气低迷。他们不再进击湘军，只是依旧在东路象征性地挖掘地道，而在西路引长江之水，试图淹没湘军的粮道。这些措施对湘军并没有造成多大的威胁。他们的地道，经常被湘军破坏，而他们引来的长江水，也没能淹没掉湘军的粮道。

这样僵持到11月下旬，李秀成、李世贤彻底失去了击败湘军的信心。11月26日凌晨，他们分别率部撤退。这场长达四十五天的血战，以太平军的失败、湘军的胜利而告终。

苦战两年，曾国荃进了江宁城

直接解江宁之围失败后，李秀成乃采取太平军之前经常使用的围魏救赵的战术，进击长江以北的湘军后方，试图通过这种方式，迫使湘军曾国荃部回援，从而解江宁之围。

李秀成大军的进击，一度给湘军造成很大麻烦。但曾国藩很快调集彭玉麟、彭毓橘等率领的水陆大军，将他们击败。这样一来，太平军所谓的围魏救赵，也就无法实施了。

与此同时，为了逼迫李秀成退军，曾国藩命曾国荃率军猛攻江宁城下的雨花台，又命李鸿章率领淮军进攻苏州。有意思的是，曾国藩的这一招，也是围魏救赵。

得知江宁、苏州危急后，李秀成立即率部回援。这时候，李鸿章为阻止李秀成救援苏州，写信给曾国荃，请他猛攻雨花台，以牵制李秀成大军。曾国荃欣然答应，立即率部猛攻雨花台。

1863年6月13日深夜，曾国荃率部兵分六路，对驻守雨花台的太平军发动了夜袭。湘军将士们纷纷向前，架设云梯，登上雨花台，与太平军展开白刃战。激战至第二天凌晨，湘军取得胜利，击杀太平军数千，占领雨花台。

之前，和春、张国梁等绿营将领，在江宁城下驻兵多年，始终无法攻克雨花台，而这一次，湘军却轻而易举地将它拿下了。这对江宁城内的太平军来说，是一个巨大的震慑。

洪秀全得知雨花台失守后，又坐不住了，连忙下旨，令李秀成率大军迅速回援天京。

当李秀成率领大军来到与江宁隔江相望的江浦、浦口一带准备渡江的时候，天下起了大雨，这给太平军的渡江造成了巨大的麻烦。迟迟不能渡江，导致不少太平军因为没有柴火做饭而饿死。

与此同时，湘军在江浦、浦口一带集结重兵，试图趁李秀成大军撤离之际拿下江浦、浦口两城以及位于两城东南边的战略要地九洑洲。

和江心洲一样，九洑洲也是夹在江宁与江浦、浦口之间的长江中的洲岛。九洑洲位于江心洲西北，与江心洲并排而立。九洑洲的西北，则是新开河。新开河的西北，就是浦口、江浦两城。对于此时已经占据江心洲的湘军来说，只要再攻占九洑洲，他们就可以完全切断江北太平军与江宁城中太平军的联系。这对湘军攻打江宁，将具有至关重要的作用。所以，能否拿下九洑洲，就成了湘军成败的关键。

李秀成大军开始渡江后，驻守江浦、浦口两城的太平军失去了坚守下去的信心。驻守浦口的太平军弃城撤退，将城池拱手让给湘军。原湘军水师将领、现任太湖水师（由湘军水师分化出来的一支水师，预备前往太湖，协助淮军攻打苏州）统领李朝斌率领他手下的太湖水师进驻浦口，拦截那些尚未渡过长江的李秀成麾下将士。

与此同时，湘军陆师鲍超、刘连捷等部会合湘军水师杨岳斌、彭玉麟等部，攻克江浦。随后，湘军水师也进驻浦口，与太湖水师一起拦截尚未渡江的太平军。

当时，尚未渡江的太平军有数万之众。他们一起前往九洑洲，希望洲中的太平军能够收留他们。然而，洲中的太平军自身的存粮都不足，根本无力养活这么一支庞大的军队。他们拒绝了这些尚未渡江的太平军的请求。

这样一来，这些尚未渡江的太平军就陷入了绝境。他们进不得（长江中有清军水师），也退不得（新开河中也有清军水师）。为了保住性命，他们纷纷往芦苇丛中跑，却不料芦苇丛中尽是沼泽，脚一踩上去就拔不出来了。不少太平军就这么失去了生命。

湘军水师趁机发动猛攻，击杀太平军数万。李秀成手下精锐力量损失大半。从此以后，他已无力与湘、淮军争锋。

湘军的下一个作战目标，将是战略要地九洑洲。与江浦、浦口不同，湘军要拿下九洑洲并不容易，因为这里是太平天国必须拼命保住的生命线。

太平军在九洑洲经营多年，防守非常严密。沿着九洑洲的边缘，太平军修筑了数十座坚固的堡垒，每个堡垒中至少有一尊大炮。在堡垒旁边的水面上，太平军又布置了几十艘战船，与堡垒相互依托，构成严密的防守体系。这一战对于湘军来说，注定是一场苦战、血战。

曾国荃倒是对攻克九洑洲充满信心，因为他手中掌握着一件制胜法宝。原来，曾国荃手下一个叫陈湜的将领曾经截获过洪秀全发给陈玉成的命令，上面详细记载了江宁的城防情况，其中就有九洑洲的兵力部署情况。这一情报对于曾国荃来说实在是太重要了，知道了太平军的兵力布局，就可以发起针对性的进攻，杀太平军一个措手不及。

就在曾国荃率部对九洑洲附近关隘展开攻击的同时，彭玉麟、杨岳斌也率领着湘军水师，对九洑洲周边太平军的战船发起攻击。经过几天的血战，九洑洲周边的据点，几乎全部落入了湘军之手。九洑洲中的太平军陷入了异常孤立的境地。

这时候，杨岳斌手下的士兵侦察到江滨有一条小路，可以直通九洑洲上太平军营垒。杨岳斌将这一重要消息告知曾国荃。曾国荃大喜，命湘军陆师沿着小路前进，悄悄地埋伏在太平军的背后。

1863 年 6 月 30 日，九洑洲之战进入决胜阶段。太平军将装备有洋枪洋炮的士兵推进至前沿阵地，准备决战。湘军水师士兵驾着舢板小船，冒着枪林弹雨发起攻击，损失非常惨重。

战斗从拂晓一直持续到傍晚，湘军水师虽然作战勇猛，但也奈何不了占据着地理优势的太平军，他们根本就不惧怕湘军的冲锋。

到了夜间，湘军士兵战斗了一天，都有些累了，不少士兵都在私底下议论休战、开饭。彭玉麟得知后，对士兵们说："弟兄们，我知道你们战斗了一天，都有些累了。但是，你们累，敌人更累。现在正是克敌制胜的关键时候！不攻破九洑洲，我决不收兵！大家要吃饭的话，我就叫长夫将饭拉到前线来，咱们吃完再战！"

湘军战士们一听这话，反倒不想吃饭了。他们想，与其在枪林弹雨中提心吊胆吃饭，还不如痛痛快快地杀一场后回到营中安安心心吃饭。于是，湘军士兵全都抛弃了懈怠心理，对太平军发起了更加猛烈的进攻。

就像彭玉麟估计的那样，太平军战斗了一天后，精力早已不如白天。在湘军水师的猛攻之下，他们自以为固如金汤的防线最终被摧毁了。湘军水师从正面杀上了九洑洲。这时候，埋伏在太平军营垒后面的曾国荃陆师部队趁乱杀出，从背后给太平军致命一击。驻守九洑洲的一万多名太平军全部被湘军歼灭。

九洑洲的陷落，意味着天京城中的太平军从江北获得补给的通道被彻底掐断。天京城中本来就很严重的粮食问题，因此变得更加严重了。

这时候，江宁城中的太平军获得补给的南北两条通道，只剩下了南边的一条通道，也就是我在之前说到的从常州、苏州、湖州运来粮食，经高淳县的东坝镇转运，入秦淮河运往江宁的通道。湘军要想把江宁城中的太平军逼上弹尽粮绝的险境，就必须掐断这条通道。

曾国藩把掐断这条通道的重任，交给了湘军水师名将彭玉麟以及湘军陆师名将鲍超。

1863 年 11 月 11 日，彭玉麟、鲍超率部兵临高淳城下。驻守此处的太平军将领杨友清和之前说到的杨辅清、杨宜清一样，都是杨秀清的结拜弟兄。不过，这个杨友清可不像杨辅清那么有骨气，听说湘军大军杀到后，他就立马派人前往湘军营中请降。当时也在高淳城中的杨辅清对此毫不知情。

局势完全在湘军的掌控之中，所以彭玉麟、鲍超对前来请降的太平军信使毫不客气。听那人说完后，彭玉麟瞟了瞟他，漫不经心地说："告诉你家主子，他要是能把杨辅清余部都杀了，我才准降！"

之前，杨辅清所部太平军在与湘军的长期争斗中损失殆尽，还剩下少量兵力驻守在高淳县城。彭玉麟试图挑起杨友清与这部分太平军的矛盾，让他们自相残杀，然后坐收渔翁之利。

一心想投降的杨友清从信使口中得知彭玉麟的话后，立即集合军队，向杨辅清余部举起了屠刀。杀掉那些人后，杨友清便率部打开城门，投降了湘军。

随后，彭玉麟、鲍超率部进逼东坝。太平军在这里的防守比较严密。他们在坝上修筑了三座大垒，又在坝后修筑一城，长达数里，构筑了严密的防守线。如果太平军倾尽全力防守的话，湘军要想拿下战略要地东坝，将会很困难。

可惜的是，太平军方面驻守东坝的将领也是一个尿货。他叫杨柳谷，也是杨秀清的结拜兄弟之一。面对湘军的进逼，他一面信誓旦旦地对杨辅清说一定要坚守，一面却和湘军接洽投降事宜。不久之后，他就把东坝献给了湘军。

太平军的这一波投降高潮至此还没有结束，11 月 22 日，又一位杨秀清的结拜兄弟杨英清率领万余太平军投降湘军，献出了溧水县城。

仅仅半个月时间，彭玉麟、鲍超两军就连下高淳、东坝、溧水等众多战略要地，收降太平军数万，完成了切断江宁城中太平军南线补给通道的重任。

从此以后，天京城中的太平军彻底陷入了绝境，他们的主要物资补给通道全都被湘军切断了。虽然他们还能花重金从洋人那里买来一点救命粮，但那也是杯水车薪，无济于事。

为了挽救太平天国，李秀成向洪秀全提出了一个重要的建议，那就是撤离天京，另图发展。

在天京温柔乡中待惯了的洪秀全不愿意挪窝，他严厉斥责李秀成。李秀成并不因此改变他的想法，依旧跪着向洪秀全进谏。他对洪秀全说："清妖已经从东、南、西三面围住了京城，城中人心浮动。城中人口，官员、老幼病残、妇女占大多数，能够当兵打仗的很少。如果不及时撤离的话，将有亡国危险。"

洪秀全一听，大怒道："朕奉上帝、天兄圣旨下凡，做天下的唯一真主，怕什么清妖！你说朕没兵，朕之天兵，比水还多，又岂是你能知道的！朕的铁桶江山，你不扶，自然有别的人来扶！你愿意留在京城，就留着，不愿意留，就赶紧跑。朕不控制你！"

李秀成依旧不屈不挠，对洪秀全说："我不忍心看着天国覆亡，请天王现在就杀了我！"洪秀全没有答应他。于是，他只得含着泪水，走出了大殿。

第二天，洪秀全知道自己做得有点过，派人给李秀成送来一件龙袍，安慰他的心。此后，李秀成既感念洪秀全，又被天京百姓所挽留，便留在了天京城中布置防御。

这时候，江宁城的东、南、西三面都被湘军占领，只有东北面的钟山依旧在太平军的控制之下。这里是城内太平军与城外取得联系的唯一通道。城中数万人所需的粮食都是从这里运入城内的。为保住这一块，太平军在钟山之巅修筑了一座天保城，构筑起严密的防线。

曾国荃命湘军陆师猛攻天保城。城堡中的太平军顽强抵抗，击退了湘军的多次进攻。这样一来，太平军依旧能通过天保城，将城外的粮食运入城内。

1864 年 2 月 28 日，李秀成率军出城，进击天保城下的湘军，试图解天保城之围，保住粮道。

曾国荃将湘军陆师一分为二，以一路进击李秀成大军，一路包抄切断太平军的入城通道。

　　在湘军的猛烈攻击下，李秀成大军很快崩溃。这时候，李秀成发现，他们的进城通道已经被切断了。于是，他率领大军退往天保城中。

　　湘军随后冲杀上来，与太平军展开猛烈厮杀。激战中，一些凶猛的湘军士兵冒着太平军的猛烈炮火，徒手攀登悬崖峭壁，冲入天保城。太平军抵挡不住，纷纷撤退，或经奋勇厮杀冲入江宁城中，或撤往他地。天保城落入湘军之手。

　　除了彻底切断城内太平军的粮食供给外，攻陷天保城对于湘军来说，还有很多好处。由于天保城的地势很高，湘军攻占此处后，就可将太平军的一举一动尽收眼底，也可以居高临下，炮击江宁城。因此，湘军进一步掌握了江宁之战的主动权。

　　为了攻克江宁，曾国荃命湘军陆师在江宁城墙下到处挖掘地道，试图用火药轰塌江宁城墙。

　　地道战术在湘军与太平军长达十余年的战争中，使用的频率非常高。无论是湘军还是太平军，都掌握了不少破坏地道的办法。太平军正是凭借这一点，破坏了湘军挖掘的不少地道。

　　太平军破坏地道的办法，与湘军差不多。他们也是先判断湘军在哪里挖掘地道，然后从城内挖地道通往那个区域，从而洞穿湘军的地道。太平军善于通过观察判断湘军挖掘地道的区域。一般来讲，湘军挖掘地道的区域，会有灯火、烟气，上面的草皮会枯萎泛黄。

　　在太平军的不断破坏之下，曾国荃的地道战术收效不大。这令曾国荃感到非常恼火。不过，对于他来说，还有更恼火的事，那就是清廷命李鸿章率淮军前来协助他攻打江宁。对曾国荃来说，这是赤裸裸的抢功，摘桃子！

　　得知淮军即将到来后，曾国荃召集麾下将领，恶狠狠地说：“淮军就要来了。咱们辛辛苦苦血战两年，才把江宁城给围起来。难道现在要将大功拱手相让吗？”

　　曾国荃的这句话，激起了湘军将领们的血性。他们纷纷表示愿意拼命一战，拿下江宁，保住原本属于湘军的荣耀。于是，曾国荃开始布置对江宁城中太平军的最后一击。

　　当时，在钟山脚下紧邻江宁城太平门的地方，太平军修筑了一座地堡城。

由于地堡城的存在，湘军不能迫近太平门挖掘地道。对于湘军来说，这是攻城的一个重大障碍。

决定对江宁城发起最后的总攻后，曾国荃命湘军陆师猛攻地堡城。7月3日，湘军李祥和部攻克了地堡城。随后，湘军在地堡城上架设起百余尊大炮，日夜轰炸江宁城。由于距离城中心很近，地堡城中湘军的轰炸，对城中的太平军造成了巨大的杀伤。

虽然攻克了地堡城，但湘军想要在太平门下挖掘地道，依旧不是一件容易的事。因为这里对于城中的太平军来说，是最后的防线。如果守不住，太平天国就将遭受灭顶之灾。他们在这里布置了密集的火力网，湘军想突破，并不太容易。

这时候，之前在攻克安庆一战中首先入城的李臣典站了出来。他对曾国荃说："我军进攻江宁，已经有两年多了。如果还不拿下，一定会生变数。大帅就下命令吧！我愿率部深入太平门下，挖掘地道！"

见李臣典如此勇毅，曾国荃非常高兴，将在太平门下挖掘地道这一最重要也是最艰难的任务交给了李臣典。随后，李臣典率部冒着太平军密集的炮火，日夜赶修地道。到7月15日的时候，地道终于挖成。

这天深夜，曾国荃和李臣典正在地道旁商量攻城的时候，李秀成突然率领几百精兵，由太平门杀出，向处在地道旁的湘军发起猛攻。另一路由数百人组成的太平军队伍，从江宁城东的朝阳门杀出，抛掷火箭喷筒等火器，焚烧湘军营垒，试图破坏地道。

面对太平军的突然猛攻，毫无准备的湘军一度陷入被动。但最终，他们还是击退了太平军，有惊无险地保住了地道。

击退太平军的突袭后，曾国荃召集麾下将领，商讨第二天攻城的顺序。大家都知道太平军在太平门附近布置了重兵，所以都不敢担当首先杀入城中的重任。

这时候，湘军营务处（相当于参谋部）一个从未打过仗的文官站了出来，对着李臣典、朱洪章、刘连捷、彭毓橘等将领怒吼道："你们这些人，平时都自以为是英雄豪杰，现在到了关键时候，却都变成了缩头乌龟！真是没用！"

曾国荃麾下的那些将领，都是征战多年，为清廷立下过赫赫"功劳"的。他们怎么可能容忍一个从未打过仗的书生在他们面前指指点点！于是，朱洪章站了出来，对着那位文官大怒道："你小子说什么来着？谁他妈是缩头乌龟？老子今天把话撂在这里了，要是大帅命我当先锋的话，我不拼命作战活捉洪秀全小儿献给大帅，就他妈不配做人！"当时，洪秀全已病逝，湘军中也有传闻，但未确信。所以，朱洪章说他要活捉洪秀全。

那位文官听完朱洪章的话后，并不示弱。两人争吵起来，惊动了曾国荃。曾国荃认为，如果不赶紧将攻城顺序定下来的话，将影响军心。于是，他拿出笔墨，请众将领签下有关攻城顺序的军令状。

朱洪章刚才说了大话，此时不好退缩，只得径直往前，拿起毛笔，第一个签下名字。这意味着，在明天的攻城战中，他的部队将冲在最前面。可以想见，他的军队在明天一定会有很大的伤亡。

见朱洪章第一个签了名，李臣典、刘连捷、彭毓橘、张诗日、萧孚泗、萧庆衍、李祥和等人也不甘落后，纷纷签了名。攻城的顺序就这么定了下来。

7月19日中午，随着霹雳一声巨响，江宁城墙被地道中的炸药炸塌二十余丈。朱洪章率部首先冲向倒塌处，李臣典、刘连捷、彭毓橘等人率部跟进。

正当湘军迅猛杀向城中的时候，驻守在城头的太平军将火药包点燃，抛向湘军阵中。冲在最前面的湘军，都被烧着，或重伤，或身亡。

后面的湘军士兵见到这一幕，有些胆怯了，有些人开始往后撤。眼看湘军的攻势就要被太平军化解，彭毓橘使出了霹雳手段，当即斩杀几个往后撤的士兵，止住了后退的浪潮。随后，湘军将士们一拥而上，迅速突破太平军的城防体系，杀入城中。

苦攻两年，终于攻克江宁，曾国荃以及他手下的将士们紧绷了许久的神经突然间松懈了。杀进城中的湘军将士忙着烧杀抢掠，而他们的首领曾国荃则倒头大睡。这就给了李秀成等人千载难逢的出城良机。

这天深夜，李秀成趁湘军防备不严，带领幼天王、洪仁玕等人从太平门城墙倒塌处冲出。之前，李秀成已经将自己所乘的好马让给了幼天王，因而此时，他只能骑着一匹劣马逃跑。由于马太差，跑不快，李秀成逐渐赶不上幼天王、洪仁玕所率领的大部队，成了落单之雁。四天之后，他被人抓住，绑送至湘军将领萧孚泗营中。就这样，李秀成成了湘军的俘虏。

为了发泄私愤，曾国荃找来锥子，往李秀成身上猛刺。曾国荃是那种快意恩仇的人。在这一点上，他与他那个生性严谨的哥哥曾国藩有着明显的差别。

虽然李秀成表达了投降意愿，但曾国藩、曾国荃兄弟还是准备杀掉他。促使他们动杀心的主要是两件事。一个是与李秀成一样被俘的太平天国松王陈德风在牢中见到李秀成，当即长跪请安。另一个是老百姓将萧孚泗的亲兵王三抓去杀害，以报复萧孚泗抓捕李秀成。

曾国藩、曾国荃从这两件事中看出，李秀成虽然身陷囚牢，但在太平军旧部以及老百姓当中，依旧有着很高的威信。因此，他们认为，留下李秀成对清廷来说，是一个巨大的隐患。所以，他们很快就将李秀成处决了。

李秀成被湘军杀害，这对太平军余部来说，是一个巨大的打击。由于缺乏撑得起台面的将领统率，太平军余部的斗争最终未能撼动清朝的统治。这是后话。

得知湘军攻克江宁后，清廷对在镇压太平天国一战中有"功"的人员大加奖赏。湘军将帅最风光的时候到来了。

曾国藩获赏太子太保衔，赐封一等侯爵，世袭罔替，赏戴双眼花翎。他是清朝第一个获得侯爵的文臣。曾国荃获封太子少保衔，赐封一等伯爵，赏戴双眼花翎。当时的湖广总督官文因人成事，获赏一等伯爵，与曾国荃平齐。

湘军水师的两位名将彭玉麟与杨岳斌，都获封一等轻车都尉以及太子少保衔。当时的四川总督骆秉章，为湘军筹集粮饷有功，并与曾国藩的好友刘蓉一道，击败了翼王石达开，此时也获封一等轻车都尉。

湘军第一悍将鲍超也获封一等轻车都尉。此时的他，依旧率部在江西与太平军余部作战。幼天王在江西被俘杀后，清廷加封鲍超一等子爵。与鲍超同时受封的还有当时的闽浙总督左宗棠。左宗棠获封一等伯爵。

此时的曾国藩，进入了人生的巅峰期，但他并不觉得多么荣耀。熟读历史的他，知道像他这样功高盖主的权臣，很难有好下场。为了自保，曾国藩主动裁撤他手下的湘军。在湘军历史上扮演重要角色的曾国荃吉字营，就此终结。

很多人知道曾国藩在攻下江宁后裁撤湘军，便以为湘军的历史就此结束了。其实，这是一个误解。曾国藩裁撤的仅仅是湘军中的小部分。吉字营几乎全部被裁撤，但吉字营以外长期归曾国藩指挥的军队，如湘军水师以及湘军陆师鲍超、刘松山等部，就没有被裁撤。不归曾国藩指挥的左系湘军、江刘系湘军，更没有裁撤。所以，这次裁撤的湘军，只占湘军总数的一小部分。湘军的历史不仅没有结束，还将更加精彩。

第十章　最后的较量

血战闽南，左宗棠与李世贤、汪海洋的终极对决

就在曾国荃率领湘军对太平天国的首都天京发动最后总攻的时候，作为湘军后路的江西省却被太平军搅得天翻地覆。

不断传来的警报令曾国藩感到担忧。他对身边的幕僚说："江西有几万官军，兵力雄厚，却老是打败仗，导致敌军猖獗。看来，只有春霆的军队能打败他们了！"于是，曾国藩便命当时驻守在东坝镇一带的鲍超率部西上，前往江西镇压太平军。

鲍超率部来到江西后，驻守在抚州府城附近。当时，在他们的东南面不到六十里的许湾镇中，驻扎着一支庞大的太平军，人数超过十万。他们的首领就是之前镇守余杭，与湘军对决过的那个汪海洋。

这支太平军的存在，对江西省城南昌构成了严重威胁。所以，鲍超麾下将领娄云庆等主张立即进击汪海洋部，以确保南昌的安全。然而，当时督办江西军务的湘军名将杨岳斌交给鲍超所部的任务，却是进击抚州西南的吉安府，以阻挡太平军杀入湘军大本营湖南。

应该听娄元庆的，还是听杨岳斌的呢？鲍超陷入了矛盾中。最后，他忐忑不安地对娄元庆说："如果我军不立即进击吉安，那就是违抗军令。这罪名，我可担当不起。"

虽然鲍超主张进击吉安，但娄元庆依旧坚持自己的看法。他对鲍超说："抚州是南昌的门户。保住抚州就是保卫南昌。如果我们撤离抚州，那么敌军肯定会挥师北上，到时候不但抚州要丢，连南昌也危险。丢了南昌，守住吉安又有什么意义？又怎么可能阻挡敌军进入湖南？"

见娄元庆坚持进击许湾，鲍超不再反对。他对娄元庆说："你敢说，是不是也敢做呢？"

娄元庆斩钉截铁地说："只要我还有一口气在，就一定要把许湾的敌军消灭干净！"于是，进击许湾的决策就确定下来了。

娄元庆既然说了大话，在行动上就不得不积极主动。在战斗正式打响前，他率部推进至太平军营垒前，并亲自带领几名亲兵前往周围勘察地形。

这时候，娄元庆发现，他们的后边是河，右边是山，而左边，山、河都有。如果从这里进兵，一旦战败，就没有退路。所以，从这里进兵是不行的，必须寻找另一个进兵的入口。

经过几天的勘察，娄元庆终于发现许湾的后面有一片小丘陵，包围着太平军的营垒。从这里进军，既可以居高临下进击太平军营垒，也不用担心退路。于是，娄元庆便决定从这里进军。

1864年8月5日，许湾之战正式打响。鲍超亲率中军从前面进击太平军，而娄元庆率部从背后向太平军杀去。

太平军集中兵力对付正面的湘军，却忘了提防后路，结果被娄元庆率领的湘军杀了个措手不及，连中军大营都丢了。

和鲍超一样，汪海洋也是一员猛将。得知中军大营被湘军占领后，他丝毫没有回防的意思，依旧率领全军，向正面的湘军杀去。他认为，先歼灭正面的湘军，然后再掉转头对付后面的湘军也不迟。

前面说到过，鲍超喜欢在平原低洼之处扎营。这样很容易被敌军包围。这一次，他又是这么做的。结果，他又被围了。

汪海洋率领数万太平军将鲍超亲自率领的湘军围得水泄不通，大有一举歼灭鲍超之势。

眼看鲍超就要被太平军打败，娄元庆率部杀了过来。湘军内外夹击，大败太平军。汪海洋见无法取胜，只得率部撤退。

取得这么一场大胜，按理说，鲍超应该立即向曾国藩报喜并请求奖赏，但鲍超没有这么做。处理善后事宜，耽误了他不少工夫，导致他直到三天后才写捷报，命人送往安庆曾国藩署中。

这时候的曾国藩，已经从其他将领写来的信中，得知鲍超所部很可能取得了一场决定性的胜利。但令他感到奇怪的是，鲍超自己居然没写信前来报捷。

曾国藩的幕僚们按捺不住兴奋，拿起笔来，准备替曾国藩起草向清廷报告大捷的奏折。曾国藩连忙制止他们。直到鲍超的报捷信来到后，曾国藩才确信湘军在江西取得了一场大胜，连忙叫来幕僚，命他们立即起草奏折。

许湾之战使江西境内太平军的士气受到沉重打击。此战过后仅仅八天，也就是 8 月 13 日，另一员太平军重要将领陈炳文率领近七万太平军向鲍超投降，其中有七千人是太平军中装备最好的洋枪队。

陈炳文就是之前镇守杭州，与湘军对决过的那位太平军将领。当时他就想投降，只是时机不成熟没有投降成。直到这时候，他才逮着机会投降湘军。

汪海洋部遭受重创，陈炳文部投降，导致太平军在江西的实力大为削弱。当时也在江西的另一支太平军的首领李世贤看到局势危险，为了自保，撤出了江西。这样一来，江西境内已经没有了大股太平军。这对后来局势的发展，产生了重大影响。

当时，从天京城中撤出的幼天王、洪仁玕等太平天国领袖，正在往江西撤退。如果当他们来到江西的时候，江西境内有大股太平军，他们就可以前往投奔，避免被清军俘杀。如果幼天王不亡，后来局势的发展，就将充满变数。可惜的是，这些都是假设。现实情况是，当时江西境内已经没有了大股太平军，幼天王、洪仁玕等人在清军的围追堵截下，很难生存。

负责追杀幼天王、洪仁玕等人的是湘军名将席宝田。席宝田所统辖的这支湘军队伍，隶属于江西省，归江西巡抚沈葆桢以及督办江西军务的杨岳斌管。

这年 10 月，席宝田率部在江西中部偏东的新城县截击幼天王、洪仁玕等人失败，使得太平军成功撤离。为追上太平军，席宝田命全军火速前进。追了几天几夜，还是没有看到太平军的影子。不少将领认为，应该暂时休整，养精蓄锐后再追击太平军。

席宝田反对这种看法。他说："敌军自江宁城中逃出，日夜兼程，狂奔数千里，早已经疲惫不堪，行动缓慢。如果我们赶快追的话，一定能将他们一网打尽！"于是，湘军继续往前追去。

不久后，湘军追到石城县杨家排一带的崇山峻岭中。湘军正在全速前进，突然，前面一道漫长而高耸的悬崖挡住了他们的去路。

当时，太阳已经快下山了。湘军先锋见时间已晚，前面又没有了去路，松懈了下来，把军旗插在悬崖下，不再前进。

席宝田看到后，对着先锋大怒道："越过这道悬崖，就可以追到敌军！你小子敢懈怠军心，留不得！"于是，席宝田叫来刀斧手，把这名先锋拉到一旁，砍掉了他的脑袋。

席宝田的霹雳手段震撼了湘军将士。此后，他们再也不敢抱怨疲劳，再也不敢心生懈怠。重新找回锐气的湘军将士，纷纷攀上悬崖。到第二天早上，他们就全部越过了悬崖。

这时候，席宝田发现前面不远处有大片炊烟。他断定，幼天王、洪仁玕等人就在那里生火做饭。因为，这穷乡僻壤之地，人烟稀少，除了太平军做饭外，不可能产生大片的炊烟。于是，席宝田指挥湘军将士，迅速掩袭过去。

太平军没料到湘军追击的速度会这么快。毫无准备的他们，在湘军的猛攻下，很快七零八落。很快，洪仁玕以及数十名太平军将领都被湘军俘虏，只有幼天王侥幸逃脱。

得知幼天王逃脱后，席宝田立即命所部四处搜索，寻找幼天王的踪迹。令席宝田感到失望的是，湘军全军出动找了许久，依旧没有找到幼天王的任何踪迹。

就在席宝田因抓不到幼天王而垂头丧气的时候，一个令他感到无比兴奋的消息向他传来，那就是幼天王被抓到了！

幼天王是怎样被抓到的呢？原来，当时的幼天王，不过是个十五岁的小孩儿。他的身边，有许多和他年纪相仿的侍卫、随从。年纪小，就难免犯错。其中一名小孩儿被湘军俘虏后，向同伴指指点点，小声说："小天王从这里路过。"

结果，这句话被湘军将领听到了。于是，这名湘军将领拷问那名小孩儿，得知了幼天王逃跑的路线。凭借这一点，湘军将士们很快俘虏了幼天王。

幼天王、洪仁玕被捕后，很快被清廷杀害。幼天王虽然只是一个懵懂少年，并没有多少领导才能，但他有号召力。如果幼天王不亡，日后太平军余部应当不至于分崩离析。后来局势的发展，就很可能出现变数。所以说，幼天王的丧生，是太平军余部的重大损失。

幼天王被害后，太平军中能够号召群雄的只有李世贤、汪海洋两位。假如两人同舟共济的话，太平军余部还是大有可为的。可惜的是，这两人都想做老大，都想让对方服从自己，结果相互之间产生了激烈的矛盾冲突。李世贤、汪海洋不和，给当时的闽浙总督左宗棠镇压他们，提供了有利条件。

李世贤自退出江西后，进占福建南部沿海的漳州，而汪海洋则率部进占赣、闽边境的上杭县南阳乡。

为了分别镇压李世贤、汪海洋，左宗棠率部兵分两路进击。其中，由刘典、王德榜率领的右路湘军，负责进击汪海洋部；由高连升、黄少春率领的左路湘军，负责进击李世贤部。左系湘军的另外两位名将蒋益澧、杨昌濬，因被清廷分别任命为浙江巡抚、浙江布政使，没有参加闽南的战斗。

　　南阳乡方面的战斗首先打响。由于屡战屡胜，湘军对太平军余部颇为轻视。刘典率军猛冲猛杀，结果陷入汪海洋精心设置的包围圈中，遭受重创，连忙退回南阳乡以北的连城县。

　　左宗棠得知刘典战败后，写信告诫他说："别攻城，别浪战，围住他们就行了。他们粮食不足，耗不了太久。到时候，南阳唾手可得。"

　　刘典按照左宗棠的指示去做，果然对太平军构成了巨大威胁。僵持一段时间后，缺粮的太平军军心开始浮动。刘典、王德榜趁机攻占南阳乡外围据点，矛头直指太平军大营。

　　2月22日，刘典、王德榜率部进击太平军。汪海洋亲率所部精锐出营迎击。激战片刻后，湘军抵挡不住，退往新泉镇。

　　见湘军败退，汪海洋亲率两万精锐奋勇追击。当他们来到一处田垄时，四周鼓声、喊杀声大作。汪海洋这才意识到，他中了湘军的诱敌深入之计。于是，他将部下分作数队，迎击从四面八方杀来的湘军。

　　刘典、王德榜率领湘军迅猛冲击，很快就重创了太平军。汪海洋见局势不利，只好命令部下撤退。然而，摆在他们身后的，是一条河流。无路可走的太平军只好徒步渡河，大多数被淹死。

　　汪海洋好不容易才突出重围。见所部精锐损失大半，汪海洋跳下战马，蹲在地上痛哭。这时候，后面喊杀声大作。湘军已经追上来了！

　　说时迟，那时快。听到喊杀声后，汪海洋迅速跨上战马，逃离了此地。幸好汪海洋反应迅速，不然他就成了湘军的俘虏了。

　　经此惨败后，汪海洋无力固守南阳乡。不久后，他就率部撤退到上杭至永定之间。湘军取得了西线会战的胜利。

　　说完西线的战斗，我们再来看看东线的战斗。东线的战斗主要围绕漳州府城展开。清军方面参加此战的，除了高连升、黄少春、王德榜（王德榜所部湘军协助刘典击败汪海洋后，加入东线会战）率领的湘军外，还有郭松林、杨鼎勋率领的淮军。

郭松林是湖南湘潭人，本是曾国荃手下的重要将领。李鸿章创办淮军的时候，曾国藩将郭松林所部拨给李鸿章，命郭松林以湘军的办法训练淮军。就这样，郭松林成了淮军将领。此时，他与杨鼎勋奉李鸿章之命，率部参与漳州之战。

漳州之战中，最激烈的战斗发生在乌头门。当时，高连升、黄少春率部攻打漳州，很久都没有进展。郭松林、杨鼎勋来到后，与高连升、黄少春商量，决定从乌头门入手，攻破漳州。

5月15日，湘、淮两军联手，对乌头门发起猛攻。湘军黄少春部从中路进攻，王德榜部从西路进攻，而高连升部进攻左路。淮军郭松林、杨鼎勋部配合湘军高连升部，攻打左路。

激战许久后，清军取得重大胜利，攻占太平军营垒十四座。这时候，刮起了大风，清军乘机放火。火借风势，风助火威。刹那间，大火腾空而起，将太平军在乌头门外的营垒全部烧着。

见形势危急，太平军将士们纷纷往城内退去。高连升趁机发起猛攻，成功地突破了太平军的防线，杀入城中，与太平军展开巷战。

激战许久后，太平军损失惨重。李世贤只得率部撤离。漳州府城落入湘军之手。

5月21日，为了摆脱湘军的追击，李世贤被迫率部在漳州南面的平和县城，再次与湘军高连升部展开决战。

一开始，太平军掌握着战场上的主动权。高连升见太平军仍有不小的实力，认为只可智取，不可强攻，于是将所部分为两队，以一路在正面牵制太平军，而以另一路迂回至太平军的侧后，发动突然袭击。

太平军只注意正面的湘军，没有提防侧翼，结果被从侧翼杀入的湘军杀了个措手不及，大败亏输。李世贤落马负伤，率领残部往大埔撤去。

5月26日，李世贤率部在平和北面的永定再次与湘军展开大规模的决战，试图以战为守，改变被动局面。

湘军将领知道此时的太平军由于屡战屡败，已经到了崩溃的边缘，于是刚一开战，就命令湘军马、步两军在炮火的掩护下，向太平军发动猛攻。

面对湘军的迅猛攻击，意志消沉的太平军没有进行认真的抵抗。他们只发了几十发炮弹，开了一阵子排枪，就纷纷跑出掩体后撤。其中不少人放下武器，向湘军投降。甚至还有一些太平军在投降后，帮助湘军向太平军阵中喊话，导致更多的太平军投降。

不一会儿，在阵前投降的太平军就达到了二万四千余人之多。李世贤征战多年纠合起来的精锐力量，在此战中损失殆尽。

当时在永定宝塔下手持望远镜指挥的李世贤看到战场上的这一幕，惊得目瞪口呆。他怎么也想不到，他一手带出来的军队，居然会在战场上垮成这个样子。

事到如今，再怎么气愤，再怎么悔恨，都没有用了。对于李世贤来说，当务之急是保命。于是，李世贤率领着剩下的十余名随从，冲出城去。

很快，他们就来到永定河边。要保命，必须立即前往对岸。虽然永定河并不宽，但对于此时无法弄到船只的李世贤一伙人来说，它是几乎无法跨越的天堑。

湘军的喊杀声在后面响起来了！再不走，就要被湘军俘虏了！在这千钧一发的紧急关头，李世贤果断命令随从跟随自己游到对岸去。

这十几个人，包括李世贤在内，水性都不好。每游一丈，都会有人被水淹没。这样，当李世贤游出十丈左右后，他的随从们已经全部没命了。李世贤绝望地望了望遥远的对岸，长叹了一口气，随后掉转头游回了原点，然后沿着河边，拼命地往前跑。最后，他终于摆脱了湘军的追击，躲进了山中。

当时，李世贤的发型是太平天国式的，这样很容易被湘军发现。为此，李世贤特地拿出剃刀，将头发和胡须全剃掉，假装成和尚。凭借这一简单的易容术，李世贤逃过了一劫。这样潜伏了几个月后，李世贤终于来到永定以西的镇平县。当时，汪海洋已经率部转战到了这里。

对于李世贤的到来，汪海洋表面上很热情，但背地里，他很忌惮李世贤。这里面，既有旧恨，也有新仇。

在此之前，李世贤麾下的重要将领李元茂曾率领几万大军投奔汪海洋。汪海洋生怕李元茂抢夺他的领导权，并掉他的军队，于是借口李元茂在永定之战中没尽全力支援李世贤，杀了李元茂。

此后，汪海洋对李元茂带来的军队进行了整编，遣散老弱，留下精壮，分别编入各营。这些精壮虽然为了生存，不得不忍气吞声，但在内心里，他们对汪海洋杀掉李元茂，是很有意见的。所以，当李世贤来到后，这些人欣喜若狂，向他倾诉汪海洋的罪状，试图投入他的麾下。而这，正是汪海洋最忌讳的。这样一来，汪海洋便对李世贤起了杀心。

8月23日夜，李世贤睡着后，汪海洋派人持刀前往他的卧室，将处于深睡状态的李世贤刺杀。与此同时，汪海洋又派人杀掉了李世贤的重要手下五人。

第二天，汪海洋召集所有太平军，当众宣布："李世贤心怀二意，试图投降清妖，本王不得已下令杀之，以绝后患。"

汪海洋的这个解释，苍白无力。先杀李元茂，后杀李世贤，这让许多太平军将士看清楚了汪海洋的真正面目。原本就处在风雨飘摇中的太平军余部，从此以后更加分崩离析了。

左宗棠得知太平军内讧不断，军心不稳后，乃布置军队攻打镇平。当时参与镇压太平军余部的不仅有左系湘军，还有其他湘军。这其中，最主要的就是由席宝田、娄元庆分别率领的一支部队。左宗棠命他们也参与到镇平之战中来，给他们的任务是从西路进攻镇平。

席宝田得令后，率部从镇平西面的平远出发，向汪海洋部发起猛攻。汪海洋亲率太平军精锐出城迎击。

战斗打响后，汪海洋依旧按照他所习惯的战法，猛冲猛杀。湘军打不过，只好谨守营垒。

正当汪海洋以为席宝田所部战斗力很差，可以予以全歼的时候，震耳欲聋的喊杀声在他的背后响起。

原来，席宝田知道汪海洋喜欢猛冲猛杀，常常不顾后路，于是预先分出一支精兵包抄至汪海洋部的背后，等汪海洋部被正面的湘军吸引住后，便从他们的背后突然杀出，杀他们一个措手不及。

汪海洋没能识破湘军的计策，于是他的军队便陷入了前后受敌的不利境地。为了击败湘军，汪海洋往来各营之中，指挥作战。

突然，从湘军中冲出一员虎将，直接杀向汪海洋。这人是谁呢？这人就是席宝田麾下第一虎将荣维善。

荣维善武艺超群，臂力绝伦，是单打独斗的好手。他在混乱的战场中望见了汪海洋，便想凭一己之力干掉汪海洋，斩获头功。于是，便趁汪海洋不注意，挺起长矛直刺汪海洋。

汪海洋见荣维善气势汹汹地杀来，拍马便跑，但还是慢了一点，背上被荣维善刺了一矛，鲜血直流。

为了保命，汪海洋强忍着剧痛，挥动马鞭，高声大喊"驾，驾"，催促马儿快跑。马儿似乎领会到了主人的意思，迈开马蹄迅速往前跑。

　　当荣维善再次举起长矛准备刺杀汪海洋的时候，汪海洋已经逃离开了十几米。不肯舍弃杀掉汪海洋大功的荣维善，随后便追了上去。

　　这样一直追了十余里后，荣维善见已经无法追上汪海洋，而自己又离营地太远，容易被太平军袭击，便放弃了追击，返回营中。

　　此战，汪海洋虽然侥幸生还，但被荣维善这么一吓，他已经不敢再守镇平了。于是，他便率部从镇平城中撤出，再一次踏上战略转移的道路。

　　太平军将领之间有矛盾，喜欢自相残杀，而湘军将领之间也不是铁板一块。随着汪海洋部杀入广东，左宗棠与当时的广东巡抚郭嵩焘之间爆发了激烈的矛盾。

　　左宗棠、郭嵩焘都是湘阴人，很早以前就是朋友。1852年，太平军攻长沙的时候，正是郭嵩焘的劝说，使左宗棠坚定了出山辅佐张亮基的决心。后来，左宗棠因为樊燮事件落难，又是因为郭嵩焘的营救，才最终转危为安。

　　左宗棠、郭嵩焘两人以往的关系这么好，为什么还会产生矛盾呢？尤其是左宗棠，他为什么要与他的恩人郭嵩焘过不去呢？

　　要解释这个问题，必须先说一说左宗棠和郭嵩焘的性格。左宗棠、郭嵩焘都是很有个性的人。左宗棠刚直，郭嵩焘任性，这样的一对人碰到一起，是一定会撞出火花的。

　　当汪海洋率部杀往广东的时候，郭嵩焘指责左宗棠将太平军驱赶入广东，而左宗棠也指责郭嵩焘堵截不力，试图用蒋益澧换掉郭嵩焘。

　　就在左宗棠、郭嵩焘两人吵得不可开交之际，汪海洋率领着太平军余部高速运动，最后成功地攻克了广东西部的嘉应州。

　　虽然觅得了一个安身之所，但太平军余部的日子并不好过。由于长期征战，太平军将士们都已经疲惫不堪，不能再战。更严重的是吃饭问题。嘉应州周边地区都是穷乡僻壤，没有多少粮食可以征集。没有粮食，解决不了吃饭问题，军队的生存就成了问题。

　　左宗棠看到了太平军的这一致命缺陷，于是依旧采取他惯用的战法，那就是将嘉应州围住，但不攻城，不浪战，试图通过断绝太平军的接济，把太平军逼上绝境，从而达到不战而屈人之兵的目的。

左宗棠的这一招收到了很好的效果。本来就粮食不足的太平军在被湘军断绝物资补给渠道后,陷入了山穷水尽的地步。对于此时的汪海洋来说,他的唯一出路就是杀出一条血路,冲出重围,另寻安身之处。

然而这时候,各路清军纷纷向嘉应州集结,太平军要突出重围并不容易。除了左系湘军外,此时还有一支重要的湘军队伍在鲍超、娄元庆的率领下杀到了嘉应州城下。这支队伍是湘军中的王牌,向来以善打硬仗著称。它将是太平军余部最为凶恶的敌人。

1866 年 1 月 28 日,汪海洋立下不攻破湘军不回城的誓言后,率领太平军余部兵分三路向湘军发起猛攻。

激战几个时辰后,湘军损失惨重。刘典、王德榜、黄少春等湘军将领都有点支撑不下去了。这时候,有人对他们说:"《孙子兵法》上说,急行军百里与敌人争利的,有可能损失大将。汪海洋犯了兵家大忌,看似凶猛,其实是强弩之末。只要我们再支撑一两个时辰,就能重创他们。"湘军将领们听他这么一说,才慢慢镇定下来。

随后,这人又说:"敌军陷入绝境,却不往广西、江西跑,反而主动攻击我军。只有汪海洋,才敢这么做。所以,我估计,汪海洋就在对面的敌军中。我听说他打仗的时候,喜欢亲自冲锋,只要我们集中火力,猛攻敌军的首领,就一定能够斩杀汪海洋。"湘军将士们按照这人的谋划去做,果然击中了汪海洋。

太平军将士们见主帅受重伤,都泄了气。湘军乘机发起反攻。太平军抵挡不住,纷纷退往城中。

汪海洋被手下抬回城中后不久,就丧命了。汪海洋是太平军余部的顶梁柱。他的去世,加速了太平军余部的崩溃。

湘军鲍超部趁机对嘉应州城发动猛攻。由湘军名将孙开华率领的五营军队作为先锋,冲在最前面,奋力砍杀太平军。太平军抵抗不住,纷纷溃散。不久后,湘军就攻克了嘉应州城。

太平军残部退出嘉应州城后,在偕王谭体元的率领下,继续坚持抗清斗争。当时,不少太平军将领主张西进,退往广西休整,只有一个叫胡永祥的将领主张杀回浙闽边境,去皖南发展。最终,谭体元听从了胡永祥的建议。太平军因此失去了迅速向西撤退的良机。

太平军的进军计划,被潜藏在队伍中的湘军暗探得知,并告诉给了左宗棠。

左宗棠因此得以从容布置剿杀太平军残部的军队。

2月7日夜，太平军残部转移到嘉应州南部的黄沙嶂一带。这里群峰耸立，没有可以迅速进军的大道，只有一条鸟道可以通行。太平军的进军速度，因此变得很慢。湘军得以迅速追上他们。

2月8日凌晨，湘军追至。谭体元只得率领后队，与湘军展开厮杀。激战片刻后，谭体元就身中数弹。绝望的他为了避免被湘军俘虏，跳下悬崖自尽。太平军士兵们见主帅跳崖，都丧失了抵抗下去的信心，纷纷逃散。

随后，湘军继续进击，向胡永祥率领的太平军残部发起猛攻。太平军抵挡不住湘军的进攻，纷纷撤退。主帅胡永祥被湘军俘虏。

这天夜里，太平军的最后一支部队在转移过程中，遭到湘军鲍超部的伏击，全军覆没。至此，太平军余部全部被湘军消灭。

随着最后一支太平军的覆灭，湘军与太平军在长江以南长达十几年的角逐，基本上落下了帷幕。此后，湘军与起义军的大规模厮杀，主要在长江以北展开。

血战湖北，新湘军覆灭

当左宗棠率领湘军在闽南一带与太平军余部血战的时候，湘军统帅曾国藩奔赴中原，踏上了镇压捻军的征程。

对于此时的曾国藩来说，要想在镇压捻军的战场上复制镇压太平天国的成功，并不容易。诸多因素对他不利。

首先，"剿捻"的主战场在中原。这里河流湖泊很少，在湘军镇压太平天国的过程中扮演重要角色的湘军水师在这里几乎没有用武之地。相反，对于捻军强大的马队来说，这里却是绝佳的作战场所。

其次，曾国藩在攻下江宁后，主动遣散了他的嫡系军队吉字营，这导致他在"剿捻"的战场上，几乎没有嫡系的军队可以用。他所用的，主要是淮军。然而，淮军只听命于李鸿章，不听命于他。这种指挥的不通畅，给曾国藩带来了很大的麻烦。

最后，中原各省的督抚，大多不是湘军人物，曾国藩很难指挥得动他们。这些人往往只顾本省的利益，不顾大局。曾国藩拿他们没有办法。这也给曾国藩的"剿捻"造成了巨大的麻烦。

在这些不利因素的共同作用下，曾国藩虽然找到了镇压捻军的正确方略，那就是以天然的河流加上人工修筑的长墙，构筑包围圈，困住捻军，然后加以歼灭，却依旧无法对捻军构成致命的威胁。在捻军出其不意地突破了他精心布置的贾鲁河防线后，他被清廷剥夺了"剿捻"的指挥权。取而代之的，是他的学生李鸿章。

虽然湘军统帅曾国藩不再指挥"剿捻"了，但湘军与捻军的对决才刚刚开始。在"剿捻"中期，以曾国荃为首的新湘军以及鲍超、刘蓉、刘松山等率领的其他湘军，扮演了主力的角色。

新湘军是一支怎样的军队呢？原来，曾国荃在攻克江宁后不久，就回到了家乡休养。此后，清廷多次命他出山，他都以病重为由婉拒。直到1866年，他才接受清廷的任命，组织新湘军，前往湖北担任巡抚，并负责镇压西线的捻军。

新湘军的主要班底，是之前跟随曾国荃征战多年，后来归乡的吉字营将士。其主要将领是彭毓橘和郭松林。

彭毓橘是曾国荃的表弟，之前率部协助曾国荃攻陷安庆、江宁等城，屡立战功。此时，他招募起一支军队，加入曾国荃的新湘军。

彭毓橘手下有一员重要将领，名叫葛承霖。这人之前曾跟随李鸿章的同年、河南巡抚张之万对付过捻军。当时与他一起镇压捻军的，还有日后在左宗棠的领导下，与湘军名将刘锦棠一起收复新疆的名将张曜。

葛承霖之所以有名，不是因为他在镇压捻军的战场上有多大的功劳，也不是因为他的官位有多高，而是因为他的后代很有名。他的女儿葛健豪、外孙蔡和森、外孙女蔡畅，都是我党历史上鼎鼎有名的人物。

和彭毓橘一样，郭松林也是跟随曾国荃多年的将领。1862年李鸿章组建淮军的时候，曾国藩将郭松林部拨给李鸿章，命他以湘军的方法教导淮军。此后，郭松林就成了淮军将领。1865年，郭松林率部配合湘军，攻克漳州府城。此后，他回到湘乡老家。后来，得知曾国荃要组建新湘军后，他便招募起一支军队，前往湖北，听曾国荃调遣。这是郭松林第二次加入湘军。

当新湘军陆续开赴湖北战场的时候，捻军在河南许州分兵，一支由赖文光、任化邦率领，在中原地区坚持抗清斗争，并伺机南下攻占四川，是为东捻军；一支由张宗禹率领，进入陕甘，联合当地的回民起义军，转战西北地区，进图四川，是为西捻军。其中，东捻军是捻军的主力，也是清廷重点镇压的对象。

许州分兵后，东捻军杀入湖北，试图由鄂西南入川。东捻军要想进入鄂西南，必须跨越汉水。对于清廷来说，汉水是阻击太平军的天然屏障。在得知东捻军的战略目标是四川后，清廷立即调水师前往汉水布防。

当东捻军到达汉水东岸的臼口镇（位于安陆府钟祥县，在武昌西边、襄阳南边、荆州东边）时，清军水师已经占据了有利形势，东捻军已经无法飞渡。于是东捻军只好改变渡江地点，但选来选去，还是臼口比较好。在这种情况下，东捻军只好再次来到臼口。利用东捻军犹豫不决的这段时间，李鸿章、曾国荃在臼口外围布置了一道包围圈，企图将东捻军全部歼灭在臼口。

清军虽然多，但东捻军此时也处在鼎盛时期。在赖文光、任化邦的正确领导下，东捻军突破清军的包围圈，快速运动。

湘军将领郭松林是一员猛将，见东捻军逃窜，他便率部日夜兼程地紧追。他不知道，这正是东捻军最希望看到的局面。此前，清军当中最精锐的骑兵部队（僧格林沁所部）就是因为紧追捻军，陷入了捻军的包围圈，最终全军覆没的。快速运动，拖垮追兵，然后设伏围歼，这是捻军最拿手的好戏。

郭松林不知道这些，依旧率领湘军紧追不舍，生怕错失全歼东捻军的良机。1867年1月初，他们在臼口东北的罗家集追上了东捻军。

1月11日，郭松林率部兵分三路进击罗家集。由于过分轻敌，湘军在此战一开始，就猛冲猛杀，一口气跑出十余里。

正当郭松林信心满满，以为胜券在握的时候，突然，从四周山上传来一阵阵响彻山谷的喊杀声。郭松林大惊，抬头一望，只见四周山上漫山遍野全是捻军的马队。

随后，捻军马队迅速冲下山坡，挥舞着大刀、长棒，往湘军阵中杀去。湘军士兵们见四周全是捻军马队，料想难以取胜，都失去了战斗下去的信心，纷纷溃散。

虽然郭松林麾下将领沈鸿宾努力弹压，最终保住了五营军队，但由郭松林亲自率领的中路军还是被捻军冲散了。郭松林本人身负七处重伤，其中胫骨被枪子击断导致他不能行走，成为捻军的俘虏。可惜的是，捻军士兵并不认识郭松林，以为他是湘军士卒，把他放了。

郭松林侥幸生还后，到后方休养。后来，他再次加入淮军，率部随其他淮军一起将东捻军镇压下去。两入湘军，又两入淮军，这是郭松林最大的特色。

歼灭郭松林亲自率领的中路军后，捻军随即对沈鸿宾率领的五营新湘军发动猛攻。沈鸿宾指挥将士赶紧修筑营垒。凭借着坚固的防守，新湘军将士们总算是守住了营地。

随后，沈鸿宾咬破手指，写下求救血书，派一名勇士携带血书，冒险冲出重围，向在罗家集周边的湘军彭毓橘部求救。辛苦跋涉几天后，这名勇士来到了彭毓橘军中。

彭毓橘接到血书后，连夜率部杀向罗家集。第二天，也就是 1 月 16 日凌晨，他们来到了罗家集。彭毓橘见沈鸿宾所部被东捻军马队团团围裹，形势危急，便立即兵分三路，向东捻军杀去。

东捻军见湘军援军杀到，便掉转头来对付援军。他们以马队两路包抄，而以步队在中间冲突，气势相当凶猛。

虽然湘军的炮火击中了不少东捻军，但他们依旧迅猛地向前冲锋。彭毓橘见形势危急，便与葛承霖等人一道，挥舞着长矛，向迎面冲来的东捻军步队发起猛攻。湘军士兵们见主将亲自冲锋，也不甘落后，向东捻军阵中杀去。

在湘军的猛烈攻击之下，东捻军步队大败亏输，纷纷溃散。湘军乘胜进击，击杀东捻军将士三千余。这样一来，沈鸿宾率领的五营湘军也就被解救出来了。新湘军与东捻军的第一次交手，打了个平手。

罗家集之战后十天，也就是 1 月 26 日，东捻军和清军又展开了一场大规模的战斗。这次，进击东捻军的是淮军张树珊部。

面对东捻军马队的猛烈冲击，张树珊将所部分作三队，奋力抵抗。激战许久后，东捻军马队渐渐退去。

这时候，东捻军步队又向淮军发起猛攻。张树珊指挥所部淮军沉着应战。激战许久后，他们又将东捻军步队击退。

这时候已经到了傍晚，天色暗淡，不少淮军将领认为此时应该休整，待养精蓄锐后再去追杀东捻军。急于求胜的张树珊反对他们的看法，认为应该乘胜追击。于是，张树珊率领淮军，乘着夜色，往东捻军撤退的方向追去。

追了许久，淮军将士们都已经疲惫不堪了，却依旧没看见东捻军的影子。正当张树珊准备率部返回的时候，四周响起了震耳欲聋的喊杀声。随后，一群群捻军马队冲了过来，将张树珊所部团团围住。

张树珊这才意识到中了埋伏，连忙指挥所部撤退。然而，一切都晚了。东捻军随后发动了猛攻，击溃了这支淮军队伍。张树珊在战斗中被斩杀。

从 1 月 11 日到 1 月 26 日，东捻军仅仅用了半个月的时间，就先后重创湘军郭松林部、淮军张树珊部，重伤了郭松林，斩杀了张树珊。如此辉煌的战绩，就是之前的太平军也没有取得过几次。东捻军声威大震。

与此同时，西捻军在西北战场上，也取得了重大胜利。他们击败了曾国藩的结拜兄弟刘蓉。

将四川境内的大股农民起义军都镇压下去后，刘蓉被清廷任命为陕西巡抚，负责镇压陕西境内的农民起义军。参与镇压四川境内农民起义军的湘军队伍中的一部分兵力，也来到了陕西，归刘蓉统辖。

在湘军将帅中，刘蓉和左宗棠是经常被人们相提并论的两个人。他们都是从担任幕僚起步，在胡林翼、曾国藩等人的推荐下，一跃而成为封疆大吏的。在左宗棠取得成功后，清廷希望刘蓉也能像左宗棠那样，成为帝国的擎天一柱。可惜的是，事实证明，刘蓉并没有独当一面的才能。他的部队在与西捻军的战斗中，不断吃败仗。清廷一怒之下，罢了他的官。

虽然被罢了官，但刘蓉依旧主管军事。由于后勤保障工作做得差，当时的湘军面临着许多问题。

首先是缺饷。湘军各营，当时已经拖欠饷银长达一年多。由于领不到饷银，湘军士兵没钱置办冬衣，而军队也不发冬衣，这样一来，这些抗寒能力不怎么行的湖南兵只能穿着单衣，在寒风暴雨当中抵御西捻军的进攻，其困难可想而知。

其次是缺粮。士兵每天只能领到少量麦麸。不够吃，也不好吃。让吃惯了米饭的湖南人成天吃这个，更是煎熬！

最后一条也很重要，那就是清廷以及新任陕西巡抚乔松年瞎指挥。清廷急于求成，浑然不顾前线湘军的困难处境，不断地催乔松年出击。乔松年得到命令后，又不断地催刘蓉出击。这样一来，刘蓉就陷入了明知会败却不得不战的悲惨境地。

在这么多困难的共同作用下，这支湘军即使不被西捻军攻击，也将自行溃散。失败是注定的。

1867 年 1 月 23 日，陕西湘军与西捻军的决战在陕西省城西安西面的灞桥展开。

战斗一开始，湘军将领萧德扬等就率领三十营大军长驱直入，杀入西捻军营垒中。西捻军抵挡不住，纷纷向后撤退。

萧德扬以为西捻军不堪一击，便放心大胆地率军深入。追出十几里后，湘军来到一个叫十里坡的地方。

萧德扬正率领湘军追击，突然，本来在快速撤退的西捻军掉转头，向湘军冲击过来。还没等萧德扬明白是怎么回事，四周就响起了震耳欲聋的喊杀声。萧德扬这才明白，中了埋伏！

当时，天气状况很不好，大雾弥漫，风雪交加。由于大雾，士兵们根本看不清战友，也就无法配合作战。因为刮风下雪，湘军的枪炮无法点燃。这都给湘军的作战带来了很大的麻烦。

激战片刻后，又饿又冷的湘军将士们便坚持不住了，纷纷溃散。西捻军乘胜进击，与湘军展开白刃战。湘军大败亏输。

战斗至傍晚，三十营湘军全部溃散，被杀三千余人，还有数千人投降。湘军主将萧德扬等都被捻军斩杀。

十里坡之战是湘军自三河战败以来的最大失利。清廷得知败讯后，一面怒斥刘蓉，命他立即交卸军务，滚回老家；一面命左宗棠迅速带兵前往陕西，主持镇压西捻军大局。

1867年1月对于清军来说，真是悲惨的一月，先是郭松林兵败罗家集，然后是刘蓉兵败十里坡，后来又是张树珊兵败杨家河。损兵折将，军威丧尽。

捻军在取得这一系列胜利后，进入了全盛时期。但他们的辉煌没有能够持续多久。战场上的瞬息万变，有时候真的是令人眼花缭乱。

摆脱湘、淮军的追击后，东捻军第三次来到臼口，试图强渡汉水。然而，清军水师没有给东捻军任何可乘之机。这时候，清军的精锐兵力又向臼口包围过来。东捻军被迫再次转移，在此过程中，东捻军与清军中最精锐的部队，即湘军鲍超部以及淮军刘铭传部，在尹隆河展开决战。

尹隆河是臼口镇东面的一条河流。这条河有条支流，名叫司马河。当时，东捻军与淮军刘铭传部隔着司马河对峙，而湘军鲍超部在远离尹隆河的臼口镇驻扎。

确定好东捻军主力所在的位置后，刘铭传派人前往鲍超营中，与他约定在

2月19日辰时同时发起对东捻军的总攻。鲍超欣然答应，随即率部前往尹隆河一带。

东捻军的暗探得知这一消息后，赶紧告知东捻军首领赖文光。赖文光知道，鲍超、刘铭传所部是湘、淮军中的王牌，很难对付。如果让他们顺利合击东捻军的话，东捻军一定会全军覆没的。怎样才能拆散他们的联盟呢？赖文光思考了很久，还是没有想出好办法。突然，他灵光一现，想到了一个绝佳的办法。

赖文光派人前往刘铭传营中，给他送去一封信。信中说："鲍超的勇略不是你能赶得上的。你还是赶紧去和鲍超会合，明天辰刻一起来攻击我们吧！不然的话，小心我军立马灭掉你！"

赖文光为什么要给刘铭传写这封信呢？原来，鲍超、刘铭传都是非常自负的人。鲍超见刘铭传资格、战绩都不如自己，职位却与自己相当，不是很看得起刘铭传，而刘铭传读过几年书，还能写诗，因此也看不起不识字的鲍超。两人互相看不起，都想证明自己比对方强。赖文光写这封信，正是要利用刘铭传不服鲍超的心理，激怒他，引诱他单独进击东捻军。

果然如赖文光所料，看完这封信后的刘铭传大怒，召集手下将领说："依我看，以我军的实力就足以击败敌人。如果明天我们会合鲍超他们作战，他们肯定会拿走首功。人们就会说我们因人成事。我们不如提前动手，让鲍超他们看看，咱们是一支敢打硬仗的军队！"于是，刘铭传便与众将领商定，在明天卯时出击。卯时比辰时早一个时辰，也就是早两个小时。

2月19日凌晨，刘铭传率部兵分三路进击。当他们抢渡司马河的时候，早有准备的东捻军就杀了过来，两军交战开始。

与淮军一样，东捻军也是分三路出击。其中，由任化邦率领的马队在面对左路淮军的时候占据了很大的优势。激战片刻后，左路淮军就抵挡不住东捻军马队的冲击，纷纷溃散。

刘铭传见左路崩溃，连忙从自己亲率的中路分出三营前往营救。任化邦见中路淮军分兵，立即率马队与赖文光率领的中路东捻军一起合击中路淮军。在东捻军主力的连续冲击之下，刘铭传亲自率领的中路淮军也崩溃了。

这样一来，刘铭传所部淮军，就只剩下最后一路没有溃散了。这一路淮军的首领名叫唐殿魁，是刘铭传麾下的第一骁将。

赖文光、任化邦击败中路淮军后，将东捻军全部兵力集合起来，一起攻击淮军唐殿魁部。唐殿魁虽然善战，但双拳难敌四手。最终，他被东捻军斩杀，所部全军覆没。

刘铭传见所部全部溃散，慌了神，立即率领残部渡过司马河逃跑。然而，一切都晚了。东捻军很快追了上来，将刘铭传等人团团围住。

眼看刘铭传就要被东捻军杀掉，战场四周响起了震耳欲聋的喊杀声。鲍超率领湘军杀过来了！

面对来势汹汹的湘军，赖文光毫不畏惧。他对部下说："今天咱们就斩刘捉鲍，然后长驱西进，一路入四川，据巴蜀之利；一路上荆紫关，会合张宗禹攻打陕西。拿下四川、陕西，咱们就能创造比太平天国更伟大的事业！"

随即，赖文光率东捻军兵分三路迎击湘军。此时的东捻军，由于刚刚取得一场大胜，颇为骄横，不认真排列阵型，导致马队和步队混杂，还有不少士兵忙着捡淮军遗留在地上的物品，不做战斗准备。

东捻军的混乱给湘军击败他们创造了有利机会。很快，东捻军就被湘军的迅猛冲击所冲垮。

鲍超率领湘军乘胜进击，摧毁东捻军营垒数百处，击杀东捻军万余，生擒八千余，夺获马匹五千余匹。另外，东捻军刚刚从淮军手中夺去的四百杆洋枪，也被湘军夺回。湘军击溃东捻军后，陷入重围的淮军刘铭传余部两千人自然也就脱离了险境。

战后，鲍超命人把从东捻军中夺回的一切辎重以及刘铭传的红顶花翎都送回刘铭传营中。之前，刘铭传为了显摆，在作战时总是戴上红顶花翎。结果，在这次的惨败中，他的红顶花翎被东捻军夺去。这对他来说，是一个奇耻大辱。更耻辱的是，红顶花翎居然会被他的竞争对手鲍超夺回，以这种方式重新回到他的手中。

恼羞成怒的刘铭传恨透了鲍超，决心要点小手段让鲍超吃点亏。他和幕僚商量后，在给李鸿章的信中撒了谎，把他自己提前出击说成是鲍超没及时赶到。

李鸿章是何等聪明的人，他哪里不知道刘铭传在撒谎，可刘铭传毕竟是淮军的将领，刘铭传的脸面就是他李鸿章的脸面，他不能打自己的脸。于是，李鸿章昧着良心，在给清廷的奏章里把责任都推到鲍超身上。恰好，此时负责湖北军事的另一员统帅曾国荃也没有弄清楚情况，把责任记在了鲍超的账上。清廷根据李鸿章、曾国荃的奏报，认定责任在鲍超，于是下旨严厉责怪他。

鲍超做梦也没想到，他打了这么大的一场胜仗，最终换来的却是清廷的责备。于是，他以病重为由，请求开缺回籍。

到这时候，清廷才后悔，不该责怪鲍超。对于当时的清廷来说，鲍超的重要性是不言而喻的。如果因为这件事，鲍超真的不带兵了，清廷的损失可不是一般的大。然而，这时候才后悔已经没有用了。鲍超下定了决心，不再为清廷效力。

曾国藩得知鲍超不肯带兵后，乃建议清廷解散他手下的军队。在湘军历史上扮演了重要角色的鲍超所部湘军就此瓦解。对于鲍超手下的那些将领们来说，这是无可释怀的痛。

十多年后，当鲍超麾下骁将孙开华、曹志忠在中法战争的台湾战场上与刘铭传再度相逢时，他们依旧无法原谅刘铭传。他俩与刘铭传的矛盾，险些造成了台湾保卫战的失败。这是后话，在后面的章节中会详细讲到。

当鲍超所部湘军在镇压东捻军的战场上取得尹隆河一战胜利的时候，另一路湘军在镇压西捻军的战场上也取得了重大胜利。这支军队，就是由刘松山所率领的湘军。

刘蓉兵败十里坡后，清廷四处征调湘军前往陕西。很多湘军将领得知刘蓉所部的遭遇后，生怕自己的军队一旦进入陕西也陷入饥寒交迫的境地，都不愿意北上。只有一个人例外，那就是刘松山。

刘松山率领湘军日夜兼程赶往陕西，击溃了正在围攻西安的西捻军，解救了被困在西安城中的陕西巡抚乔松年等人。

随后，刘松山便率领湘军在漫漫的黄土高原上，与西捻军玩起了猫捉老鼠的游戏。湘军是猫，西捻军是老鼠。两军激战多次，互有胜负。

左宗棠率领另一些湘军来到陕西后，这一局面依旧没有得到改变。湘军奈何不了西捻军，西捻军也无法重创湘军。战争进入相持阶段。

东捻军在尹隆河遭遇致命打击后，进入河南休整。很快，他们又集结起五六万的兵力杀回了湖北。

得知东捻军大举进攻鄂东后，曾国荃连忙命彭毓橘率领新湘军前往堵截，试图将东捻军聚歼在鄂东。

面对新湘军的迅猛进击，东捻军毫不慌张。他们用以对付新湘军的法宝，依旧是"蘑菇战术"。在接下来的一段时间里，他们牵着新湘军的鼻子，在鄂东大地上高速运动。

见东捻军不敢交战，彭毓橘认为他们经过尹隆河的惨败后，已经元气大伤，不堪一击，于是率部迅猛追击。

3月23日，彭毓橘率领着十三营新湘军，在蕲水县的六神港追上了东捻军。为了迅速歼灭东捻军，彭毓橘率部长驱直进。

新湘军在追击的过程中遇到了一条小河。河中水不多，但泥巴很深。为了迅速追上东捻军，彭毓橘命将士们赶紧抢渡小河。

正当彭毓橘骑着战马在泥沼中艰难行进的时候，四周响起了震动山谷的喊杀声。随后，一群群东捻军的马队从四周的树林中杀出，将陷在泥沼中的新湘军团团围裹。

彭毓橘这才意识到中了埋伏。事到如今，只有拼命一搏，才能杀出重围！彭毓橘这么想着，便带着葛承霖等将领，挥舞着长矛，向太平军阵中拼杀。

激战片刻后，新湘军全线溃败。包括彭毓橘、葛承霖在内的几十名湘军将领，全都在战斗中被东捻军斩杀。东捻军取得了蕲水之战的胜利。

彭毓橘麾下将士，大多是曾国藩、曾国荃家乡湘乡县二十四都人，其中不少人还是曾国藩、曾国荃的亲戚。这支军队的覆灭，对曾国藩、曾国荃的打击特别沉重。

郭松林、彭毓橘两军先后覆灭后，作为曾国荃嫡系部队的新湘军，也就基本上覆灭了。失去军事本钱的曾国荃，此后不久就不得不称病辞职。之后，他在湘乡老家待了七年。直到1874年，因日本侵略台湾，东南危急，清廷才再度起用他。

东捻军在蕲水重创湘军后，第四次来到臼口，试图强渡汉水。但清军水师在这里的防守依旧无懈可击。赖文光、任化邦认为，从鄂西南入川已经不可能了。于是，他们率领东捻军重新杀回河南。

这时候，东捻军的正确选择是北上与西捻军会合。但当时，东捻军北上的道路已经被清军堵住。这时候，山东一带的起义军邀请东捻军东进，在山东开辟根据地。赖文光、任化邦认为，这是一个发展东捻军的好机会，于是率军东进。

早在曾国藩主持"剿捻"大局的时候，淮军名将刘铭传就曾提出了一个很重要的计策，那就是将捻军驱赶至运河以东，然后集中全部兵力守住运河防线，再派机动兵力把捻军消灭在运河以东。曾国藩非常赞赏刘铭传的这一计策，但由于种种顾虑，他最终没有采纳这一计策。

李鸿章主持"剿捻"大局后，刘铭传再次提出这一策略。与患得患失的曾国藩比起来，李鸿章要大胆果敢许多。他采纳了刘铭传的计策，开始设计引诱捻军进入运河以东。所以，这时候的东捻军不北上陕西，而东进山东，正是李鸿章、刘铭传等人梦寐以求的事情。

果然，东捻军进入运河以东后，行动受到了极大的限制。李鸿章迅速调集重兵防守运河，东捻军多次试图突破清军防线，都以失败告终。至1868年1月，东捻军被彻底镇压下去。

得知东捻军陷于运河以东，情况非常危急，张宗禹非常着急，立马率领西捻军迅速东进，准备运用围魏救赵的办法，迫使防守运河的清军北进，从而解救东捻军。西捻军将要攻打的城市，是清朝的都城北京。

由于西捻军本身实力有限，再加上张宗禹等西捻军领袖优柔寡断，西捻军在给清廷造成极大恐慌之后，没能继续创造奇迹。最终，他们没能杀到北京城下。

东捻军覆灭后，淮军精锐部队向西捻军扑来。西捻军屡战屡败，最终在1868年8月被彻底镇压下去。

捻军起义失败后，湘军与起义军的长期厮杀，进入了尾声。此后，虽然湘军依旧在陕甘、贵州等地镇压起义军，但湘军作为内战高手的日子已经不多了。接下来，咱们就来看看湘军是如何反抗外敌侵略的吧！

第十一章　左宗棠收复新疆

决定中国命运的大讨论：海防与塞防之争

1875 年初春的兰州，严冬的酷寒还没有完全消去，每当夜幕降临，气温会急速下降，令人感觉到刺骨的寒冷。为了躲避严寒，人们早早地便躲进了被窝里。白天熙熙攘攘的大街一片漆黑，除了更夫之外再无别的人影。

然而，此时的陕甘总督衙门中，却有一盏煤油灯一直亮着。透过纸糊的窗户，我们可以看到一个肥胖的身影正在灯影下转来转去。

是什么人这么晚还不睡觉呢？此人不是别人，正是当时的陕甘总督左宗棠。那么，是什么事情令一向乐观的左宗棠如此焦虑，夜这么深了还独自在衙门中转来转去呢？答案，就隐藏在左宗棠的身边。左宗棠的身边是一张用来办公的方桌。方桌之上，放着一道左宗棠刚刚收到的朝廷六百里加急密谕。

随密谕一起来到兰州的，是一大捆大臣上奏的抄本。这些大臣所讨论的，正是对日后中国之发展产生了巨大影响的海防与塞防谁更重要的问题。朝廷给左宗棠发这道密谕，正是想征求他对海防与塞防之争的看法。

原来，自 1874 年日本侵略台湾以来，中国东南沿海的防卫局势日趋严峻。日本准备大举购进先进的铁甲舰，构建铁甲舰队的消息，更是令奕䜣、文祥、李鸿章等关注海防的清朝重臣感到寝食不安。

在奕䜣等人的引领下，海防成了清朝的头等大事，而塞防则逐渐淡出了主流的视野。然而，筹办海防却不是一朝一夕的事情，需要大把的银子，这对经受长期战乱以致财政拮据的清王朝来说，是一件非常困难的事情。

正是在这种情况之下，李鸿章抛出了一个奇怪的主张：暂时放弃当时已被阿古柏侵略军（来自中亚小国浩罕的一支侵略军）占领的新疆，节省加强塞防的饷银，用来支持海防建设。

李鸿章认为，塞防不如海防重要。新疆相当于人的肢体，而沿海相当于人的腹心。人没有肢体还可以存活，但没有了腹心，也就没有了生命。新疆不收复，不会影响到京城，而海防一旦吃紧，京城立即就会震动。所以，海防比塞防要重要得多。

李鸿章又认为，用兵新疆，至少需要内地支援白银数千万两，而阿古柏侵略军狡诈凶悍，又有英、俄等强国撑腰，难以打败。到时候军事受挫，内地财源枯竭，海防用款无处筹集，后果将不堪设想。

李鸿章还认为，新疆荒凉，没有收复的必要。他说，自乾隆年间新疆正式成为清朝的实际控制区域后，内地每年都要支付新疆驻军军费三百万两白银，这是一笔不小的支出。所以，与其收复新疆，还不如失去新疆，省下这笔饷银用作海防经费。

最后，李鸿章认为，新疆远离中原，国际关系复杂，迟早会被他国占领。如果我军西进，则英、俄会联合起来阻挡，我军必败。与其这样，还不如放弃新疆，使英、俄两国互相牵制，确保我西北边疆安宁。

根据以上这些想法，李鸿章上奏清廷，请求清廷明发谕旨，命令西征各军没有出关的暂缓出关，已经出关的暂缓西进，只需要留下数千精兵驻守，防备阿古柏侵略军继续南进就可以了。这数千兵，应该采取且耕且守的办法，自己解决粮食问题，以节省开支。这样一来，用作塞防的粮饷将大为减少，因此省下来的大量粮饷，都可以用到海防上，海防经费也就有着落了。

李鸿章的主张得到了不少重臣或全部，或部分的支持，作为当时舆论导向风向标的《申报》也为李鸿章的主张摇旗呐喊。一时间，放弃新疆的言论甚嚣尘上。

正是在这种海防派论点占绝对优势的情况下，左宗棠接到了朝廷的谕旨，征求他对海防与塞防之争的看法。

夜已经很深了，气温也越来越低了，空气中充满了凝固的气息。然而，左宗棠丝毫感觉不到寒冷，并且睡意全无。他知道，这是决定他个人命运，也是决定中国命运的关键时刻。一着不慎，满盘皆输。如果不能说服清廷重视塞防，那么他这么多年的心血可谓白费了。不仅如此，如果放弃新疆，国家将会有累卵之危。这些，都是左宗棠非常担心的事情。

如何说服朝廷用兵新疆呢？左宗棠在屋子里踱来踱去，他的思绪飞到了二十多年前那个令他终生难忘的时刻。

那是 1850 年 1 月。前任云贵总督、大名鼎鼎的民族英雄林则徐开缺回籍，路过长沙，想起了他关注多年却一直没能会面的左宗棠，于是专门派遣仆人前往湘阴请左宗棠来长沙会面。

左宗棠得知消息后，兴奋不已。这么多年以来，林则徐一直是他的偶像，能有机会与林则徐畅谈一番，是他一直以来的梦想。现在，梦想终于可以实现了。

左宗棠、林则徐，一个是三次会试不中的乡下教书匠，一个是大名鼎鼎的民族英雄、朝廷的重臣，看上去两人是风马牛不相及的，但其实，两人之间的渊源还真不少。

当年，左宗棠以"春殿语从容，廿载家山，印心石在；大江流日月，八州子弟，翘首公归"一联获得时任两江总督陶澍的赏识，后来两人结成儿女亲家，陶澍的儿子陶桄娶了左宗棠的女儿。这个陶澍，正是林则徐仕途上的一位大恩人。林则徐长期担任江苏巡抚，为陶澍的下属。正是陶澍的重用和提拔，才成就了林则徐日后的飞黄腾达。因为这层关系，林则徐对左宗棠其实是不陌生的。

后来，林则徐虎门销烟，领导清军坚决反抗英国侵略者的侵略，成为著名的民族英雄。左宗棠对此非常钦佩。林则徐的主战立场对左宗棠的影响非常大，此后的左宗棠，无论是一介草民，还是封疆大吏，面对外国侵略，始终主张坚决抵抗。

后来，左宗棠担任云贵总督。当时，陶澍的女婿、左宗棠的好朋友胡林翼在贵州担任知府，是林则徐的下属。胡林翼多次向陶澍推荐左宗棠。林则徐对左宗棠有了更多的了解，便要胡林翼去请左宗棠来云贵督署工作。当时的左宗棠虽然很想去云南拜见林则徐，但无奈家务缠身，无法前往，只得婉拒了林则徐的邀请。左宗棠与林则徐的第一次会面也就因此推后了。

左宗棠在给胡林翼的信中这样表达自己对林则徐的崇敬之情，他说："十多年来，听到别人对林公的赞赏，又看到陶公与他的来往信函，以及陶公私自记载的几则关于林公的笔记，我对林公的为人，非常佩服！自鸦片战争爆发以来，我的心一直跟随在林公左右，忽而悲，忽而愤，忽而喜，忽而笑。近年来林公辗转大江南北，一直跟随他的能有几人？他又怎能知道，在这湘阴乡下，有一个叫作左宗棠的人，是他的知己呢？"可见，左宗棠对于林则徐，是相当仰慕的。

所以，当左宗棠听到林则徐请他去会面的消息后，非常兴奋，连忙跟随林家仆人来到湘江边。这时候，林则徐的座船已经停靠在江边，当地的不少官员听到信息后，都前往拜见这位名震中外的民族英雄。

左宗棠来到岸边后，将一个写有"湖南举人左宗棠"的大红拜帖交给仆人带给林则徐。不一会儿，仆人回来告诉左宗棠，林则徐已经支开了其他官员，专等左宗棠上船会见。

由于太过兴奋，左宗棠在过连接堤岸与座船的踏板时，一个不小心掉进了湘江中。虽然冬天水不深，没有性命之虞，但当左宗棠爬上岸的时候，他的衣服、鞋子全部湿透了。

浑身湿透的左宗棠进入船舱拜见林则徐。林则徐看到他一副落汤鸡的样子，不禁哑然失笑。

左宗棠自我打趣说："我听说三沐三熏是一种重要的礼节。我今天做到了三沐，只是三熏还没有做到。"

林则徐笑着说："多年没见你，没想到你还是这么文绉绉的呢！快去换衣服，别冻着了！"

不一会儿，左宗棠就换上了新衣服。当他从更衣室出来的时候，桌面上已经摆上了一坛酒、一桌菜和两个酒杯。林则徐倒上两杯酒，举杯对左宗棠说："季高，快坐下，咱们边喝边聊，我有很多话要和你说。"

左宗棠坐下与林则徐对饮一杯后，说："当年，林公虎门销烟，抵御英寇，令我钦佩万分。可惜，朝廷没能始终重用您，最终功败垂成，签下了那丧权辱国的《南京条约》。想起来，真是令人痛心！"

对于这件事，林则徐倒显得很达观。他说："英、法这些国家，都算不上强敌。只要努力作战，击败它们并不难。鸦片战争失败就失败在'投降'二字上。始终如一，坚持抗战，英、法怎么可能是中国的对手？"

左宗棠对此颇有同感，说道："投降派最是误国！鸦片战争没能取胜，致使英、法等国兵威大震。中国东南沿海，从此多事也！"

林则徐说："制伏英、法等国的法子，你的那位湖南老乡魏默深（魏源，字默深）在《海国图志》当中已经有了详细的阐述，叫作师夷长技以制夷。英、法等国的长处在洋船、洋枪、洋炮。咱们中国也得学着造，造好了才能不怕列强挑衅。我之前在广东也造过一些，后来去新疆就基本上没造了。时不我待，你们这些年轻人，如果有机会，一定要将这个法子付诸实施。"

左宗棠说："如今督抚中能认识到这一点的还很少，想起来真是令人担忧！"

林则徐接着说："这还不是最令人担忧的。英、法等国侵略中国，只是为了通商，而某些国家，不仅要通商，还要占我领土，那才是中国真正的敌人。"

左宗棠沉思了一会儿，说："林公说的可是俄国？"

林则徐笑道："正是俄国。我在新疆待过几年，深刻地感受到俄国对新疆的威胁。我记得你对新疆问题颇有研究吧？我还记得当年你写的那几句诗：'西域环兵不计年，当时立国重开边。橐驼万里输官稻，砂碛千秋此石田。置省尚烦他日策，兴屯宁费度支钱。将军莫更纾愁眼，生计中原亦可怜。'你对新疆问题，看得很准嘛！"

见偶像如此夸自己，左宗棠倒有些不好意思了。他说道："一时涂鸦之作，林公谬赞了。我自小喜欢舆地学，也曾研究过《畿辅通志》、各省省志、《西域图志》等书，对新疆问题一直比较关注。那时候，由于张格尔叛乱，大家都比较关注新疆问题，龚定盦（龚自珍，号定盦）、魏默深他们主张在新疆设置行省。我虽然没有去过西北，但由于之前多年研究新疆地理，对于新疆的重要性有所认识，所以比较赞同龚、魏他们的看法，于是吟出那首诗。俗话说，百闻不如一见，林公可否给我多讲讲新疆的事情呢？"

林则徐说："好。新疆地域极其广阔，以天山为界，分为南疆、北疆两部分。北疆靠甘肃这边，重要城市有乌鲁木齐、玛纳斯等，这一块现在已经施行郡县制。北疆靠西那边，重要城市为伊犁、塔城，伊犁尤其重要，是镇守新疆的一大炮台。南疆是维吾尔族同胞聚居之地。天山脚下有三座城市，达坂、托克逊和吐鲁番，经过这三城即可到达南八城。阿克苏居于中间位置，东面有喀喇沙尔、库车等城，西面有乌什、喀什噶尔、英吉沙尔，南面有叶尔羌、和阗。喀什噶尔为南疆最重要城市。"

说完这一大段，林则徐觉得有些口渴，于是喝了一小口酒，然后接着说："新疆并不像大家想象的那么难以发展。我曾经去过吐鲁番等地，那里的土地非常肥沃，只要兴修水利解决灌溉问题，那里完全可以变成塞外的江南。可惜现在那里是昏官当政，根本不重视水利建设和开垦荒地，以致如此肥沃的土地，不能富强，真是令人痛心！"

左宗棠仔细地聆听着林则徐的教诲，他的思绪似乎也跟随着林则徐，去往万里以外的大漠边疆。林则徐指出的每一条治理新疆的方略，左宗棠都深深地铭记在了心中。

夜深了，江面上的清风吹起一阵阵浪花，不断地冲击着船底，发出咯吱咯吱的声音，它像一曲美妙的伴奏，辉映着林则徐与左宗棠的这次历史性的会谈。

两人相见恨晚，一直谈到第二天早上太阳从东方升起的时候。临别之时，林则徐从行李箱中取出一大捆文件、书籍，放到左宗棠手中，对他说："历史会证明的，俄国才是中国的真正敌人。我老了，看不到这一天了，你还年轻，一定会看到这一天。东南海防，或许还有别的人可以办理，但西定新疆，我看只有你左季高可以做到。这是我穷尽毕生心血收集来的关于新疆的资料，我将它们全部赠送给你，但愿你以后用得着，希望你不要辜负我的期望。"

当时的左宗棠，只是一个三次会试落第的穷书生而已，与林则徐根本不在一个级别上。然而，林则徐却这么看重他，将他视为接班人，这种知遇之恩，使他感觉到莫名的激动，也使他感觉到责任重大。此后的许多年，左宗棠在这种精神的鼓励下，渡过了一次又一次的难关。现在，他成了大清的"功臣"，位列陕甘总督，麾下有数万军队，终于有机会可以实现当年林则徐交给他的任务了。

想到这里，左宗棠停止了踱步。通过对当年湘江夜话的回忆，左宗棠的脑海中，对于如何劝说清廷支持西征，已经有了详细的规划。接下来，他只需将这些想法付诸笔端即可。

在这道著名的《复陈海防塞防及关外剿抚粮运情形折》中，左宗棠系统地阐述了他海防与塞防并重的思想。

左宗棠认为，收复新疆是巩固西北边防的重要前提。针对李鸿章新疆是肢体并不重要的观点，左宗棠反驳说，收复新疆，才能保住蒙古，保住蒙古才能拱卫京师。反之，新疆不保，蒙古就保不住，京师也将受到直接攻击。所以，必须收复新疆，使西北防御连成一片，才能确保无懈可击。

左宗棠又分析国际形势，认为俄国与阿古柏侵略军有仇（阿古柏投靠俄国宿敌英国、土耳其，令俄国不满），不会出兵阻挠中国消灭阿古柏侵略军，英国志在通商，不会武力干涉。所以，李鸿章所担心的英、俄会联手支持阿古柏阻挠中国收复新疆的局面，是一定不会出现的。以数万百战余勇对付民心丧尽、士气低落的阿古柏侵略军，胜利是不言而喻的。

左宗棠又认为，加强海防不必挪用塞防饷银。列强志在通商，暂时不会在沿海挑起事端，海防的事可以先缓一缓。马尾船厂已经可以造船了，所以不必急着花钱购买铁甲舰。这样一来，海防的支出其实是不多的。另外，塞防也没有银两可以省下来。朝廷每年用作塞防的银两本来就不多，各省的协饷又长期拖欠，塞防能够维持下来已经很不错了，没有多余的银两可以拨给海防。

左宗棠还认为，目前中国没有扼守关键区域，塞防是绝对不能放松的。左宗棠说，新疆的关键区域在乌鲁木齐。控制乌鲁木齐就能控制住整个新疆。所以，在收复乌鲁木齐以前，绝不能放松塞防。至于控制乌鲁木齐以后应该如何采取下一步行动，到时候再说。这个时候，左宗棠还不敢提收复整个新疆，因为那样势必会遭到更多人的反对。为了团结大多数，左宗棠只说收复乌鲁木齐。

左宗棠的奏折很快被送入北京，来到掌控着中国未来命运的慈禧太后手中。慈禧太后召集文祥等重臣会议这件事情。文祥坚决主张收复新疆，并建议慈禧太后将收复新疆的重任完全交给左宗棠去完成。慈禧太后采纳了文祥的主张及建议，随即任命左宗棠为钦差大臣督办新疆军务。

就这样，在文祥的鼎力支持下，左宗棠终于获得了梦寐以求的处理新疆问题的全权。一场决定新疆最终归属的大战即将打响！

古牧地，湘军一炮成功

1876 年 4 月。随着大军出关日期的日益临近，天气也变得越来越暖和了，春天的足迹悄然来到了左宗棠所在的肃州大营。大营四周一片热闹祥和的气象。士兵们脱去了沉重的冬装，在长满青草的草地上紧锣密鼓地操练着。肃州周边的老百姓听说左宗棠为了方便指挥收复新疆之战，亲自驻扎战略前沿，都很兴奋，他们拿出了冬藏的沙枣、蜜瓜，前来犒劳将士们。

看到这一切，左宗棠的信心更足了。战士用命、百姓支持，胜利就有了可靠的保障。他坚信，只要他一声令下，数万清军就会迅速完成收复新疆的历史重任。

然而，作为收复新疆一役最主要战将的刘锦棠，却并不像左宗棠那么乐观。作为统帅，左宗棠自然可以举重若轻，而作为战将的他，却不得不举轻若重。

每当大战来临，他都非常注意士兵的状态。多年的战斗经验使他形成了这样的一种理念，那就是战前准备的任何疏忽，哪怕只是一点点，都有可能导致战斗的失败。

最近军队的一些情况令他感到担忧。他所统率的一万多军队，除了董福祥率领的少数军队外，都是湘军，士兵绝大部分来自湖南。这些人，习惯生活在山清水秀的江南，来到陕甘作战已经很不适应了，现在听说又要去比陕甘环境还要恶劣百倍、满是沙漠戈壁的新疆作战，都不太愿意，甚至有些畏惧。

作为收复新疆一役绝对主力的湘军尚且如此，其他部队就更加不要说了。金顺、张曜、董福祥等人的部队，全在看湘军行事。湘军勇猛向前，他们就紧追；湘军畏战，那他们也不敢向前。得知这些情况后，刘锦棠认为，必须想办法提升湘军的士气，否则全军萎靡，不能打胜仗。

这是关系到新疆作战能否胜利的大事情，刘锦棠不敢擅自做主，只得去请教左宗棠。刘锦棠走进左宗棠大营，略显焦急地对他说："季帅（左宗棠，字季高），目前军队的情形有些令人担忧。湘军中有不少人畏惧去新疆打仗，而金顺、张曜、董福祥等部一向唯湘军马首是瞻，湘军畏战，他们也不敢向前。如果任由这种情绪蔓延下去，势必影响作战。当年，我军奉命北上'剿捻'，很多人不愿意，我叔叔（刘松山）大怒，当即诛杀了几个为首的，这才稳住军心。现在虽然可以用当年的老办法，但总是这样，难免会使士兵轻视我们，影响军令的畅通。所以，我有些踌躇。还请季帅拿个主意。"

左宗棠一听，也觉得这是一个大问题。思考了一会儿后，他想出了一个绝妙的应对办法，随即吩咐刘锦棠如此这般地去做。刘锦棠得了主意，心满意足地离开了左宗棠大营。

第二天，左宗棠坐着一顶八抬大轿，故意从董福祥军营旁路过。士兵们听说左宗棠来到，都围在两旁观看。突然，从人群中冲出一名老兵，直奔左宗棠所乘的大轿前，高声叫喊，左宗棠的随从亲兵怎么拉他也拉不动。左宗棠认为他是疯子，坐在轿中并不理睬他，并且示意抬轿的士兵赶紧前进。

抬轿的士兵刚要启动，那老兵说的一段话，令他们立即停止了脚步。那老兵朝着轿中的左宗棠大声喊道："我是老统领派来的。老统领要打先锋，为国家收复新疆。但是现在，我们无衣无食，怎么跟随老统领打仗？请宫保大人发一个月满饷，大家吃饱喝足，才好跟随老统领去打新疆。"

老兵所说的老统领指的是刘锦棠的叔叔刘松山。刘锦棠现在所指挥的军队，其主要班底是刘松山搭建的。董福祥当年就是被刘松山降服的。刘松山此时虽已不在人世，但他在这支军队中，依旧拥有着至高无上的声望，仍被士兵们尊敬地称为"老统领"，而刘锦棠则被称为"少统领"。

当大家听到老统领英魂下凡，并且要带领他们去打新疆后，既敬畏，又感动，满腔热血顿时沸腾起来。

左宗棠见大家都被感动了，连忙命令在场的士兵对着天空顶礼膜拜，向刘松山致敬。

那个老兵闹了一阵后，突然眼前一亮，清醒了过来。刘锦棠从他身上的号衣看出，他是董福祥的部下，于是下令他归队。

第二天，刘锦棠命下属将董福祥叫来，责备他说："你是怎么带兵的，怎么连疯子也收留军中？"

董福祥丈二和尚摸不着头脑，满脸狐疑地说："这人平时好好的，在营中已经五年，从来没有犯过什么过错。不知道怎么的，突然间就发疯了。"

刘锦棠道："你去把他叫来，我要亲自问问他。"

董福祥得了命令，立马赶回营中，带着那位老兵来到刘锦棠营中。刘锦棠问他说："你昨天是怎么回事？"

那老兵显得很害怕，战战兢兢地说："我也不知道怎么回事。当时我只觉得有一阵冷风吹过，不知不觉间，老统领突然来到我的跟前。他命令我对宫保大人说那么一段话。后来我也不知道自己干了些什么。"

刘锦棠听罢，对着董福祥感叹道："看来是我们亏待了士兵们，连我叔叔也看不过去了。应该给他们发一个月满饷，口粮标准应该定高一些，多置办些衣服。"

董福祥从刘锦棠大营回来后，发薪、发衣服、提高口粮标准的消息立马就传遍了整个军中。大家都觉得这是刘松山在天之灵照顾他们，故意下凡来提醒左宗棠和刘锦棠要善待士兵。在这种情绪的感召下，他们都认为，应该竭尽全力打赢新疆这一仗，完成老统领的心愿。

左宗棠见大家的情绪被充分调动了起来，非常高兴，立即命令全军设祭，致奠刘松山。士兵们满怀感情地烧化纸钱、车马、衣服，祭祀老统领。一时间，到处火光冲天。随着火光的升腾，军队的士气得到了极大的提升。

发生这件事后，各种流言开始在军中迅速传播，有人甚至说，老统领已经到了嘉峪关，正在催少统领制备寒衣万件，准备出关。这些流言一传十，十传百，越传越神乎，而听到的人大多深信不疑。

自此以后，湘军士气大振，部队中人人摩拳擦掌，个个奋勇争先，以前那种畏葸不前的风气彻底一扫而空了。左宗棠还煞有介事地将这件奇事告诉坐镇兰州、主管军需物资转运的刘典，并且说："刘松山'牺牲'后，每次我军遇到大战，他都会托梦给他的部下。忠义之灵，就在我们的身边啊。"

其实，这一切都不过是左宗棠、刘锦棠和那个老兵联手演的一场戏而已。当时的中国社会，普遍盛行迷信思想。左宗棠正是利用了这一点，找来那位老兵，共同演出了这么一场刘松山下凡的好戏。其目的很明显，就是要借刘松山的威望，鼓舞军队的士气，以便开展下一步的军事行动。士兵们，包括董福祥等将官，都被蒙在了鼓里，毫不知觉。

解决了最紧要的士气问题后，左宗棠、刘锦棠终于可以放心地将军队开进新疆了。4月26日，刘锦棠亲率清军主力从肃州开拔，前往新疆，正式拉开了收复新疆战役的序幕。

当时清军的兵力是这样的：主力是刘锦棠所率领的湘军二十五营，每营官兵五百人，合计一万七千余人。除董福祥外，刘锦棠麾下的名将还有黄万鹏、余虎恩、谭拔萃、谭上连、罗长祜、方友升、谭慎典（生平事迹不详）等人。

黄万鹏，湖南宁乡人。1853年参加湘军，参与攻克安庆、江宁等重要战役。后参与镇压捻军。1870年，代理汉中镇总兵。

余虎恩，湖南平江人。1854年参加湘军。1865年，随曾国藩北上"剿捻"，为刘松山部营官。1873年，任陕安镇总兵。

谭拔萃，湖南湘潭人。咸丰初年参加湘军。参与镇压太平天国及捻军起义。1970年代理宁夏镇总兵。1875年，改实授。

谭上连，湖南衡阳人。1858年加入湘军。1859年参与解围宝庆。参与攻克江宁等重要战役。后参与镇压捻军。步兵将领。

罗长祜，湖南湘乡人。自幼聪颖，读书过目不忘，深得湘军名将刘蓉赏识。后加入湘军左宗棠部。

方友升，湖南长沙人。早年加入湘军。后随左宗棠入陕甘，办理军需。后升副将。1875年，升任总兵。

除了刘锦棠的湘军外，参与收复新疆的军队还有：张曜统率的嵩武军十六营、金顺统率的军队四十余营、徐占彪统率的蜀军七营等。

以上兵力总计约为七万余人，远远超出了敌军的数量。所以，敌军无法和清军展开大规模的会战，始终只能固守几个重要城池或据点。

从肃州到关外，沿途大多是戈壁沙漠，严重缺水，行军是很困难的。但参与收复新疆的清军，饱含着浓烈的爱国情怀，以惊人的毅力将这些困难一一克服了。

侵略军头子阿古柏原以为，清军不可能跨过戈壁沙漠远征新疆，却没想到他的美梦这么快就被清军彻底击碎了。

清军的第一个重要目标是乌鲁木齐。乌鲁木齐是新疆的重要城市，经济比较发达。只要占据乌鲁木齐，清军就可以就地征粮筹饷，内地的负担将会大为减少。而且，就地势来看，乌鲁木齐所在的北疆比南疆高，占据北疆可以威胁到南疆，而占据南疆却不能对北疆构成威胁。另外，清军占据乌鲁木齐，也可以威慑到占据伊犁的俄国，使他们不再对阿古柏侵略军存留任何幻想。总之，能否顺利占领乌鲁木齐，是清军能否在新疆站住脚的关键。

7月21日，刘锦棠率领清军主力到达乌鲁木齐东面的济木萨，与清军的另一位重要将领金顺的军队会师。随后，两军继续西进，围攻乌鲁木齐东北约一百三十里的阜康县城。敌军由于兵力不足，只能固守重要城市或据点，所以清军兵不血刃地占领了阜康。

如此众多的清军兵临乌鲁木齐周围，给困守乌鲁木齐及周围据点的敌军造成了巨大的威胁。为了应对清军的进攻，他们被迫收缩兵力，将主力布置在乌鲁木齐城外三十里的古牧地。

刘锦棠、金顺得知这一情况后，随即准备进攻古牧地。新疆环境恶劣，行军一不小心就会陷入绝地，所以刘锦棠谨遵左宗棠的叮嘱，在行军之前充分做好侦探工作。

从事侦探的士兵经过几天的摸索，终于弄清楚了古牧地周边的地形。他们告诉刘锦棠说，从阜康到古牧地的大道长达一百里，中间隔着大戈壁滩，水源很少，要想穿越很不容易。从阜康到古牧地还有另外一条小道，需要经过一个叫黄田的地方。这个地方距离古牧地不到十里，水源充足，可以驻扎重兵。敌人在黄田筑卡立栅，防守十分严密。

得知这一重要情报后，刘锦棠明白了敌军的战略意图，那就是妄图将清军逼入戈壁滩中，使清军陷入水源断绝的不利境地，借自然的力量消灭之。

刘锦棠跟随左宗棠打仗多年，勇猛之余谋略也不错。面对这种情形，他想出了一个声东击西的好办法，在和金顺商量后，决定付诸实施。

第二天，刘锦棠下达命令，派出十几营的主力部队前往戈壁滩，修浚引水的废渠，做出从大道袭击古牧地的态势。士兵们并不知道这是刘锦棠的计策，一边忍受口渴修渠，一边痛骂刘锦棠。

黄田那边，敌军也派出士兵侦察清军的动向。当他们看到清军主力都在大道上修渠，而且怨声载道的情形后，满以为刘锦棠已经中计，并且清军即将内讧，便放松了黄田的守备。

刘锦棠得知敌军中计，连夜召集军队，从中选取两千精锐骑兵作为先锋，随他一起去攻打黄田。其他部队随后跟进。

驻守黄田的敌军还蒙在鼓里，刘锦棠亲自率领的精锐骑兵已经杀到了黄田。很多敌军还在睡梦中，就做了清军的俘虏。清军一举攻占战略要地黄田，前锋直逼古牧地。

古牧地是乌鲁木齐的重要外围要隘，敌人在这里驻扎了重兵。坐镇南疆的侵略军头子阿古柏得知黄田失守，知道古牧地危在旦夕，于是派出数千骑兵连夜赶往古牧地。

如果任由两支敌军在古牧地会师的话，那么古牧地攻坚战将会异常艰难。对此，刘锦棠有着深刻认识。他果断下令全军向古牧地进发。

清军的先头部队在古牧地城下与阿古柏派来的增援部队相遇。刘锦棠命麾下骁将余虎恩、黄万鹏率骑兵阻截援兵，自己则亲率骑兵攻打古牧地城外敌军堡垒，同时命两路步兵进攻古牧地南关。

城外的敌军斗不过刘锦棠，纷纷逃入城中躲避。敌军的援兵也被余虎恩、黄万鹏率领的骑兵精锐部队击溃，纷纷逃散。

敌军丧失城外全部据点后，只得将城门紧紧关闭，企图依靠坚固的城墙迟滞清军的进攻，等待援军的到来。

刘锦棠、金顺率领部下将古牧地城团团围住。刘锦棠军在城南，金顺军在城北，日夜攻击城内。然而，由于古牧地城墙坚固，攻击一时没能得手。

事实证明，只有先用大炮将城墙轰塌后，才能对城中发起致命的攻击。刘锦棠军中是有不少先进大炮的。这些大炮，一些是通过"红顶商人"胡雪岩从洋商那里买来的，还有一些则是兰州制造局仿制的。虽然与欧美列强生产的比起来，这些大炮算不上先进，但是用来对付阿古柏侵略军，已经足够了。

为了使大炮威力发挥到最大，清军在城外垒石，筑起一座座比城墙还高三四米的炮台，居高临下发射大炮，火力占据了绝对优势。

8月17日，大炮轰塌了南城门。刘锦棠见发起总攻的时机已经到来，连忙下令各营一齐进军。顷刻间，号角齐鸣，密密麻麻的清军冒着侵略军的枪炮，向古牧地城中冲去。

董福祥、谭拔萃、谭慎典等率领步兵精锐，冲在最前面。很快，他们就从城墙的缺口处冲入城中。同时，金顺也率领部下从城东北杀入。敌军见清军大部队已经进城，这才放弃抵抗，四散逃走。清军顺利收复古牧地。

古牧地之战是北疆作战中规模最大的一次，也是决定性的一战。算上之前的黄田之战，古牧地之战总共击毙俘虏阿古柏侵略军三百五十多名，缴获战马、洋炮、硫黄、膏油、旗帜、刀矛无数，仅仅在古牧地的战斗中，就缴获战马两百匹。对于阿古柏侵略军来说，这些损失是巨大的。更为重要的是，古牧地之战使得阿古柏侵略军彻底丧失了固守北疆的信心，此后，清军轻而易举地就收复了乌鲁木齐。可见，古牧地之战是具有决定性意义的。

古牧地之战后的第二天，清军就收复了乌鲁木齐。乌鲁木齐的攻克，在必然之中有着一些偶然的因素。

清军攻克古牧地的当天，刘锦棠骑着膘肥大马，前往查看战场，偶然捡到一封重要的信件。这是一封复信。原来，在清军猛攻古牧地的时候，驻守古牧地的敌军首领扛不住了，于是向驻守乌鲁木齐的敌军首领求救。于是，驻守乌鲁木齐的敌军首领写了这封回信。

这位首领在信中说："乌鲁木齐的兵基本上都已经调到你们那里（古牧地）去了，我这里没有更多的兵可派。南疆的兵一时半会儿也很难到来。你们自己估计一下实力，能守则守，不能守就撤回乌鲁木齐，与我们并力守城。"

刘锦棠从这封信中判断，乌鲁木齐城中敌军的兵力已经很空虚，只要大军逼近，城中的敌军就会作鸟兽散。于是，他当机立断，命令全军停止休整，火速进军乌鲁木齐。金顺得知这一情况后，也率领部下，马不停蹄地赶往乌鲁木齐，参加会攻。

刘锦棠大军很快来到乌鲁木齐城郊。此处离乌鲁木齐城，只有不到十里。这时候，刘锦棠派去乌鲁木齐城中刺探情报的士兵回来向他报告说，城中的敌军听说清军大部队即将到来，都已经逃光了。就在这时，刘锦棠发现敌军的大股骑兵正在向南逃窜。

于是，刘锦棠下令全军兵分两路。一路继续进攻乌鲁木齐。另一路由精锐骑兵组成，由余虎恩统率，前往追击南下的敌军。

进攻乌鲁木齐的清军在谭慎典等人的率领下，很快攻克乌鲁木齐，缴获战马七十余匹。刘锦棠随即进入乌鲁木齐，安抚、赈济老百姓。前往追击溃敌的余虎恩部，追出很远才返回。

当清军攻打乌鲁木齐的时候，坐镇南疆的侵略军头子阿古柏又派出四五千骑兵增援。这支部队走到离乌鲁木齐一百八十里的地方，得知清军已经收复乌鲁木齐，心虚胆怯，火速退回南疆。

乌鲁木齐被攻克后，北疆其他城池中的阿古柏侵略军，知道大势已去，纷纷溃逃，清军兵不血刃地收复了昌吉、呼图壁、玛纳斯北城等重要城市。此后的北疆作战，主要围绕玛纳斯南城展开。

开始，进攻玛纳斯南城的主要是金顺的部队。金顺所部，数量虽多，但战斗力很差。在之前的战斗中，这支部队跟随刘锦棠的湘军行动，所以因人成事，没打什么败仗，还分得了古牧地、乌鲁木齐大胜的部分战功。然而现在，他们失去了湘军的庇护，不能战的真面目也就暴露出来了。金顺所部围攻玛纳斯南城一月有余，没能得手。

于是，清廷只好增派军队攻打玛纳斯南城，争取在寒冬到来之前解决战斗。否则，一旦拖入严冬，补给将会很困难，进攻将不得不放弃。刘锦棠派出麾下骁将谭拔萃率领湘军前往增援金顺。驻守塔城的代理伊犁将军荣全也率军来会攻。

在清军的轮番攻击之下，玛纳斯南城城墙多次被大炮轰塌。敌军虽然奋力修堵，但始终还是比不上清军轰塌的速度快。到了这一年的 11 月 4 日，与清军周旋了两个多月的玛纳斯南城敌军，终于抵挡不住，挂起白旗请求投降。金顺同意了他们的请降，命令他们出城交出军械。

11 月 6 日，敌军数千人带着军械出城。金顺感觉有点不对劲，命令清军严阵以待，随时准备应付突发情形。

随后，清军将领宣读皇上谕旨，命敌军将军械丢下，站到一旁等候处理。清军将领还没宣读完毕，敌军即开枪射击，并向清军扑过来。原来，这帮困兽犹斗的家伙是诈降！幸好金顺看出了破绽，提前做好了应战准备，不然清军可要吃大亏了。

最终的结局是，这些诈降的敌军全部被当场歼灭。玛纳斯南城自然也就重新回到了祖国的怀抱。至此，整个北疆除了俄国占领的伊犁外，全部重归中国所有。整个北疆作战，历时才三个多月，可谓神速。之所以能这么快取得胜利，原因有三：左宗棠事先的准备相当充分；广大爱国士兵英勇杀敌；主将刘锦棠、金顺等指挥得当。

达坂城里除了姑娘，还有湘军

当年左宗棠与李鸿章为海防重要还是塞防重要争论不休的时候，在朝廷中枢，支持左宗棠观点的只有文祥。正是因为文祥的力排众议，才有了后来的左宗棠大军进军新疆，北疆这才得以重回祖国怀抱。然而，文祥认为，清军收复乌鲁木齐以后，就应该停止进军，划地自守。这与左宗棠的想法有着重大分歧。左宗棠认为，只有收复新疆全境，西北才能安宁，才算大功告成。但在当时，由于反对进军新疆的人太多，左宗棠只得采取迂回的办法，暂时迁就，同意文祥只占据乌鲁木齐的方略，以换取更多人对收复新疆的支持。

现在，不光是乌鲁木齐，整个北疆除了俄国占据的伊犁外，都已经收复。事实证明，文祥高估了阿古柏侵略军的实力，而左宗棠一直主张的收复新疆全境，是完全有可能实现的。在这种情形下，左宗棠开始着手准备进军南疆的事宜。

不出左宗棠所料，他的进军南疆的主张遭到了以李鸿章为首的妥协派的反对，以及英国侵略者的干涉。

得知清军收复北疆，即将进军南疆后，英国人大为惶恐。他们很清楚阿古柏侵略军的实力，深知一旦清军南下，阿古柏侵略军就将灰飞烟灭。如此一来，英国利用阿古柏侵略军向新疆渗透的企图，就不可能实现了。阻止清军南下，维护英国在新疆的既得利益并扩大之，这是英国外交家们的重要任务。

当时，英国驻华公使威妥玛在与李鸿章交涉云南马嘉理案。早已丧失民族自信心的李鸿章秉承清廷意旨，一味妥协。几番交涉下来，威妥玛算是彻底看清楚李鸿章的为人了，这人的眼中只有四个字，那就是"息事宁人"。这样的敌国外交家，威妥玛最喜欢了。

在交涉马嘉理案之余，威妥玛向李鸿章提出了一个解决南疆问题的方案，那就是保存阿古柏伪政权，作为中国的附属国。为了迫使李鸿章接受他的方案，威妥玛还吓唬李鸿章说："贵国用兵日久，俄国人可能会乘机来取新疆，这不仅会危及印度，对贵国的边界也将很不利。"

按说，李鸿章应该坚决拒绝这一分裂中国的方案，然而，习惯了卑躬屈膝的他却对这一方案非常感兴趣，将其报告给总理衙门。

李鸿章说："阿古柏畏惧我军南下，灭亡其'国'，所以恳求印度大臣代为嘱咐威妥玛探询中国的意图，能否保存阿古柏伪政权，作为中国的附属国，隶属版图，但是不必朝贡，以免中国军队劳师远征，浪费粮饷。之前，阿古柏畏惧俄国的逼迫，与印度缔约，所以印度大臣愿意代为嘱咐。威妥玛说，阿古柏不相信左帅，宁愿采取这种秘密迂回的方式向中国乞降，也不愿直接和左帅交涉。所以，这件事情如果可以施行的话，应该令阿古柏派使臣直接来京商谈。"

总理衙门大臣奕䜣对南疆的事情看得很透彻，他一眼就看出这是侵略军头子阿古柏的缓兵之计。阿古柏这么做的目的很明显，那就是迟缓清军南下，争取时间加强防守。于是，他命李鸿章答复威妥玛说："阿古柏是侵略者，所以他的伪政权是中国的敌国，而不是属国。如果阿古柏诚心投降的话，那就应该主动让出南八城以及吐鲁番地区，向前线的清军将领投降。"

奕䜣虽然不相信侵略军头子阿古柏会主动投降，但也还对此事抱有一丝希望。他行文给左宗棠，告诉他英国人代阿古柏请降一事，并且说如果阿古柏方面真有人前来洽谈投降事宜，应该以礼相待。

看到李鸿章一如既往地在背后捣乱，而总理衙门也对此事抱有幻想，左宗棠很气愤。为了坚定总理衙门收复新疆全境的决心，左宗棠不得不提起笔来，一一驳斥威妥玛的谬论。

左宗棠说："阿古柏是穷凶极恶的侵略者，占据我国新疆的南八城、吐鲁番以及乌鲁木齐地区，这是各国都承认的事实。威妥玛作为英国驻华公使，连这个都不知道，还替他请降，真是可笑！再说了，既然请降，那就应该主动献出整个南疆。不这样做，却说什么保存伪政权，隶属版图，不必朝贡，这是投降吗？"

左宗棠继续反驳说："至于威妥玛所说的俄国会乘虚而入，那更是一派胡言！俄国在伊犁的驻军只有一千，毫无动兵的迹象。俄国和阿古柏伪政权关系极差。近来，俄国人经常越过边境，到阿古柏统治地区抢闹，迫使阿古柏留兵驻守。从这些情况看起来，俄国人绝不会乘虚而入，或支持阿古柏伪政权对抗我军。"

为了进一步坚定总理衙门收复南疆的决心，左宗棠还说："侵略军头子阿古柏将其主力布置在了天山脚下的达坂、托克逊、吐鲁番三城。大军南下，在这三座城市必有一番恶战。这三城得手后，阿古柏差不多就完蛋了。以后南八城的收复，将变得非常容易。只要粮饷、军火供应及时，收复南疆指日可待，完全无须英国人代为操心。"

左宗棠又担心阿古柏乞降这件事传播开去，会动摇军心，又特地指示前敌总指挥刘锦棠说："阿古柏及其党羽霸占我国南疆十数年，是我军必须坚决彻底予以消灭的敌人。李鸿章办理马嘉理案，处处妥协，丢尽了国家的脸面，幸而我军顺利收复北疆，迫使英国人来京为阿古柏乞降，算是挽回了些颜面。我准备在明年春天进军南疆。一旦南疆军事顺利，英国人的阴谋也就不攻自破了。"

奕䜣收到左宗棠的回复后，不再对阿古柏投降一事抱有幻想，决心全力支援左宗棠收复南疆。阿古柏以及威妥玛等人的阴谋宣告失败。同时，刘锦棠也一再告诫士兵们，不可被北疆作战的胜利冲昏头脑，必须保持高昂的斗志迎接即将到来的南疆作战。

在进攻达坂、托克逊、吐鲁番的时间以及军队的使用等问题上，左宗棠又和刘锦棠产生了严重的分歧。

攻克玛纳斯南城后，刘锦棠主张立即挥师南进，攻打达坂。左宗棠不同意这种做法，予以制止。他对刘锦棠说："古城一带的粮食，必须等到腊月才能运足，然后抽出车骡、骆驼交给张曜运粮至前沿据点。巴里坤、古城之间经常发生劫粮的案件，运道两旁的山谷中常常有土匪活动，必须先予以肃清。这些都需要时间。塞外天气严寒，到处结冰，不适合行军。你大病初愈，不宜远征。你的部下征战数月，也需要休整。为了巩固后路，养精蓄锐，使湘军、嵩武军、蜀军能够分进合击，我认为最佳的进军时间应该是在明年春夏之交。"

刘锦棠经过缜密思考，觉得左宗棠的规划是有道理的。于是，进军南疆的时间也就确定了，那就是 1877 年的春夏之交。

　　当初，刘锦棠与金顺联手攻下乌鲁木齐。刘锦棠所部各营封存敌军粮食一百余万斤，后来得到赏银八万两。刘锦棠因此觉得对不住金顺。在确立进军南疆将领的时候，刘锦棠非常希望金顺能与他一起南下，共建伟业。

　　左宗棠不同意他的这一想法，对他说："攻取乌鲁木齐缴获敌粮，我发给你部赏银八万两，金顺所部也发了八万两，并没有厚此薄彼。金顺所部的战斗力你是很清楚的，玛纳斯南城打了两个多月才攻下，这样的军队不能用在刀刃上。总之，我的意思是，收复南疆这一战，你打先锋，张曜居中，金顺防守后路。金顺能完成任务，也算大功一件，到时候也能和你们一起受赏。"

　　经过左宗棠的耐心劝解，刘锦棠最终放弃了与金顺一起南下的想法。进军南疆的将领最终确定了下来。刘锦棠所部湘军作为绝对主力，打先锋；张曜所部嵩武军为次要主力，为湘军扫清后路；其他部队配合刘、张二军的行动。

　　这边左宗棠积极布置进军南疆事宜，那边侵略军头子阿古柏也不闲着。虽然失去了北疆，但阿古柏的兵力损失并不大，他依旧有着足够的实力与清军最后较量一次。

　　阿古柏把他的主力部队几乎全部布置在了天山脚下的三座相隔不远的城市中，即达坂、托克逊与吐鲁番。这三座城市中，达坂的战略地位最为重要，是敌我双方争夺的焦点。

　　达坂位于乌鲁木齐通往南疆的一条隘道中间。达坂东南二百里，即著名的吐鲁番城；达坂西南百余里，即托克逊城。清军如果攻占达坂，即可高屋建瓴，控制住吐鲁番、托克逊二城，使敌军在战略上处于劣势。所以，达坂是阿古柏侵略军必须奋力保住的城池。在这里负责防守的是阿古柏的大总管爱伊德尔呼里。此人作战彪悍，是清军的劲敌。守卫达坂的敌军兵力约为五千。

　　托克逊的战略地位也很重要，阿古柏在这里修筑了两座坚固的城池，命第三子海古拉守卫该城。守卫托克逊的敌军兵力为五六千。三城当中，吐鲁番的防御最差劲，但也有五六千人驻守。

　　阿古柏的战略思想很明显，那就是以达坂、托克逊、吐鲁番三城构成一个三角防御体系。无论清军攻击哪个城市，其他两个城市的军队都可以前来支援，合力将清军击溃。

然而，阿古柏的这一看似完美的战略计划注定是无法实现的，因为他所要面对的对手，是真正的战略高手左宗棠。针对阿古柏的布置，左宗棠决定两路进兵，使达坂、托克逊、吐鲁番敌军不能互相应援。

　　达坂的敌军最强，攻坚的任务自然得由战斗力最强的湘军来完成。托克逊的敌军也强，也由湘军负责攻克。吐鲁番敌军较弱，张曜的嵩武军、徐占彪的蜀军联手，再加上两三营湘军，应该就能完成任务。后来的事实证明，左宗棠的这一战略布置，是相当高明的。

　　秋去冬来，冬去春回，时间很快就来到了1877年的4月。这时候，天山的积雪已经融化，进军南疆的时机已经成熟。于是，左宗棠命令刘锦棠率领湘军从乌鲁木齐出发，前往攻打南疆的门户达坂。

　　4月16日，湘军经过两天的急行军，来到距离达坂城一百余里的柴窝铺。在这里，刘锦棠留下了部分兵力，构筑工事，扼守要隘，以防止敌军切断湘军的后路。同时，刘锦棠命令湘军主力迅速往达坂推进。

　　这天黄昏，湘军抓住了敌军的一个暗探，据他交代，防守达坂的敌军并不知道湘军已经出发，还没有认真布置防守。刘锦棠得知这一重要消息后，如获至宝，当即命令余虎恩、董福祥等率领骑兵九营，谭上连等率领步兵四营，连夜行军，务必在凌晨前赶到达坂城，杀敌军一个措手不及。

　　余虎恩等人率部杀到达坂城下时，发现达坂城四周竟是一片汪洋。原来，敌军为了迟滞湘军的进攻，事先将别处的湖水引来灌注城外的沼泽地，造成了这种洪水泛滥的局面。

　　余虎恩等骑兵将领并没有被这一意外情况所吓倒，而是果断命令士兵下马涉水前进。很快，他们就杀到城东山岗之上。敌军在这里并没有布置重兵，湘军轻而易举地占领了这一战略要地。与此同时，谭上连等率领的湘军步兵也抢占了城后的山岗。随后，黄万鹏等率领湘军骑兵的另外一部分杀到达坂城下，与余虎恩、谭上连等部紧密联系，将达坂城团团围住。这时候，天还没亮，敌军对被围毫不知情。

　　直到第二天上午，浓雾散尽，敌军才发现达坂城已经被团团包围。侵略军头子阿古柏的大总管爱伊德尔呼里站在城楼之上，见城下四周都成了湘军的营地，到处都是迎风飘展的湘军旌旗，当即慌了。为了抢得先机，压一压湘军的威风，他命令士兵不计消耗地向城下的湘军猛烈射击。

由于前一天是急行军，笨重的开花大炮并不能随军迅速到达前线，所以此时的湘军，并没有攻克城池的可能。于是，刘锦棠命令士兵暂时隐伏，任凭敌军轰击。

为了督促士兵认真构筑工事，防止达坂城中的敌军逃脱，刘锦棠骑着一匹膘肥大马，冒着被敌军击中的危险，视察各营。这一情景恰好被城上的敌军看到，他们找来一位枪法极准的射手，妄图击毙刘锦棠。还好，刘锦棠福大命大，射手的子弹只是击中了他的坐骑，没有伤到他本人。

刘锦棠的亲兵看到这一场景，都吓出了一身冷汗。他们对刘锦棠说："大帅，这里太危险了，我们还是回去吧。"

刘锦棠久经沙场，这种差点丧生的情形他也经历过多次了，所以他并不害怕。他对亲兵说："我不回去。此次攻城事关重大，如果不能聚歼敌人，将会给日后南疆的收复带来极大的障碍。敌人不就是击中了我一匹马吗？我有的是马，让他们来射击吧。"说罢，刘锦棠牵过亲兵乘坐的一匹马，迅速跨了上去，继续视察。刘锦棠的这种将生死置之度外的精神，极大了感染了湘军战士。大家都觉得应该勇猛杀敌，为主帅争光，为国家雪耻。

4月19日，谭拔萃所率领的后援军才将几尊开花大炮运至达坂城下。刘锦棠命令士兵迅速修筑炮台，准备攻城。正在这时，从山后杀来几百名敌军的骑兵。刘锦棠估计这是敌人的增援部队，于是命令余虎恩等率领骑兵迎敌。不过片刻，敌军的援兵就被湘军击溃，落荒而逃。

余虎恩等率军追击。追出四五里路后，余虎恩发现前面又有一队敌人的援兵。正当余虎恩命令士兵准备迎战的时候，刚才那批被击溃的敌军援兵冲入新来的这一批援军队列中。新来的援军见势头不好，于是也掉头逃跑。

从抓获的俘虏那里，余虎恩得知，这两支援军是侵略军头子阿古柏的第三子海古拉从托克逊城派来的。

城内的敌军得知援兵被湘军击溃后，失去了守城的信心，都准备逃跑。城内的百姓长期遭受阿古柏侵略军迫害，得知清军即将发动总攻后，他们都知道，苦日子终于熬到头了。有几个胆大的百姓，冒着被杀的危险，溜出城去，将城内的情况告知湘军。

刘锦棠从冒着生命危险出城的百姓那里得知城内敌军即将逃跑的消息后，立即命令全军加强戒备，防止敌军逃走。

为了聚歼城内敌军，刘锦棠决定立即发起总攻，不给敌军以喘息的机会。这天夜里，他命令士兵点起火把，将达坂城四周照耀得如同白昼，使城内的敌军无处可以逃遁。

　　同时，刘锦棠调来炮兵，命他们用开花大炮猛烈轰击达坂城。各门大炮对准城上炮台和城墙猛烈轰击，敌军炮台接连被击毁，城墙也被轰塌多处。

　　忽然，一声巨响传来，如同山崩地裂一般。湘军将士虽然久经沙场，但也是头一次听到这么剧烈的响声，都吓得不轻。片刻之后，他们才弄清楚是怎么回事。原来，湘军的一枚开花炮弹正好击中了城内敌军的弹药库，因而引起了大爆炸。

　　大爆炸引起了熊熊烈火。当时正刮大风，于是火借风势，迅速向城内蔓延开去。敌军没了弹药，无法继续抵抗，又怕葬身火海，于是纷纷弃城逃跑。然而，湘军早已在四周布满了兵力，敌军已经无路可逃。这些作恶多端的阿古柏侵略军，最终不是返回城中毙命火海，就是成了湘军的俘虏，并没有任何人逃脱。就连阿古柏的大总管爱伊德尔呼里也被湘军抓了起来。

　　达坂城里的百姓对爱伊德尔呼里恨之入骨，都想亲手杀掉他。爱伊德尔呼里为了活命，对刘锦棠表示愿意回去劝说阿古柏投降。余虎恩等湘军将领都不相信爱伊德尔呼里，劝刘锦棠顺应民意，将爱伊德尔呼里明正典刑。

　　然而，出乎大家意料的是，刘锦棠居然相信了爱伊德尔呼里的鬼话，当即将他释放。不仅如此，刘锦棠还下令将俘虏的阿古柏侵略军将士全部释放，发给路费，让他们回去。

　　将领们都不知道这是刘锦棠的计策。刘锦棠之所以要这么做，是为了瓦解敌军的斗志。事实上，刘锦棠的这一招是收到了效果的。被释放的阿古柏侵略军将士，包括爱伊德尔呼里在内，回到托克逊及南八城后，大肆宣传湘军的厉害及仁慈，弄得敌军人心惶惶。

　　刘锦棠知道托克逊城中的敌军已经没有了多少斗志，于是命令全军迅速向托克逊进发。此时，张曜的嵩武军、徐占彪的蜀军，已经推进至吐鲁番近郊。刘锦棠按照左宗棠事先的规划，分兵六营由谭拔萃带领前往吐鲁番城外，与张曜、徐占彪等部会攻吐鲁番。

　　刘锦棠亲率十四营继续向托克逊进发。饱受阿古柏侵略军迫害的老百姓，冒着被杀的危险，从托克逊城中逃出来，将敌军的情况告诉刘锦棠。他们告诉刘锦棠说，托克逊城中的敌军听说湘军攻克达坂，失去斗志，准备逃窜。

刘锦棠认为事不宜迟，当即命令黄万鹏率领精锐骑兵快速前进，先行攻击托克逊，自己率大队人马随后跟进。

城内的敌军本来想不战而逃，但当他们发现黄万鹏所带骑兵并不多时，准备放手一搏，与湘军较量一番。敌军主将、阿古柏的第三子海古拉派出骑兵，将黄万鹏所部团团包围。

虽然被包围，但黄万鹏没有慌张，指挥部下纵横冲杀，杀掉不少敌军。这时候，刘锦棠率领的湘军主力部队及时杀到，分几路向敌军杀去。

敌军的包围圈很快被冲散，将士毙命无数。海古拉在城楼上看到这一情景，知道大势已去，连忙下令焚烧托克逊城，然后弃城逃往南八城。湘军乘势攻占托克逊。

湘军攻克托克逊的同一天（4月26日），张曜、徐占彪、谭拔萃等率领的清军也攻克了吐鲁番。从刘锦棠大军离开乌鲁木齐的4月14日算起，至托克逊、吐鲁番同日被攻破的4月26日止，只经历了短短的十三天。新疆的归属，在这短短的十三天中，就决定了。之后的南八城作战，都只是秋风扫落叶，再无古牧地之战、达坂之战这样的大规模会战。

侵略军头子阿古柏得知达坂、托克逊、吐鲁番三城失守后，气急攻心，不久之后就撒手归天了。关于阿古柏的死因，有多种说法，有人说他是饮毒酒自杀，有人说他是被人毒害，也有人说他在酒后与小吏厮打导致丧命。不管他是怎么完蛋的，总归一句，这位霸占我国新疆十多年的侵略者，与我国新疆各族同胞有血海深仇的"中亚屠夫"，最终死得很惨。

上天对阿古柏的报应还远不止于此。阿古柏毙命后，他的两个儿子，即次子伯克胡里与第三子海古拉，上演了一出骨肉相残的夺权惨剧。在这场争斗中，海古拉被他的哥哥伯克胡里杀害。之后，伯克胡里又将阿古柏的继承人艾克木汗驱赶至俄国。这样，伯克胡里如愿以偿，成了侵略军的新首领。

由于积极内斗，南八城的敌军没能布置起对清军有任何威胁的防线。对于左宗棠、刘锦棠来说，收复南八城的真正对手，不是阿古柏政权的残余力量，而是一直奉行妥协路线，反对收复新疆的李鸿章、郭嵩焘等人。

漫漫黄沙，阻不住湘军收复南疆

1877 年初夏的一天，中国首任驻英国公使郭嵩焘的住处来了一位特殊的客人。他的名字叫作赛义德。

赛义德是侵略军头子阿古柏的亲外甥，深得阿古柏信任。阿古柏将"外交"事务，完全交给他主持。他此次来伦敦，肩负着一个重要使命，那就是寻求英国的调停，通过中国驻英公使，向中国总理衙门传达求和的声音。

郭嵩焘得知赛义德来到伦敦后，对他保持了较高的警惕，赛义德多次求见他，他都果断地拒绝了。

赛义德知道，中国大军即将发动对南疆的全线进攻，如果自己不尽快把阿古柏求和的意图通过郭嵩焘告知中国总理衙门，那么他此行就完全失去了意义。于是，他赶紧前往英国外交部寻求帮助。

一直以来，英国和阿古柏侵略军都是战略同盟关系。作为英国傀儡的阿古柏侵略军的存在，既可以保护英国在中国新疆的利益，也可以阻挡俄国势力的进一步南下。所以，英国外交部很快答应了赛义德的请求，派出专人前往中国驻英国公使馆，说服郭嵩焘接见赛义德。郭嵩焘无法拒绝，只好答应英国人，说："我可以和赛义德见面，但是只能以私下的方式进行。"

赛义德得到英国外交部的回复后，随即造访郭嵩焘住处。两人寒暄一番后，赛义德就直奔主题："我听说贵国的大军即将攻打南八城，所以不远万里日夜兼程来到英国，请贵使告知贵国总理衙门，如贵国愿意停止进攻，让出南八城作为我们浩罕人的住处，我'国'愿意奉贵国为宗主国，为贵国阻挡俄国的进攻。就目前局势看，停战不仅对我'国'有利，对贵国也有很多好处。贵国自进军新疆以来，粮饷消耗巨大，如能停战，将可以节省大笔开支。并且，日本在琉球，法国在越南，都是蠢蠢欲动，为贵国着想，应该赶紧将主要精力放到东部去。"

郭嵩焘听完后，说："停战当然是上策。不过你也知道，我那老乡左宗棠，是有名的倔骡，不收复全部新疆，他是不肯罢休的。所以说，议和不是没可能，只是很难。前提条件是你们的条件要尽量低。只要你们的条件足够低，英国人也愿意做出担保，我愿意将你们的意思转达给总理衙门。"

郭嵩焘的答复令赛义德感到非常满意。他说："我听英国人说，在中国只有两个人明白天下大势，一个是李鸿章李中堂，另一个就是你，郭嵩焘郭大人。现在看来，果然是名不虚传啊。郭大人肯出面，这件事就好办了。我舅舅送别我时曾对我说，只要中国愿意保存我'国'，多让出些利益也是无妨的。大人有哪些条件，尽可以提出来，我可以做主答应。"

郭嵩焘道："你们浩罕人，数量不多，不必占据南八城那么广阔的地盘，应该将其中数座城市归还中国。左宗棠不战而得数城，心情愉快，或许会答应议和。另外，新疆北路，还有不少你们的散兵游勇，不断骚扰地方，也请你们下令招抚，将他们带往喀什噶尔。这样一来，南、北疆都安宁，新疆问题或许就可以解决了。"

赛义德听罢，爽快地说："这些条件，我可以做主答应你。这样，你把我们刚才议定的几条写下，咱们都签名，然后去英国外交部，请他们作保。"

郭嵩焘一边点头称是，一边拿出文房四宝，写好了一个草约，签上了自己的名字，然后拿给赛义德。赛义德也毫不犹豫地签上了自己的名字。该草约一共四条：一、"哲德沙尔汗国"（侵略军头子阿古柏建立的"国家"）尊中国为宗主国；二、"哲德沙尔汗国"让出南疆部分城池；三、新疆北路还没有安宁的地方，"哲德沙尔汗国"负责招抚；四、英国须保证，在中国境内的浩罕人自此以后不再滋事。

随即，郭嵩焘随同赛义德来到英国外交部，要求英国人做出担保。英国人在仔细权衡利弊后，接受了上述那个草约。

于是，郭嵩焘上奏朝廷，系统地提出了他的议和理论。郭嵩焘说："英国人蓄意保护'哲德沙尔汗国'，如果中国进兵南八城，势必与英国失和，将不利于中国的外交。我国应该趁现在英国人愿意出面调停的机会，与浩罕人议和，确保新疆的永久和平。"

郭嵩焘认为，与浩罕人议和停战，有以下这些好处：一、浩罕人愿意让出一两城，中国不战而得，是划得来的。二、新疆对于中国来说，是无用之地。与其花大代价拿下，不如让与浩罕人，以换取边疆的安宁。三、只要我们保存"哲德沙尔汗国"，他们愿意帮我们安抚北疆作乱分子，放弃南疆数城换取整个新疆的安宁，是值得的。四、保存"哲德沙尔汗国"有利于保持英、俄两国在中亚的势力均衡，使它们互相牵制，无暇侵略中国。五、保存"哲德沙尔汗国"，那么英国就可以在南疆兴办机轮车、电报等新兴事业，不出数年，南疆就会富裕，也就不会造反了。到时候，中国内地也可以仿照南疆的模式，开展近代科技事业。六、左宗棠已经六十六岁了，精力大不如以前，又没有很好的替手，立即停止才能保住前期的成果，左宗棠也可以将精力用到对国家更重要的事业上。

　　当时的清政府，本来就在战与和的问题上犹豫不决，现在收到郭嵩焘的奏章，战斗到底的决心更加动摇了。在中国的某些英国外交官得知这一情况后，积极开展各种外交活动，怂恿清政府保留"哲德沙尔汗国"。

　　慈禧太后、奕䜣等人虽然有些动摇，但是在新疆的问题上，他们还是不敢自作主张，和以往一样，他们又把郭嵩焘的折子发给了远在甘肃的左宗棠，请左宗棠决断。

　　左宗棠收到郭嵩焘的折子后，大为恼怒，随即上奏主张坚决彻底消灭"哲德沙尔汗国"。左宗棠说："阿古柏侵略军侵占我国新疆，蹂躏百姓十余年，这些事英国人很清楚，却从来不说。去年，他们就曾让我们允许阿古柏投降，却只字不提交还我国城池土地。现在，他们又和郭嵩焘纠缠不清。浩罕人并不是没有安身立命之处，他们的国家被俄国占了（1876年，俄国灭浩罕），他们理应拿起武器，向俄国人讨要故国，又何必占着中国的土地？又何须英国人代他们寻求安身立命之处？英国人既然这么担心浩罕人没有地方住，何不让出印度的部分土地，用来安置浩罕人？其实，英国人保存'哲德沙尔汗国'是假，借这个名义扩大英国在新疆的利益才是真。以前我以为英国只在意通商，不在意土地，现在看来，还真不是这样。英国人妄图吞并我国神圣领土新疆的野心，是昭然若揭的啊。"

　　在怒斥了英国政府的干涉之后，左宗棠又将斗争的矛头对准了妥协派李鸿章以及郭嵩焘。左宗棠说："李鸿章、郭嵩焘以为，收复新疆耗费了大量的粮饷，不值得。他们不知道，即使我们不再进兵，陕甘的五百万两协饷也是少不了的。乌鲁木齐周边的地区，非常贫瘠，如果放着南疆以及伊犁地区不去收复，仅仅扼守乌鲁木齐周边一隅之地，那怎么可能守得住？现在我军已经攻克达坂、托克逊、吐鲁番三城，侵略军头子阿古柏已经服药自尽，敌军群龙无首，阵脚已乱。此时正是我军乘胜追击，一举收复南疆的最佳时机。"

　　为了进一步坚定清政府的决心，左宗棠又给总理衙门大臣奕䜣写信说："目前，俄土战争正在进行，英国是土耳其的后台，正在全力支援土耳其抗俄。英、俄两国目前都无暇顾及新疆，现在正是我军乘胜东进，收复南疆的最好时机。"

左宗棠的极力说服，促使慈禧太后、奕䜣等人最终下定了收复全部新疆的决心。这时候，已经是 1877 年的秋天了。

之前，由于南八城地区夏天气候炎热，无法作战，清军在攻克达坂、托克逊、吐鲁番三城后，即停止了进军的脚步。现在，气候渐渐凉爽了，作战的时机已经成熟了。左宗棠果断命令刘锦棠率部为先锋，向南八城发起猛攻，同时命令张曜率部作为刘锦棠大军的后援，负责转运粮草以及善后工作。

为了说清楚湘军收复南八城的全过程，我必须首先讲一讲南八城的地理位置情况。

南八城分为东四城以及西四城。

东四城为喀喇沙尔、库车、阿克苏、乌什。东四城位于新疆中部，其北部为北疆，南部为广袤的塔里木盆地。四个城市由东到西一字排开，纬度相差不大。

喀喇沙尔位于吐鲁番以西八百里。喀喇沙尔以西一百里为库尔勒城。库尔勒虽然不属于南八城之列，但也是新疆重要城池。

喀喇沙尔以西九百里为库车城。库车以西七百里为阿克苏城。阿克苏以西两百里为乌什城。整个东四城作战，从吐鲁番出发，至攻克库车，大约需进军两千六百里。

西四城为喀什噶尔、英吉沙尔、叶尔羌、和阗。这四个城市位于新疆的西南部，塔里木盆地的西面及南面，呈弯刀形分布。

喀什噶尔是"哲德沙尔汗国"的中心，在阿克苏以西一千多里。英吉沙尔和叶尔羌两城离喀什噶尔都比较近。从喀什噶尔南行二百里，即可到英吉沙尔；从喀什噶尔东南行五百里，即可到叶尔羌。从阿克苏出发，有小道可通叶尔羌，行程一千多里。和阗位于新疆南端，在叶尔羌东南七百里。

刘锦棠大军的第一个攻击目标是喀喇沙尔以及库尔勒。刘锦棠作战善于两路分兵，以主力从正路进攻，同时以奇兵抄小路奇袭。这次攻打喀喇沙尔以及库尔勒两城的战略计划，他也是这么制订的。

此次担任奇袭任务的是刘锦棠手下的骑兵骁将余虎恩与黄万鹏，他们按照刘锦棠的规划，将取道乌沙塔拉，沿着博斯腾湖南岸向西潜行，包抄库尔勒的背面，出其不意，攻其不备，一举消灭固守库尔勒的敌军。刘锦棠自己，则率领主力沿着大道向开都河前进，攻打库尔勒的正面。

开都河发源于天山南麓，由南向东流经库尔勒、喀喇沙尔，注入博斯腾湖。为了阻挡湘军的前进，敌军将领命令部队掘开河堤，漫漫洪水使得喀喇沙尔、库尔勒一带成了一片泽国。

敌军的这一招达到了预定的战略目的。刘锦棠大军无法跨越洪水前进，只得绕道而行，通过长达一百二十里的盐碱地，才来到开都河的东岸。士兵们赶紧架设浮桥，修筑车道，将上流堵塞，继续前进。

洪水迟滞了刘锦棠大军的前进，敌军得以从容撤出喀喇沙尔、库尔勒。当刘锦棠大军在 10 月 7 日进入喀喇沙尔城的时候，这里已经成为一座空城，不仅没有一个敌军，整座城市也早已被烧光、抢光、杀光了。

为了追上敌军并予以消灭，刘锦棠随即命令大军向库尔勒进军。这时候，余虎恩、黄万鹏的奇袭大军也来到库尔勒城下。两支大军会合，准备攻打库尔勒城。然而此时，库尔勒城早已成了一座空城，除了瓦砾与断壁残垣外，敌军并没有给清军留下其他东西。

由于进军速度过快，且喀喇沙尔、库尔勒都已经被敌军抢掠一空，无法筹粮，这时候的清军，出现了严重的粮荒。刘锦棠焦急万分，一边派出亲兵前往后路催运粮食，一边命令部队四处寻找可以吃的东西。

就在湘军陷入绝境，很可能不战自溃的时候，当地的老百姓找到了刘锦棠，对他说："大帅不要着急，我们有的是粮食。我们这里的人有个习惯，喜欢把粮食藏到地窖中。浩罕人虽然抢光了我们屋中的粮食，地窖中的粮食却丝毫未抢。大帅赶紧派兵随我们去地窖中搬粮食吧。"

刘锦棠大喜，随即命士兵们前去搬粮。在搬粮的过程中，刘锦棠坚决执行左宗棠制定的政策，按照当时的市场价格，将粮食折算成银两，交给老百姓。

湘军的这一政策，与侵略军的横征暴敛、烧杀抢掠形成了鲜明的对比。老百姓欢欣鼓舞，踊跃支持湘军。左宗棠之所以能够收复新疆，与当地的老百姓，尤其是维吾尔同胞的支持，是密不可分的。

在当地老百姓的引导下，湘军很快筹集到数十万斤粮食，解了燃眉之急。这时候，后方的粮食也源源不断地运到。湘军的粮荒问题彻底解决了。这样，刘锦棠就没有后顾之忧了，可以继续向西追击侵略军了。

刘锦棠派出的侦察兵回来报告说，敌军正在策达雅尔和洋萨尔，强迫当地的维吾尔同胞跟随他们西逃。刘锦棠当即挑选出两千五百名精锐骑兵，组成先锋军，乘夜疾进，搭救维吾尔同胞，并消灭敌军。

第二天，湘军到达策达雅尔，得知敌军已经从洋萨尔裹挟大量维吾尔同胞向西逃跑了。刘锦棠得知这一情报后，立即命令部队火速前进，务必追上敌军予以消灭。

这天傍晚，湘军终于在一个叫布告尔的地方追上敌军。敌军能战者不过一千骑兵，湘军在人数及士气上占据着绝对的优势。

刘锦棠命令黄万鹏、谭拔萃率军冲入敌阵。刚一交战，敌军就溃散了，纷纷向西逃跑。黄万鹏、谭拔萃率军勇猛追击，直追到第二天天明才止住脚步。此战，斩杀敌军一百多名。

第二天天明，清军侦察兵发现，前面远处黑压压一片，似乎有数万的敌军骑兵，正在向西缓缓移动。刘锦棠得知后，策马登上附近的一座高山，用望远镜仔细观察，确认前面有一队敌军，不过人数并没有数万，而只有千余名。被他们裹挟的维吾尔同胞倒有数万。

刘锦棠立即下令全军火速追击，并规定只准杀害武装的敌军，不准伤害老百姓。敌军见湘军紧追不舍，只好停下来抵挡一阵。湘军勇猛冲杀，敌军伤亡惨重，余部逃入库车城中。

湘军快速追击，很快杀到库车城下。敌军数千名固守城池，摆开阵势，准备迎战。湘军进入南疆后的第一场城市攻坚战即将打响。

刘锦棠下令兵分五路攻打库车：黄万鹏等率第一路由右进攻；方友升等率第二路由左进攻；谭拔萃等率步兵左右接应；罗长祜率部居中路；刘锦棠率军坐镇后路指挥。

起初，湘军的多次进攻都被敌军打退。战斗陷入胶着状态。正当敌军认为湘军也不过如此，库车一战将成为整个南疆战役的转折点的时候，刘锦棠亲自率领后路大军冲向前阵，猛攻敌军。敌军猝不及防，纷纷溃散。其他四路随即也发起总攻。敌军抵抗不住，只好放弃库车向西逃去。

刘锦棠继续率军追击。侵略军想再决战一番，于是停下脚步等待湘军到来。两军随即展开大战。

侵略军武器装备不错，密集的枪炮向湘军射来。然而，湘军将士毫不畏惧，勇猛冲击。湘军将领夏辛西一马当先，活捉敌军首领。敌军群龙无首，纷纷败逃。

湘军乘胜追击，轻松地拿下了南疆重要城池阿克苏。

随即，刘锦棠兵分两路，直取乌什。刘锦棠率主力从正面攻打乌什，另一路奇兵则绕道杀至乌什背后，抄袭敌军后路。刘锦棠大军很快拿下乌什，另一路奇兵也斩杀败逃的敌军百余名。

至此，南疆东四城，即喀喇沙尔、库车、阿克苏、乌什，全部被湘军收复了。从10月7日收复喀喇沙尔到10月26日拿下乌什，短短二十天时间，湘军就西进一千八百里，收复重要城池五座，真可谓神速。

湘军顺利进军，给南疆西四城的敌军造成了极大的震动。驻守和阗的敌军将领尼牙斯本是中国人，对侵略军并无感情，此时反正，并率军攻打侵略军驻守的英吉沙尔城。

侵略军的新头子伯克胡里听说英吉沙尔危急，连忙率军前往解救。尼牙斯抵挡不住，英吉沙尔以及和阗重新落入侵略军手中。

尼牙斯虽然没有保住城池，却打乱了敌军的部署。当年，阿古柏侵略军攻陷喀什噶尔的时候，不少驻守喀什噶尔的清军将领为了苟活，投降了侵略军，其中包括一名叫作何步云的军官。

此时，何步云听说湘军西进，战无不胜，攻无不克，便密谋攻下喀什噶尔汉城，以换取清廷对他的宽恕。正好这时，伯克胡里率军前往英吉沙尔，喀什噶尔汉城内敌军守备空虚。于是，何步云联络喀什噶尔汉城内的原清朝官员，宣布反正，斩杀城内的侵略军，闭城固守。

伯克胡里得知后院失火，连忙撤军，集结侵略军攻打何步云守卫的喀什噶尔汉城。何步云难以抵挡，便派人冒险出城，前往阿克苏刘锦棠大营，请求湘军迅速发兵攻打喀什噶尔。

我在前面说过，从阿克苏到叶尔羌，有一条小路可通。按照刘锦棠原本的规划，湘军将走这条小路先攻下叶尔羌，然后再攻打英吉沙尔以及喀什噶尔。但是现在，情况发生了变化。对于刘锦棠来说，何步云反正是湘军一举拿下喀什噶尔的好机会，必须派一支精兵前往解救何步云才行。

刘锦棠决定兵分三路对南疆西四城发起攻击，使敌军首尾不能相顾。第一路，主将余虎恩，走大路前往攻打喀什噶尔。第二路，主将黄万鹏，从乌什取道布鲁特边界，出其不意地杀向喀什噶尔。刘锦棠规定，这两路军在喀什噶尔城下会师后，由余虎恩担任总指挥，负责攻克喀什噶尔。第三路，由刘锦棠亲自率领，攻打叶尔羌。

伯克胡里听说湘军已经向喀什噶尔杀来，放弃了对喀什噶尔汉城的围困，准备固守喀什噶尔回城。城中的百姓早已痛恨侵略军的残酷统治，听说中国大军到来，纷纷逃出城去。为了稳住阵脚，伯克胡里残忍地杀害了许多逃离者，但依旧无法阻挡逃离者的脚步。伯克胡里一看势头不好，留下亲信守城，自己则向西逃命而去。

余虎恩率领湘军攻城。城中的敌军早已丧失了斗志，放火烧城，随时准备逃命。余虎恩大军来到城下，与敌军骑兵交战，击斩敌军首领。敌军群龙无首，纷纷溃败。这时候，喀什噶尔汉城里的何步云也率军杀出，加入攻打喀什噶尔回城的行列。敌军抵挡不住清军的猛烈攻击，弃城向西狂奔。就这样，喀什噶尔城重新回到祖国的怀抱。

随即，余虎恩等率领湘军继续向西追击，试图活捉侵略军头子伯克胡里。很可惜，虽然湘军行动迅速，伯克胡里还是抢先一步逃入了俄国境内。由于俄国侵略者的包庇，中国政府不能将伯克胡里绳之以法。这也埋下了以后阿古柏余孽再度骚扰新疆的隐患。

在余虎恩等率军前往攻打喀什噶尔的同时，刘锦棠亲率大军沿小路前往攻打叶尔羌。这里并没有太多的敌军，湘军很快就拿下叶尔羌，并乘胜攻克英吉沙尔。12月26日，刘锦棠大军抵达喀什噶尔。七天后，也就是1878年1月2日，湘军董福祥部攻克和阗。和阗的攻克意味着整个新疆，除俄国占领的伊犁外，全部重新回到了祖国的怀抱。

清廷犒赏有功将领，左宗棠以一等伯晋升二等侯，较之曾国藩的一等侯，还是差了一级。刘锦棠的功劳仅次于左宗棠，清廷封他为二等男。

虽然整个新疆绝大部分区域已经被清廷控制，但新疆的局势还是不容乐观。阿古柏余孽蠢蠢欲动，随时准备在俄国的支持下，重新夺回南疆。占据伊犁的俄国侵略者，更是难缠的对手。等待左宗棠、刘锦棠的，将是更为严峻的挑战。

第十二章　伊犁交涉

痛打落水狗，反击阿古柏余孽侵扰

在中国军队歼灭阿古柏侵略军，武力收复除伊犁以外的新疆领土的时候，俄国并没有强力介入，基本上采取了旁观的态度。俄国之所以采取这一态度，是因为它当时的战略重心已经放到了巴尔干半岛。

在中国军队开始出关作战的 1876 年，沙皇亚历山大二世已经决定对土耳其发起攻击。在中国军队向达坂、托克逊、吐鲁番三城发起攻击的 1877 年 4 月，沙皇俄国正式向土耳其宣战。此后，两国展开了将近一年的大战。最终，俄国虽然获胜，但也付出了十几万伤亡的惨重代价。在这段时期内，俄国根本没有余力顾及新疆，所以只能旁观清军消灭阿古柏侵略军。

俄国没有余力侵略中国，而中国方面负责西部边防的总统帅左宗棠也不愿主动挑起与俄国的战争。左宗棠认为，当时中国的主要敌人是阿古柏侵略军，不是俄国，没有必要两面树敌，导致俄国强力干涉新疆问题。与俄国作战，中国军队并没有必胜的把握，虽然我们不怕俄国军队，但也绝不可主动挑起战争。

当初俄国占据伊犁，其驻华公使曾经对中国总理衙门说，只要中国收复乌鲁木齐以及玛纳斯，就立马将伊犁还给中国。所以，1876 年中国军队收复乌鲁木齐、玛纳斯后，朝中就有人提出应该派人前往俄国索要伊犁。

清廷征询左宗棠的意见。左宗棠说，现在还不是收复伊犁的时候，当前的主要任务是全力以赴收复南疆，而不是收复伊犁。如果现在就派人去索要伊犁，俄国人肯定会以武力相要挟，收复南疆的事就难以兼顾了。与其这样，不如先收复南疆，展示我军的实力，然后再迫使俄国妥协，将伊犁归还我国。所以，现在应该把收复伊犁的事，先搁置搁置。清廷同意了左宗棠的这一战略规划。

清军进军新疆南八城的时候，俄国和土耳其大打出手，原本驻守在新疆边境的部分俄国军队被调往前线。留守北疆的清军将领金顺认为有机可乘，给左宗棠写信说，他愿意率军乘虚袭取伊犁。

左宗棠不同意金顺的做法。他说，北路兵力并不强大，南路又不能分兵支援，击败俄军的把握不大。即便军事上有把握，也不必采取偷袭的方式，将来完全可以堂堂正正地向俄国索还。如今立即以武力攻取，即便可以暂时取得胜利，将来的后果是怎样的，我们无法预计，所以这并不是稳妥的计策。金顺听取了左宗棠的意见，放弃了对伊犁的军事行动。

侵略军新头子伯克胡里逃入俄国后，刘锦棠准备率军越境入俄国追剿。左宗棠得知后，立即予以制止。左宗棠认为，越境追剿不符合国际准则，会引起争端，对我国不利。

这时候，左宗棠还是立足于通过外交途径来解决与俄国之间的争端。他命金顺给俄国的土耳其斯坦总督写一封信，提出两点要求：一、归还伊犁；二、将中国正在追剿的敌人缚送中方。左宗棠知道边境总督无权处理归还伊犁这样的大事，必须通过正式的外交途径才能解决，于是报请总理衙门，照会俄国公使，按原定的说法交还伊犁。

俄国的土耳其斯坦总督接到金顺的信后，久久不作答复，不仅继续庇护伯克胡里等对中国人民犯下滔天罪行的要犯，还扬言要进攻伊犁东北的精河。前线的将士，包括刘锦棠等高级将领在内，得知这一消息以后，都很气愤，要求先发制人，越境追剿伯克胡里等人。

左宗棠反对这种做法。他认为，俄国只是虚张声势，刚刚在俄土战争中元气大伤的俄国军队，现在还没有精力发起一场对另一个大国的战争。但是，俄国人收容伯克胡里等人，明显不怀好意。他们是想长期霸占伊犁，并以伊犁为跳板，向我国新疆渗透。中国要想收回伊犁，不太容易。收复伊犁的总方针应该是先礼后兵，要以武力为后盾，但不可主动挑起战端。中俄边境长达万里，俄军可以从任意一点攻入，中国将防不胜防。虽然西北这边，有一支刚刚完成收复新疆任务的百战雄师，但东北没有，乌里雅苏台也没有。所以，战争是万不得已才能使用的手段。刘锦棠等人听从了左宗棠的意见，将满腔怒火暂时压制了下去。

不久之后，英俄两国在我国新疆边境发生了冲突，英国唆使当地人夺取了俄国的两座城池。俄国被迫抽调驻守中俄边境的俄军前去迎战。前线将士得知这一情况后，觉得这是一个千载难逢的良机，要求左宗棠派他们前去袭取伊犁，并越境追剿伯克胡里等人。

左宗棠还是不同意这种做法。他说，英国和俄国之间早就有矛盾，俄国自恃国大，英国自恃兵强，都想独霸中亚，发生冲突是很正常的。对于中国来说，最好的策略是静观其变，不宜轻举妄动。我们要发愤图强，做好迎战的准备，但绝不可主动挑起战争。不仅对英、俄等国要如此，对待其他国家，也应该是如此。

总而言之，由于俄国陷入俄土战争的泥潭一时难以自拔，以及左宗棠先解决南疆问题后解决伊犁问题、先外交交涉后付诸武力的战略思想，在1876年到1878年上半年这段时期内，中俄之间虽然有些小矛盾，但始终没有升级，更没有到决裂的边缘。

然而，俄土战争结束后，俄国很快就将战略重心重新调整到了中亚。俄国迅速替代阿古柏侵略军，成为中国的头号外敌。

侵略军的新头子伯克胡里等人是俄国手中握着的一张重要牌。俄国人认为，虽然"哲德沙尔汗国"已经覆灭，但是伯克胡里在新疆还是有些威望，只要时不时地放一些伯克胡里手下的人潜回新疆闹事，清军在新疆就会完全待不下去，更别说对抗俄国了。这样做对俄国来说，还有一个好处，那就是可以试探清军的真正战斗力，如果清军不能很快解决重新入侵的阿古柏余孽，那就说明清军的战斗力不行，在伊犁交涉中俄国的态度就可以强硬一些；反之，俄国就不得不对中国做出些让步。

1878年秋，伯克胡里手下最重要的一员将领阿里达什在俄国的支持下，带领同伙数十名潜回新疆喀什噶尔。阿里达什等人到处煽动我国少数民族同胞反抗政府，说什么汉族人不是他们同族的人，理应被驱逐出去，并且驻守喀什噶尔的清军即将调往关内，只要布置妥当，他们是能重新夺回喀什噶尔的。阿里达什还欺骗我国少数民族同胞说，只要他们重新掌控新疆，境内的百姓，除汉族人外，都可以免交粮税。

阿里达什等人说的这些话，完全是胡话、鬼话！之前阿古柏统治新疆的时候，横征暴敛，烧杀掳掠，弄得民不聊生，直到以汉人为主体的清军到来之后，老百姓才得以安居乐业。这种天翻地覆的变化，新疆各族同胞都是亲身经历过的。所以，阿里达什的这些胡话、鬼话，并没有多少人相信。得不到老百姓支持的他，注定将要走向覆灭。

刘锦棠掌握阿里达什的行踪后，随即命谭慎典等率军前往抓捕。阿里达什逃到奈曼，被事先埋伏在那里的清军擒杀。阿里达什是伯克胡里最重要的嫡系将领，清军擒杀此人，是对阿古柏余孽的沉重一击。

虽然擒杀了阿里达什，但跟随阿里达什潜回新疆的另一个重要人物阿卜杜勒哈马却从乱军之中逃走了。

阿卜杜勒哈马逃出后不久，即在俄国的支持下，率领阿古柏余孽八百多名，重新杀回新疆。他们打着替阿古柏报仇的旗号，并欺骗我国少数民族同胞说，他们在南疆有数万的支持者，大家都愿意替阿古柏报仇，夺回南疆各城易如反掌。他们的这点煽动伎俩，根本骗不了善恶分明的我国少数民族同胞。所以，这伙侵略者用尽手段，拉到的同伙还是很少。即便如此，他们还是准备蚍蜉撼树，与清军较量一番。于是，这伙人在阿卜杜勒哈马的带领下，推进至距离喀什噶尔只有一百余里的明约路。

刘锦棠命各路清军严密防守。侵略军找不到进攻的机会，只好退到一个叫博思塘特勒克的地方，企图凭借那里的险要地势与清军周旋。

博思塘特勒克城，左右是山，中间是一片平谷，附近一带是戈壁。从这里向东走一百六十里，即是乌帕尔城。

为了歼灭这伙侵略者，刘锦棠亲率大军进驻乌帕尔城。仔细地观察过博思塘特勒克城的地势后，刘锦棠认为，越过戈壁去攻击敌人，会暴露在敌人的炮火之下，损失比较大。经过一番缜密的思考后，刘锦棠定了一个引蛇出洞、十面埋伏的计策，试图全歼这伙侵略者。

刘锦棠首先派出一些少数民族同胞，前往博思塘特勒克，假装投降阿古柏余孽，获取阿古柏余孽的信任，然后骗他们说乌帕尔城中只有少量清军，发兵数百就能拿下这座重要城池。

阿卜杜勒哈马等人信以为真，派出大部队前往攻打乌帕尔城。刘锦棠得知敌军中计，便在乌帕尔城下设下埋伏，张网以待，同时命令罗长祜、谭慎典、方友升等率精兵快速前进，攻击敌军的大本营博思塘特勒克城。

这天黎明，敌军的大部队进入刘锦棠设计的埋伏圈。刘锦棠当即下令全线出击。敌军原以为乌帕尔城中只有少数清军，却不料遇上了清军的主力，当即惊慌失措，被勇猛的清军杀掉大半。剩下的敌军一看势头不好，赶紧往博思塘特勒克城逃去。

与此同时，罗长祜、谭慎典、方友升等率领的清军精锐杀至博思塘特勒克城。城中的敌军没有料到清军会来突袭，都在睡觉。听到外面喊杀声四起，他们才意识到清军的到来，纷纷从床上跃起，拿起刀矛准备反抗。然而，他们的这种仓促的反抗是毫无效果的。不过十几分钟，就有几百名敌军被清军击斩。余下的敌军纷纷投降。

　　顺利占领博思塘特勒克城后，罗长祜、谭慎典、方友升等人按照刘锦棠事先的规划，率军在博思塘特勒克城旁边的山谷中设下埋伏，等待从乌帕尔城下逃出的敌军路过。

　　为了取得最佳的伏击效果，罗长祜命步兵埋伏在谷中，而以骑兵埋伏在谷外，试图以精锐骑兵阻断敌人的退路，进而全歼包围圈内的敌军。

　　这天黄昏时，敌军的大部队从乌帕尔城下返回，进入了清军的埋伏圈。罗长祜一声令下，英勇无比的清军便排山倒海般向敌军杀去。

　　敌军见清军的骑兵阻断了他们的退路，于是将骑兵分作数十队，向清军骑兵冲杀过去。

　　清军将领谭慎典在高处看见这股敌军的首领是阿卜杜勒哈马的儿子买买提斯拉木，决定擒贼擒王，先斩杀此人。只听他大吼一声，挺着长矛，迅猛地向买买提斯拉木杀去。买买提斯拉木防备不及，被长矛刺中身亡。敌军没了首领，顿时大乱。清军趁机猛烈进击，敌军抵抗不住，纷纷溃逃。

　　取得决定性胜利后，各路清军继续追歼残敌。部分敌军命大，硬是从清军的天罗地网中钻出，逃向了俄国。其中，最重要的一位就是阿卜杜勒哈马。

　　刘锦棠很清楚，阿卜杜勒哈马不灭，新疆就不可能安宁。于是，他命令各部将，严守重要隘口，随时准备应付阿卜杜勒哈马潜回新疆作乱。

　　果然不出刘锦棠所料，第二年夏天，阿卜杜勒哈马再次纠集一批阿古柏余孽，潜回新疆，进犯色勒库尔城。

　　当时驻守在色勒库尔城的是我国维吾尔族优秀将领伯克素唐夏。侵略军将色勒库尔城团团围住，日夜环攻。伯克素唐夏并不慌张，指挥军民奋力作战，多次击退侵略者的进攻。

　　阿卜杜勒哈马见强攻无法得手，只好使用计谋，派人前往城中劝伯克素唐夏投降。和阿卜杜勒哈马的使者交谈后，伯克素唐夏心生一计，同意和他们在城下相会，商谈投降条件。阿卜杜勒哈马得知伯克素唐夏愿意投降，兴奋异常，放松了应有的警惕。

举行会谈的那一天，阿卜杜勒哈马并没有带太多的卫士，就走出阵前，与伯克素唐夏把手言欢。

突然，伯克素唐夏将右手往前一挥，大怒道："谁敢上前擒杀逆贼？"

话音未落，二十名精壮的武士从伯克素唐夏背后闪出。其中有一人，名叫苏乃满，突然向前奔向阿卜杜勒哈马，一手抓住他的马缰，一手拿刀往他身上砍去。

这时候，阿卜杜勒哈马已经有了防备，连忙抽刀将苏乃满抓住马缰的手指砍断，然后掉转马头，准备逃回自己阵中。

眼看阿卜杜勒哈马就要逃走，另一位名叫豁罕的壮士举枪便射，一枪正中阿卜杜勒哈马的后背，结果了他的性命。阿卜杜勒哈马三次带领阿古柏余孽潜回新疆作乱。前两次他命大，得以逃脱，但这一次，终于是天网恢恢，疏而不漏，跟随他的主子阿古柏下到十八层地狱了。他的七名卫兵，也被当场击毙。

敌军丧失了首领，却也没有大乱。他们依旧将色勒库尔城团团围住，妄图攻下城池斩杀伯克素唐夏，为阿卜杜勒哈马报仇。

刘锦棠得知色勒库尔被围后，立即派大军前来解救。敌军知道他们不是清军主力的对手，于是放弃围城，连夜往俄国方向逃去。

前几次，阿古柏余孽前来侵扰，清军都没能全歼敌人，致使敌军屡败屡来，似乎没有最终消停的日子。所以这一次，刘锦棠决心彻底干净地将入侵的敌军消灭。

被刘锦棠派往追击阿古柏余孽的是董福祥所部。董福祥不敢怠慢，率军日夜兼程，赶了两天两夜的路，但还是没有见到敌人的踪迹。这时候，董福祥大军来到了一个叫作空谷根满斯的地方。董福祥发现，这块地方地上满是牛马血，这说明敌军刚刚逃出不远。

这时候，步兵赶了两天两夜的路，已经疲惫不堪了，很多人脚上长了老茧，根本无法走路了。不用步兵，只用骑兵的话，兵力显得太空虚，遇上敌人的埋伏，很可能会遭遇惨败。

步兵应该怎样前进呢？董福祥想了许久，终于想出了一个办法。他命部将张俊挑选一批精兵，骑上用来运粮及军需的骡子，跟随骑兵前进。

张俊率军继续追击敌军。追到傍晚时分，终于赶上了敌军。这时候，敌人正解下马鞍喂马，准备扎营休息。

张俊兵分两路，对这股敌军发起攻击。他亲率主力，从正面攻击，而以部将绕至敌军的后路，发动奇袭。敌军在两路清军的先后攻击之下，损失惨重，余部落荒而逃。

张俊率部继续追击，沿途都是荒山绝岭、人迹罕至的地方，高耸入云的石壁很多。士兵和马匹经常要翻越悬崖峭壁，坠崖丧命的很多。路途是如此艰难危险，但广大清军士兵饱含着浓烈的爱国热情，并不惧怕这些困难。

这样追了两天两夜，清军来到了中俄边境。最终，清军没能将最后的几十名阿古柏余孽彻底消灭。不过，这几十人已经不大可能掀起大的风浪了。总的来说，这一战清军的表现，是近乎完美的。

持续一年多的反击阿古柏余孽侵扰战斗，沉重打击了阿古柏侵略集团，维护了新疆的安宁，也向俄国展示了中国的军事实力，使他们在日后的中俄伊犁交涉中不敢轻易对中国动武。经过这些事件后，除伊犁以外的新疆地区归属中国，算是最终确立下来了。

白发筹边，左宗棠抬棺西征

在武装反击阿古柏余孽侵扰的同时，清廷以崇厚为出使大臣，前往俄国办理收回伊犁事宜，而俄国方面，也将驻华公使布策调回国内，预备谈判。一场谈判桌上的没有硝烟的战争即将打响。

崇厚当年协助曾国藩办理天津教案，一味委曲求全，遭到不少人的谩骂。此番他再次被赋予外交重任，很多人，尤其是那些坚决主张对外强硬的清流派很是不满。

崇厚这次前往俄国的路线是从南洋取道红海、地中海、黑海直达俄国。清流干将张佩纶对此提出了异议。张佩纶说："使臣前往俄国谈判新疆问题，应该首先明白新疆的形势。所以，出使的路线必须经过新疆，实地考察一番，才能对形势有深刻体会，才能做到知己知彼，才能在谈判桌上缓急自如，取得先机。然而现在，使臣经海路前往俄国，不明白边塞的实情，不知道将帅的谋略，怎么能谈判好？"

清廷这次派崇厚出使，还给予了他全权大臣便宜行事的名号。张佩纶坚决反对这一点。他说："按照西洋的惯例，使臣有了全权大臣便宜行事的名号，就可以在关系重大却来不及详细商量的事情上自作主张。我恐怕俄国人会利用这一点，逼迫崇厚迅速签约。到时候，国家将遭遇重大的损失。"

　　从事后来看，张佩纶的这些主张都是很有先见之明的。正是因为崇厚不了解新疆的形势，不明白伊犁南面特克斯河流域对伊犁防御的极端重要作用，所以才没有力争这一重要区域，导致他擅自与俄国人签订的《里瓦几亚条约》遭到了主战派大臣的猛烈抨击。

　　特克斯河流域是伊犁与南疆取得联系的重要通道。从伊犁出发，前往阿克苏、乌什等南疆城市的道路，都要经过特克斯河流域。一旦特克斯河流域被俄国占领，伊犁将变得异常孤立，完全不能防守，而且南疆也会因为不能和伊犁联系，变得更加孤立。这样一来，中国就徒有收复伊犁之名，而没有收复伊犁之实。崇厚之所以遭抨击，主要就是因为他轻易地放弃了特克斯河流域。后来的曾纪泽之所以被视为民族英雄，也主要是因为收复了特克斯河流域。

　　除了轻易让出特克斯河流域外，崇厚与俄国签订的《里瓦几亚条约》还使中国丧失了不少利益。长期以来，俄国一直谋求扩大对华陆路通商范围，但是迫于广大人民群众的抗俄情绪，清政府一直不敢答应。然而这次，崇厚在俄国人的逼迫下，终于将这一重要权益出卖。根据《里瓦几亚条约》的规定，俄国人的通商权益深入到了长江流域的汉口。俄国人不费一兵一卒，所得的权益比打一次大胜仗还要大得多。

　　《里瓦几亚条约》签订的消息传到中国，引起了轩然大波。本来，左宗棠率部成功收复除伊犁以外的新疆地区，后来又取得反击阿古柏余孽斗争的胜利，令中国人民的民族自豪感得到了极大的张扬。然而此时，《里瓦几亚条约》的签订就像一盆冷水，一下就浇灭了人们心中熊熊燃烧着的烈火。于是，人们不得不寻求一种途径，发泄自己的不满。这样一来，丧权辱国的崇厚被全国痛骂，也就是很正常的事情了。

　　清流派向来是最不愿妥协的，所以他们的骂声也最为激烈。作为清流派中坚人物的张之洞上了一道洋洋洒洒的折子，一口气提出不能应允《里瓦几亚条约》的十大理由，在当时产生了很大的影响。

　　张之洞说："《里瓦几亚条约》不修改，中国将难以立国。要想成功修改条约，中国必须做到四点：当机立断、气势如虹、理由充分、谋定后动。为了表明中国的决心，应该立马将崇厚诛杀，这就是当机立断；把条约交给天下百姓公议，获取百姓的支持，这就是气势如虹；崇厚虽然已经画押，但朝廷尚未应允，依据这一点驳斥就是理由充分；命令左宗棠、李鸿章积极备战，整顿军备，训练士卒，这就是谋定后动。"

张之洞还说："朝廷应该迅速起用宿将。彭玉麟、杨岳斌、鲍超、刘铭传这些人，都是久经战阵的老将，起用他们带兵对抗俄国，绝对靠得住。"张之洞的这一策略后来被清廷采纳，刘铭传不久之后就再度出山，鲍超率部北上，曾国荃也重新带兵，彭玉麟也参与了东北以及长江布防。

左宗棠的看法与清流派基本一致。本来，左宗棠是不想用武力解决伊犁问题的，在收复除伊犁以外的新疆地区的过程中，他一再反对乘虚袭取伊犁。但是，俄国强迫崇厚签订《里瓦几亚条约》，攫取众多利益，令他改变了对这一问题的看法。左宗棠觉得有必要做好军事解决伊犁问题的准备。

左宗棠得知《里瓦几亚条约》的内容后，非常愤怒，上奏清廷说："伊犁虽然收回，但霍尔果斯河以西、特克斯河以南的大片领土却丢了。伊犁处在俄国的包围之中，根本无法防守。这样一来，中国徒有收复伊犁之名，而没有收复伊犁之实。更为紧要的是，特克斯河以南是伊犁联系南八城的重要通道，丢了这块地方，伊犁驻军的军粮将无法运送，南八城也将直接处在俄国的威胁之中。一个国家在战败的时候，固然有割地求和的事，但从来没有听说过未交一兵未发一箭，就把险要地方拱手让给敌人，以满足敌人欲望的。这就好比投一块骨头给狗，狗吃完了骨头依旧咬你一样。"

最后，左宗棠提出了伊犁交涉的总方针，那就是先用外交的手段解决，外交解决不了那就付诸武力。左宗棠坚信，中国一定能够取得最后的胜利。

此后，左宗棠即着手军事准备，调兵遣将，制定了一个三路进兵武力收复伊犁的方案。东路由伊犁将军金顺率领所部一万人，严守东面，防止俄军东窜；中路由提督张曜率领五千人，由阿克苏北上，沿着特克斯河直取伊犁；西路由刘锦棠率领湘军一万人，取道乌什，经布鲁特游牧地北上，直取伊犁。同时，左宗棠又命谭上连、谭拔萃等将领率部稳固后防。

与左宗棠、张之洞等人力主强硬对抗不同，李鸿章一如既往地主张妥协退让。在这一片叫战、喊杀声之中，李鸿章的这种态度算是非常另类的了。

李鸿章在给清廷的奏折中表明了他对崇厚擅自签约一事的态度。李鸿章说："从目前这个局势来看，与其收回伊犁，还不如不收回。崇厚是出使全权大臣，有便宜行事的权力，现在他已经和俄国人订约，我们就不好反悔了，否则理亏的是我们。如果朝廷一定要推翻崇厚订立的这个条约，那么肯定会招致战争。中俄边界漫长，超过万里。俄国攻击我们，我们将防不胜防。到时候，中国战败，想要签订现在这样的条约，也是不可能的了。"

李鸿章不仅在奏折中公然倡导妥协退让，在给朋友的信件中，他也不忘兜售他的妥协理论。他写信给山东巡抚说："这次中俄伊犁交涉，坏事就坏事在张之洞等人的慷慨陈词上。当然，最根本的还是左宗棠。张之洞等人也是受了左宗棠的影响才如此的。"

李鸿章又给当时任驻英、法公使的曾纪泽写信说："《里瓦几亚条约》中的分界条款，中国稍微吃了点亏。主要是特克斯河流域让给了俄国，中间有些通往南疆的道路因此被阻断。这就是左宗棠、张之洞等人认为不能应允这个条约的主要原因。其实吧，伊犁不收回，对大局并没有什么妨碍。左宗棠、张之洞等人竟然公开主战，未免太猖狂了。"

作为曾经的中国驻英公使，郭嵩焘无疑是当时中国最了解外国的人之一。他也就伊犁交涉发表了意见。他既不赞同左宗棠、张之洞等人的主战思想，也不赞成李鸿章的妥协思想。他的看法总结成一句话，那就是：开诚布公，努力争取，通过外交途径和平解决争端。

虽然郭嵩焘也和左宗棠、张之洞等人一样，认为清廷应该拒绝承认《里瓦几亚条约》，但他认为，中国绝对不能因为这件事与强大的俄国开战。郭嵩焘说："两次鸦片战争的时候，中国的实力不错，却都遭遇到惨败。现在中国实力不如当年，又怎么可能击败俄国？中俄边界，长达万里，一旦开战，中国需要处处设防，这是根本无法做到的。所以，开战绝对不是明智的选择。当务之急，应该首先明确告诉俄国，崇厚擅自签约，中国政府不能承认，然后再派使臣去与俄国人慢慢商谈，挽回一些国家利益。"

郭嵩焘的看法得到了清廷中枢的高度赞赏，他的这一策略实际上成为后来清政府解决伊犁问题的根本方针。

就在清政府内部为伊犁问题辩论不休的时候，贪婪的俄国政府加强了对中国的军事讹诈。俄国驻华代办凯阳德经常闯入总理衙门疯狂咆哮，恣意干涉中国内政，并扬言动武。凯阳德狂妄地叫嚣："俄国不该让的就决不让，越让越不好，俄国并不是没有力量。至于条约中国批不批准，俄国全不在乎。"与此同时，俄国军队也频繁调动，对中国形成了军事高压态势。

1880年年初，俄国土耳其总督考夫曼奉命做好向中国开战的一切准备。随后，考夫曼即在漫长的中俄边境上加强兵力部署。他将本来驻守在塔什干等地的大批正规军队和预备队调往伊犁等地，并把各种战备物资源源不断地运送到伊犁及其毗邻区域。

很快，俄国就在伊犁地区集结了一万两千多名士兵，配备五十门火炮。士兵数量超出了前几年盘踞伊犁的俄军总数六倍多。同时，驻守伊犁的俄国侵略者在伊犁外围的塔勒奇山上修筑了许多堡垒，开辟了通往乌鲁木齐方向的军用道路，以便随时向东推进，攻打乌鲁木齐。

为了补充兵力以迅速占领中国已经收复了的北疆地区，考夫曼给俄国的西西伯利亚总督写信，要求他准备从斋桑湖方向派兵协同作战。俄国很快就在这一带的边境线上部署了一万九千多名士兵，配备六十二门火炮。

同时，俄国还拟定了攻占喀什噶尔的作战计划。为此，在临近南疆的费尔干省，俄军集结了五千士兵，配备三十门火炮。

考夫曼深知逃往俄国的阿古柏余孽在南疆一带还有些号召力，于是他准备利用阿古柏余孽作为对中国发动新的侵略战争的帮凶。考夫曼亲自接见了伯克胡里，煽动他说："中俄如果因为伊犁而开战，那就是你最好的复'国'时机。只要你一声令下，号召喀什噶尔的浩罕人驱逐中国人，南疆各城都将传檄而定。"

以上说的都是俄国在西线的军事布置。和西线一样，俄国在东线也集结了大量军队，试图攻占我国东北。

在东线，俄国将大量军队布置在黑龙江以北及乌苏里江以东地区。按照俄军的规划，一旦对华宣战，这些军队将迅速攻占珲春、宁古塔等地，兵锋直指沈阳。

此外，俄国还策划了一个以海军袭击中国海岸和港口的计划。为了完成这一计划，俄国海军出动了数十艘军舰，其中包括：四艘装甲舰、三艘快速巡洋舰、三艘海防舰、六艘炮舰、四艘运输船和相当数量的驱逐舰。这支舰队的指挥官是列索夫斯基上将。出动如此众多的军舰并以上将统率，可见俄国为了讹诈中国，是舍得下血本的。俄国扬言以这支舰队封锁渤海、黄海，攻打大沽口、长江口，直接威胁当时中国最重要的两个城市，即北京和江宁。

面对俄军咄咄逼人的进攻态势，清廷被迫做好迎战准备。清廷的布防主要在四个区域，即京畿、山海关、长江口以及西北。

京畿海防，由李鸿章负责，湖南乾州人罗荣光隶属之。罗荣光是湘军出身，后来加入淮军，参与镇压太平天国及捻军起义。后任副将，长期驻守京畿门户大沽口。

山海关一线的防守，由湘军名将曾国荃负责，另一位湘军名将鲍超率部驻守乐亭，为后路。

曾国荃原为湘军陆师重要将领。1867年，因所部新湘军覆灭，"剿捻"失败，开缺回籍。1874年重新出山，后担任山西巡抚。任期内，山西发生严重旱灾，曾国荃积极赈灾，活人无数，深受百姓爱戴。此时，因俄国军事讹诈，形势严峻，将才缺乏，清廷命他重新带兵，前往主持山海关防线。

本来，清廷是命曾国荃率部驻守营口的。但曾国荃仔细思考并与李鸿章商议后，认为山海关的战略地位比关外的营口重要百倍，不守山海关而守营口，是不可取的。另外，一旦军队出关，就不能与天津、昌黎等地的清军构成犄角之势，互相呼应，这在军事上也是大忌讳。清廷接受了曾国荃的意见，命他率部驻守山海关。当时，曾国荃有病在身，虽然抱病前往山海关筹划防守，但实际上做的事情不太多。他的职责主要是由李鸿章代替完成的。

与曾国荃一样，鲍超原来也是湘军陆师重要将领。1867年，他在尹隆河一战中与淮军将领刘铭传发生激烈矛盾。清廷偏袒刘铭传，致使他非常愤怒，称病辞职。1874年重新出山。此时，率兵驻守乐亭，担当曾国荃部的后继之师，同时屏障京城。

长江口的防御，由两江总督刘坤一、湘军名将彭玉麟、长江水师提督李成谋等负责。

刘坤一原为湘军江忠源、刘长佑系的重要将领。后历任江西巡抚、两江总督、两广总督等职，是当时重要的封疆大吏。

彭玉麟原为湘军水师统帅。将太平天国镇压下去后，他与曾国藩奉旨将湘军水师改造成为国家的经制部队，也就是后来的长江水师。1872年，奉旨每年巡阅长江一次。此后，他一直是清廷负责长江防御的重要将领。

李成谋原为湘军水师将领。1872年，彭玉麟巡阅长江，参劾官员两百多名，长江水师提督黄翼升被迫引咎辞职。随后，彭玉麟向清廷推荐李成谋担任长江水师提督，获得朝廷批准。此后，李成谋一直是清廷负责长江防御的重要将领。

西北的防御，主要由左宗棠负责，刘锦棠、金顺等人协助。为了更好地指挥新疆布防，挫败俄国侵略者的阴谋，左宗棠不顾年老体衰，准备将大本营由甘肃的肃州移动到新疆的哈密。

当时，左宗棠已经六十九岁了。多年的戎马生涯，使他患上了多种疾病。来西北前就患上了长期腹泻。在肃州大营期间，由于水土不服，全身长满了风湿疹子，夜间抓挠不止，还曾经忽然吐血十余口。

虽然身体已经大不如以前，能不能活着回到关内都很难说，左宗棠依旧饱含着巨大的爱国热情，奔赴抵御俄国侵略者的前线。在跟随他前往哈密的队伍中，有几名壮士抬着一口空棺材，跟在他的乘舆后面。那是他为自己准备的！他对部下说，一旦他在关外病亡或在对俄战争中为国捐躯，那就将他装进这口棺材，然后运回湖南老家！

当年班超深入虎穴，定西域三十六国，却以生入玉门关为幸事，而左宗棠功劳与班超相等，未出玉门关，就已经做好了不能生入玉门关的准备，他的爱国热忱，比班超还要强烈几分！可惜的是，当时的清朝，像左宗棠这样的人物实在太少了，偌大的一个国家，只能靠这么一位白发苍苍的老将支撑着。要是当时所有的中国人都能像左宗棠这样强硬，后来的清廷何至于在对外战争中一败再败，乃至签订丧权辱国的《马关条约》及《辛丑条约》，赔那么多款，割那么多地呢？

左宗棠率部进驻哈密的那一天，哈密各族人民听说左宗棠来到，都纷纷拥挤在路旁迎接张望，有些人是从百余里外连夜赶过来的，还有一些人，年纪比左宗棠还大，行动已经很不方便，却也拄着拐杖来看。人民群众都知道，是左宗棠将他们从阿古柏侵略军的威胁之中解救出来的，他们都急切盼望能够亲眼见到这位可以称得上中国脊梁的伟大人物。

左宗棠到哈密后，积极布置反击俄国侵略的相关事宜。他写信给前敌将领刘锦棠，说："俄国当局虽然在伊犁增强兵力，但是，据探报不过增兵数千，其中夹有不少阿古柏余孽，这种军队的战斗力非常薄弱，不堪一击。现在我国政府派曾纪泽出使俄国，谈判即将重开，怎么订约不得而知。但是，俄国居心叵测，无论是战是和，我们都应该未雨绸缪，做好战斗的准备。有些人说中俄边界万里，一旦开战，中国将防不胜防。对于我们来说，是防不胜防，对于他们来说，难道不也是这样吗？谁怕谁啊！"

左宗棠又给总理衙门写信说："俄国地大民少，兵力不敷分布，对我国不可能构成致命威胁。俄国国内的情况很糟糕，由于军费激增，他们不得不加重对老百姓的盘剥，老百姓因此怨声载道，造反的此起彼伏。这样的一个国家，我们完全用不着怕。中俄对抗，胜利一定是属于中国的！曾纪泽去俄国谈判，一定不能妥协退让。"

由于左宗棠的大声疾呼，当时清廷内部主战的呼声很强烈，一向主张妥协退让的李鸿章感到非常孤立。为了推行他的妥协外交路线，他请来了曾经帮助清廷镇压太平天国的英国人戈登，试图通过他对清廷施加影响。

戈登风尘仆仆地来到天津后，立即前往拜见李鸿章。李鸿章向他详细说明了目前的局势。李鸿章说："总的来说，在对俄和战的问题上，目前主要有三派。我代表一派，朝廷代表一派，文官代表一派。我这一派以及朝廷一派，都是主张和平解决的。但是你也知道，中国的文官是很厉害的，能够左右社会舆论，我和朝廷都惧怕他们，不敢开口说议和。"

戈登沉思了一会儿，对李鸿章说："这样看来，中堂大人应该设法联合朝廷派，以制伏文官派。"

李鸿章笑道："这正是我请你来的目的。你去朝廷中帮我活动，促使朝廷下决心与俄国议和。"

戈登听罢，说："能为中堂大人办事，我感到很荣幸。我当尽力而为，阻止一场将要毁灭中国的战争。"

四天以后，戈登前往北京，受到了一向主张对外强硬的醇亲王奕谔的热情接待。另有一位军机大臣也参加了会见。

寒暄几句后，戈登即向奕谔等人兜售他从李鸿章那里得来的和平解决中俄争端的方案。他对奕谔等人说："中国要是能做到这一点，那就可以对俄国开战了。"

戈登这种卖关子的说话方式，引起了奕谔的浓厚兴趣。略微沉思一会儿后，奕谔问道："哪一点？"

戈登听罢，大声说："摧毁北京郊区，将皇帝和朝廷迁移到安全的地方去。"

奕谔听后，大为吃惊，沉思良久后，他说道："大沽炮台的防守非常稳固，北京不会有危险的。"

戈登听罢，哈哈大笑道："他们能从大沽的背后攻占要塞，中国的陆军能够抵挡得住吗？老实说，北京真不是一个建都的好地方。只要北京还是中国的首都，中国就不能和外国开战。因为北京距离入海口太近，外国军队很容易长驱直入，直逼北京城下。"奕谟听到这句话，惊愕得半天说不出话来。

戈登在北京的活动使得清廷中枢失去了抗战到底的信心。以慈禧太后为首的妥协派本来就不愿与俄国开战，现在被戈登这么一吓唬，更加不敢招惹俄国了。他们准备把主战派的中坚人物左宗棠从新疆调到北京来，以打压主战派的蓬勃气势，创造与俄国议和的良好环境。

不久之后，清廷就正式下诏，命左宗棠即刻回京。清廷在诏书中说："左宗棠到达哈密已久，关外的军事，应当已经布置妥当了。现在局势很危险，朝廷急需一个懂军事的老将做顾问。左宗棠立即准备回京担当顾问。关外军事，由谁来接替指挥，另行具奏请旨。"清廷不敢在诏书中直接说是为了向俄国求和才将左宗棠召回，而是找了个冠冕堂皇的理由，美其名曰回到京城来当顾问，迫使左宗棠不得不接受清廷的摆布。

左宗棠接到诏书后，非常气愤。他刚刚得到侦探的情报，俄国去年发生了天灾，粮食极度匮乏，又因与土耳其打仗，花费巨大，导致财政枯竭，而且到处都有造反者，目前完全不能以全力对抗中国，俄国派驻到中俄边境及中国沿海的军队，都只是虚张声势而已。事实证明，俄国国内的情况很糟糕，中国执意与俄国一战的话，胜算还是蛮大的。可是现在，朝廷却要他立即回京！他才刚刚来到哈密，关外的军事部署才刚刚有点眉目，朝廷却要将他召回，真是岂有此理！这与宋高宗十二道金牌急召岳飞回京有什么区别！

左宗棠很清楚，如果不是朝廷的政策发生了重大变化，朝廷是不可能这么做的，一定是李鸿章在背后使坏，致使朝廷改变了主意，一个李鸿章，真是比十个俄国将军还坏。

愤怒归愤怒，作为大清王朝的忠臣，左宗棠不得不接受清廷的命令，收拾好行装准备回京。他的督办新疆军务一职，由他麾下最重要的一员将领刘锦棠接替。他的陕甘总督一职，由他的老部下、湖南湘乡人杨昌濬接替。

杨昌濬原为左宗棠麾下名将，后历任浙江巡抚等职。1875 年，因错判杨乃武与小白菜案，遭革职处分。后重新复出。1880 年因左宗棠的奏请，得以护理陕甘总督，与刘锦棠一起办理新疆善后事宜。

当时，刘锦棠在南疆的喀什噶尔，左宗棠便在哈密等刘锦棠前来。虽然被剥夺了陕甘总督、督办新疆军务两项重要职责，左宗棠依旧关心当时的中俄局势。他给总理衙门写信说："鸦片战争以来，有两种人最可恶。一种是不知洋务盲目排外的，这种人不知道外国的真实情况，盲目自大，在对外战争中总想侥幸取胜，结果一败涂地。另一种是自以为懂洋务的，认为中国远远落后于西洋各国，绝对不能和洋人开战，否则必将惨败，于是在外交事务中一味妥协，结果我退一寸，敌进一尺，结果大局越来越坏。只要摒弃这两种思想，谋定而后动，就一定能够战胜俄国。"

刘锦棠来到哈密后，左宗棠对他面授机宜，反复叮嘱他要立足于战。随后，左宗棠办理好交接手续，便率领着他的亲兵，重回关内了。

这时候，俄国正在东北边疆炫耀武力，在珲春边境构筑工事，兵舰也开入新开河。左宗棠得知东北危急的消息后，派出他手下的三名重要将领，即刘璈、王德榜、王诗正三人，率军二千五百人，先期入关，屯驻在张家口，准备与俄国决战。

刘璈原为左宗棠麾下重要将领。1874 年时，清廷命他跟随沈葆桢前往台湾办理海防事宜以及日本侵台善后事宜。沈葆桢命刘璈分管建筑城邑的事务。刘璈很好地完成了任务，为台湾的初步开发做出了重要贡献。此后协助左宗棠收复新疆。

王德榜原为左宗棠麾下重要将领，久经战阵，深得左宗棠信任，后协助左宗棠收复新疆。王诗正是湘军名将王鑫的儿子，1875 年入左宗棠军中，后协助左宗棠收复新疆。刘璈、王德榜、王诗正是左宗棠后期重点培养的三个将才。在日后的中法战争中，这三人都将是风云人物。

面对着俄国步步紧逼的态势，左宗棠愤怒不已。他在给刘锦棠的信中说："中俄之间的争端，我看最终还是要以战争的手段来解决。我通盘筹划了好几天，得出了一些作战计划，这次一定要让俄国把自康熙年间以来侵占我国的土地全部交还我国！"

这边左宗棠还在做着击败俄国、要回被占领土的美梦，那边清廷早已被俄国的军事讹诈以及戈登等人的游说所吓倒，准备向俄国屈膝求和了。左宗棠回到北京后不久，中俄之间的和平协议就达成了。虽然由于曾纪泽的努力，中国最终收回了特克斯河流域，但中国失去的还是很多很多。

第十二章　中法战争

抗法中流砥柱：左宗棠与彭玉麟

1883年3月，上海吴淞口。虽然是江南，初春的寒意却丝毫不减。冷风吹拂着江面，泛起一阵阵涟漪，令人更感觉到寒冷。

与这般萧瑟景象不相匹配的是，此刻的江面，正在举行一场盛大的仪式。中国自主建造的"澄庆"号炮舰此刻正横亘在江心，围绕着"澄庆"舰的是南洋水师的各式轮船以及长江水师的舢板小船。船上站满了士兵。从士兵的穿着我们可以看出，他们都是大清水师的士兵。

"澄庆"号炮舰临时搭建的阅兵台上，站着两位威风凛凛的将军。从两位将军背后花白的辫子我们可以推断出，他们的年龄都已经很大了。他们都有着各自鲜明的体貌特征，其中一个方脸大耳，挺着一个大肚子，显得很有福气；另一个则比较瘦，但身板看上去还算硬朗。

这一胖一瘦两位老将不是别人，正是大名鼎鼎的左宗棠和彭玉麟！

在几位湘军大佬当中，面对外敌入侵，持主战态度最为坚决的就是左宗棠和彭玉麟。左宗棠主战，这无须多做解释，大家都很清楚。彭玉麟的态度，我可以举几个例子说明之。

和左宗棠一样，彭玉麟的主战思想在很早就已经形成了。1858年6月，《中英天津条约》签订，湘军花费巨大代价才拿下的汉口、九江都被辟为通商口岸，英国舰船因此得以畅行长江，毫无阻拦。

彭玉麟得知此事后，非常愤怒，他在给湘军名将李续宾等人的信件中说："昨天接到咨文，说是合约已经签订，现在有英、美、法三国的船只沿着长江西上，准备去汉口查看码头形势，要我沿江水师各营不得惊疑，任其前往，并且派兵防备太平军突袭洋船。这些洋鬼子，实在太可恶了！居然如入无人之境地深入内江！那些执掌中国命运的高官只知道议和，一而再，再而三，引狼入室，姑息养奸，完全不顾国体，真是令人浩叹！照这样下去，我看中国是没救了！"

1877年，日本加紧吞并琉球。这件事引起了彭玉麟的高度警觉。他主张对日强硬，以武力收复琉球。在给时任两江总督沈葆桢的一封信中，彭玉麟这样说："日本是个小国，但比西方列强更加狡猾。明朝的倭患之所以那么严重，也是这个原因。日本也好，西方列强也好，都是一群豺狼，得寸进尺是它们的天性。如果它进一步，我们就退一步，那么退到无路可退的时候，我们又该怎么办呢？为今之计，只有与倭寇决一死战，才是正确的选择。即便中华民族因此而遭遇更大的灾难，那也是气数使然。"

从上面的这些例子中，我们可以看出，彭玉麟自始至终就是一个坚定的主战派，他在中法战争中的主战立场绝不是突然产生的，而是他一贯的主张。在这方面，他与左宗棠，和一向主和的李鸿章形成了鲜明的对比。

左宗棠自任两江总督以来，非常挂念江防，多次巡视长江沿岸各战略要地，亲自布置防守。随着法军步步逼近，中越边境的局势越来越紧张，左宗棠越发感觉到江防的重要性。在第一次鸦片战争中，英国人的兵舰从长江口侵入，封锁漕运，导致中国的钱粮无法北运，只好签约投降。左宗棠熟知这段历史，他暗自发誓一定不能让这段惨痛的历史重演，一定要把江防布置好。出于这种希望，年逾古稀的他浑然不顾严寒，满怀着爱国激情，来到吴淞口检阅水师。

恰好这时候，奉旨每年巡阅长江一次的彭玉麟也路过附近。彭玉麟是长江巡阅使，加强江防是他的本职工作。他听说左宗棠来检阅水师，便也来到吴淞口，参与左宗棠的检阅。这两位从湘潭之战起就已经建立起深厚友谊的老朋友，为了加强江防，抵御法国侵略者的入侵，又走到一起来了。

左宗棠和彭玉麟望了望前面的战舰及士兵，显得格外激动。左宗棠指着各式战舰，对彭玉麟说："雪帅，你看，这些船，这些兵，怎么样？能打败法国人吗？"

彭玉麟点点头，斩钉截铁地说："我看行！"

左宗棠一听，特别高兴，说："我看也没问题。我现在不怕法国人来，就怕他们不敢来！"

彭玉麟也非常高兴，说："季帅豪气不减当年。中法这一仗，咱们一定能像收复新疆那样，打得漂漂亮亮的！"

听了彭玉麟的鼓励，左宗棠更加有信心了，他上前一步，扯着嗓子对士兵们喊道："弟兄们，法国鬼子在越南不断挑衅，这口恶气咱们不能忍！依我看，中法之间必有一场大战！我今天到这儿来，就是想看看大家，有没有做好打大仗的准备。大家说说，都准备好了没有啊？"

士兵们异口同声地回答道："都准备好了！"声音洪亮而整齐，直上云霄，左宗棠和彭玉麟听了，更加心潮澎湃。

左宗棠接着喊道："弟兄们，法国鬼子船坚炮利啊！我们是不是没有办法击败他们呢？我看不见得！我们的办法多得是嘛！法国人要是敢来，我们就布好阵，用炮轰他们！轰他们的锅炉，轰他们的气管，轰他们的烟囱！还可以挑选一批熟悉水性的勇士，遇到机会就跳上他们的船，炸掉他们的机器，把他们的战船夺过来！凡是奋勇当先的，我都有重赏；凡是怯懦不前的，必定重罚！将士们齐心协力，一定能打败法国鬼子！到时候，我和雪帅也会亲临战场，与大家同生死，共患难！大家说好不好啊？"

将士们看着白发苍苍的左宗棠在阅兵台上慷慨陈词，都很受感动。站在台上的几位将官纷纷表示："我们才智驽钝，蒙国家不弃，才做到了一二品的高官，唯有马革裹尸，方能报效国家一二！两位老帅放心，要是法国鬼子真敢开战，即便你们不在战场，我们也定会冲锋在前，奋勇杀敌！"

左宗棠和彭玉麟听了将官们的这番表态，更加高兴了。左宗棠接着喊道："为国尽忠，这是我们军人的本分！到了战场上，大家都是一样的，根本不用分统帅、营官、哨官、士兵等，完全不必分彼此！大家一齐往前冲，那才叫过瘾！自鸦片战争以来，列强们凭借着坚船利炮以及阴谋诡计，屡次进犯中国，杀我人民，夺我财产，逼迫我们割地赔款，这口恶气我们已经憋了四十多年了，也该到痛快地吐出去的时候了！要是这一次我们能挫一挫法国鬼子的威风，令列强从此以后不敢小视中国，不敢动辄要挟，我左宗棠就是把命丢在这条长江之中，也算值得了！"

彭玉麟听罢，也上前一步，对着将士们喊道："季帅说得好！我们都是军人，为国尽忠是本分！我彭玉麟今天也要在这里说一句，若是有一天，中国和法国开战，我彭玉麟定然冲在最前面！为了国家，拼了这条老命，也是值得的！"

将士们听了左宗棠、彭玉麟的讲话，都感觉到热血沸腾。爱国的热情融化了初春的寒意，大家脸上都洋溢着胜利的喜悦。经过左宗棠、彭玉麟的这一次吴淞口阅兵，南洋水师和长江水师的抗战热情得到了极大的激发。

形势的发展远远超出了左宗棠、彭玉麟的预估。吴淞口阅兵仅仅过去两个月，不断进逼的法军就在越南河内附近的纸桥和刘永福率领的黑旗军展开了大战。激战中，法军将领李维业被击毙。中法之间的关系迅速恶化，一场大战即将到来。左宗棠、彭玉麟，这两位主战派的中坚人物，都决心在这场关系中华民族兴衰荣辱的大战中兑现自己的诺言，冲在抗法斗争的最前线。

先来说说左宗棠在中法战争中的表现。左宗棠主战不仅仅停留在口头上，而是落实到了具体的行动上。在中法战争正式开打前，左宗棠就命心腹将领王德榜招募起一支恪靖定边军（左宗棠是二等恪靖侯，故名恪靖军），开赴越南战场。在日后的镇南关一战中大显身手的恪靖定边军就这么成立了。

王德榜率部来到中越边境后不久，就配合其他各路清军取得观音桥大捷，沉重地打击了法军的嚣张气焰。

1884 年 6 月 23 日，一支由杜森尼中校率领的九百人的法国军队从河内出发，向中越边境的谅山进发。当法军推进至观音桥附近的时候，与清军狭路相逢。双方发生激战。

在湘军将领王德榜、方友升以及淮军将领万重暄等人的指挥下，清军以伤亡数百人的代价，取得了观音桥之战的胜利。

法军伤亡惨重，狼狈往南逃去。事后统计显示，法军在这一战中阵亡十九人（一说为三十三人），伤七十八人。法军的这一伤亡数据，在中法战争的所有战斗中，是排名前几位的。

法国人在战场上丢掉了脸面，却想从谈判桌上要回来。他们的外交官对中国总理衙门提出了相当苛刻的要求：将驻守越南的军队迅速撤回，并赔款二亿五千万法郎。

法国人为了逼迫清政府让步，派军队攻打台湾基隆港。在基隆守将、湘军将领曹志忠的正确指挥下，清军击退了法军的进攻，击毙法军两名，取得了第一次基隆保卫战的胜利。法国人以基隆为质押地，逼迫清政府让步的阴谋，没有得逞。随后，法国人进攻马江，迅速歼灭福建水师并摧毁马尾造船厂。

法国人在马江海战中表现出了压倒性的优势，这给东南沿海一带的官民造成了极大的恐慌。这一带迫切需要一个民望较高的朝廷重臣前来坐镇，安抚百姓，重新构筑防御，防止法国再次进袭。

左宗棠曾经担任过闽浙总督，在马江海战中被法国人摧毁的马尾造船厂，就是他当年建造的。所以，他觉得他有责任前往福建，稳定那里的局面，并与摧毁船厂的法国人较量一番，替船厂复仇。他请求清廷命他前往福建督师，得到了清廷的许可。

1884年12月14日，左宗棠抵达福州，福建沿海一带军民因马江海战的失利而产生的恐慌情绪，得到了极大的缓解。

左宗棠到福州后，随即布置加强福建沿海的防御。为了防止法军再次进犯福州，左宗棠派兵勇驻守长门等闽江要隘，并派人在闽江口要隘构筑阻塞工事，竖立铁桩，用铁索连起来。在各要隘的险要之处，左宗棠命人安设大炮。当时，大炮缺乏，左宗棠便命人打捞之前在马江海战中沉没的战舰，拆除上面的大炮，搬到陆地上来，改装成陆地大炮。

左宗棠还大力兴办渔团。福建沿海渔民船只很多，左宗棠决心将他们组织起来，用以保家卫国。他派人去各海口，与当地的官员、士绅一起办理渔团。后来的事实证明，这些熟悉当地环境的"民兵"队伍，战斗力并不逊色于正规军。

经过左宗棠的大力整顿，福建沿海的防御大为加强，从此以后，法军舰队再也不敢闯入闽江。

左宗棠督办福建军务期间，除了加强福建沿海的防御外，做的最重要的事情就是支援台湾抗法斗争。在左宗棠的调度下，大量兵员、粮饷、军械运往台湾。王诗正、杨岳斌两路湘军，就是在左宗棠的调度下，渡过台湾海峡，前往宝岛参加抗法斗争的。

当时，台湾海峡已经被法国军舰封锁。要想渡过台湾海峡而不被法国人发现，是很困难的。然而，明知危险重重，稍有不慎就会丧命，王诗正、杨岳斌以及他们所率领的湘军将士们依旧义无反顾地踏上了前往台湾的船只。

王诗正所率领的援台湘军，名叫恪靖援台军。与王德榜所率领的恪靖定边军一样，恪靖援台军也是左宗棠的重要嫡系力量。

为了确保自己的安全，王诗正决定率领少数随从装扮成商人，乘坐英国的客轮"平安"号从厦门前往台湾的卑南登岸。他麾下的士兵则采取比较危险的方式渡过海峡：由营官统带，乘夜搭乘渔船先至澎湖，然后再由澎湖渡海前往台湾西海岸登陆，至彰化集中。

相对于士兵而言，王诗正本人的渡海方式要安全一些，但在途中他也遭遇到了危险。"平安"号航行了大约一半路程时，海面上突然刮起狂风，巨浪像发怒的狮子一样冲击着客轮。

突然，"砰"的一声巨响，客轮猛地撞上了暗礁。船舱竟被碰开了一个小洞，海水从洞口涌入舱内。船上的不少乘客看到这一幕，都以为客轮即将沉没，急得大哭了起来。

王诗正毕竟是久经沙场的老将，面对这种突发情况，他丝毫也没有慌张，立即指挥随从将洞口塞住。一场灭顶的灾祸这才化解。

王诗正搭乘英国客轮渡海尚且如此危险，他的那些士兵坐着渔船渡海就更危险了。湘军将士就是冒着这么大的风险渡过台湾海峡，去支持台湾人民的抗法斗争的。

王诗正率领恪靖援台军到达台湾后不久，就参加了发生在基隆外围的月眉山阻击战。虽然没有达成攻取基隆的目的，但恪靖援台军的存在，令法国人不敢继续推进，进攻台北。从这个角度来说，王诗正及其恪靖援台军对台湾保卫战的贡献，还是比较大的。

除王诗正外，这一时期渡过海峡前往台湾抗法的大牌人物，还有原湘军水师悍将杨岳斌。杨岳斌自 1867 年辞去陕甘总督一职后，长期在家闲居。

1884 年 8 月 26 日，清政府正式对法宣战。第二天，清政府就命湖南巡抚转告杨岳斌，命他复出带兵抗法。

10 月初，法军攻陷基隆，台北危急。10 月 11 日，清政府正式任命杨岳斌为钦差大臣，帮办福建军务，命他率部前往福建，驻守漳州、泉州一带，设法渡过海峡前往台湾，收复基隆。

12 月初，杨岳斌率领着他招募的十二营湘军从湖南省城长沙出发，前往福建。湘系将领对杨岳斌的这次复出寄予厚望，给予了他很多的支持。他的老搭档彭玉麟送给他来复枪七百支，子弹五十万发。闽浙总督杨昌濬也送给他来复枪二百支，炸药二十八桶。两江总督曾国荃出手最为阔绰，送给他后膛枪三千支，子弹七十万发，黎意快枪十二支，子弹一万发，炸药一万磅。1885 年 2 月初，杨岳斌抵达福州，与左宗棠、杨昌濬、穆图善等人会商军务。

当时，法军在福建沿海的奸细很多，为了迷惑敌军，杨岳斌在渡台抗法前夕，假装得了重病，不能做事。

杨岳斌派人将得病的消息告知左宗棠，左宗棠猛拍一下膝盖，叹道："厚庵在这关键时候病了，这可如何是好？"

左宗棠又派人前往看望杨岳斌。那人回来后对左宗棠说："厚帅病得很重，不见外人，只留下一个儿子在旁边服侍。"

左宗棠一听，又猛拍膝盖一下，大笑道："厚庵去台湾了！"左宗棠是何等聪明之人，他早就识破了杨岳斌假痴不癫、金蝉脱壳之计。

骗过法军奸细后，杨岳斌率领少数随从人员假装成商人，乘着夜幕，搭船出海。他穿着洋布汗衫，俨然一副老掌柜的模样。他的儿子跟在他的身边，照顾他的起居，俨然是小伙计。

虽然杨岳斌做了许多保密工作，他所搭乘的船上还是混进了法军的奸细。奸细怀疑杨岳斌是清廷大员，前来搜查。幸亏杨岳斌早有准备，将钦差关防钉在了船底，不然叫法军奸细搜到，那援台的事可就全完了。奸细搜查一阵，一无所获，只好离开。

为了进一步迷惑法军奸细，杨岳斌假装病得很重，要他的儿子给他按摩，并且悄悄地对他说："台湾如此混乱，我们的生意又不太正当，不知本钱能收回多少？"一边说，一边用手托住额头，不断地呻吟。

杨岳斌的这一招还真管用，那些法军奸细果然以为杨岳斌是个病重的生意人，所以也就放松了对他的警惕。

好不容易才骗过法军奸细，杨岳斌一行人又遇到了新的麻烦。海面上刮起了大风，并有浓雾。气候条件不佳，客船只得放弃前行，连夜返回金门。

搭乘客船前往台湾失败后，杨岳斌只得按照之前王诗正渡台的老办法，搭乘英国客轮"平安"号前往台湾。

3月14日，杨岳斌在台湾凤山会见当时主持台湾南部防御的刘璈，两人详细地商讨了台湾南部防御的策略。此后，杨岳斌手下的湘军士兵陆续渡过台湾海峡来到台湾。台湾南部的防御得到了极大的加强，法军不敢在这里发难。此后，杨岳斌又前往台北，与刘铭传、孙开华等人商讨台北的防御。

虽然王诗正、杨岳斌两支大军前往台湾后，并未重创法军，但这两支队伍，还是为台湾保卫战的最终胜利，做出了一定的贡献。其中，自然有左宗棠的一份功劳。这一点，我们是不应该忘却的。广大湘军将士的那种舍生取义、冒险渡台的爱国精神，则更值得我们铭记。正是这种大无畏的精神，保证了台湾保卫战的最终胜利。

说完左宗棠，我们再来看看彭玉麟在中法战争中的表现。左宗棠兑现了他在吴淞口对将士们许下的诺言，彭玉麟也不甘落后。1883年9月22日，清廷命彭玉麟前往广东会同两广总督、广东巡抚办理海防，防备法军进攻广州，这就给了他大展拳脚兑现抗法诺言的重要机会。

彭玉麟是一个淡泊名利的人，再加上他对腐朽透顶的清政府心存不满，不愿与黑暗的官场同流合污，所以之前他一直拒绝出任大官，曾经多次辞去朝廷授予的高官厚禄，只担任着一个长江巡阅使的虚职。

正当大家都以为彭玉麟这次还是会像以前那样拒绝朝廷任命的时候，彭玉麟已经派遣几个跟随他多年的心腹去衡阳等地招募了八营湘军。略加训练后，彭玉麟便带着这八营湘军踏上了南下抗法之路。

这就是彭玉麟！朝廷给他加官，他不要；朝廷给他增加俸禄，他不要！但是，当国家面临外敌入侵，主权受到侵害的时候，他却勇敢地站了出来！这时候的他，已经六十八岁了，身体已经很糟糕，此次南下对于他来说，很有可能会是"壮士一去兮不复还"。然而，他却浑然不顾这些，在他的头脑里，只有民族大义、国家尊严，丝毫没有个人的存在！他的这一行为，足以与左宗棠抬棺西征相媲美！在侵略者的铁蹄面前，这两位湘军名帅用自己的行为向世人宣示了，什么叫湘军的血性！

法国侵略者挑起中法战争后，曾扬言直取广州，以阻碍清军从陆路支援越南。一时间，广东风声鹤唳，人心惶惶。到达广东后的彭玉麟，面对的是一个极为困难的反侵略形势。

彭玉麟到广东后，通过细致勘查，认为虎门要塞对于广州的防守来说，具有非常重要的意义。他认为，虎门位于珠江的入海口，在这里阻截法国军舰是最方便的。这里有沙角和大角两座对峙于珠江两岸的高山，是天然屏障。如果在两山之上布置好足够的炮台，再配合江面上的水师部队，一定能够重创法军，御敌于珠江以外。

但是，当时参与广州设防的许多将领，不同意彭玉麟的这一做法。他们主张将主要兵力放在广州近郊的黄埔，而不是珠江入海口的虎门。这些人的海战思维，还停留在魏源"守外洋不如守海口，守海口不如守内港"的阶段，远远落后于时代。然而，时任两广总督、淮军将领张树声却支持这些人的看法。因此，彭玉麟、张树声之间产生了激烈的矛盾冲突。为了不耽误国事，两人最终达成了一个分段防守的协议，即由彭玉麟率兵防守虎门附近，而黄埔周边，则由张树声负责防守。

彭玉麟率领着八营湘军，推进至虎门，驻扎在沙角与大角两座大山上。两山之上，原有林则徐在鸦片战争期间修筑的炮台，但因年代久远，多半已经不能用了。彭玉麟组织士兵，将旧炮台全部修复好，配备刚从德国克虏伯厂买回来的新型巨炮。炮台外面全部堆满海沙，高度与炮台相当，作战之前用水将海沙淋透，可以抵御炮弹。

彭玉麟又率领士兵，在炮台后面挖了许多地道，作战之时，藏匿于地道之中的士兵可以突然杀出，给侵略者以出其不意的打击。经过彭玉麟的这番努力，虎门要塞的防守总算是不错了。

可是，法军的真正战略目标却不是广州。法国在挑起中法战争后，一直有一个想法，那就是控制中国一个海岛，逼迫中国妥协。广东南面的海南岛成了法国侵略者心目中的理想目标。他们扬言攻打广州，只是为了吓唬清廷，他们的真正目标，是海南岛。

法军为顺利攻占海南岛，先进行了一些基础性的勘测工作。法军的行动引起了两广总督张树声的高度警觉，张树声将这一情况上报朝廷。朝廷命彭玉麟妥善布置海南岛的防御。于是，彭玉麟派部将王之春率领四营兵力，前往海南岛驻防。

法军见海南岛无懈可击，于是只好将目光聚集到中国另一个重要的海岛上，那就是台湾。为了控制台湾，威逼中国妥协，法军发动了基隆、沪尾等战役。之后，法军与清军在台湾岛上争斗了大半年。台湾岛上的争斗成了中法战争最重要的组成部分之一。

除了布防广东以外，彭玉麟在中法战争中的最大作为就是与新任两广总督张之洞一起，起用并全力支持冯子材训练精兵十八营前往中越边境抗法，为后来的镇南关大捷创造了重要的条件。

观音桥之战后，法军为了迫使中国妥协，在东南沿海进行了大规模的袭扰活动。福建水师在马尾遭受重创，台湾北部也多次遭到法军攻击。法国远东联合舰队司令孤拔甚至扬言进攻大沽口，威逼京师。清军在东南沿海的防御形势异常严峻。为了改变这一局面，清廷决定采取"战越牵敌"的战略，即在越南北部主动出击，以牵制法军对我东南沿海的侵扰。

最早提出这一策略的是清流派干将陈宝琛。他说："法军如果进攻福建，则云南、广西的军队应该主动进剿。否则的话，法军一路侵扰，由福建到上海，由上海到天津，中国将越来越被动。"

清廷认为这个办法切实可行，于是给彭玉麟等人下谕旨说："法国人的真正意图很难预料。万一开战，潘鼎新（时任广西巡抚）、岑毓英（时任云贵总督）应当将军队切实训练，听候调遣。广东能否派出一支奇兵，沿着钦州、灵州一带的小路前往广西？请彭玉麟等人认真筹划。"

正是在这样的一种情况之下，前任广西提督冯子材进入了彭玉麟、张之洞的视野。冯子材原为广西提督，后遭排挤离职，当时正在老家钦州编练团练。

为锻炼出一支精兵，彭玉麟、张之洞决心全力支持冯子材。在他们的调度下，大批粮饷和军械从直隶、两江、闽浙、广州等地运往钦州。依靠着这些粮饷军械，冯子材在短时期就练出了十八营精兵。这时候的冯子材，就等张之洞一声令下，准备开拔广西了！

这时候的中越边境战场上，中国军队接连遭遇惨败，战火差不多就要燃烧到中国境内了。就在这万分紧急的时刻，张之洞命冯子材率所部十八营赶赴边境，配合潘鼎新、苏元春、王德榜等部，与法军决战。

在后来的镇南关一战中，冯子材沉着冷静，与湘军苏元春、王德榜两部密切配合，最终重创了法军。这就是震惊中外的镇南关大捷。冯子材能取得镇南关大捷，最主要的原因当然是他的能力出众，但彭玉麟、张之洞的大力支持也是重要原因。当我们谈论镇南关大捷的时候，千万不要忽略了彭玉麟、张之洞的历史贡献。

首战基隆，曹志忠胜了法国人

1884 年 4 月 13 日中午，清军基隆守将曹志忠依旧像往常那样，带着几名亲兵，沿着漫长的海岸线仔细巡视。

最近一段时间，法国的军舰经常在台湾沿海出没，台湾的防御形势变得异常严峻。基隆港富含法国军舰航行所必需的煤炭资源，又是台北的门户之一，战略地位非常重要，是法国人关注的重点，因而防守形势要更加严峻一些。作为基隆守将的曹志忠一刻都不敢放松，天天组织士兵加强防御。

曹志忠带着亲兵沿着海岸线巡视了许久，并没有发现什么异常。正当他们以为一切平安，准备回营的时候，海面上响起了巨大的"隆隆"的声音。曹志忠一听，刚刚舒展开来的眉头，立马紧锁了起来。长年驻防在海港，他对这种声音最熟悉不过了，这是军舰的声音！法国人来了！

军舰慢慢驶进港口。不一会儿，从舰中跳出几名水兵，从他们手中带的工具来看，这几个人是想上岸测绘地图。

来者不善，曹志忠等人都提高了警惕。一名亲兵试图阻止法国水兵上岸。曹志忠一边拦住他，一边说："别莽撞。先看他们如何行动。"

几名水兵指指点点一番后，爬上了临近海岸的一处高地。高地上，清军修筑了炮台。很显然，这几个人是想测绘炮台位置。

曹志忠很快意识到了问题的严重性，带着几名亲兵，迅速赶到炮台旁，阻止法国水兵测绘。双方很快扭打成了一团。最终，法国水兵落败，只好放弃测绘，逃回舰中。

正当曹志忠等人认为法国人的侵略阴谋被揭穿，他们会适可而止的时候，海上响起了巨大的炮击声。曹志忠拿起望远镜仔细观察，发现法军是在对天发炮。这显然是在威胁基隆守军！

炮轰一阵后，法国人向曹志忠提出了照会，要求我方就刚才殴打法国水兵一事做出公开道歉，并出售六十吨煤炭给他们。

法国人的严重挑衅令曹志忠忍无可忍，他当即对着递送照会的法国人大怒道："你们擅自进入中国的防御要地，严重挑衅中国主权。该道歉的是你们，不是我们！"说完，曹志忠猛地把照会摔到地上，迅速离开，不再理会法国人。

许久之后，曹志忠才冷静下来。当时，清军在越南北部连打败仗，曹志忠意识到，在这种被动的局面下，他不能在基隆给朝廷再添麻烦，所以今天的事情只能忍。最终，他接受了法国人的照会，向法国人赔礼道歉，并且卖给他们六十吨燃煤。

曹志忠将这件事情告知当时负责台湾军政的湘系将领刘璈，引起了刘璈的高度关注。刘璈见形势危急，一面加强台湾防御，一面向朝廷请求援助。

鉴于基隆乃至整个台湾严峻的防御形势，1884年6月26日，清政府起用淮军名将刘铭传督办台湾军务。这对刘铭传来说，可不是一个简单的差事，他要面对的，不仅有法国人的坚船利炮，更有来自湘系将领的排挤、中伤。当时，主持台湾军政的刘璈、驻守基隆的曹志忠、驻守沪尾的孙开华都是湘系将领，并且都与刘铭传有着较大的矛盾。刘铭传此行，注定是艰险万分的。

曹志忠、孙开华与刘铭传的矛盾，是在 1867 年尹隆河一战中结下的。当时，曹志忠、孙开华都是鲍超霆军中的虎将。

在这一战中，鲍超救了刘铭传一命，刘铭传却恩将仇报，诬陷鲍超。鲍超因此受到朝廷谴责，气得旧病复发，只得向清政府请求去职。霆军也随之大部分遣散，只有曹志忠、孙开华等少数将领依旧率领旧部征战各地。

经历这样一番大的变故，几乎所有的原霆军将士都对刘铭传恨之入骨。对于亲身经历过尹隆河事件的曹志忠、孙开华来说，这件事情更是刻骨铭心的记忆。所以当得知朝廷任命刘铭传督办台湾军务的时候，曹志忠、孙开华两人就下定了决心，不与刘铭传合作。

刘铭传也深知曹志忠、孙开华不会与自己倾力合作，在南下的过程中就和李鸿章、张佩纶商议去除两人。然而，计划永远赶不上变化，刘铭传等人的谋划还没来得及施展，法国人就开始攻打基隆了。在这种万分危急的情况之下，刘铭传被迫放弃去曹计划。在即将到来的基隆保卫战中，他不得不倚仗曹志忠这位久经战阵的湘军名将。

1884 年 8 月 7 日早晨 7 点半，太阳刚刚从海平面上升起，法国远东舰队副司令利士比就穿着整齐的军装，在侍卫的簇拥下，来到法军旗舰"拉加利桑尼亚"号的甲板上，向士兵们发布作战命令。

利士比的声音嘹亮而充满霸气。他说："兄弟们，那些可恶的中国人拒绝交出基隆。所以，我们必须用铁和血使他们明白，放弃无谓的抵抗才是他们最明智的选择！"

自山西、北宁之战（在中法战争第一阶段，法军在越南山西、北宁等地击败清军、黑旗军）战胜中国后，法军的士气极为高涨。在他们的眼里，中国军队都是不堪一击的。他们极度渴望获得战斗机会，用中国人的头颅来向远在万里之外的法国民众炫耀。所以，当他们听到利士比下达作战命令的时候，全都高兴得手舞足蹈。

随即，旗舰"拉加利桑尼亚"号进入了战斗准备状态，配合"拉加利桑尼亚"号完成此次作战的"鲁汀"号、"费勒斯"号也立即进入了战斗准备状态。

利士比对这次的行动充满信心。之前他通过侦察得知，清军在基隆港内的防御增强了，尤其是控制海港入口的主炮台，在最近强化了很多。整座炮台由三合土厚墙组成，每个炮眼都用二十厘米钢板做护板并安放一门十七厘米的大炮。然而，在利士比的眼里，这些都不足为惧。利士比知道，清军的这些大炮都是落后的旧式炮，射程不远，穿透能力不强，舰身用十五厘米钢板防护的法舰，只要距离敌人营垒一千米以上，就足以使它的铁甲获得有效的保护，不必担心受到敌炮的伤害。

令利士比感到信心百倍的不仅仅是法舰的防护能力，它的攻坚能力也令利士比感到放心。尤其是旗舰"拉加利桑尼亚"号上的几门二十四厘米炮，在火力上可以完全超越清军。

这一切使得利士比胆大妄为。他将由于吃水深，不能进入内港的"拉加利桑尼亚"号停泊在距离主炮台九百米的地方。虽然该舰因此落到守军炮火能够到达的范围之内（一千米以内），但利士比毫不畏惧，他想凭借炮手们的技术和镇定来抵消其位置上的危险。为了获取更好的攻击位置，利士比觉得这个险值得冒。

利士比的狂妄使他付出了沉重的代价。在清军的主炮台中，有着一位很出色的瞄准手。他的每发炮弹都落在"拉加利桑尼亚"号上。有两发击中木制垫板后爆炸，还有一发甚至夹着呼啸声钻进一门二十四厘米大炮的炮膛，击坏了这门大炮。

清军的攻击，使得利士比恼羞成怒。他当即命令"拉加利桑尼亚"号上的炮手竭尽全力攻击主炮台。清军主炮台是土木构造，只有当门一炮，不能旁攻。面对敌舰的弦炮侧击毫无办法。利士比充分利用了它的这一缺陷，以弦炮对其发动了猛烈的轰击。"拉加利桑尼亚"号上的二十四厘米炮在炮击中发挥了重要作用。这种炮威力猛，仅仅发出第一排炮，就将主炮台彻底击毁。包括那位传奇瞄准手在内的十余名清兵在炮击中壮烈殉国。

虽然炮台被轰毁，但主炮台后的清军依旧没有放弃。他们利用丛林作为掩护，用步枪袭击敌舰上的法军。由于距离过远，这种射击不可能对法军构成真正的威胁。

最后，法舰的一发炮弹击中主炮台的弹药库，引发了强烈的爆炸和大火。主炮台后的清军被迫全线撤退。其余几座清军炮台的结局和主炮台一样，也是很快被轰毁，失去抵挡能力。

利士比随即下令海军陆战队登陆作战。不久后，基隆港全部落入法军手中。黄昏来临，天空下起了瓢泼大雨，道路变得泥泞，法国海军陆战队无法按照之前的计划，对基隆港后面的基隆市街发起攻击。于是，他们便停止了进攻，在新占领的阵地上露宿。这一天的战斗，法军无一人阵亡，取得了完胜。

清军其他部队虽然已经撤退至基隆市街中，但曹志忠所率领的湘军根据刘铭传的调度，并没有撤离，依旧驻守在靠海的一座山上。由于这座山和基隆内港之间还隔着一座山，法军一时半会儿并没有发现这支隐藏在深山中的部队。

白天的惨败，令湘军士兵感到沮丧。瓢泼的大雨，更增加了他们的愁思。其他部队撤离而他们依旧需要驻守在危险区域，则更令他们感到不满。

"法国人的洋枪洋炮那么厉害，我们如何敌得过？驻扎在这里毫无用处，不如早点撤回基隆市街。"一位年纪较长、满脸皱纹的老兵对大家这样说。

新兵们受这位老兵的影响，情绪更加低落了。其中一位新兵说："刘铭传把他的部队全拉到基隆市街躲避，却叫我们守在这个危险的地方，真是不公平。"

其他士兵受他们俩的影响，都互相嘀咕，以发泄心中的不满。刚好曹志忠巡营路过这里，听到了他们的埋怨。

士兵们的埋怨，曹志忠是能够理解的。所以，他并没有责备那两位搅乱军心的士兵，而是立即将营、哨级军官召集起来，做紧急战斗动员。

在平地泥沼中临时搭建起来的一顶帐篷中，曹志忠与军官们席地而坐。为了壮壮大家的胆气，曹志忠命亲兵们搬来几坛美酒，与军官们开怀畅饮。

酒过三巡后，曹志忠慷慨地说："兄弟们，白天作战大家都辛苦了，天气也不好，还要大家驻守在这深山中，我身为主将，实在感到愧疚。但我们做军人的，理应克服一切困难为国家效力。这点困难根本不算什么，大家说是不是？"

军官们受到曹志忠情绪的感化，异口同声地回答说："是！"

稍微停顿一会儿后，曹志忠又说："天气这么糟糕，我也不想让大家在这里受苦。然而，我们不得不这么做。大家可曾听过城濮之战中晋文公退避三舍诱敌深入击败楚军的故事吗？"

军官们议论纷纷，有说听说过的，也有说从没听说过的。许久之后，大家才逐渐安静下来。

曹志忠继续说："我们这几营部队，要扮演的正是诱敌深入的角色。假使我们的军队全部退到基隆市街，敌人知道了还敢放心大胆地攻击吗？他们不进攻，我们就无法利用地形的优势击溃他们，基隆港就永远不能收复，那样我们就被动了。相反，只要我们这几营驻守在最前线，敌人就会以为我们人少，前来攻击。到时候我们便可以设伏与友军一起围歼他们。"

军官们听了曹志忠的这番话后，才明白刘铭传让曹志忠率湘军驻留前线的良苦用心。在军官们的耐心说服下，士兵们原本有所波动的情绪渐渐稳定了下来。这就为8月6日基隆保卫战的胜利奠定了坚实的基础。

8月6日早晨，下了一整晚的暴雨终于停住，天色转晴。上午，利士比忙于指挥海军陆战队布置临时阵地和修筑防御阵地，未能及时对清军发起新一轮的攻击。直到下午两点，他才派出雅格米埃上尉率领八十名士兵出发，前去侦察曹志忠所部湘军驻守的一个兵营。刘铭传的诱敌深入之计果然高明，愚蠢的法国人还真就上当了！

雅格米埃一行人的行踪，很快被曹志忠得知。曹志忠一面布置士兵严守阵地，一面率领两百名士兵悄悄地潜伏在法军必经的山路两旁。

很快，法军就进入曹志忠精心布置的包围圈中。发起攻击的时机已经成熟！曹志忠埋伏在高处，将手中的指挥刀往前一挥，大声喝道："打！"

之前，刘铭传已经将他渡台时所带来的后膛枪分发给各营，并督促将弁认真操练。这种临时抱佛脚的准备，在实战中收到了不错的效果。湘军的后膛枪发射速度快，给猝不及防的法军造成了极大的伤害。几名在外围的法军先后中弹，痛苦地栽倒在地上。

不过，法军毕竟训练有素。他们很快从慌乱中恢复过来，组成队列反击湘军的进攻。湘军依托掩体，居高临下，英勇还击。

突然，法军阵中传来一连串"哇哇"的惨叫声。曹志忠隐藏在高处，向法军阵中看去，只见一名法军士兵头部中弹，正用手拼命捂住血流满面的头颅，在阵前打滚挣扎。

"打中了！打中了！"湘军阵中传来一阵阵的欢呼声。曹志忠随即指挥力量向那名中弹的法军士兵所在的阵地发起了猛攻。法军抵挡不住，向后退去。几名湘军士兵迅速杀至敌人阵地上，将那名在阵地上挣扎的法军的头颅割下来，然后退去。后面早有一名湘军士兵将那头颅插在一根长竹竿上，然后站在高处，将那竹竿高高举起。

法军士兵看到同伴流着鲜血的头颅被湘军士兵用竹竿挑起，胆气顿时丧失了许多。坚持了一小会儿后，法军开始大规模撤退。

这时，法军的增援部队杀到。这支由马丁中校率领的一百二十人的军队，帮助已经魂飞胆丧的雅格米埃上尉一行人迅速稳住了阵脚。双方又陷入胶着的对攻战之中。

刘铭传在基隆市街中听到高地上的枪声，知道曹志忠所部湘军与法军遭遇了，于是命令淮军将领章高元、苏得胜等人率领一百多人前来增援。曹志忠见援兵到来，胆气更壮，指挥湘军勇猛射击。

陷入三面夹攻的法军已经无力抵抗清军的射击。马丁中校意识到，如果不及时撤退，他的军队将会被清军彻底消灭。于是，马丁中校指挥士兵们，且战且退。在军舰上的利士比也命令炮手发炮，掩护海军陆战队撤退。

法军在炮火的掩护下，且战且退，花了一个半小时，才走完一千二百米的道路，狼狈地登上守候在岸边的小舰，驶回各自的舰上。在激战中，又有一名法军士兵中弹身亡，被清军割下头颅。

本来清军是可以击毙更多敌人的，但无奈射术还是差了些，没能大批量击毙敌军。利士比在事后的报告中也承认：如果不是中国军队的射击技术低劣，我军的损失会更加严重。

除了击毙一名敌军外，清军在追袭敌军的过程中，还夺获洋枪数十杆，军帐十余架，军旗两面。

总计基隆保卫战法军阵亡两人，没能完成占领整个基隆的战略目标，是失败者。清军的伤亡虽然远远超过法军，但成功地将登陆法军赶出基隆港，完成了防御任务，所以是胜利者。

基隆保卫战胜利的消息传到京城后，清政府十分高兴，于 8 月 22 日下旨奖赏前敌后勤有功人员。刘铭传因调度有功，交部从优议叙。湘军将领曹志忠战功卓著，赏穿黄马褂。淮军将领章高元、苏得胜，助战有功，遇有海疆总兵缺出，即行简放。慈禧太后还从私房钱中掏出三千两银子，奖赏有功人员。清政府的这种及时奖赏，对于鼓舞台北抗法军民，特别是基隆守军的士气，无疑起到了巨大的作用。

从作战经过和双方的伤亡数字来看，第一次基隆保卫战无疑是一场规模很小的战斗。但在当时的历史背景下，中国军队的首战告捷，却有着重要的意义和影响。

基隆首战的告捷，在中国的土地上第一次挫败来犯法军（观音桥在越南，所以观音桥之战不算），对于面对法国人咄咄逼人的索赔而苦苦硬撑的清政府来说（法国因观音桥之战，向中国索赔两亿五千万法郎），无疑是一剂及时有力的强心剂，增强了它的抗法信心和决心。

浙江提督、原湘军水师重要将领欧阳利见得知基隆保卫战胜利的消息后，就曾喜出望外地说："收复基隆炮台，足以振奋士气而震慑敌人。此战是法国人侵犯中国领土的开始，关系到海疆大局。……这次胜利真是太令人高兴了！"

在左宗棠收复新疆期间，多次唱衰左宗棠的上海《申报》，这次也强硬了起来，连篇累牍地发表了《论法人不应扰华地以速祸》《论基隆失守事》《论基隆一战为中国最好机会》《论今日之势唯有速战》《论中国此时当明与法人示战》等社论，要求清政府奋起抗法。

在这种情况下，清政府的态度由软弱变得强硬起来。面对法国人的索赔，清政府公开宣称：这件事有理的一方是中国，不能赔偿。就连一向主张妥协的李鸿章似乎也忘记了北宁惨败的教训，却从基隆保卫战的胜利中找到了自信，认为法军在陆地上不像在海上那样容易取胜。

清政府的这种变化，使得法国人异常恼怒。他们认为，中国人认为基隆事件是法国的失败，据说他们仍在积极备战，并有首先开战的想法。在这种情况下，法军决定给中国人以惩罚。8月22日，法国远东舰队司令孤拔率领舰队袭击马尾，歼灭中国的福建水师，并摧毁马尾造船厂。8月26日，清政府正式下旨对法公开宣战。中法战争第二阶段正式开打。台湾，这块刚刚经历血战的土地，将会成为中法战争第二阶段的主战场，演绎出一曲曲感人肺腑的抗法长歌。

再战沪尾，孙美人大败法国佬

法国海军在马江海战中的表现堪称完美，但孤拔并不满足。他认为应该立即派远东舰队主力北上攻打烟台、威海卫、旅顺及庙岛群岛，威胁北京，给清政府以致命的打击。至于台湾，孤拔认为只需要留下两艘军舰监视基隆，并摧毁沪尾守军的防御工事即可。和基隆一样，沪尾也是台北的重要门户，具有极高的战略价值。

1884 年 9 月，孤拔通过电报扼要地向法国政府提出挥师北上的计划：率领军队前往烟台，在烟台建立作战及补给中心，然后从烟台向中国海军发起进攻，从海上袭击威海卫和旅顺。如果有可能，就占据这两处要地；如果没有可能，就占据庙岛群岛上最有利的地点，封锁北直隶湾。

法国驻华公使巴德诺也主张北进。他给法国内阁总理兼国防部长茹费理写信，说："我们认为只有在北方进行一次活动，才能使问题得到解决。"

法国政府对北进并不感兴趣，虽然在口头上同意北上作战，但同时严令孤拔：政府希望您不要忘记绝对有必要掌握一个担保品，以便重开谈判。对旅顺口的占领，如果只是暂时的，并不构成一个担保品。您在北方采取军事行动后，无论如何必须返回基隆。在政府看来，基隆是我们以两千兵力能够长期加以占领，并且可以使之成为我们赖以和中国达成交易的唯一地方。

法国政府想占据基隆，孤拔却想北进，双方争执不下。最后，孤拔被迫服从命令，决定在援军到达之后占领基隆，同时进攻沪尾。

法军对基隆和沪尾的重视程度有着明显的区别。基隆是法军重点攻击的目标，而沪尾只是次要目标。法军之所以把基隆看得比沪尾更重要，主要是因为基隆富含法军军舰航行所必需的煤炭资源，而沪尾并没有煤炭。

既然沪尾不如基隆重要，那么法军为什么还要攻打沪尾呢？法国人对此有一个形象的比喻。只攻打基隆而不攻打沪尾，那就像警察抓捕藏在屋子里的坏人，只看守前门，毫无留心后面大开着的窗户一样。法国人的意思很明显，那就是：要想切断台北清军的补给线，那就必须同时占领基隆和沪尾。

就在法国人定下主攻基隆、次攻沪尾的战略的同时，刘铭传也做出了一个放弃基隆、主守沪尾的作战计划。很显然，在刘铭传的眼中，沪尾比基隆更重要，这与法军的看法正好相反。

刘铭传认为，从基隆到台北，中间是崇山峻岭，可以设法防守，丢掉基隆并不会对台北造成直接的威胁，而沪尾则不同，从沪尾到台北，中间无险可守，一旦丢掉沪尾，法国人便可长驱直入杀进台北。所以，刘铭传准备放弃基隆，集中兵力守卫沪尾。他的这一作战计划正好配合了法军的战略，对之后的基隆、沪尾保卫战产生了深远的影响。

孤拔亲自指挥攻打基隆的战斗，而把攻打沪尾的任务交给了他的副手利士比。基隆是法军的主要进攻目标，所以进攻基隆的法军兵力雄厚。其主力包括三个海军陆战队大队，共计一千八百人，士兵大多参加过山西、北宁战役（中法战争第一阶段中的两场重要战役），具有丰富的作战经验。另有相当数量的炮兵以及少量的苦力、宪兵配合海军陆战队行动。总计法军此次攻打基隆的兵力，超过了两千人。与守卫基隆的清军相比，法军在人数上并没有太大的劣势。

9月30日，孤拔率军来到基隆口外，花了一整天时间来侦察清军的防务。孤拔发现，基隆港西面的狮球岭是基隆攻防的要害之处，从那里可以俯瞰整个基隆，只要将大炮搬上狮球岭山顶，在那里设置炮位，就可以用炮火轰击所有中国军队的工事，控制整个基隆。基于此，孤拔决定重点攻击狮球岭。

10月1日清晨6点，法军的海军陆战队从海滩出发，悄悄地移动至狮球岭山脚。与此同时，法军的军舰开始炮击清军据点，支援海军陆战队的行动。

面对法军海军陆战队的反复冲杀，驻守狮球岭的清军英勇还击，击毙法军数名。然而，在法军舰炮的猛烈轰击下，清军的伤亡非常惨重，只得不断退守。激战两个多小时后，法军的海军陆战队占领狮球岭山顶。午后4点，法军的炮兵部队在海军陆战队的掩护下，也登上了狮球岭山顶，开始用猛烈的炮火居高临下地轰击清军阵地。法军占领狮球岭，标志着他们取得了第二次基隆之战的绝对主动权。清军陷入了全面被动的不利境地中。

10月1日深夜，刘铭传基隆指挥部中灯火通明，墙上的一幅台湾地图已经被刘铭传画动了多处。已经接近子夜，刘铭传还没有睡觉，依旧在指挥部中对着台湾地图冥思苦想，思考击退法军的策略。

白天的战况令他感到很不安。狮球岭被法国人占据，收复基隆将会很困难。要是沪尾也守不住，台北就完了。刘铭传这么想着，脸颊上冷汗直冒。

刘铭传的身边，站着基隆通判梁纯夫。梁纯夫是基隆的父母官，基隆能否保住，直接关系到他的仕途，所以他对此事很关心，一直紧跟刘铭传。梁纯夫的背后，则站着此次基隆保卫战的三位大将：湘军将领曹志忠、淮军将领章高元及苏得胜。

突然，刘铭传不知从哪里获得了自信，对大家说："明天会有一场恶战，仙洞旁边的高山将是法军进攻的重点。幸好我已经在那里放置了两尊四十磅大炮，可以攻击对面狮球岭山顶上的法军。今天我们打得还算不错，士气也还高昂，如果加以犒赏，士气还能进一步提升。明天法军进攻，我们一定能够将他们聚而歼之。"

刘铭传的突然振作，感染了指挥部里的其他人。曹志忠脸上也露出了久违的笑容。

接着，刘铭传示意其他人向他靠过来。很显然，刘铭传是要布置明天的作战计划了。待其他人聚拢后，刘铭传便对着地图告诉其他人明天应该如何进剿，如何接应。刘铭传对曹志忠说："仁祥（曹志忠，字仁祥），你明天从驻守在东岸的五个营中抽出四个营来，到西岸与鼎臣（章高元，字鼎臣）的部队会合，一起攻打狮球岭法军营地。"

白天的战斗，曹志忠的部队基本上驻守在东岸，没能参加狮球岭上的大厮杀。这令曹志忠感到很失望，并认为刘铭传事先的兵力布置是在故意打压他。所以，当听到刘铭传要他率部与淮军一起攻打战略要地狮球岭的时候，他心中的喜悦溢于言表。他对刘铭传说："谨遵省帅（刘铭传，字省三）调度。"

曹志忠话音未落，刘铭传的亲兵就神色匆匆地走进指挥部，一边将一封信递到刘铭传手中，一边说："大帅，急件！"

刘铭传拆开信件，略微看过后，脸色立马变得惨白，原本已经停止冒汗的脸颊又开始有些湿润了。许久之后，他才镇定下来，将信件往桌子上一摆，对三位大将说："李彤恩的来信，你们也看看。"

李彤恩是何许人也？他的一封来信何以将晚清第一号的狠人刘铭传吓成这样？信中到底说了些什么？

原来，刘铭传刚来台湾的时候，与沪尾守将孙开华因为过往积怨，合作得很不愉快。为了避免接触越多，误会越深，两人不约而同地想到寻找一个中间缓冲人物，在他们之间传话。于是，当刘铭传来沪尾视察防务时，孙开华便向他推荐了李彤恩。刘铭传对这个李彤恩也很认可。此后，刘铭传有什么事情需要督促孙开华，但自己又不便多出面时，就由李彤恩转达。

李彤恩是孙开华引荐给刘铭传的，两人的关系按理说本来不错，但是自从李彤恩成了传话人，不断插手沪尾防务后，两人的矛盾就逐渐增多了。孙开华对自己的能力很有自信，认为沪尾防御固若金汤，法国人不可能攻破。李彤恩的看法正好与孙开华相反，他认为沪尾的防御存在很多问题，根本抵挡不住法国人的坚船利炮，所以总是担心法国人来进攻。

10 月 1 日白天基隆之战打响的时候，负责攻打沪尾的法国远东舰队副司令利士比也派出舰艇前往沪尾侦察。李彤恩以前没有打过硬仗，当他看到法国舰队前来后，以为法军就要发动对沪尾的总攻，心里就慌张了，于是连忙写信，派人快马加鞭送至刘铭传指挥部，请求刘铭传放弃基隆，集中兵力守卫沪尾。这封信，也就是前文所说到的刘铭传收到的那封信。

曹志忠接过信件一看，只见上面写着："法国人明天肯定攻打沪尾，沪尾兵力空虚，孙将军的勇猛也不可靠。大帅如果不派兵增援的话，沪尾必定沦丧。法军攻破沪尾后，就可以长驱直入台北。台北一旦沦丧，则整个台湾的防御体系都将崩溃。对于洋人来说，基隆比沪尾重要；对于我们来说，沪尾比基隆重要。所以，大帅应该赶紧放弃基隆，集中兵力守卫沪尾。"

曹志忠看完，脸上露出了愤怒的神色。待梁纯夫、章高元、苏得胜等人也看过信件后，刘铭传问大家说："大家怎么看李彤恩在信中所说的这些？"

曹志忠慷慨地说："基隆是我军浴血奋战才勉强保住的。今天我们击毙了好几名法国兵，战果远远超过了第一次基隆保卫战。只要我们齐心协力，就一定能将法国鬼子赶出基隆！孙美人（孙开华长相俊美，故得绰号'孙美人'）这个人我熟悉，他打仗是有一套的，他能守住沪尾，这个我敢打包票！"

刘铭传听完，盯着台湾地图看了半天，最后才对着大家勉强笑道："仁祥说的在理，我不撤兵！坚决保卫基隆！"大家听刘铭传这么一说，这才放下心来。

刘铭传随即给孙开华、李彤恩写了一封亲笔信，说："基隆兵力不足，不能派兵增援。再者，今天的战斗，我们打得很好，所以将领们都不肯拔营增援沪尾。所以，还请你们努力奋战，坚持一两天，到时候我一定分兵增援。"

刘铭传刚写完，他的亲兵又急急忙忙地跑了进来，将一封信递到刘铭传的手中，说："大帅，急件！"

刘铭传打开信一看，还是李彤恩写来的，内容也还是求援。看完信后，刘铭传本来已经不错的脸色又变得惨白了。

曹志忠、梁纯夫、章高元、苏得胜等人见事情又起了变化，纷纷劝刘铭传坚守。刘铭传这才坚定信心，并叫来亲兵，命他将自己刚刚写好的亲笔信迅速送至孙开华、李彤恩两人手中。

曹志忠本以为这件事到此为止，谁知，过了不到一刻钟，刘铭传的亲兵又气喘吁吁地跑了进来，将一封信送到刘铭传手中，说："大帅，急件，八百里急件！"

刘铭传打开信一看，还是李彤恩的求援信。看过信后，刘铭传陷入了沉思中。他在指挥部走来走去，显得非常焦躁不安。曹志忠等人依旧劝刘铭传坚守，但刘铭传始终不答复他们。

突然，刘铭传握紧拳头，往墙壁上猛力一击，然后猛地转过身来，紧紧地盯着曹志忠等人，说："传我将令！基隆守军连夜撤往沪尾！"

对于刘铭传的这一突然决定，曹志忠等人都感到非常意外。梁纯夫当即表示："孙将军久经战阵，又有三营精兵，再加上其他军队，合计有近三千兵，怎么不能守卫沪尾？过不了几天，新兵就能到沪尾，又多出几百生力军，怎么不能击败来犯之敌？如果放弃基隆，那么基隆将不再是中国的土地，这件事关系很大，还请省帅三思。"

刘铭传不为所动。章高元是刘铭传的旧部，最关心刘铭传的前程。他非常担心刘铭传会因放弃基隆而遭到朝廷的严惩，于是跪倒在刘铭传的身前，一边哭，一边请求刘铭传收回成命。

此时的刘铭传已经下定了决心，要放弃基隆。放弃基隆，集中兵力守卫沪尾，本就是他的既定方针。无论有没有李彤恩三封紧急来信，他迟早都要迈出这一步。见手下将领不明白他的心思，他愤怒地抽出佩刀，往桌子上猛地一砍，喝道："不放弃基隆，就保不住台北！军国大事，不是你们这些莽夫所能知道的。军人以服从命令为天职，违令者斩！朝廷怪罪下来，我刘铭传一人承担，决不连累诸位！"

曹志忠等人见刘铭传这样说，知道他已经拿定了主意，再劝也没有意义了，于是都默默地离开了指挥部。

这边刘铭传正在紧锣密鼓地布置增兵沪尾，那边沪尾保卫战却提前打响了！10月2日凌晨6点半，驻守在沪尾新炮台（沪尾有新、旧两座炮台）上的清军首先对法舰开火。利士比急忙发出作战信号。四艘法舰立即向清军炮台出击。

这时，太阳从东边升起，从西往东进攻的法军炮手，视线受到阳光的极大干扰。同时，整个海岸又出现了高度的折光现象，并且有一阵浓雾将清军阵地完全遮盖住。这些都影响到了法军炮手的瞄准。在最初的半个小时海战中，法军的炮弹都因瞄得太高而打不中目标。反倒是清军的大炮打得比较准确，好几艘法舰都被击中。

7点左右，随着太阳升起，折光和浓雾消失，法舰炮手的射击才比较准确了。在很短的时间里，旗舰"拉加利桑尼亚"号上的二十四厘米大炮就轰毁了清军的旧炮台，但新炮台仍旧坚持作战。炮手们不顾在他们周边雨点般落下的炮弹，不停地开炮还击。到了将近10点钟的时候，新炮台上的大炮才被敌舰彻底摧毁。

　　由于害怕港内布有水雷，利士比不敢命令法舰闯入港口，只是指挥炮手们在余下的时间里，每隔若干时间就向清军阵地发炮一次。根据法国人的记载，在这一天的沪尾之战中，清军伤亡五十余人。

　　这时候，孙开华得知了刘铭传放弃基隆的消息，叹道："李彤恩误国，刘铭传被他欺骗了！"为了阻止刘铭传放弃基隆，孙开华骑上一匹快马，从沪尾前线赶赴台北，拜见这时候已经撤退至台北的刘铭传。

　　孙开华到台北后，径直闯入刘铭传官邸，一边喘气一边说："省帅为何要放弃基隆？"

　　刘铭传说："李彤恩给我写了三封紧急书信，说沪尾守不住，所以我才决定放弃基隆，集中兵力守卫沪尾。"

　　孙开华一听，焦急地说："省帅被李彤恩给骗了！李彤恩以前没有打过硬仗，见到法舰就慌张，所以才会做出如此荒唐的事情。昨天法舰只是来侦察，根本没有开战。今天他们也只是摧毁我们的炮台而已，并没有登陆。要是他们敢登陆，我肯定杀得他们片甲不回！总而言之，沪尾完全不需要援兵就能守住。为了守卫沪尾而放弃基隆是不可取的。"

　　刘铭传听后，盯住孙开华不出声。沉默许久后，刘铭传突然哈哈大笑。他的这一阵诡异的笑声，令孙开华感到很担忧。他以为刘铭传是急坏了脑子，有些神志不清了。

　　不过，刘铭传接下来的一番话却令孙开华放下心来。刘铭传说："你说的这些我都清楚。老实跟你说吧，其实我也知道你是能够守住沪尾的。我之所以要放弃基隆，除了对于台北防御来说沪尾比基隆更加重要，沪尾绝对不容有失这一原因外，还有着更深层次的思考。之前，张香帅（张之洞）提出过一个将法国舰队引诱并牵制在基隆，以避免它们袭扰东南沿海的计划。现在我放弃基隆，正是为了实施这一计划。"

　　孙开华一听，这才恍然大悟，说："原来省帅早就成竹在胸。既然如此，何不早些对我说，弄得我白担心一场？"

刘铭传嘿嘿一笑，说："军国大计，事关存亡，不敢轻易泄露。如果不是孙将军苦苦逼问，我是不会告诉你的。既然孙将军对守卫沪尾信心这么足，我就不将从基隆撤下的兵力全部调往沪尾前线了。除了章高元等数营跟随你前往沪尾御敌外，其他的部队驻守在后路就行了。我在台北恭候孙将军的捷报。"

刘铭传不调全部兵力去沪尾前线，极大地满足了孙开华的虚荣心。孙开华高兴地说："省帅如此推心置腹，我孙开华敢不尽心竭力为国尽忠？请省帅放心，我一定让法国人尝尝惨败的滋味。"说完，孙开华拜别刘铭传，迅速赶回沪尾前线，布置与法军的决战。

10月2日夜晚和10月3日早晨，利士比都派出小舰艇潜入港内探测是否有水雷。结果发现港内果然布有由岸上电控的水雷。这证实了利士比从一个曾经参与帮助清军安放水雷，又为金钱而转向法军效劳的领港人那里得知的情报：这些水雷一共有十个，由旧炮台后面的燃放观察站控制着。

利士比很清楚，他的军队即将面临登陆作战。只有清除掉水雷，才能炸掉堵塞港口的沉船，法军的军舰才能进入淡水河，威胁台北。而要清理水雷，最彻底的办法就是占领陆地上的水雷燃放观察站。这意味着法军必须登陆作战。

利士比认为他没有足够的兵力来进行一次登陆战，于是，他派"德斯丹"号驶回基隆，向孤拔请求一个大队步兵（六百人）的支援。

"德斯丹"号驶回基隆的时候，孤拔正指挥麾下的三个大队步兵占领清军撤离后遗留下来的阵地。由于道路缺乏、地势险恶，尤其是极端炎热，使得基隆法军在部署新阵地的时候，遭遇到了许多困难，加上还要应对清军时不时的反攻（清军并未完全撤离），因此孤拔深感兵力不足，认为他所掌握的步兵，仅仅能够保住目前占领的阵地，如果抽出部分兵力前往沪尾，基隆的形势将会很困难。所以，孤拔只派了三百名海军陆战队跟随"德斯丹"号前往沪尾作战。孤拔的这一决定，是导致法军沪尾惨败的关键原因。

虽然很明显地感觉到兵力不足，但利士比已经不能继续耽搁。10月8日，连日的阴雨天气结束，太阳透过茂密的丛林，向军舰上的法军露出了久违的笑脸。利士比决定在这一天发起对沪尾的登陆作战。

参加这次登陆作战的有六百名法军士兵。这些士兵的作战素养，与孤拔率领的攻打基隆的士兵比起来，要差很远。他们当中有的是军舰储藏室的保管员，有的是舱面的水夫，有的是管桅樯的助手，给这些人配上武器，并不能使他们成为合格的步兵，因为他们平时接受的训练仅仅是战时从桅樯或舱面向敌舰的舱面或走廊射击而已。后来的实战证明，这些乌合之众上岸之后毫无陆战常识。士兵作战素养低下，这也是导致法军沪尾惨败的关键原因。

利士比不是不清楚这一点，但他没有选择，只得硬着头皮上。他将六百名法军士兵分为五个中队，以一、二两个中队作为先锋，以三、四两个中队作为预备队，以第五中队担任左路穿插的任务。为了方便行动，利士比将每名士兵的负重减少为一天的口粮加枪以及一百二十发子弹。弹药的不足，后来也成为法军惨败的原因之一。

利士比给这支登陆部队制定的作战任务是：乘小舰到河流北岸的一处小湾靠岸登陆，从那里攀登至新炮台，将炮台里的大炮炸毁，然后向下朝旧炮台进发，将设置在旧炮台后面的水雷燃放观察站占领，将敷设在港内的水雷引爆，然后归舰。全部行程约为六公里，都有舰炮火力掩护。虽然如此，利士比还是告诫登陆部队不要走入两座炮台之间的密林中去。

本来，利士比决定由曾经参加过基隆首战的马丁中校来指挥这次登陆作战。然而，马丁中校却突然患病，不能上阵了。利士比只好临时任命"雷诺堡"号的舰长波林奴为登陆作战总指挥。和参加这次战役的许多士兵一样，波林奴也没有陆战经验。他的指挥失误直接导致了后来的惨败。

这边，法军厉兵秣马；那边，清军也不闲着。在湘军将领孙开华的调度下，驻守沪尾的清军已经严阵以待，随时准备迎击侵略者。

守御沪尾的主力是孙开华的三营湘军。孙开华意识到，新炮台、旧炮台都将是法军的进攻重点，于是他将三营湘军埋伏在从海滩通往新炮台、旧炮台的要路上。其中，孙开华亲自统率营官龚占鳌的右营，与营官李定明的左营形成掎角之势，作为前锋。营官范惠意的中营则作为预备队，埋伏在后方接应。

对于章高元、刘朝祜率领的人数不多的淮军队伍，孙开华并未流露出仇视、排挤，而是将这两支战斗力较弱的部队布置在新炮台后面，主要负责炮台防御。

除了正规军外，还有一支由台湾当地人组成的土著部队也参加了沪尾之战。孙开华将这支部队部署在北路，防备敌军穿插。

10月8日上午9点，法国对沪尾的登陆作战开始了。波林奴率领六百多名法军在海滩登陆。这时候，波林奴并未按照陆战的常规做法，派出侦察兵对前面的地形进行侦察。这为他之后的失败埋下了伏笔。

趾高气扬的法军向东迅速推进。他们是如此自信，乃至相信这次的军事行动不是一场战斗，而是一场游行散步，一枪都不用放的。他们的自信，加上他们对地形的陌生，使他们很快陷入之前利士比一再强调要避开的丛林中。

一进入丛林，法军指挥系统就乱套了。冲在最前面的法军第一、二两个中队，由于树林的遮蔽，士兵们彼此之间很难看见，只得各自为战，朝着自己认为正确的方向迅速地前进。

突然，树林中发出一阵阵"砰砰砰"的声音，清军的子弹呼啸着朝法军袭来。孙开华亲自率领的右营对法军的伏击，正式开始了！

法军猝不及防，损失相当惨重。第一中队中队长方丹腿部中弹倒地，第二中队中队长德荷台胸部中弹摔倒。战斗才刚刚开始，法军的两位中队长就不能指挥了，这在很大程度上加速了法军的溃散。士兵们得不到中队长的指挥，只能独自作战。

波林奴在后面看到第一、二两个中队遭遇清军的伏击，并且有支撑不住的倾向，便沉不住气了，于是他做出了又一个错误的决定，那就是过早地将预备队投入战斗。波林奴派出一个中队前去支援。

这时候，孙开华所统率的另外两营湘军也杀了过来。两军在茂密的丛林中展开激烈的拉锯战。章高元、刘朝祜听到枪声，也率部杀了过来。

法军的士兵大多没有陆战经验，在枪战中他们只会胡乱射击，浪费子弹。乱射一阵后，他们随身携带的一百二十发子弹差不多就要用完了。

波林奴看到了这一问题，于是下令号手发信号降低射击速度。号手正要发出这一信号的时候，一发子弹击中了他的头部。他哀号着栽倒在地，再也不能发出信号了。

波林奴见唯一的号手被清军击毙，只得下达口头命令。然而，他的喊话被丛林中的树木阻挡，被战场上的枪声干扰，根本无法传达到士兵的耳中。

将近一个小时后，法国人终于尝到了乱射的恶果。部分法军士兵的弹药消耗完毕，开始向沙滩方向逃跑。

缺乏陆战指挥经验的波林奴根本无法弹压部下，只得重申一遍向旧炮台方向发起攻击的号令，妄图作最后一搏，突破清军防线，以改变在密林中对射的不利战法，然而这道命令最终无济于事。

此时，按照原计划在左翼穿插的法军第五中队以及被波林奴派往左翼增援的法军一个中队（预备队两个中队之一），也遭到了清军的猛烈袭击，损失惨重。台湾土著兵在这一战场扮演了重要角色。他们平时以打猎为生，所以枪法比较准，并且熟悉当地环境，所以能在与法军的对决中占据优势。

临近中午，沪尾决战进入关键时刻。这时候，孙开华发现法军的旗手远离掩体，暴露在外，身边并没有同伴紧贴保护，决定亲自出阵将其斩杀，夺过法军军旗以打击法军的士气。

当时，右营营官龚占鳌就在他的身边。他指着法军旗手的位置，对龚占鳌说："看见那个旗手没有？他身边没有同伴紧跟着保护，我去把他的旗帜夺过来。"

龚占鳌一听，连忙劝阻说："将军是主将，不可轻易冒险。还是我去好了。"说完，他就转过身去准备牵马。

孙开华一把拉住他的手，说："自鸦片战争以来，每每外敌入侵，中国军队从来没有主将带头冲锋的。我孙开华要做第一个！"说完，孙开华猛地一回头，牵过一匹马，一跃而上，低着头对龚占鳌说："你带几个人掩护我。"

龚占鳌见孙开华意志坚定，也不好再劝。随即，他叫来几个士兵，转移到另一处，朝那旗手周围的法军开枪。法军的注意力很快被吸引住了。

这时候，那位旗手丝毫没有觉察到危险的降临，依旧在挥舞旗帜。孙开华见时机已经成熟，拔出指挥刀，拍马出阵。

说时迟，那时快，孙开华迅速杀至那旗手的身边，用指挥刀猛力一砍，那旗手的脑袋便掉了。紧接着，孙开华一个俯身，抓起那旗手的脑袋以及法军的军旗，掉转马头便往回撤。

这时候，法军才发现孙开华出阵，连忙放枪。孙开华俯身贴住马背，法军的子弹都放了空，并未伤着孙开华。等法军再次发射的时候，孙开华早已进入了树林，没了踪迹。

回到阵中后，孙开华将那人头与旗帜往地上一扔，军队中顿时响起了震耳欲聋的欢呼声。龚占鳌一边扶着孙开华下马，一边由衷地赞叹道："将军真是神人！《三国演义》中，有个关云长能在百万军中取上将首级。将军今天匹马单刀，斩敌夺旗，简直就是关云长再世。"

旁边早有一名士兵拿起那人头和旗帜，扎在长竹竿上，然后站到高处，将竹竿高高举起。士兵们看到这场面，热血沸腾，再次响起了震耳欲聋的欢呼声。

听着湘军阵中一阵又一阵的欢呼声，看着祖国的旗帜、同伴流着鲜血的头颅被敌人高高挂起，许多法军士兵吓得浑身直打哆嗦。不久之后，法军逃跑的狂潮便到来了。

此刻，波林奴还想尽最后的努力制止士兵逃跑，然而他的命令并没有人听。到了12点左右，波林奴彻底绝望，下达了全线撤退的命令。

尽管清军本着见好就收的态度，并没有实施穷追猛打的策略，但在奔向海滩的过程中，仍不断有法国兵亡命飞奔，而且试图扔下伤员，令波林奴等军官恼火不已。好不容易来到海滩，士兵们发现由于涨潮，想要走上舢板，必须从一段深至脖颈的海中走过，于是又有一些法国兵打起了扔下同伴的算盘。

交战初期就因腿部中弹无法行走的第一中队中队长方丹，撤退时被三个手下抬着，结果密林中出现了几把法国人以前从来没有见过的钩镰枪，除一个士兵侥幸逃跑外，包括方丹在内的三人全部被拖倒，当场被割下头颅。

原来，台湾土著部队早就知道法军将从这里撤退，所以事先埋伏在周围，用钩镰枪钩倒并斩杀法军。方丹等三人成为他们的"战利品"。方丹是沪尾大捷中清军斩杀的级别最高的军官。

与方丹同时中弹的第二中队中队长德荷台尽管被法军拼命救出，逃脱了被斩首的厄运，但也因为胸部中弹，伤势严重，回到舰上不久之后就毙命了。

中午12点半，第一批满载法军登陆队的小舰挣扎着离开沪尾海面。下午1点多，第二批法军登陆队也乘小舰离去。沪尾之战至此宣告结束。

沪尾一战中，清军击毙法军十七人，击伤四十八人，并夺获舢板船两艘。虽然清军的伤亡数要远远大于法军，但沪尾一战的胜利者无疑是清军，他们使法军攻占沪尾的美梦彻底破灭。从此以后，法军再也不敢攻打沪尾。

大战过后，沪尾城中立刻喧闹起来。因为法军的封锁，使得来自英国等国的外国商人生意大受影响，对此次法国人的撤退，沪尾城中的所有外国人都显得兴高采烈。租界里的英国医院积极收纳清军伤兵，使他们得到了及时的治疗。

得胜归来的清军举行古老的献俘仪式，十多个法国官兵的人头被扎在竹竿上示众。在周围中国百姓的齐声叫好中，异常勇猛的台湾土著部队开始肢解法军的尸体。这些仪式和行为虽然残忍，却也表现了参战清军以及广大老百姓对侵略者的仇恨。对于法国人来说，这也是一种极好的震慑。

清廷得知沪尾大捷的消息后，决定重赏此次参战的将士。刘铭传调度得当，是清军取得沪尾大捷的根本。10月29日，清廷任命刘铭传为福建巡抚，但依旧驻守台湾督办防御。

沪尾大捷后，刘铭传上奏表彰孙开华的功勋，请求清廷破格奖赏他。于是，清政府赏给孙开华骑都尉世职。12月24日，清廷命孙开华帮办台湾军务，后来又实授福建陆路提督。

帮助孙开华取得沪尾大捷的两位淮军将领章高元以及刘朝祜，也得到了清廷的重赏。章高元交部从优议叙。刘朝祜赏加提督衔。

孙开华麾下的两位骁将龚占鳌、李定明在沪尾一战中的表现惊艳，同样得到清廷重赏。龚占鳌赏穿黄马褂。李定明以提督记名，遇有各省总兵缺出，先行请旨简放。

慈禧太后也从私房钱中掏出一万两银子，奖赏此次为国出力的将士。清政府的这些及时奖励，对鼓舞台湾军民的抗法信心，起到了极为关键的作用。

必须把法国人阻击在月眉山

事实证明，刘铭传放弃基隆、主守沪尾的策略是相当高明的。然而，刘铭传的这一得意之作，却在之后遭到了左宗棠、刘璈等湘系将领以及清流派的不断抨击。

双方争论的焦点主要集中在放弃基隆是否是守住沪尾的前提条件上。在这一点上，刘铭传采取了不诚信的手段。他在给清廷的奏章中为了证明放弃基隆的合理性，将本来发生在10月2日的法军炮击沪尾并摧毁防御工事一事，说成发生在·10月1日。这样一来，他便可以理直气壮地说，他是在沪尾危在旦夕的情况下才不得已放弃基隆的。并且，刘铭传一再否认李彤恩的三封告急信。

刘铭传的这一做法是不诚信的，并且是欺君之罪，左宗棠、刘璈等人批评他也是可以理解的。然而，左宗棠、刘璈等人对刘铭传的抨击，并未停留在批评的层面上。他们紧紧抓住这件事情，对刘铭传进行毫无休止的谩骂、侮辱，这是不可取的。大敌当前，不想着团结起来，一致对外，反而为了一件并不具备决定性意义的事件打击自己人，这绝对不是很好的事情。

首先对刘铭传发难的是当时负责台湾南部防守的刘璈（刘铭传来台后，与刘璈分守台湾，刘铭传守台湾北部，刘璈守台湾南部）。沪尾大捷后不久，刘璈就曾写密信给左宗棠说："不必从基隆撤兵，也能守住沪尾。沪尾一战的胜利，主要是孙开华三营湘军的功劳，即便没有章高元等部援助，沪尾也不会丢。基隆是台北的重要门户，是法国人的进攻重点，也是朝廷着力守御的战略要地。基隆丢了，沪尾也会保不住。基隆、沪尾保不住，台北也就保不住。台北保不住，整个台湾都将沦陷敌手。所以说，基隆的守与不守，关系到台湾的存亡，绝不是小事。"

　　刘璈清楚地意识到了法军的进攻重点是基隆，他所说的不放弃基隆也能守住沪尾也是符合事实的。但是，他没有意识到，对于台北的防御来说，沪尾的意义更为重大。当然，他更不能理解刘铭传诱敌深入对中法战争全局的重大意义。

　　1884 年 12 月，刚刚到福州的左宗棠根据刘璈的密信，上奏指责刘铭传在放弃基隆这件事情中，起初受李彤恩的蒙蔽，慌忙撤离基隆，后来又坐守台北，不敢兴兵收复基隆，胆小怯懦。

　　清流言官纷纷附和左宗棠的言论。一时间，收复基隆、处罚刘铭传的呼声很高。左宗棠为了争一口气，证明自己判断正确，派出嫡系将领王诗正统率恪靖援台军前往台湾，试图收复基隆。

　　左宗棠、刘璈等远离台北战场的湘系人物质疑刘铭传的战略，而身处台北并且亲身经历过基隆、沪尾大战的湘系将领曹志忠、孙开华等人也对刘铭传的战略不以为然。

　　曹志忠原本是基隆守将，撤出基隆后，他一直试图收复基隆。在他的带领下，清军曾经发起过多次对基隆法军的反攻。其中规模最大的一次发生在 1884 年 11 月 1 日。

　　事情是由急于收复基隆的台北知府陈星聚引起的。陈星聚通过侦察，得知驻守基隆的法军由于水土不服，病亡的很多。因此，陈星聚觉得，收复基隆的时机已经成熟。他多次请求刘铭传收复基隆，遭到刘铭传的婉言拒绝，于是他就转而怂恿曹志忠。

　　曹志忠听了陈星聚的话，一时愤怒，竟然不向刘铭传请示，就率领手下一千多士兵前去攻打基隆法军。

11月1日凌晨6点左右，湘军兵分多路进攻基隆的法军据点。其中一路的目标是法军前几天放弃的一个炮台。湘军将士屏气凝神，往炮台方向前进，试图在法军哨兵发现之前一举拿下炮台。然而，事与愿违，高度警觉的法军哨兵发现了他们。随即，法军吹起了作战的号声，用排枪和大炮猛烈阻击湘军。在敌军的攻击下，湘军损失比较惨重，占领炮台的作战任务已经无法完成。于是，他们且战且退，撤往安全区域。

　　与此同时，另一路湘军对法军阵地的左翼发起了进攻。在敌军的坚强阻击下，这一路湘军也损失惨重，最后只得撤退。

　　湘军的进攻虽然受到阻挠，但曹志忠并不甘心就此结束战斗。到了7点钟的时候，他又率领着湘军对法军另一处据点发起进攻。

　　这是一场激烈的战斗。湘军战士非常勇猛，充满自信。为了取得最好的射击效果，很多战士尽量靠近法军据点射击，甚至还有人将一门轻炮拉到距离法军据点两百米的地方射击。

　　面对湘军的进攻，据点中的法军顽强抵抗，其他据点的法军也以大炮和排枪袭击湘军，并派出援兵前往湘军进攻的那个据点。

　　经过半小时没有效果的努力后，曹志忠不得不下令撤退。依托丛林以及高低起伏的山岭的掩护，湘军且战且退，安全地回到营地中。

　　根据法国人的记载，在一天的战斗中，法军无人阵亡，只有一人受伤。清军的伤亡数远远超过法军。没有攻占任何据点，还白白地损失了那么多的士兵，主将曹志忠心中的内疚是可想而知的。

　　11月1日的失败证明了刘铭传放弃基隆、主守沪尾战略的正确性。此后，清军很少对基隆法军发起大规模的进攻。

　　清军无法收复基隆，而法军也无力扩大战果。当时，由于水土不服，驻守基隆的法军病亡的很多。据统计，法军在占领基隆期间，病亡了一百三十五人。这一数字远远超过在作战中阵亡的法军数目。伤病使得原本人数就不多的台湾法军能够作战的人数更少了，因此他们无力发动大规模攻势。

　　另外，清军的顽强抵抗也在很大程度上消耗了法军的战斗力，使得他们无力大举进攻。仅仅在1885年1月10日的战斗中，清军就击毙了法军十七名，击伤三十四人。这一战果差不多能赶上沪尾大捷了。

　　不过，在法军的两批援军先后到来后，原本势均力敌的局面就不复存在了。

骄狂的法军准备对基隆周边清军的据点发起大规模进攻，试图将清军从基隆附近彻底赶出去。

经过反复的侦察，法军决定将进攻重点放在月眉山。月眉山是耸立在基隆东面的一座巍峨的悬崖。当时，基隆外围清军的主力驻守在大水窟一带。大水窟位于基隆港至月眉山的中间。只要攻陷月眉山，法军便可居高临下，从清军的背后炮击清军大水窟阵地。

法军通过侦察发现，清军在悬崖顶部没有修筑堡垒，只是修筑了一些孤独零散的防御工事，拒守着某些山峰或者封锁着某些山峡。法军认为，虽然月眉山一带的地形相当复杂，但清军在这一带的防御很薄弱，所以拿下月眉山是完全有可能的。

进攻目标选定以后，法军很快组织起一个进攻纵队，包括一个一百五十人的海军陆战队中队，一个七百五十人的亚非利加大队，一个九百人的外籍兵团大队，还有一个配备四门大炮、人数六十名的炮兵中队以及少量的工兵、卫生救护队等，总兵力为一千九百人。每个士兵携带一百二十发子弹以及四天的粮食。

本来，这次的战斗应该由杜琛尼上校来指挥，但杜琛尼上校临时患病，只得将指挥权交给曾经指挥攻占基隆的伯多列威兰中校。

1 月 24 日夜间，法军依托夜色的掩护，向着月眉山进发。沿途，他们要路过大水窟等清军设防区域的附近。要想躲过清军的监视哨，绕过清军的防御阵地，然后顺利到达月眉山脚下，并不是太容易。

每个人都小心翼翼，不发出任何声响，即便是扒开阻挡他们前进的互相缠绕着的葛藤和竹丛，他们也能做到鸦雀无声。

黎明时分，法军的前锋部队来到一处谷底。在那里，他们终于被居高临下的清军哨兵发现并开枪射击。枪声划破黎明前的沉寂，战斗终于打响了。

法军在优势炮火的支持下，发挥其兵力优势，前后夹攻清军的前哨阵地。清军的哨兵抵抗不住，只得后撤。

法军继续前进。不一会儿，他们就看到了月眉山的巍峨断崖。他们所处的位置距离断崖大概两公里。虽然就在眼前，但是法军想要顺利到达断崖下面，并不太容易。前面的道路长满了荆棘，并且清军在高处设有监视哨，这些对法军来说，都是不小的挑战。

法军按照原计划分为两个平行的纵队前进。一个纵队由外籍兵团大队和海军陆战队组成，从西边迂回向山崖进发。另一个纵队由亚非利加大队组成，从东边迂回向山崖进发。

两个纵队在前进的过程中，都遭到了清军哨兵的有力阻击。法军凭借优势炮火，最终迫使清军哨兵撤离。

但是，由于道路难行，法军前进得非常缓慢，直到夜幕降临的时候，法军仅仅从月眉山推进一公里。无奈，法军只得停止前进，就地宿营。

正当法军纷纷进入梦乡的时候，清军阵中却是一片繁忙的备战景象。原来，驻守月眉山的清军将领得知法军就地宿营后，便想发动夜袭。他们派出一些士兵，借着夜色的掩护，悄悄地接近法军阵地，用钩镰枪袭击法军哨兵。

清军的突袭给法军造成了极大的恐慌。由于黑暗，法军根本无法判断清军的位置。他们处在高度的紧张之中，以避免被突然杀到的清军袭击。

这个晚上，几乎所有月眉山下的法军士兵都没能睡好。虽然他们小心翼翼，但还是有两名哨兵因受到清军的袭击而受伤。

1月26日早上9点，浓雾散去，法军的进攻又开始了。他们被清军的夜袭折腾了一晚，早就憋足了劲要报复清军，所以此刻他们的炮火相当猛烈。清军阵地因此遭受了很大的损失。为了保存实力，清军隐伏在树林和堡垒中，不再还击。

伯多列威兰中校见清军不再放枪，以为他们多数已经阵亡，于是派出步兵发起冲锋。当骄狂的法军步兵临近清军阵地的时候，隐伏多时的清军突然一跃而起，向法军射出一排又一排的子弹，冲在最前面的几排法军几乎全部中弹，丧失战斗力。

冲锋失败后，法军依旧用猛烈的炮火轰击清军阵地。最终，法军凭借着优势的兵力以及先进的武器，将清军从月眉山外围的阵地中彻底赶跑。随即，他们推进到了距离月眉山四百米的区域。这时候，他们发现，一道高达三十米的垂直断崖阻挡了他们的前进。断崖是如此之高，如此之险峻，没有任何看上去可能通往山顶的道路。法军的先头部队试图在那里开凿一条道路，最终也没能成功。

曹志忠得知法军推进至月眉山下的消息后，认为形势严峻，连忙派他手下的营官廖得胜、叶友胜各带三百名士兵前往月眉山增援，与扼守月眉山的其他清军部队在各个山头构筑起一道道阻击阵线，并伺机向法军发起反攻。中法两军在月眉山下展开激战，伤亡都比较惨重。这时候，瓢泼大雨从天而降，阵地上一片泥泞，两军士兵行动都非常困难，战斗这才逐渐缓和下来。

战斗结束后，法军重整队形清点人数，这才发现他们在这一天的战斗中，伤亡已经高达八十人。

清军的顽强抵抗使得伯多列威兰中校放弃一鼓作气拿下月眉山的计划。为了完成作战任务，他准备故技重施，再做一次大迂回运动，去袭击月眉山的背后阵地，并从那里进攻月眉山。

然而，天公不作美，连续下了两天两夜的大雨阻碍了法军的行动。1月28日，当法军想冒雨前进时，却又遭到月眉山守军的奋力阻击。法军在付出一些伤亡后，只得停止进攻，撤回1月26日新占领的阵地。

这时候，法军随身携带的每人四天的口粮差不多消耗完毕，弹药也差不多用完了。大部队必须回去搬运补给，并且调整状态，准备最后的进攻。于是，1月29日，伯多列威兰中校命令大部队撤回基隆，留下亚非利加大队据守新占领的阵地。

在从1月25日持续至1月28日的战斗中，法军虽然没能攻下月眉山，但是占据了月眉山的外围阵地，从这里他们也是可以进攻大水窟等地的清军的。当然，只有完全攻下月眉山，法军在这一处的阵地才能安全，那也是法军最终的战斗目标，不过他们暂时需要把这一目标先放一放。

为了保护和巩固已经夺取的阵地，法军冒雨连夜修筑工事。在短短的三天时间内，就筑起了一道坚固的临时防御线。

虽然法军兵力雄厚，并且防御坚固，但是他们和清军挨得太近，并且清军占据着高处，可以居高临下不停地袭击法军，法军的日子并不好过。法军的一个上尉在白天指挥修筑工事的时候，被清军的冷枪击毙。这名上尉在这支军队中，绝对是军衔排名前几位的人物。他的阵亡沉重地打击了法军的士气。此后，法军的堡垒修筑工作，改在夜间进行。

敌人就在自己的眼皮子底下修筑堡垒，这令曹志忠感到很窝火。为了挫挫法军的锐气，他准备率部联合其他驻守在月眉山的清军部队，夜袭法军阵地，占据法军那些正在修还没有完全修好的阵地。

1月31日夜间，清军大营火光通明，一片喧嚣。他们并没有吸取1884年

11月1日失败的教训，在偷袭之前没能做到绝对安静。他们所发出的不寻常的响声，引起了法军哨兵的注意，并将这一消息告知了他们的指挥官。指挥官随即加强了步哨。

将近11点30分的时候，朝法军阵地进发的清军与法军前哨部队相遇了，双方爆发了激烈的枪战。随即，清军对法军阵地发起了总攻。清军激烈的射击，绵延到整个法军阵地，随后更到达了法军的后方。

虽然清军作战非常勇猛，但在法军优势炮火的轰击下，清军发起的三次冲锋都被击退。激战至第二天凌晨，清军仍然无法攻占法军阵地，只得撤退。

在1月31日子夜至2月1日凌晨的这一战中，法军阵亡一人，伤一人。清军的伤亡数远远超过法军。

在随后到来的2月里，天开始不停地下雨，在法军仓促筑成的堡垒里，洪水泛滥，道路小径变成溪流，淅淅沥沥的雨水落到法军士兵的脸上，常常使他们费尽心力燃起的篝火熄灭，并将宿营的地方变成一片池塘。士兵们经常卧在一尺多深的泥浆里面，一身污秽不堪的制服，连颜色都分辨不出来了。

比糟糕的天气更加令法军士兵难以忍受的是无聊。既不能痛痛快快地杀一场，也不能回到舰上尽情地喝酒作乐，这样的生活对于法军士兵来说，实在是太苦闷了。

为了排遣苦闷，法军士兵到处搜罗当地居民走失的家畜，杀掉吃肉以改善生活。这类小小的搜索逐渐变得漫无节制，法军将领不得不加以制止。然而，这些士兵充满冒险精神，他们依旧到处搜罗，走得最远的人甚至到达了清军的前哨阵地，并与清军发生交火。法军将领们费尽心机，才使得这些小冲突迅速缓和下来，最终没有导致大规模的战斗。

与法军的愁闷形成鲜明对比的是，趁着这个休歇时期，刘铭传命令曹志忠不惜经费，多雇民夫，在大水窟至月眉山一带连夜修浚深沟，挖洞驻兵，以躲避敌人的炮火。同时，刘铭传考虑到驻守月眉山的清军接连作战，疲劳不堪，又没有援兵，无法战胜敌军，于是命他们坚守待援，不准出击。

稳住前沿阵地后，刘铭传开始将大量军队调往基隆附近，孙开华也从沪尾抽调部分军队前往基隆。新到来的部队驻守各要地，使得曹志忠等部可以放心地应付当面之敌，而不必考虑其他区域。

3月2日，持续近一个月的阴雨终于结束，天空放晴了。只要经过二十四小时的短暂晴朗，道路和小径便将晒干，阻扰法军进攻的最主要因素也就不复存在了。

这样的机会转瞬即逝，法军主将杜琛尼上校是绝对不会放过的。他在3月3日将法军在台湾的军队中所有可以使用的部队全部集结到月眉山下，组成一支流动纵队，准备对清军发起最后的总攻。

流动纵队的兵力相当雄厚，包括海军陆战队三个中队，亚非利加大队四个中队，外籍兵团大队两个中队以及少量炮兵及工兵，总兵力约为一千三百八十人。每个士兵携带六天粮食和一百七十发子弹。原本驻守在前哨阵地的外籍兵团三个中队并不算在流动纵队之中。

杜琛尼上校通过侦察得知，清军驻守的重点主要有两处：一是戏台地；二是深澳坑。深澳坑的防守尤为严密，清军在那里修筑了一道长达十七里的长墙。根据这一情况，杜琛尼上校制订了作战计划：先攻占戏台地作为第一座堡垒，然后绕至清军重点设防的深澳坑长墙背后，从背后发起突然袭击，一举攻占深澳坑。最后攻取月眉山山顶。

3月4日凌晨3点30分，法军流动纵队乘着月色，悄悄地向戏台地进发。7点30分，法军兵分两路进攻戏台地。

当时，驻守在戏台地的清军只有七百人，由曹志忠的湘军和刘朝祜的淮军共同组成。清军在人数上处于绝对劣势，武器又不如人，这一仗显然很难打。

10点钟，清军首先向来犯的法军开火。法军随即进行还击。虽然清军英勇作战，但最终还是被法军击败。下午1点，法军占领高地。在战斗中，法军仅仅负伤两人，无人阵亡。随后，法军开始肃清周围的清军。夜幕降临，法军就在高地上临时搭建的营地中宿营。

3月5日早晨，法军按照原定计划，分兵三路进攻深澳坑清军阵地，那里驻守着湘军四个营以及少量淮军，兵力比较雄厚。

负责正面佯攻的法军部队用猛烈的炮火轰击长墙。清军随即进行还击，战斗正式打响。激战片刻后，曹志忠觉得兵力不够用，又从驻守其他隘口的湘军部队中调来三百人加强深澳坑防御。

这时候，法军的主力部队已经迂回到深澳坑长墙的背后。曹志忠等人只知道防御正面，忽视了背面的保护，最终成就了法国人。当法国人从长墙背后蜂拥而至的时候，曹志忠知道败局已定，只得丢弃阵地率军逃跑。法军随即占领深澳坑长墙，并向月眉山山顶发起进攻。

驻守在月眉山上的清军是曹志忠麾下将领廖得胜率领的湘军一个营，本来有五百人，但其中的三百多人早已被曹志忠带至深澳坑迎敌，所以此时驻守山上的湘军仅有一百多人。

一百多湘军对阵一千多法军，全军覆没的可能性相当大。廖得胜和他的一百多弟兄已经做好了为国捐躯的准备，只要法军冲上山顶，他们就一齐杀过去，与冲在最前面的敌军同归于尽。

这时候，淮军将领刘朝祜率领三百兵来到山顶。廖得胜见援兵来到，于是放弃自杀式的作战计划，率领弟兄们与淮军合兵一处，依托掩体，准备迎战敌军。

法军将月眉山山顶三面包围，随即发动猛攻。清军伤亡惨重，只得放弃阵地退至山下。法军终于拿下了他们为之战斗了一个多月的目标月眉山。

这时候，受左宗棠委派前来台湾抗法的王诗正率领着恪靖援台军来到基隆附近，其前锋部队已经来到了月眉山下。

3月6日凌晨，王诗正亲自率领卫队前往前线指挥作战。午后，王诗正指挥恪靖援台军兵分三路攻打月眉山：一路攻打法军右翼，一路攻打法军左翼，另一路则绕至月眉山背后。

恪靖援台军勇猛作战，击退了法军的多次进攻，最终夺回了月眉山头层要隘堡垒。首战告捷，王诗正非常高兴。这天夜里，他与曹志忠商定，第二天两军一齐向月眉山发起总攻。

3月7日，王诗正、曹志忠联军向着月眉山法军阵地发起了多轮猛烈的冲锋。在法军猛烈炮火的轰击下，湘军的冲锋最终都没能成功。

湘军的伤亡非常惨重，这令王诗正感到非常担忧。为了减少无谓的牺牲，他和曹志忠商量后，决定采取声东击西的办法。

王诗正、曹志忠两人将他们的部队分作两部分，其中的一部分担当正面佯攻的任务，依旧向正面法军阵地强攻，而另一部分则迂回至月眉山背后，从后面突袭法军阵地。

就像我在前文中所说到的那样，这种声东击西的战术，法国经常使用。所以，王诗正的计谋，是瞒不过法国人的。法国人得知湘军分两路出兵后，也将部队分为两部分，分别对阵两路湘军。

王诗正的计策被识破，湘军因此陷入法军的包围中。激战至傍晚时分，敌我伤亡都非常严重。王诗正知道，继续战斗下去，处在包围圈中的湘军有被法军全歼的危险，于是与曹志忠联手，奋力杀出重围。

此后，清军主动撤退至基隆河南岸。月眉山彻底被法军占领。本来，法军是可以乘胜追击，给予清军更大杀伤的。但是，连日的暴雨击碎了法军的美梦。暴雨使得基隆河水暴涨，法军无法渡河，也就不能追袭清军。战争就此进入胶着状态。

此后不久，清军取得镇南关大捷，中国取得了中法战争的决定性胜利。6月9日，《中法新约》签订。6月21日，法国根据和约的规定撤出基隆。中国取得了台湾保卫战的最终胜利。

台湾抗法的胜利，与大陆的支援是密不可分的。据统计，在台湾抗法期间，清政府命令直隶、两江、广东、福建等省份，给台湾运去军兵万余人，饷银百万余两，前后膛枪约两万杆，大炮六十门，子药大批，成为支持台湾抗法斗争的重要物资力量。

当时，负责支援台湾的沿海各省督抚、重要将领中，除直隶总督兼北洋通商大臣李鸿章、两广总督张之洞等少数人不属于湘系外，其他的人，比如两江总督兼南洋通商大臣曾国荃、钦差大臣督办福建军务的左宗棠、闽浙总督杨昌濬、福建水师提督彭楚汉、钦差大臣督办广东军务的彭玉麟等，都是湘系将领。这些昔日的湘军将帅们为保障台湾保卫战后勤所做出的贡献，值得我们永远铭记。

血战镇南关，苏元春、王德榜名扬天下

时令已是初春，但气温依旧不是很高。寒冷的冬天已经过去，但暖春还需要再等待些日子才能到来。进入1885年，中国的抗法形势似乎越来越严峻了。在越南北部战场，法军已经推进至镇南关外；在台湾战场，法军已经占领月眉山附近阵地。左宗棠、彭玉麟、张之洞、刘铭传等抗法中坚将领，都在苦苦地支撑着，等待着转机的到来。

虽然已经是黄昏，王德榜所在的恪靖定边军大营中，依旧灯火通明，喧嚣

声不断。他们这是在干什么呢？

原来，白天的时候，驻守在镇南关的老将冯子材派亲兵前来和他约定，晚上一齐出兵偷袭法军阵地。

冯子材的意图，王德榜是很清楚的。冯子材是主张积极进攻的，然而镇南关外的法军将领尼格里却是一只老狐狸，他将兵力收缩在镇南关以南的文渊一线。这样一来，清军几乎不可能靠强攻拿下文渊。冯子材很清楚，要想攻取文渊，就必须引诱尼格里进攻镇南关。这次偷袭，正是冯子材引诱尼格里上钩的一个诱饵。王德榜很清楚这一点，于是答应了冯子材的请求。

第二天，也就是3月22日凌晨2点钟的时候，王德榜率领恪靖定边军悄悄地离开他们驻守的油隘（在镇南关以东三十里），沿着大路往文渊前进。

接近文渊的时候，为了避开敌军阵地，王德榜命令所部沿着河流前进。这里地势更低，不容易被敌军发现。

为了保密，王德榜并没有将此行的目的告知士兵们。士兵们对此充满了猜疑。其中一名新兵急于知道他所在的位置，对走在他前面的一个老兵说："大哥，咱们这是到哪儿啦？"

老兵比新兵有经验，知道在偷袭的时候不能发出任何声音，否则会被敌军发现，也就偷袭不成了。于是，他压低声音，对着那名新兵喝道："闭嘴！"

虽然遭到责骂，但新兵依旧想知道他所在的确切位置。于是，他从怀中拿出一根火柴点燃。

火柴的光亮虽然微弱，但在一片漆黑的夜间，还是足以引起人的注意。那位老兵看到光亮，知道大事不好，连忙一挥手，将那新兵手中的火柴打落在地，压低声音对着那新兵喝道："你小子不要命啦！"

法军的哨兵相当警惕，他们看到了火柴的光亮，于是他们判定清军要来偷袭，向着清军这边开了一枪。

偷袭不成，那就只能强攻。王德榜命令所部迅速向文渊推进。很快，清军推进至距离文渊五百米的区域。

这时候，众多法军从睡梦中惊起，随即依托围墙，猛烈轰击清军。清军被法军的炮火挡住，不能前进。激战片刻后，王德榜便认为已经无法取胜，命令全军退回油隘。

就在王德榜率领恪靖定边军进攻文渊的同时，冯子材率领所部清军也对文渊城外的法军发起了攻击。他们围住了法军的两个堡垒，堡垒中驻守着一排法军。

激战至上午9点，这一排法军的弹药耗尽，只得退向更高处的另一处堡垒。冯子材随即率军进攻那个堡垒，但法军的防守很严密，清军的多次进攻都被他们击退。

这时候，驻守在镇南关后的湘军名将苏元春率领他的部队也杀了过来。冯子材所部见援兵来到，越战越勇，向法军堡垒发起一轮又一轮的进攻。

苏元春，广西永安人。因其父被太平军所杀，乃加入湘军席宝田部，参与镇压太平天国以及贵州少数民族起义。1884年率领所部防军由湖南前往中越边境抗法。这支原本驻守湖南的防军，以湖南籍士兵为主，是一支名副其实的湘军。

苏元春麾下最著名的将领当属陈嘉，此人在日后的镇南关一战中将扮演重要角色。陈嘉，广西荔浦人，长期跟随苏元春打仗。他在苏元春麾下一直担当先锋，打仗骁勇，屡立奇功，是一位难得的将才。

冯子材、苏元春联军强攻法军堡垒多次，都以失败告终。眼看天色已晚，军队饥饿，无法继续战斗下去，冯子材、苏元春只好放弃对法军的进攻，率军回营。

清军的偷袭虽然没有给法军造成损伤，但却极大地刺激了尼格里的自尊心。尼格里在法军中以沉稳著称，之前法国政府多次催促他主动出击，都被他拒绝，然而此刻，他坐不住了。中国军队在他的眼里一向是战斗力几乎为零，可就是这些毫无战斗力的军队，居然敢主动出击攻打自己，这令尼格里实在无法忍受。他急忙召集军队，准备攻打镇南关。

法军进攻镇南关的兵力为：一四三团四百四十人、一一一团三百三十七人、由外籍士兵组成的一个营三百七十人，总兵力为一千一百多人。还有一个携带十尊大炮的炮队配合法军的进攻。

二十三团以及由外籍士兵组成的另一个营则组成预备队，驻守文渊，兵力在一千人左右。

法军虽然人数众多而且装备精良，但是他们想要攻占的镇南关自古以来就是一夫当关万夫莫开的军事险地，法军想要达成目标，并不太容易。

镇南关地形奇特险要。关的中央，是一条狭窄土路，两边高山对峙。西边的山叫凤尾山，东边的山叫大青山，都有将近一百米高。山上云雾缭绕，树木繁茂。大青山向南倾斜，形成一座由五个小山峰组成的小青山。

小青山和凤尾山从东西两面各伸下一条横岗，互相连接，截断山谷，形成一个隘口，名叫关前隘。冯子材指挥所部清军在关前隘修筑了一道长墙，截断关道。长墙高七尺，厚一丈多，上面布满垛口，以供士兵向外观察和射击。

东西两边的高山还延伸出一些低矮的丘陵，横七竖八地起伏着，成为关前隘的一道道屏障，名叫横坡岭。

当时驻守在镇南关中的军队是冯子材以及淮军将领王孝祺的部队。苏元春的军队驻守在关后五里。王德榜的恪靖定边军驻守在镇南关东面三十里的油隘。这些军队是日后镇南关一战的主力。

3月23日早晨8点半，尼格里率领法军来到镇南关下。由于晨雾缭绕，能见度很低，尼格里命令部队就地驻扎，而派出侦察骑兵前往关内侦察。

法军的侦察骑兵刚进入关内，就被清军的哨兵发现。清军的哨兵假装害怕，乱放几枪后就往回跑。

法军以为清军哨兵是真逃跑，放心大胆地向关内赶去。突然，那几名清军哨兵转过头来，整齐地向着在后面猛追的法军射击。

法军没有料到清军哨兵会来这一招，突然遭到枪击的他们当即就慌了神，掉转马头便往回跑。其中一名法军的坐骑被清军击中，栽倒在稻田的泥沼中，为了逃命，他只好丢了马，疯狂地往回跑。

得知侦察骑兵遭到清军打击，尼格里显得很懊恼。更令他担忧的是，大雾久久不散，法军的总攻时间不得不一再推迟。为了稳操胜券，尼格里趁着这段时间，将留守文渊的预备队全部调到了镇南关前线。

直到上午10点半，大雾才开始消散。尼格里随即发布了进攻命令。尼格里的作战计划是以一一一团作为正面进攻部队，攻打横坡岭、关前隘长墙，而以一四三团及外籍士兵组成的一个营作为侧面进攻部队，攻占大青山、小青山上的清军堡垒，从背后炮击长墙。

率领一四三团的是尼格里的爱将爱尔明加中校。在爱尔明加的指挥下，一四三团先以猛烈的炮火轰击清军堡垒，然后由步兵发起冲锋，对清军驻守的第一、二号堡垒发起猛攻。

一四三团的步兵并不熟悉当地的地形，因此耽误了很多时间。结果，他们的胜利果实被由外籍士兵组成的那个营摘得。

下午2点，法军占领了第一、二号堡垒。尼格里得知后，连忙赶到二号堡垒，部署进攻第三号堡垒。

进攻第三号堡垒的法军遭遇到了十分复杂的地形。四周都是坡度很陡峭的山峰，长满各种灌木杂草，法军的行动受到了很大的阻碍。法军费尽气力，终于杀到第三号堡垒下，并迅速攻克第三号堡垒。

一连丢失三座堡垒，清军的防御形势变得异常严峻起来。驻守在第四号堡垒中的清军充满了失败的情绪。如果法军在攻克第三号堡垒后迅速杀至第四号堡垒的话，那么包括第四号堡垒在内的整个大青山、小青山区域都将被法军控制，尼格里的战斗计划也就要实现了。

在这关键的时候，清军的援兵到了！原来，苏元春得知镇南关开战的消息后，立马带领湘军杀到镇南关。与冯子材商议后，他就率领着湘军登上大青山，入驻第四号堡垒。援兵的到来不仅极大地增强了第四号堡垒的防御，也振奋了原第四号堡垒守军的士气。关乎镇南关一战成败的第四号堡垒的守御，终于坚固了起来。

法军一四三团在大青山、小青山与清军展开激战的同时，法军一一一团沿着大路前进，攻打横坡岭。一场激战过后，法军控制了整个横坡岭区域，逼近关前隘长墙。

面对法军咄咄逼人的攻势，老将冯子材毫无惧色，他站在高处，对着士兵们喊道："弟兄们，这次我们要是守不住镇南关，就没有脸面活着回去见广西父老了！"

在越南战场之前的战斗中，淮军的表现非常糟糕。与冯子材一起守卫长墙的淮军将领王孝祺早就憋足了劲，要证明淮军的实力。所以，听到冯子材的喊话后，他便率领淮军士兵勇猛向前，奋勇厮杀。法军被挡在了长墙外。

当法军向大青山、小青山及长墙发起进攻的时候，驻守油隘的恪靖定边军主将王德榜率部前来援助。

恪靖定边军从镇南关东面杀出，遭遇到法军的预备队。起初，王德榜并不想与法军交手，只是命令士兵朝空中开枪，以震慑牵制法军预备队。后来，王德榜发现法军预备队并不害怕，于是准备派兵前往袭击法军。

下午5点的时候，王德榜率领恪靖定边军沿着大路向法军预备队挺进。当他们推进至距离法军只有一千多米的区域时，与法军展开了激战。尼格里在山上看到了山下的战斗，命令炮兵轰击恪靖定边军阵地，并将部分炮队调到山下，对付恪靖定边军。

恪靖定边军的多轮进攻被法军的炮火所化解。激战至下午 6 点 30 分，王德榜见天色已晚，无法继续作战，便率领着恪靖定边军回到油隘。

恪靖定边军的出击不仅牵制了法军的预备队，也吸引了法军进攻部队的部分火力，有力地援助了其他清军部队的抗法斗争。

这时候，法军一四三团由于天色已晚，放弃了对第四号堡垒的进攻。一一一团也停止了对长墙的进攻。

在 3 月 23 日一整天的战斗中，清军击毙法军四名，击伤法军二十五名。清军自身的伤亡数要远远高出法军。好在镇南关附近的清军，与法军比起来，在数量上有着绝对的优势，伤亡多一点并不会影响大局。

3 月 24 日，尼格里依然采取两路分进合击的战术，进攻第四号堡垒以及关前隘长墙。他命令爱尔明加中校带领一四三团，趁着浓雾遮蔽山野的时机，攀登高山，出其不意地杀到第四号堡垒上，杀清军一个措手不及。

为了增加进攻的突然性，爱尔明加中校舍弃了最普通的路径，带着一四三团向东进军，企图在那里寻找出一条通往第四号堡垒的新路径。结果令爱尔明加很失望，由于地形的复杂以及浓雾的遮蔽，法军在那里根本找不到前行的道路。

犹豫很久后，爱尔明加中校才放弃由东面绕攻第四号堡垒的计划。随即，他率领一四三团沿着原路折回，准备取道最普通的路径，向清军发起攻击。这一来一回，浪费了一四三团不少的时间。

自一四三团进军以后，尼格里还没有听到第四号堡垒方向传来一声枪响。他认为一四三团只需前行一千二百米就可以到达第四号堡垒，这时候应该早就到了。至于为什么没有枪声，尼格里认为那是因为清军放弃了抵抗。尼格里和清军交手过多年，知道清军经常乘夜逃跑。所以，尼格里预计，此时的一四三团已经成功占领第四号堡垒并开始绕至长墙背后准备炮击长墙。

基于这种判断，为了实现两路夹击的最佳效果，尼格里命令一一一团迅速进攻关前隘长墙。率领一一一团的法军将领浮尔接到命令后，立即指挥炮手发炮猛攻长墙。

这时候，尼格里才得知被他寄予厚望的爱尔明加中校除了浪费时间外，没有做任何事。这意味着，尚未得知一四三团动向的———团将单独面对数量庞大的敌人，如果不采取及时措施，惨败就将不可避免。

此时派传令兵下山通知———团停止进攻已经来不及了，挽救———团的唯一办法，就是一四三团迅速夺取早就应该夺取的清军第四号堡垒。为此，尼格里调炮队前去加强爱尔明加的兵力。

驻守在第四号堡垒中的清军主力是苏元春所部湘军。面对法军的猛攻，他们毫不畏惧，依托防御工事猛击法军。爱尔明加想尽了办法，却依然无法攻入第四号堡垒。

一阵炮轰过后，率领法军———团进攻长墙的浮尔惊奇地发现，长墙背后人潮涌动，似乎有千军万马。这时候，他还没有得到一四三团进攻受挫的情报，所以他认为，长墙背后的那些人是从背后绕袭长墙的法军一四三团士兵。于是，他命令手下士兵不顾一切地对长墙发起进攻，妄图迅速冲破长墙与所谓的"一四三团"会师。

留下一部分兵力对付侧翼和背后的清军后，浮尔亲自率领着———团主力大胆地长墙冲去。法军士兵们拔出刺刀，冒着清军猛烈的炮火，不要命地冲到长墙下面，有几名法军士兵甚至已经冲破了长墙。

冯子材在高处看见法军发起了总攻，知道决战的时刻终于到了！他身穿短衣，脚踏草鞋，挺着长矛，对着身后的士兵们喊道："弟兄们，冲啊！"话音未落，冯子材已经冲出长墙，与法军对杀起来。冯子材的两个儿子跟在他的后面，也与法军厮杀起来。士兵们看到冯子材和他的两个儿子如此英勇，都深受感动，勇猛地冲上前去，与法军决战。

遭遇到强有力的反击后，浮尔才发现那长墙后面的人群全都是清军，一四三团连个影子也见不到。大错已经酿成，浮尔后悔已经来不及了！虽然———团见势不妙及时撤退，却依旧遭受重创，军官四人阵亡，一名受伤；士兵二十七人阵亡，五十七人受伤，总共八十九人丧失战斗力。大致相当于总兵力的五分之一。

就在一四三团猛攻清军第四号堡垒的时候，王德榜率领恪靖定边军再次从油隘杀出，抄袭敌军后路。这时候，法军的一路运输队来到镇南关，王德榜便亲自率领三营部队，与冯子材手下骁将张春发所率领的军队联手，将这一路运输队消灭，击毙法军多名，夺回骡马五十多匹，军火无数。

法军一四三团进攻第四号堡垒失利后，只得退回第三号堡垒。随即，驻守在第四号堡垒中的清军在湘军骁将陈嘉的率领下全部冲出，向法军驻守的第一、第二、第三号堡垒发起猛攻。陈嘉勇猛向前，率领湘军发起七次冲锋，给予法军重大杀伤。在激烈的战斗中，陈嘉身受重伤，却依旧勇猛杀敌，丝毫不后退。

到下午6点多的时候，淮军将领王孝祺率部包抄到第一、第二、第三号堡垒的背后，与陈嘉所率领的湘军一起合击法军。与此同时，王德榜也率领恪靖定边军向三座堡垒杀来。法军三面受敌，损失惨重，只得放弃三座堡垒夺路而逃。

黑夜来临，尼格里好不容易才在镇南关口将溃退的法军聚集起来，连夜逃往文渊。清军尾追前来，为法军猛烈的炮火所阻截。眼看天色已晚，不能再战，冯子材等清军将领只得命令士兵回营休息，准备明天的追袭战。

在3月24日一整天的战斗中，清军击毙法军七十名，其中军官七人，击伤一百八十八人，其中军官六人。法军的伤亡总数达到了二百五十八人，占其总兵力的十分之一。

镇南关的挫败对法军的打击是十分巨大的。连夜撤回文渊后，尼格里认为，在目前的情况下，法军继续留守文渊是相当危险的，因为驻守在镇南关和油隘的清军随时可能追来，给予他们致命打击。于是，尼格里率领法军继续撤退，来到谅山。

谅山是越南北部重镇，法军在这里的防御比较完备。谅山的北面有一条小河绕城而过。河的北面有一座斜坡很平缓的圆丘，圆丘的斜坡上有着一座小城镇，名叫驱骡。尼格里将法军主力布置在这座圆丘上。其用意很明显，那就是引诱清军前来攻打驱骡，然后凭借较高的地势炮击清军，给予清军重大杀伤。

这时候的法军，士气相当低落。为了振奋军心，尼格里带头拿起武器，参加到驱骡前线的战斗中。旅部的其他人也跟着尼格里来到前线。这种全员出动的阵势，自中法战争爆发以来，还是第一次出现。看来，法军是想在驱骡作最后一搏了！

就在法军积极部署防守的时候，冯子材、苏元春、王德榜等清军将领已经率部杀到了驱骡城下。虽然在地势上处于劣势，清军还是勇猛地向前冲锋，试图用人海战术突破法军的防御。前面一排刚刚倒下，后面一排就赶紧接上，清军的这种不惜伤亡的持续冲锋，给法军造成了极大的恐慌。

眼看法军就要抵挡不住，尼格里非常焦急，在阵地前跑来跑去，试图鼓舞士气。他的跑动引起了清军射手的注意，当他再次从堡垒中出来，准备前往阵地右翼的时候，那名神枪手向他射击了！

子弹击中了他的胸部，一阵剧痛向他袭来。他痛苦地捂住胸口，发出一阵阵悲哀的呻吟，栽倒在了阵地前。卫兵们赶紧将他抬到远离战场的谅山城中。法军医疗队的医术不错，最终保住了他的性命。然而，他却无法继续指挥军队了。

他让卫兵通知他手下军阶最高的将领爱尔明加中校掌管全旅。虽然爱尔明加在镇南关一战中的表现很令他失望，但他还是相信爱尔明加能够正确地指挥法军，将清军阻击在驱骡城外。

此时的爱尔明加正在前线指挥战斗。他虽然率部挡住了清军一次又一次的冲锋，但是已经没有信心继续战斗下去了。他认为，这样打下去，法军不会捞到任何便宜，反而会被在数量上占据绝对优势的清军围歼。这时候，他已经有了撤离谅山的念头。当他得知尼格里准备将指挥权交给他的时候，便想将这一计划予以实施。

爱尔明加从前线回到躺在病床上的尼格里身边，接受了指挥权。随即，他下达了第一个命令，那就是全旅撤出谅山。他电告法军总司令说："尼格里将军不幸重伤，本人担任总指挥，将利用黑夜将军队撤出谅山。"

爱尔明加将他的决定告知了尼格里。他说："清国在驱骡集结了许多部队，如果他们分兵一路直取谅山，我们又将像镇南关一战一样，遭受他们的前后夹攻。所以，在敌军进攻之前主动撤出谅山，是最明智的选择。"

尼格里并不同意爱尔明加的做法，但他已经将指挥权交给爱尔明加，无法再干预军队的指挥。于是乎，他只能在病床上眼睁睁地看着一队队法军从谅山往南撤去。这对一个自尊心极强的将军来说，无疑是最大的打击。

爱尔明加已经被清军的持续进攻吓破了胆，他一刻也不敢在谅山多待。为了避免接到阻止撤离谅山的命令，他甚至不通知总司令就命部下将电报线隔断。为了行动方便，他甚至命令部下将十三万银元以及大批军事物资丢到城外的河中。爱尔明加率领的法军从谅山的撤退，就是这么狼狈。这在整个中法战争中，是绝无仅有的。

总司令部得知爱尔明加率领军队撤出谅山后，曾去电严厉责备爱尔明加说："敌人并没有追来，你跑什么跑？你以为你是旅部的司令，在撤出谅山一事上就可以自主。可你别忘了，军人以服从命令为天职。你的上面还有我这个总司令！"然而，这一切都毫无意义了，因为这时候爱尔明加已经带领着他的军队，来到距离谅山一百五十里以外的屯梅了。

事实证明，爱尔明加率部撤出谅山虽然看上去是怯敌的表现，但实际上还是有一定道理的。驱骡之战结束后，冯子材便和苏元春、王德榜商量，准备以部分兵力在正面佯攻，而以主力迂回至敌军背后，进攻谅山。爱尔明加显然估计到了清军的这一点，所以才仓促撤出了谅山。如果法军不撤退的话，还真有可能被清军包围在谅山，最终全军覆没。

法军撤离后，清军不费一枪一弹占领谅山，取得了镇南关、谅山一战的完胜。指挥清军取得大捷的关键人物冯子材、苏元春、王德榜在后来都得到清廷的重赏。

苏元春由骑都尉世职改为三等轻车都尉世职，并赏给额尔德蒙额巴图鲁名号。冯子材赏加太子少保衔，并由骑都尉世职改为三等轻车都尉世职。之前，王德榜遭人陷害，被清廷革职。这时候，由于镇南关、谅山的战功，清廷恢复了他的官衔，并赏给他白玉扳指一个、白玉翎管一支、大荷包一对、小荷包二个，以示嘉奖。

慈禧太后又从私房钱中拿出一万两白银，将其中的五千两赏给苏元春的部下，将另外的五千两赏给冯子材、王德榜的部下。

从赏银的数目可以看出，当时的清廷认为镇南关大捷的第一功臣是苏元春。事情的真相在后来才搞清楚，冯子材作为镇南关大捷第一功臣的事实也日渐深入人心。我们现在提到镇南关大捷，都知道是冯子材打的。除了熟悉晚清史的朋友们外，很少有人知道苏元春、王德榜也是这一场大捷的重要功臣。很显然，这是不公平的。所以，我们在宣扬冯子材的同时，不要忘了宣传苏元春以及王德榜。

谅山大捷的消息传到福州，左宗棠十分兴奋。然而，他的这种兴奋并没能持续太久，清廷准备停战撤兵的消息就传到了他的耳中。自古以来，只有战败者才会屈膝求和，战胜者是从来不会妥协求和的。然而现在，这种史无前例的荒唐事情，就真实地发生在了清政府身上。这令一向主张对外强硬的左宗棠感到非常气愤。

虽然他知道现在朝廷只会听李鸿章的，但是高度的责任感还是促使他给清廷发出了一道密奏。左宗棠在密奏中说："这次法国人入侵我国，忽而战，忽而和，反复无常，完全不可信任。去年，《简明条约》墨迹未干，他们就挑起了观音桥事件。这样的国家，我们怎么可以相信？又怎么可以再次和他们议和？以战胜者的身份屈膝投降，不仅会打击全国人民的士气，而且会让列强觉得中国好欺负，我们以后办理洋务将会更加困难。"

除左宗棠以及谅山前线的冯子材等人外，彭玉麟、张之洞等人也对清廷的议和表示了强烈的不满。

彭玉麟悲愤之余，写下了这样的诗篇："日南荒徼阵云开，喜有将军破敌来。正荡妖氛摧败叶，已寒敌胆夺屯梅。岩廊忽用和戎策，绝域旋教罢战回。不许黄龙成痛饮，古今一辙使人哀！"

在这首诗中，彭玉麟将清政府的停战撤兵比作宋高宗十二道金牌召回岳飞，将指责的矛头直接对准了以慈禧太后、李鸿章为首的妥协派。其言辞之激烈，令人咋舌。

张之洞虽然不是湘系人物，但长期以来，他和他那帮清流兄弟，在很多事情上，有着和湘系将领差不多的观念。张之洞对清廷的议和也很愤慨。他觉得自己人微言轻，说话没有分量，于是将希望寄托到左宗棠身上。在左宗棠上密奏后不久，他给左宗棠发电报说："我听说了中法和议的具体条款，全都是有害中国的。我虽然一再上奏劝阻，但无奈人微言轻，朝廷不予理会，无法挽救大局。思来想去，目前能够改变大局的，只有中堂大人您。这个条约马上就要签订了，还请中堂大人及早动手。只是不要对朝廷说，是我劝您这样做的。"

张之洞的电报除了增加了左宗棠的苦恼外，没有起到别的任何效果。左宗棠前几天递上去的密奏，朝廷根本没有回。继续递奏折，又有什么用处？和议的事情，已经是不可能改变的了。一想起这个，左宗棠就特别痛苦，原本就病得不轻的他，病情更加恶化了。

不久之后，《中法新约》正式签订。法国人如愿以偿，迫使中国放弃了对越南的宗主权。这个时候，左宗棠的身体已经很不好了，为了避免他因条约的签订而伤心过度，进而病情更加恶化，杨昌濬、穆图善等人不敢告诉他条约签订的消息。

这一天，左宗棠喃喃自语说："今天有大喜事，娃子们怎么不张灯结彩？赶紧张灯结彩！"

亲兵们一听这话，哪里敢怠慢，赶紧张灯结彩。杨昌濬、穆图善以为真有喜事，都赶紧前来道贺，并问左宗棠说："我们前来恭贺中堂，不知中堂有何喜事？"

左宗棠说："这么大的喜事都不知道，你们也太不关心时事了。我昨天消灭了大批洋鬼子，已经向朝廷报捷了。"

杨昌濬、穆图善一听，相互对视了一眼，然后默默地退出左宗棠的住所。两人在屋外商量一番后，最终决定将合约给左宗棠看。

左宗棠看到合约，气得浑身打战，乃至不能读完。情绪激动的他浑然忘记了忌讳，连声喊道："出队！出队！我还要打！这个天下，他们久不要。我从南边打到北边，又从北边打到了南边。我还要打，皇帝也奈何不了我！"刚喊完，一口鲜血从他的喉咙中涌出，喷洒一地。

不久后，七十四岁的左宗棠在福州病逝。临终前，他口述遗疏说："此次中法战争，是中国强弱的关键。臣督师南下，没能重创敌人，扬我中华国威，心有不甘，不能瞑目。"

大清王朝最后的脊梁骨就这么离开了人世。此刻的人们，或许还没有意识到这件事情会对清朝命运产生重要影响。九年后的中日甲午战争，缺乏左宗棠领导的清军在日寇面前兵败如山倒。这时候，人们才真正体味到，左宗棠的逝世对于中国来说，是多么大的一个损失。

第十四章 中日甲午战争

湘军史上最悲壮的一战：血战牛庄

说到抗日战争期间最重要的军事政治著作，非毛泽东的《论持久战》莫属。毛泽东在《论持久战》中预言，中国将通过持久抗战的方式取得抗日战争的最终胜利。后来的事实证明，毛泽东的这一预言是极具先见之明的。

不过，毛泽东并非对日持久抗战的最初提出者。比他更早提出这一理论的还有很多人。其中最早的，当属湘军名将刘坤一。

1895 年，刘坤一指挥包括湘军在内的各路清军与日军在辽南展开决战。他的对日持久抗战的思想，就是在这一过程中形成并逐渐完善的。

在与日军交手的过程中，刘坤一深刻地感受到了清军与日军的巨大差距。他知道，如果硬碰硬，中国是无法战胜日寇的。但是，中国地大物博，日本地少资源匮乏，只要中国坚持持久抗战，日本是根本无法长期坚持的。这个时候，刘坤一已经基本形成了对日持久抗战的思想。

刘坤一系统地提出对日持久抗战的战略，是在《马关条约》签订后。当时，刘坤一依旧在辽南督师。正当他准备与日寇再来一场血战，一雪牛庄战败之耻的时候，《马关条约》签订的消息传到了他的耳中。条约规定：中国需赔偿日本军费库平银二亿两，还需割让辽东半岛、台湾全岛及所有附属各岛屿、澎湖列岛给日本。

这对刘坤一来说，无异于晴天霹雳。他一连三次上奏，反对《马关条约》。同时，他向清廷系统地提出了对日持久抗战的想法，试图说服光绪皇帝撕毁条约，与日寇再战。

刘坤一认为，当时的日军已经是强弩之末，新兵大多用老弱病残充当，军饷也无法筹集。中国只要实施持久抗战的战略，严密布置防守，日军的进攻就无法击败我们。到时候，日军锐气丧尽，就只能乖乖地从中国撤兵。总而言之，

"相持"二字是战胜日本的最佳法宝。

刘坤一的这一战略虽然没有被清政府采纳，但却给后人对抗日本提供了很好的思路。无论是毛泽东的《论持久战》，还是白崇禧的"积小胜为大胜，以空间换时间"，都或多或少受到了刘坤一对日持久抗战思想的启发。

关于甲午战争，大家都知道黄海海战，稍微了解点历史的人应该知道淮军在朝鲜以及辽东、辽南的战斗，却很少有人知道以刘坤一为首的湘军也在这场民族的兴衰之战中扮演着重要的角色。

甲午战争初期，扮演主要角色的是李鸿章的淮军以及北洋水师。淮军在陆路的表现相当糟糕，日军长驱直入，清王朝祖宗的陵寝之地沈阳以及京城都受到威胁。这时候，清廷不得不起用已经告别历史舞台多年的湘军。

此前，湖南巡抚吴大澂奏请统率湘军北上抗日，清廷允许。随后，左宗棠旧部魏光焘、曾国荃旧部陈湜、湘军悍将李续宾之子李光久等湘军将领，都招募兵勇北上抗日。

魏光焘，湖南隆回人，近代著名思想家魏源侄孙。1856 年加入湘军，跟随曾国荃攻打吉安。后来隶属左宗棠军。1884 年，任甘肃新疆布政使，是新疆建省后的第一任布政使，后来又护理甘肃新疆巡抚。擅长理财、管理民政，为西北地区的稳定和发展做出过重要贡献。中日甲午战争爆发后，奔赴辽南抗日。

李光久，湖南湘乡人。湘军名将李续宾的儿子，湘军另一位名将杨昌濬的学生。曾国藩、左宗棠等湘军大佬都与李续宾有着深厚的感情，所以他们都特别照顾李光久。李光久的老师杨昌濬更是极力栽培他。因为这些关系，李光久的仕途一片坦荡。1884 年，清廷命他总山东营务，统登州、莱州、青州诸军。中日甲午战争爆发后，北上辽南抗日。

1894 年 12 月 28 日，清廷命两江总督刘坤一为钦差大臣，督办东征军务，关内外防剿各军均归其节制。1895 年 1 月 16 日，清廷又命宋庆、吴大澂帮办刘坤一军务。刘坤一、吴大澂都是湘系重要首领。很显然，此刻的清廷已经把湘军当作了抗日的主力。

湘军在甲午战争中的作为是从反攻海城开始的。海城是辽南的重镇，地处交通要冲，是日军西出锦州、山海关的必经之地。素有"辽沈之门户，海疆之咽喉"之称。对于日军来说，海城是他们向北进军的重要基地。所以，日军很早就将占领海城作为重要战略目标。1894 年 12 月 13 日，日本第一军占领海城。

自从日军占领海城后，京城的重要门户关外的宁远、锦州等城受到日军的威胁，而清王朝祖宗的陵寝之地沈阳也不安全，已经集结在辽南田庄台、营口、牛庄一带的清军侧翼的安全也无法得到保障。

这种态势，引起了清廷的高度重视。为了拔除日军钉在辽南清军侧翼的据点，解除日军对陪都沈阳以及宁远、锦州等城的威胁，前线各军试图夺回海城这一战略要地。四川提督宋庆、黑龙江将军依克唐阿以及奉天将军裕禄等电奏清廷，请求反攻海城，得到了清廷的许可。

清军前两次对海城的反击，主要由宋庆、依克唐阿完成，并没有湘军的参与。自第三次反攻海城起，湘军开始参与，后来的第四、第五两次反攻海城，湘军也都是参与力量。

第三次反攻海城之前，日军在山东半岛登陆，进而占据威海，对刘公岛实行围攻，北洋舰队危在旦夕。同时，清廷准备向日本求和，派出户部左侍郎张荫桓、湖南巡抚邵友濂为全权大臣，东渡日本议和。清廷希望前线各军对海城发起第三次反攻，迅速攻克海城，以迫使日本政府早日同意和谈，从而避免北洋舰队被日军全歼。

清军对海城的反攻主要围绕海城周边的几个山头展开。欢喜山位于海城北面，双龙山位于海城东北，欢喜山与双龙山之间是海城通往鞍山站以及辽阳的大道。荞麦山位于海城东南，唐王山位于海城西南，亮甲山位于海城西面，荞麦山与唐王山、亮甲山成鼎足之势，其下就是海城通往营口的大道。欢喜山与亮甲山之间则是从海城通往牛庄的大道。双龙山、欢喜山、唐王山、亮甲山这几座山头，都是海城反击战的主战场。

这时候，李光久的湘军部队以及徐邦道的拱卫军已经来到了海城前线，成为海城反击战的新兴力量。徐邦道原为湘军将领，后来加入了淮军。由于他和湘军的关系特别密切，在日后的海城反击战中，他的拱卫军一般都是和湘军一起行动。

为了协同作战，战前清军将领聚集到一起详细讨论此战的战略战术。大家一致认为这次作战应该以夺取山头为主要目的。具体的进兵路线是这样的：左翼为长顺所部，负责攻打双龙山；中路为依克唐阿所部，分两路进军，一路佯攻欢喜山，另一路攻打亮甲山；右翼为李光久所率领的湘军以及徐邦道所率领的拱卫军，负责攻打唐王山。

1895 年 2 月 16 日，清军向海城进逼，第三次反攻海城战役正式打响。这是中日甲午战争中湘军参加的第一次大战。

李光久、徐邦道奋勇当先，很快率部攻下了唐王山以西的高地。然而，当他们继续前进的时候，才发现唐王山西北两面全都是断崖绝壁，根本找不到攀登的路线，只有东南两面山势平缓，有登山的道路。

于是，李光久、徐邦道将部队一分为二，一路进攻唐王山以北的日军哨兵线，掩护另一路的进攻，而以主力迂回至唐王山东南，试图从那里冲上唐王山。

清军主力推进至距离日军二三百米的时候，日军炮兵开始以猛烈的排炮轰击清军，日军步兵也躲在掩体后，猛烈射击清军。

清军先锋部队毫不畏惧，冒着敌人的枪炮，勇猛地向山上攀登。日军对清军的冲锋早有准备，他们将可能登山的道路挖成长壕，阻止清军的进攻。清军的多轮冲锋，最终都无功而返。

激战至下午 3 点，李光久、徐邦道见无法取胜，命令部队放弃对唐王山东南的猛攻，向西撤退。进攻唐王山以北的清军也遭受日军猛烈的射击，最终撤离。

这一天，长顺、依克唐阿等军也都没能取得任何战果。第三次反攻海城的战斗以清军的失败而告终。据日本方面公布的数字，此战日军仅仅伤亡十四人。

第三次反攻海城后不久，在清廷中枢的催促下，前线清军发起了较之第三次反攻海城规模大得多的第四次反攻海城。这次反攻自 2 月 21 日开始，一直持续到 2 月 25 日，总共五天。参加作战的清军主要是奉天、吉林、黑龙江三省兵力以及湘、淮两军，共计一百余营，六万多人。此次反攻海城规模之大、持续时间之长，都远远超过前三次反攻海城。

参加第四次反攻的湘军部队除了李光久所部外，又增加了刘树元所率领的四营湘军。刘树元原本是湖南的代理永州镇总兵，甲午战争爆发后，率领部下跟随吴大澂来到辽南前线。

此次反攻清军采取的战术依旧是抢山头。清军分三路进军，东路为长顺所部，从东面进攻双龙山，牵制敌军；中路为依克唐阿所部，从东南面进攻战略要地双山子；西路为李光久、刘树元、徐邦道等部，负责攻打亮甲山和唐王山。

李光久等人对战斗任务进行了具体分工。李光久、刘树元率领的湘军，由西面进攻亮甲山，徐邦道率领拱卫军部分兵力策应湘军的行动。拱卫军另一部分兵力由分统罗应旒率领，迂回至唐王山后面，进攻唐王山。

李光久、刘树元率领湘军迅速杀至亮甲山下。上午 10 点 30 分，湘军开始对亮甲山日军前沿阵地发起进攻，徐邦道也亲自率领拱卫军前来支援。清军奋勇冲锋，日军哨兵被清军的气势所吓倒，纷纷丢弃阵地逃往山中。

这时候，拱卫军分统罗应旒以为清军即将攻克亮甲山，于是率领部队冲出，向唐王山发起进攻。此时，守卫唐王山的日军第十八联队兵力并不完备，他们的联队长佐藤正前些日子已经率队前往了海城西南一百里的大石桥。如果不发生意外的话，这时候应该是清军一举拿下唐王山的绝佳时机。

然而，天有不测风云，在唐王山战斗打响之前，佐藤正已经率领日军第十八联队部分兵力从大石桥返回。就在罗应旒率领拱卫军对唐王山发起进攻的时候，佐藤正率部及时杀到战场，断绝了拱卫军的后路。

就这样，罗应旒率领的拱卫军陷入山上敌军与山下敌军的两面夹击之中，处境相当危险。徐邦道见罗应旒陷入重围，于是放弃对亮甲山的进攻，亲自率军前往解救罗应旒。

由于徐邦道的及时援救，日军两面夹击全歼罗应旒所部的计划落空，但失去拱卫军策应的湘军没有实力单独攻打亮甲山，开战初期的胜利变得毫无价值。于是，湘军和拱卫军都选择放弃。上午 11 点，战斗结束，此时离开战仅仅半小时。

与此同时，长顺、依克唐阿等军也都无功而返。根据日本方面的数据，日军在这一天的战斗中，阵亡两人，伤两人。

此后几天，清军和日军在海城附近以及大石桥西南的太平山继续展开较量，战争一直持续到 2 月 25 日。最终，第四次反攻海城的战役以清军的失败而告终。

清军对海城发起的四次反攻，虽然没有取得多少战果，却给驻守海城的日军造成了巨大的压力。为了扭转被动的局面，日军准备发起一场大规模的反击作战。为此，他们制订了一个"佯攻辽阳，实取牛庄"的战略计划。

按照这一计划，日军第一军下属的两个师团，即桂太郎中将率领的第三师团及奥保巩中将率领的第五师团，将分别由海城和凤凰城出发攻打鞍山站，做出攻打辽阳的态势，诱使清军主力回援辽阳，然后以迅雷不及掩耳之势向西南进军，直取牛庄，切断海城外清军的后路，从而迫使清军不战自溃。在这一过程中，海城的防御由第二军的部分兵力接替。

第五师团首先行动，向鞍山站进发。第三师团也做好了出击的准备。随即，第一军司令官野津道贯中将率领第一军本部抵达海城。不多久，第二军的部分兵力也到达海城，接替第三师团守卫海城。至此，日军出击的各项准备工作都已完成，只要野津道贯一声令下，日军的两个师团就将迅速北进，合击鞍山站。

这时候，担任湘军前敌营务处的户部主事晏安澜得知日军第二军部分兵力从南边开到海城，判断日军即将出击。他认为，与其等待敌人进攻，不如先发制人主动攻击，于是，他和在前线的几位清军将领商定，准备发起第五次对海城的反击。

2月27日，清军兵分三路杀向海城日军。左路的主力为李光久、刘树元率领的五营湘军，进攻亮甲山；中路的主力为徐邦道的拱卫军，进攻重要据点龙潭堡；右路由刘树元麾下的三营湘军组成，进攻重要据点戴家堡等地。

战斗开始阶段，清军占据着绝对的主动，接连攻克戴家堡、龙潭堡等重要据点。随即，徐邦道率领拱卫军杀至唐王山下。虽然清军勇猛杀敌，但无奈日军居高临下，并且火炮众多，清军在付出沉重代价之后依旧没能攻上唐王山。于是，徐邦道率部撤退。清军的其他各部也没能取得重大战果，纷纷撤回。第五次反攻海城的战斗就此结束。

经过这次交手后，日军第一军司令官野津道贯认为，清军战斗力低下，不可能对海城构成实质性的威胁，第三、第五两个师团完全可以全部出击，而不必担心海城失守。于是，日军开始实施他们蓄谋已久的"佯攻辽阳，实取牛庄"计划。3月2日，日军第一军的第三、第五两个师团在鞍山站会师。

清廷中枢得知日军攻占鞍山站，并有向辽阳进攻态势的消息，非常着急，立即命长顺、依克唐阿等军迅速回援辽阳。就这样，日军声东击西的诡计得逞了！

得知长顺、依克唐阿等军北进，野津道贯迅速命令桂太郎、奥保巩分别率领第三师团、第五师团兼程南下，进攻海城外清军的重要后路基地牛庄。湘军史上最悲壮的一战，即将在牛庄打响。

当时，在海城外作战的湘军李光久、刘树元、魏光焘等部以及徐邦道的拱卫军都以牛庄为后路，将粮饷军械都放在了牛庄。然而，这么一个战略要地，清军却只布置了魏光焘麾下的一营兵力加以防守。对清军来说，这无疑是一个致命的大错误。

这还不是最致命的。从海城到牛庄，只有五十多里，急行军三小时就能到达。

如果清军火速增援牛庄的话，日军奇袭牛庄的计划就落空了。问题是，清军阵中有人阻挠军队增援牛庄。这人不是别人，就是担任湘军前敌营务处的晏安澜！

以外行统辖内行，以夸夸其谈的文人统辖久经战阵的老将，这是清廷用兵的老毛病。晏安澜这种人，要耍嘴皮子还可以，要论打仗，那真的是一点本领都没有。清廷却用他统辖李光久、魏光焘等带兵数十年的老将，怎能不误事？

清廷给晏安澜下达的命令是迅速攻下海城，所以他一直盯着海城，浑然忘记了正在高速运动中的日军第一军两个师团。当日军悄悄南下的时候，他还在召集各将领商讨进攻海城的计划。没有哪个将领愿意理会他。刘树元在之前的第五次反攻海城的战斗前，就和他闹翻了，此刻根本不会听他的。李光久、魏光焘不能判断日军两个师团的作战意图，所以也不愿贸然出击。徐邦道参加过三次反击海城的战斗，知道日军的厉害，也不愿出击。

就在晏安澜与各将领争执是否要攻打海城的时候，晏安澜的亲兵进入会场，将一封急件交给晏安澜。晏安澜看过后，又将急件递给各将领看。

信中所说的不是别的事情，正是日军南下准备攻打牛庄一事。魏光焘看过信后，脸色变得惨白。此刻，他再也顾不上晏安澜的反对了。与各将领匆匆道别后，他就率领着他麾下的所有军队前往牛庄，准备迎击日寇。

虽然魏光焘及时赶到，但此时牛庄城中的湘军数目，依旧只有区区三千三百人，与日军两个师团二万多人比起来，依旧是个极小的数目。兵力如此悬殊，魏光焘也知道这一战毫无胜算，不过他依然寄希望于晏安澜能够及时醒悟，将海城外的清军全部带到牛庄来。那样，清军的数目能够达到一万五千人左右，与日军的数目也就差不太多了。

除了兵力不够外，牛庄防御还有一个重大问题，那就是牛庄是一座没有城墙的市集，很难防守。为了增强防御，魏光焘命士兵们在市街的入口处修筑了一道厚约一尺的土墙，又命士兵们充分利用市镇内官衙和民房的墙壁构筑掩体。

同时，魏光焘将他手中仅有的几营兵力进行了分配：用三个营防守西北面，对付日军的第三师团；用两个营防守东北面，对付日军的第五师团；以大营炮队、马队及卫队防守中路。

3月4日早晨，日军第五师团首先向牛庄发起攻击。第五师团长奥保巩中将亲自坐镇牛庄以东约两里的紫方屯指挥。

日军的战术是先炮击，然后用步兵冲锋。战斗开始后，负责前线作战的第九旅团长大岛义昌少将首先命令山炮中队猛烈炮击湘军阵地的突出部位。随后，担当冲锋任务的步兵在炮火的掩护下，迅速向湘军阵地推进。

面对日军的疯狂进攻，湘军士兵并不急于反击。他们以河沟、土墙、民房为掩体，在静静地等待着日军靠近他们。

日军步兵第二十一联队第三大队冲在最前面，首先接近湘军阵地。这时候，之前一直隐伏的湘军突然一齐奋起，用洋枪、速射炮等向日军发起猛烈攻击。

第三大队没有料到湘军会来这一招，猝不及防，加之他们当时处在开阔地带，没有隐蔽的地方，所以伤亡特别惨重，士气很低落。

大岛义昌看到这种情形，非常恼怒，当即命令步兵二十一联队第一大队迅速推进，将湘军的火力压制下去。为了鼓舞士气，大岛义昌本人不顾危险，带着第二十一联队长亲自来到各战斗部队中做鼓动工作。

第五师团长奥保巩得知先锋部队受挫，也很恼怒，当即命令军中勇将今田唯一少佐率领步兵第二十二联队第一大队向湘军的右翼发起攻击。联队长带着其他部队在后面跟进。

今田唯一带领着一个大队的士兵，向湘军驻守的木头桥进逼。突然，一颗子弹夹杂着风声，正中今田唯一的咽喉。今田唯一惨叫一声，栽倒在地，当即毙命。

今田唯一参加过甲午战争中的多次恶战，在之前的平壤之战和摩天岭之战中，他都有着上佳的表现，以勇猛著称于日军第五师团，并且即将升为中佐。他的阵亡沉重地打击了日寇的嚣张气焰。

第二十二联队长气得捶胸顿足，当即拔出指挥刀，一边高喊"为今田少佐报仇"，一边带头向湘军冲杀过来。

湘军方面负责这一路防守的只有两个营，刚刚顶住日军第二十一联队的进攻，现在又遭到来自日军第二十二联队的进攻，渐渐地难以招架了。激战许久后，这两营湘军退入市街，据守民房抗击日军。

日军第三师团发起进攻的时间比第五师团晚了许多。上午7点，第三师团的先锋部队第十八联队才推进到牛庄以北三里的邢家窝棚。直到上午10点，第三师团长桂太郎中将才下令对牛庄发起进攻。

第三师团的战术也是先炮击，然后用步兵冲锋。在柴田正孝炮兵大佐的指挥下，日军以猛烈的炮火轰击牛庄。随即，在炮火的掩护下，日军第十八联队长佐藤正率领一个联队的兵力向湘军冲杀过来。

湘军以民房为掩体，静静隐伏，并不出击。他们知道，无谓的浪射是没有用的，只有等日军足够接近他们的时候突然出击，才能给予日军重大杀伤。

冲在最前面的日军第十八联队第三大队长牛岛少佐并不知道湘军的这一战术，不过他也觉察到了情况有些可疑，所以命日军放慢进军脚步。

当第三大队冲至距离湘军某据点一百米的时候，隐伏在民房后面的湘军突然一齐奋起，向日军猛烈射击。

日军猝不及防，被击伤多人。牛岛少佐作战经验还算丰富，很快稳住了阵脚，并亲自率部冲锋，占领了湘军的这一据点。

长期隐伏然后突然袭击，这是日军在海城防守战中经常使用的战术，现在湘军学了过来，并且应用得很好，这令日本人感到相当佩服。

日军第十八联队长佐藤正是一员猛将，虽然是联队长，大佐军衔，却依旧喜欢带头冲锋。在激烈的战斗中，他的手腕被湘军的枪弹击中。受伤没能吓退这个战争狂徒，他用头巾简单地包裹住伤口，继续率领士兵冲锋。

不多久，湘军的枪炮再次击伤佐藤正，他的左膝关节被击中，导致他无法行动。医护人员赶紧将他抬下战场，前线的指挥工作由门司少佐接替。佐藤正的受伤并撤离战场，沉重地打击日军的嚣张气焰。

佐藤正的上司第五旅团长大迫尚敏少将见先锋作战不利，于是命令石田正珍少佐率领预备队前去增援。战斗变得越发激烈了。

在魏光焘的亲自指挥下，湘军拼命抗击，沉重地打击了日寇，但最终还是由于寡不敌众，不得不退往市街继续抵抗。

就这样，在3月4日中午的时候，湘军的两路部队都撤往了市街。与此同时，日军兵分四路，进军牛庄市街：日军第三师团大岛久直少将从西面进入，大迫尚敏少将从西北进入；第五师团大岛义昌少将从东北进入，富川三造大佐从东面进入。

虽然处于不利地位，且援军迟迟不见到来，湘军将士依旧没有丧失信心，凭借民房为掩体，袭击进攻的日军。

隐藏在市东北区的一家烧酒店里的湘军战士，表现最为顽强，连日军都不得不佩服。为了攻下这家烧酒店，日军动用了三个联队的部队。

担当先锋的第十八联队、第二十一联队、第二十二联队各有一支部队将这家烧酒店团团围住，并多次冲锋，都没有什么效果，反而被湘军击毙击伤多人。

第五师团长奥保巩中将得知先锋部队受挫于一家烧酒店后，觉得不可思议，于是亲自带着师部的人来到这家烧酒店外，观察日军的进攻。仔细观察一阵后，奥保巩对部属们说："这样强攻是没有用的。先命工兵炸掉墙壁，然后冲锋，才能攻下此处。"

得到奥保巩的指示后，日军各部队都停止了射击。随后，工兵中队长竹田大尉带领着一个分队悄悄地前进至烧酒店墙壁下。仔细观察一番后，竹田大尉选择好了最佳爆破位置，随即命令士兵将炸药包放置在那里，准备爆破。

"轰隆"一声巨响，震天动地。顿时，木石乱飞，烧酒店的墙壁被炸开了一个大口子。虽然知道处境危险，但据守在这里的湘军士兵依旧没有任何人退却，依旧依托掩体，向日军射击。

很显然，在这种情况下贸然冲锋，日军是要吃大亏的。于是他们只好再次派出工兵，前往炸毁墙壁。

随着"轰隆"一声巨响，烧酒店的墙壁又被炸开了一个大口子。趁着爆炸造成的混乱局面，日军步兵迅速向烧酒店冲去。这时候，据守在这里的湘军士兵才选择放弃抵抗。

虽然这些湘军士兵最终做了并不光彩的俘虏，但他们的顽强抗击，还是值得我们铭记。日军为了攻克一个小小的烧酒店，居然出动中将临阵指挥，这或许也是战争史上不太多见的事情吧。

在整个牛庄巷战中，像这家烧酒店这样的例子，还有很多很多。在这种极端不利的情况下，湘军将士依旧凭借着顽强的斗志，击毙击伤不少日军。日军每占领一座建筑物，都要付出沉重的代价。

3月4日早晨，李光久得知了日军对牛庄发起总攻的消息，连忙召集麾下所有军队，准备前往牛庄援救魏光焘。

晏安澜得知这一情况后，立即前往阻止。在海城前往牛庄的大道上，晏安澜追上了李光久的军队。

晏安澜一看到李光久，就质问他为什么不经过允许就擅自带兵前往牛庄。李光久说："牛庄危在旦夕，我必须前往救援。如果任由日军占领牛庄，我们的后路都将被切断，全军将不战自溃。"

晏安澜冷笑道："日军全线出击，海城必定空虚。当务之急是首先攻下海城。

占领海城，就切断了日军的退路。日军出击的两个师团都将变成孤军，会迅速瓦解。"

李光久摇摇头，说："海城不是那么容易攻克的。各将领都不愿意攻打海城。将领都没有作战的愿望，怎么可能打胜仗？与其坐困海城，不如主动出击救援牛庄。"

晏安澜见李光久不听劝告，非常恼怒，道："我是湘军前敌营务处，你应该听我的！"

李光久长叹一口气，说："事到如今，我也豁出去了。朝廷怪罪下来，由我李光久一人承担责任。湘军自建军以来，就不准败不相救。我李光久宁愿与武威军一齐覆灭，也不愿做败不相救的懦夫！"说完，李光久不再理会晏安澜，带领部队迅速向牛庄前进。

李光久到达牛庄的时候，日军已经冲破湘军外围防线，杀入了市街。于是，李光久命令各营分三路向市街进击。

湘军将士奋勇向前，与日军混战成一团。激战至日落以后，李光久带来的部队已经伤亡殆尽。此时，魏光焘手下的部队也已经存留不多了。两位湘军将领商量一番后，将剩余的部队合兵一处，向牛庄西面突围。日军第三师团在后面紧紧跟随。

湘军向西急行军三十里，来到一个小村落。这时候，天色已经昏黑。李光久在马上一挥手，示意全军停止前进，高声喊道："这个村落适合作战，应该停下来与日军再战一场！"

此时，由于白天的惨败，湘军士兵们的士气都很低落。听了李光久的话后，他们都不以为然。其中一位比较大胆的士兵当即提出疑问。他对李光久说："白天伤亡太惨重了，现在只剩下几百残兵，还能再战吗？"

李光久斩钉截铁地说："可以！这个村落塌陷的墙壁很多，我们可以躲在墙壁后面射击。天色昏暗，日军肯定不会发现我们。到时候我们一齐奋击，一定能够击败他们。如果我们不反抗一下，日军会认为我们毫无战斗力，一直穷追不舍。摆脱追击的最好办法就是停下来袭击他们一下。他们不知道我们的虚实，遭受袭击后肯定不会继续舍命追赶。"

士兵们这才明白李光久的良苦用心。在李光久、魏光焘的布置下，湘军士兵们很快各就各位，进入战斗状态。

不多久，耀武扬威的日军就追到了这里。李光久一声令下，湘军士兵们一齐朝日军开枪，跑在最前面的几名日军当即中弹栽倒。

一片黑暗之中，日军并不知道子弹从何处射来。惊慌失措的他们迅速往后撤退，躲进一片树林中。

中日两军各自依托掩体射击。激战许久后，李光久、魏光焘才率领湘军慢慢向西撤去。果然不出李光久所料，遭受闷头一棒的日军此后变得小心了很多，不再拼命追赶。李光久、魏光焘以及数百湘军得以生还。

魏光焘从牛庄突围的时候，并没有带走他的所有部队，很多湘军士兵依旧留在了牛庄市街，三五成群地袭击日军。进入黑夜，湘军的反击依旧没有停止，一直到第二天天亮，湘军的小规模偷袭依旧在持续。

在参战的日本人留下的战地日记中，我们可以看到湘军的偷袭给日本人造成了多大的恐慌。

下面是我摘抄的一段战地日记："天亮了。昨天晚上没有粮食，我吃了许多居民的炒豆子，因而得了肠炎。我出民舍到木头桥边，正在大便，突然有十几名敌兵出现在木头桥头，对我军进行射击。子弹掠过我的头顶飞去。我非常狼狈，连裤子也没有提上就跑进屋内。"拉屎都不敢提裤子，还真是"狼狈"！

湘军的偷袭甚至对日军第五师团司令部造成了威胁。为此，奥保巩很是头疼。为了确保司令部的安全，他下令第五师团兵力全部收缩至司令部附近。

整个牛庄战役，湘军击毙日寇七十余名，击伤三百余人，这一战绩在整个中日甲午战争中都是屈指可数的。

湘军在这一战中展现出了比较好的战斗风范。战斗开始时，魏光焘以三千多人独立抗击三四倍的敌人，连日军也不得不佩服："其能久与日军交锋者为武威军，奋力决战，力战一昼夜，实清军中所罕睹也。"

李光久听到牛庄危急后就率麾下两千多士兵前往援救。当他来到牛庄的时候，日军已经攻进了牛庄市街，即便如此，李光久还是率部勇猛冲杀。后来，面对日军的追击，他又能冷静地指挥反击，迫使日军放弃拼命追赶。这些都是难能可贵的。

虽然李光久、魏光焘、刘树元等湘军将领的抗争，最终没能改变中国战败屈辱求和的命运，但他们精忠报国的精神，永远值得我们铭记。

誓与台湾共存亡——新楚军血战宝岛

"黄梅时节家家雨，青草池塘处处蛙"，这是南宋著名诗人赵师秀描写初夏景色的名句。每年的5、6两月，华夏大地，雨水都特别多。海峡此岸的大陆是如此，海峡彼岸的台湾也是如此。

此刻，台湾府知府黎景嵩的心情，似乎受到了这雨水的影响，显得很不畅快。这些天，他一直在谋划台中抗日事宜。事情的进展令他感到非常失望。愿意留下来抗日的官兵并不多，即便留下的，士气也很低落。更为要紧的是，清廷多次严禁刘坤一、张之洞等主战派大臣援助台湾。没有粮，没有饷，台中怎么可能守得住？

黎景嵩是湖南湘潭人，出身于书香世家，从小饱读诗书。和中国古代很多有真才实学的读书人一样，黎景嵩的科举考试成绩并不理想，考了许多年连个秀才也没捞到。家里人只好给他捐了一个官。好在他的叔父是左宗棠的女婿，左宗棠对他很照顾，所以他的仕途还算比较顺畅。长期担任知县、知府一类的地方官职。

来到台湾担任知府后，黎景嵩本想在台湾大干一场，用政绩打动清廷进一步提拔他。然而，《马关条约》一纸文书，将台湾全岛割让给了日本。台湾，不再是中国的台湾，他黎景嵩该去哪里实现自己经邦治国的政治理想呢？

黎景嵩不愿受命运的摆布，他不愿离开台湾，他要加入到台湾抗日联军中去，为保卫台湾而战斗！这时候，"台湾民主国"在台北成立，黎景嵩临危受命，担任台湾府知府，负责台中防御。

回到台中后，黎景嵩立即着手加强台中防御。虽然困难很多，但他仍然努力地维持着局面。明知不可为而为之，这是诸葛亮的选择，也是他黎景嵩的选择！

为了振奋士气，黎景嵩准备在知府衙门搞一次大规模的盟誓活动。恰好这一天，连续下了好几个星期的细雨突然间不下了，黎景嵩赶紧命令亲兵布置盟誓活动现场。

这一天，是台湾抗日史上至关重要的一个日子。台中官兵将在这一天，向祖国发出庄重的誓言：为保卫台湾战斗到底！

登坛盟誓的时刻到了！黎景嵩穿着朝服，表情凝重，向着京城的方向，三拜九叩。黎景嵩的身后，是即将奔赴抗日战场与日寇血战的台中官兵。他们齐刷刷地跪伏在地，和黎景嵩一样，向着京城的方向，三拜九叩。这一跪，是每一位将士忠义和血性的表示，也是一种对国家、民族的承诺！

黎景嵩麾下第一骁将杨载云作为领誓人，伫立在"台湾民主国"的蓝地黄虎旗下，大声喊道："甘苦誓必共尝，生死在所不计。与其生而降倭，不如死为鬼雄。为逐灭东夷，我等中土臣民兴师自救，誓死抵御敌寇占领！"

这是全体台中抗日官兵对祖国的誓言！宁愿牺牲性命，也不愿眼睁睁地看着三百万台湾同胞遭受日寇蹂躏！轰轰烈烈的台中保卫战，在这一刻终于揭开了她气势恢宏的序幕！

自 1862 年至 1895 年的三十四年中，先后到台戍守的湘军有两万余人，他们遍布全台。中法战争期间，他们成为台湾抗法斗争的主力。抗法战争结束后，尚有一万三千余人留在台湾。至甲午战争的时候，还留在台湾的湘军人数虽然不多，但依旧成为台中保卫战的绝对主力。

以为数不多的湘军将士为基础，黎景嵩很快建成了一支新的军队，取名为"新楚军"。随后，黎景嵩任命麾下第一骁将杨载云为新楚军统领。

杨载云也是湖南湘潭人。从小习武，受曾国藩、左宗棠等湖南先贤的影响，立志振兴中华。成年后加入湘军，长期戍守海疆。

新楚军最初的时候只有四个营。除了杨载云亲自统率的一营湘军外，还有将领陈澄波新招募的一营、台湾本地人林朝栋留下的一营及湘军将领杨汝翼留下的一营。后两营分别由将领傅德升、郑以金统率。可见，新楚军并非完全是湘军，但湘军是新楚军的骨干力量。

新楚军的抗战是从新竹反攻战开始的。新竹是处于台北、台中之间的一个重要城镇，是日军进入台中的必经门户，战略地位十分重要。

1895 年 6 月 22 日，日军攻陷新竹。由于兵力不足，日军只留下一千多人守卫新竹。这就给以新楚军为骨干力量的台湾抗日联军反攻新竹提供了机会。

黎景嵩通过侦察得知新竹城中日军力量单薄，于是组织以新楚军为主干的台湾抗日联军，对新竹发起反攻。战斗从 6 月底开始，一直持续到 7 月底，其中大规模的城市攻守战一共有三次。

第一次反攻新竹发生在 6 月 28 日。抗日联军方面参加此战的是新楚军以及由台湾当地人组成的义军，由杨载云统一指挥。

　　这次本是抗日联军一举拿下新竹的好机会，因为这时候新竹城中的日军相当骄狂，防备并不森严。令人失望的是，反攻还没有开始，抗日联军就先出了状况。

　　新竹城郊临近河边有一块高地，名叫香山。新楚军营官陈澄波和香山的头人有些交情，便希望香山头人能够帮助抗日联军反攻新竹，于是派人去联络。香山头人毫无保密的意识，将这件事情告诉了当地人。当地的汉奸得知这一消息后，赶紧进城向日本人报告。结果，战斗还没打响，日军就基本掌握了抗日联军的反攻时间及进攻重点。

　　之前，日军的兵力是分散布置在新竹四座城门附近的。得知这一消息后，驻守新竹的日军最高长官阪井重季大佐立即调整了兵力部署，将主要兵力调动至抗日联军即将重点进攻的城东南一带，抢先占领高地。同时，阪井重季派出侦察队侦探抗日联军的动静，加强戒备，并且加强城门守卫力量，严格搜查，严禁中国人出入。

　　抗日联军并不知道日军已经有了防备，依旧按照原计划对新竹发起反攻作战。6月28日，在新楚军统领杨载云的带领下，五六百名抗日联军士兵悄悄地向日军前哨阵地挺近。

　　推进至距离敌军两百米的时候，杨载云命令士兵们停止前进，就地构筑简单的掩体，然后依托掩体远距离射击敌军。

　　清脆的枪声划破了清晨的宁静。随即，激烈的对射开始了。日军布置在前哨的兵力并不是太多，在对射中很快败下阵来。他们发出信号，向城内求援。

　　阪井重季得知清军进攻的消息后，立即命事先布置在东南高地的机关炮队向抗日联军发射排炮。由于地形的原因，日军的排炮并不能击中抗日联军。

　　阪井重季见排炮轰击不能奏效，立即叫来前田喜维少佐，命他率领一个中队的兵力前去迎敌。前田喜维调来十多门山炮进行猛烈轰击。随即，日军在炮火的掩护下占据了几座能够有效射击的山头，并依托临时构筑的掩体，对抗日联军进行猛烈射击。抗日联军伤亡增多。

　　日军的炮火相当猛烈，抗日联军虽然发起了几次冲锋，但始终无法接近城门。激战至下午4点多，杨载云见无法取胜，只得下令撤军。台湾抗日联军的第一次反攻新竹，就这么结束了。

第一次反攻新竹失败后不久，经过短暂休整的抗日联军，又对新竹城发起了第二次反攻。这次作战是三次新竹反攻战中抗日联军投入兵力最多、规模最大、组织也最为严谨的一次。台中防御的总负责人黎景嵩亲自坐镇指挥，新楚军统领杨载云担任前敌总指挥。

抗日联军方面参加这次反攻的部队主要有杨载云亲自率领的新楚军四营以及由台湾当地人吴汤兴、徐骧、姜绍祖率领的义军六营。抗日联军的总兵力达到了五千多。此时驻守新竹的日军虽然由之前的一千多人增加到了两千人，但总兵力依旧只有抗日联军的三分之一。

发动反攻之前，联军主要将领聚在一起，经过激烈的讨论，制订了一个详细的作战计划。根据这个计划，杨载云将担任前敌总指挥，亲自率领两营新楚军与吴汤兴率领的三营义军一起，从正面攻打南门。新楚军营官傅德升率所部从侧面攻打东门。新楚军另一位营官陈澄波率所部从侧面攻打西门。徐骧、姜绍祖率领义军三营秘密进入城北埋伏，相机策应攻打东门和西门的两路新楚军。

7月10日上午8点，抗日联军开始攻城，第二次反攻新竹的战斗正式打响。

陈澄波率军向西门进攻，首先与日军相遇。当这一营新楚军推进至一个山谷时，突然遭到事先埋伏在这里的日军的袭击。新楚军猝不及防，伤亡颇重。激战片刻后，陈澄波率领士兵躲进一片茂盛的甘蔗园中，与日军展开对射。战斗一直持续到中午，陈澄波见敌军早有准备，而友军又不来接应，形势不利，便下令撤兵。

当陈澄波率领一营新楚军在西门外与日军展开激战的时候，杨载云、吴汤兴率领抗日联军从鸡卵面山进攻新竹城南门。日军早有准备，当联军先锋部队出现在山头而大部分部队依旧在山腰的时候，日军炮兵开始发射榴霰弹猛烈轰击。

日军的炮火太过猛烈，抗日联军无法靠近南门，只得改变计划，去东门附近与傅德升率领的一营新楚军会合，一起攻打新竹城的东南面。

日军事先已经抢占了城东二里外的十八尖山。此时，他们居高临下，向抗日联军猛烈轰击，联军伤亡惨重。

吴汤兴是台湾本地人，熟悉山路，遭受轰击后，他迅速带领部队攻占一个能够躲避日军炮火的洼地。这时候，杨载云、傅德升率领的新楚军正冒着敌军的炮火，向十八尖山上冲锋。为了支援新楚军，吴汤兴指挥部下以猛烈的枪弹掩护新楚军的行动。

得到义军火力支援后，新楚军当面的敌军炮火减弱了许多。斗志昂扬的新楚军战士抓住这一战机，争先恐后地向山顶冲去，日军抵挡不住，只好放弃十八尖山。

新楚军占领十八尖山后，居高临下，猛烈炮击新竹城。城内日军极为惶恐，疯狂组织反扑。在日军的猛烈轰击下，新楚军伤亡惨重，只得放弃十八尖山。

经过短暂休整后，新楚军再次向十八尖山发起猛烈冲锋。新楚军的作战意志如此顽强，是日军万万没有想到的。日军并没有做好充分的战斗准备，刚一交战，就被新楚军拦腰截断，首尾不能相顾。激战片刻后，日军被迫放弃十八尖山。

新楚军再次占领制高点，猛烈炮击新竹城。随后，日军再次发动反攻，向着山顶猛烈冲锋。

就这样，新楚军围绕着十八尖山，与日军展开反复争夺。激战大半天后，新楚军伤亡惨重，只得放弃十八尖山，撤离战场。

当新楚军与日军围绕着十八尖山展开拉锯战的时候，姜绍祖带领着部分义军，悄悄地沿着偏僻小路推进至新竹城东门城墙下。当时，日军的注意力主要集中在十八尖山上，因而并未发觉义军的行动。

姜绍祖见有机可乘，命令部下悄悄地向城墙上攀登。这时候，日军终于发现了义军的行踪。

得知义军偷袭东门以后，阪井重季大佐很快派出大批日军前往东门，将姜绍祖所率领的义军团团包围。

姜绍祖率部且战且退，最后撤退到枕头山竹林中。竹林中有一座无人居住的大宅子，姜绍祖便将部下分散布置在宅子中，准备依托这座宅子，与日军继续周旋。

日军很快杀了上来，将宅子团团围住，并以猛烈的炮火轰击宅子。随即，日军步兵在炮火的掩护下，向宅子发起冲锋。

起初，义军并不还击。直到日军步兵进入有效射击距离后，他们才一齐奋起，向日军猛烈射击。日军猝不及防，伤亡惨重，只得放弃强攻。

强攻失败后，凶残的日军开始纵火烧房。为了避免无谓的牺牲，姜绍祖只得率领义军走出宅子，向日军投降。姜绍祖被俘后，表现出了崇高的民族气节，始终不肯向日寇屈服。后来，他在监狱里吞食鸦片自杀殉国，成为台中保卫战中抗日联军方面牺牲的第一位高级将领。最终，第二次反攻新竹的战斗，以抗日联军的失败而告终。

第二次反攻新竹失败后，抗日联军并未远去，依旧在新竹附近活动。7月25日，他们再次对新竹城发动反攻。与前两次的战术不同，这一次抗日联军不再明目张胆地进攻，而是采取了野战偷袭的战术。

7月25日深夜，抗日联军先锋部队借着夜幕的掩护，从三个方向悄悄地推进至新竹城下，试图攀登城墙而上，然后里应外合夺取城门，迎接抗日联军主力进城。

抗日联军的行动被日军哨兵发现。随即，日军大部队向城墙杀来。抗日联军先锋部队只得撤离城墙，回到主力阵营中。

偷袭不成，便只能强攻。杨载云指挥着抗日联军，在长达三千米的战线上，与日军展开猛烈的对射。

日军的炮火相当猛烈，而且准确度很好，又有良好的掩体，攻守两端都相当完美。抗日联军虽然奋力抗击，却始终改变不了被动的局面，伤亡相当惨重。激战到26日上午8点半，杨载云见无法取胜，只得率部撤离。第三次反攻新竹的战斗以抗日联军的失败而告终。

抗日联军接连发起的三次反攻新竹的战斗，虽然最终都失败了，却依然有着不小的意义。黎景嵩、杨载云领导的抗日联军将士用鲜血和生命迟滞了日军的南进，为后来的台中、台南保卫战赢得了宝贵的时间，在台湾抗日史上留下了光辉灿烂的一页。

当时的台南防御，由黑旗军将领刘永福负责。为了支持台中保卫战，刘永福派出一支几百人的小部队前往台中，听从黎景嵩的调遣。这支小部队的统领是黑旗军重要将领吴彭年，副统领为湘军出身的李维义。

和黎景嵩、杨载云一样，李维义也是湖南湘潭人。1859年，李维义参加湘军，后来参与镇压太平天国及捻军起义。虽然他的才能不是很突出，但是从戎三十多年，他所立的战功还是要远远超过吴彭年、杨载云这些后生小辈的，他的官阶也远比吴彭年、杨载云等人高。

这样一来，问题就产生了。李维义的战功比吴彭年多，官阶比吴彭年高，自以为才能胜过吴彭年万倍，而刘永福却要他屈居吴彭年之下，做一个有名无实的副统领，这令他实在无法接受。于是，他产生了离开黑旗军投奔黎景嵩麾下的想法。

恰好，黎景嵩也与刘永福有矛盾。黎景嵩自视甚高，看不起一介武夫刘永福，曾经多次拒绝刘永福的支援。

黎景嵩、李维义本是湘潭老乡，又都对刘永福及其黑旗军不满，于是，两人一拍即合，成为莫逆之交。随后，李维义带领三百黑旗军加入新楚军。吴彭年麾下将士，只剩下了区区四百人。

正是在这种情况下，黎景嵩做出了一个最终导致台中保卫战失败的重大错误决定。他剥夺了杨载云的新楚军统领职位，命李维义接替他统率新楚军。后来的事实证明，姜并不总是老的辣！

这时候，日军的增援部队陆续到达新竹。起初，日军在新竹的兵力只有两千，只能自守不能进攻。日军援兵陆续到达后，新竹城中日军的总兵力很快达到了一万四千人，其中有军官三百人，士兵一万三千人，军夫七百人，在数量上远远超过了台中抗日联军。

兵力集中后，日军准备对台中发起进攻。当时，台中的主要城市是苗栗和彰化。日后的台湾保卫战，主要围绕这两座城市展开。

得知日军即将进攻台中后，黎景嵩发布紧急扩军命令，新楚军扩编至七营，义军也扩编至六营。新楚军、义军，再加上北援的少数黑旗军，抗日联军总数在七千人左右。敌我兵力对比为二比一，形势对抗日联军来说，是很不利的。

苗栗是日军进入台中后需要攻占的第一个大城镇。8月8日清晨，日军一万四千余人的庞大队伍，在军舰的配合下，兵分三路，向苗栗进犯。

抗日联军在新竹至苗栗沿线步步设防，而将联军大营设在战略要地头份街。沿线的零星抗日联军并没能给日军造成多大麻烦，8月10日，日军就杀到了头份街外。苗栗保卫战的决战，即将在头份展开。

日军凭借着人数的优势以及先进的武器，向驻守在头份街的抗日联军发动猛攻。李维义虽然久经战阵，但从未遭遇到真正的强敌，见到日军的这种如虎狼扑食般的气势后，他有些胆怯了。

主将的意志往往能够决定一场战斗的胜利。李维义胆怯，他麾下的将士也就不敢拼命了。日军抓住了抗日联军的这一软肋，集中兵力进攻李维义所在的大营。李维义抵挡不住，率部后退。

看着一队队新楚军如潮水般向后撤退，新楚军原统领杨载云心急如焚，赶紧前往阻止士兵们的撤退，好不容易，杨载云才将新楚军的阵线重新稳定下来。

为了鼓舞士兵的斗志，杨载云身先士卒，拼命厮杀。这时候，一位新楚军的火炮手不幸中弹牺牲，几门威力较强的重炮也被日军轰毁。在当时的战斗中，炮是重要的杀敌武器。新楚军火炮本就不多，现在却一连被敌军轰毁多门，连经验丰富的火炮手也牺牲了。这对新楚军的士气无疑会产生重大的影响。

军心一旦动摇，就很能再稳定。个别士兵开始偷偷撤离。杨载云抓住一个正在逃离的士兵，砍掉他的脑袋，对士兵们说："谁敢再逃，下场就跟他一样！"

杨载云凭借着长期积累起来的威望以及不得已的铁血手段，最终将军心稳定了下来。新楚军士兵们重新回到战壕中，等待日军的最后冲锋。

当日军推进至距离头份大营四百米的时候，抗日联军以坚固的堡垒为掩体，向日军猛烈射击。日军先锋部队伤亡惨重。进攻受挫，日军的士气相当沮丧，队形渐渐混乱，似乎再也没有力量发动新的进攻了。

然而，就在这胜败的关键时候，日军指挥官却做出了一个惊人的决定，那就是命令步兵迅速向头份大营发起冲锋。本来，按照日军的军事条令，以步枪刺刀实行冲锋、拼杀，须在距离敌人十五米以内。在四百米的距离冲锋肉搏，是军事条令不允许的。

不过，这时候的日军指挥官，已经来不及思考军事条令了，战场的形势告诉他，必须在气势上压倒敌人，才能取得最终的胜利。事实证明，他的这一相当孟浪的不计伤亡的决定，成为日军获胜的关键。

日军的迅猛冲锋，令抗日联军猝不及防。刚一交战，抗日联军就伤亡过半。这时候，由于汉奸的出卖，另一路日军从抗日联军阵地的背后杀来。

日军的前后夹攻令抗日联军感到绝望，不少战士擅自逃离战场。只有杨载云依旧冒着日军的炮火，奋力厮杀。

黎景嵩担心杨载云的安危，命他赶紧撤离。杨载云这才停止厮杀，准备撤离。正在这时候，他看见前面不远处，一队友军被日军团团包围，情况非常危急。于是，杨载云带领着亲兵前去解救那一队友军。在掩护友军撤退的过程中，杨载云不幸身中数弹，壮烈殉国。

头份失守后，苗栗无险可守。8月14日，日军顺利攻占苗栗。历时七天的苗栗保卫战，以新楚军的完败而告终。

新楚军的抗日保台，并没有得到清廷的支持。虽然刘坤一、张之洞等主战派大臣有心支援台湾，但清廷多次严禁他们接济台湾。这样一来，新楚军的军饷便成了大问题。

苗栗失守的第四天，也就是 8 月 18 日，部分从苗栗战场败退下来的新楚军战士来到台中台湾府衙门外，向知府黎景嵩讨要军饷。当时，由于军饷奇缺，黎景嵩已经累积拖欠新楚军将士军饷二万余两。

当时日军正在南下，黎景嵩害怕后院失火，影响到抗日大局，于是耐心地做解释工作。他心平气和地对士兵们说："府库银两已经用光，实在是没有办法支付，还请弟兄们谅解！"

大家对黎景嵩的解释并不满意，议论纷纷。其中一位有一位老兵站出来，厉声说道："我们舍生忘死，为国家效力，怎么不发军饷？"

黎景嵩继续解释道："朝廷不要我们台湾了，不仅不支援我们，还断绝我们的饷源。台湾本地的有钱人，大多数已经逃跑，留下的一小部分都在观望，不愿明确支援我们。所以，饷银根本无法筹集。弟兄们，你们先回营，我会慢慢想办法，补足你们应得的饷银。"

士兵们听黎景嵩这么一解释，才明白事情的真相。他们知道，继续为难黎景嵩也解决不了问题，于是一边骂着清廷，一边回到住处去了。

虽然暂时稳住了军心，但黎景嵩还是有些后怕。军饷的问题，必须想个解决的办法。吴彭年刚来台中的时候，黎景嵩根本看不起他，可这时候，黎景嵩也不得不拉下面子去求吴彭年。

黎景嵩对吴彭年说："老弟，刚才新楚军逼饷的情形你都看到了吧？我仔细想了下，只有将新楚军交给你统辖，饷银也归台南筹措，才能解决这个问题。不知道你的看法是怎么样的？"

吴彭年一听，连连摆手道："不可，不可！黎大人有所不知，我之前从台南带过来的两个月饷银已经用完了。刘将军的意思是，以后我部的饷银，由台中负责。可台中的情形我也清楚，根本拿不出银子。我正为这事发愁呢！幸好吃饭不成问题，老百姓支持抗战的情绪很高，每天都有老百姓亲自蒸饭送至营中。因为有饭吃，我部才没有散伙！"

黎景嵩听到这话，心里如刀绞般痛苦。他默默地离开了吴彭年的住处，前往府库清货，那里还留存着两万两银子，主要是各乡各村收上来的一二成钱粮，以及抄没的汉奸、敌伪财产。

黎景嵩拿着这点最后的家底，再次前往吴彭年住处，将银子交给他，并恳求他统率新楚军。黎景嵩的诚意令吴彭年无法拒绝。从此以后，吴彭年取代不堪大用的李维义，出任新楚军统领。

日军攻下苗栗后，随即向彰化进军。彰化城外有两处战略要地：一个是北面的大甲溪；另一个是东面的八卦山。这两处都是彰化保卫战的主战场。

8月22日，日军近卫师团开始攻打大甲溪。师团长北白川宫能久亲王亲自率领部队向大甲溪推进。日军步兵迈着整齐的步伐在前面挺进，炮队跟在步兵后面一边轰击一边前进，马队也紧跟步兵，气势相当雄伟。

针对敌强我弱的态势，新楚军新任统领吴彭年制定了相应的对敌策略。他命新楚军士兵们埋伏在大甲溪岸边的草丛树林中，等日军渡到河中央的时候，一齐奋起出击。

吴彭年的这一策略相当高明，日军先头部队遭受袭击后，立即放弃渡河，掉头逃跑。吴彭年见日军已败，连忙命令抗日联军渡过大甲溪，去溪北追击日军。

这时候，事先埋伏在日军背后的义军也从丛林中杀出。日军腹背受敌，仓皇逃窜，抗日联军紧追不舍。

追出十余里后，吴彭年担心日军有埋伏，于是鸣金收兵，带领抗日联军回到南岸阵地。这一战，抗日联军取得了辉煌胜利，击毙日军五十多名。

日军不甘心失败，仅仅休整了一个晚上，他们就再次对大甲溪发动进攻。吴彭年依旧采取旧的战术，命士兵们埋伏在草丛树林中，待日军渡河时一齐奋起出击。日军先头部队遭遇袭击后，依旧放弃渡河，掉头逃跑。

正当吴彭年准备率军渡过大甲溪追击敌人的时候，抗日联军阵地背后突然枪炮声、喊杀声大起。吴彭年不知道发生了什么事情，连忙派出亲兵前往阵地背后察看。

不多久，亲兵回来，将事情的原委告知吴彭年。吴彭年听后，气得眼冒金花，怒吼道："李维义浑蛋！坏我大事！"

原来，李维义虽然在头份之战中临阵脱逃，被黎景嵩剥夺了新楚军统领一职，却依旧被黎景嵩信任。黎景嵩将他派往大甲溪前线，负责后路防守。

日本人知道李维义胆小，将其镇守的后路视为重要的突破口。8月23日这天，一支由几百人组成的日本军队，假扮成台湾防军，在汉奸的引领下，迂回至抗日联军后路。

李维义做梦也没想到日军会首先进攻他的军队，当即丢弃营垒，逃往彰化。日军占领抗日联军后路后，前后夹击大甲溪边的抗日联军。吴彭年见势头不好，只好率部撤出战场。大甲溪被日军占领。

大甲溪失守后，彰化城只剩下一处重要屏障，那就是八卦山。八卦山位于彰化东面，因山势形似八卦，得名八卦山。八卦山海拔不高，却是彰化四周唯一的制高点和天然屏障。在八卦山上放炮，可以轰击全城。因此，守山即是守城。特殊的地理形势注定八卦山将成为彰化保卫战最重要的战场。

黎景嵩深知八卦山的重要，在山上布置了重兵。其中包括新楚军营官胡轮所率领的一营部队。

胡轮，湖南平江人。自幼喜欢练武，喜欢听戚继光抗倭的故事，立志精忠报国。1886年中武秀才。1895年加入新楚军，奔赴抗日战场。经过头份、大甲溪等重要战役后，新楚军主力溃散，营官缺乏。危难之际，胡轮挺身而出，出任新楚军营官，驻守战略要地八卦山。

高地防守，不仅需要人，还需要炮。八卦山上原有炮台。黎景嵩命人将几门花巨资从欧洲买来的当时世界上最先进的大炮安装在这些炮台上。

8月25日，北白川宫能久亲王率领近卫师团抵达距离彰化城仅仅十里的大肚溪北岸。八卦山及彰化城都位于大肚溪南岸。

吴彭年深知大肚溪对八卦山防守的重要性，早就指挥抗日联军依托大肚溪，构筑起了第一道防线。

北白川宫能久亲王见抗日联军早有准备，于是命山根信成少将亲自带队前往大肚溪上游察看，试图寻找溪水较浅而抗日联军并未设防的渡河点。

由于兵力有限，吴彭年指挥的抗日联军无法防守整个大肚溪。于是，日军在大肚溪上游发现了一处绝佳的渡河点。这里水深不足一米，而且抗日联军并未设防。

根据山根信成少将的侦察结果，北白川宫能久亲王制订了一个周密的进攻计划。根据这一计划，由山根信成少将带领的左翼队将从那个绝佳的渡河点渡河，然后直逼八卦山下。随后，由川村景明少将带领的右翼队将从正面炮击抗日联军阵地，并且趁机渡河，直逼抗日联军左翼，切断八卦山抗日联军与彰化城的联系。最后，北白川宫能久亲王将率领其余的部队渡河，向残存的抗日联军发动进攻。

8月28日凌晨3点，由内藤正明大佐率领的日军左翼队先锋部队，在夜幕的掩护下，悄悄地从那个绝佳的渡河点渡过大肚溪，随即迅速推进至八卦山东面。随后，由山根信成亲自率领的左翼队其他部队也渡过大肚溪，向八卦山守军的后路挺进。

这时候，为了配合左翼队的行动，日军右翼队开始猛烈炮击抗日联军的正面阵地。这意味着，日军对八卦山的总攻就要开始了！

借着右翼队炮火的掩护，日军左翼队迅速占领八卦山抗日联军的后路，而川村景明亲自率领的日军右翼队主力，也在炮火的掩护下，从正面渡过大肚溪，随即迅速推进至抗日联军的左翼，切断了八卦山抗日联军与彰化城的联系。

将八卦山团团包围后，日军先锋部队开始攀登八卦山，试图摧毁山顶上的抗日联军炮兵阵地。

守卫八卦山炮台的抗日联军见日军如蚂蚁般密密麻麻向山上杀来，立即发炮轰击，日军伤亡惨重，不敢继续往上攀登。

山根信成在山下看到这一情形，命炮兵向山顶发炮，掩护步兵行动。这样一来，抗日联军的火力受到压制，日军步兵也就可以肆无忌惮地向山顶冲锋了。

到上午7点的时候，由内藤正明率领的日军登山部队杀到了八卦山山顶。最后决战的时刻到来了！

新楚军营官胡轮见日军已经近在咫尺，对全营官兵大声疾呼道："弟兄们，我们不远万里，从湖南来到台湾，吃尽了苦头。大家都希望抗日立功，衣锦还乡。今天的战斗，如果赢了，大家都可以带着荣耀回家；要是败了，大家都将埋骨异乡。弟兄们，好自为之吧！"

喊完，他一手拿着铳，一手拿着刀，率先向日军阵中冲去。官兵们见胡轮如此英勇，也都奋不顾身地杀向日军。

日军武器先进，以密集的枪炮挡住了新楚军的冲锋。冲在最前面的胡轮身中数十枪，依旧忍着剧痛，杀向日军阵中，随即壮烈殉国。其他官兵见营官被日军杀害，义愤填膺，一齐奋起向日军冲去。最后，绝大部分壮烈牺牲。与新楚军官兵同时殉国的还有义军首领吴汤兴。义军的另一位首领徐骧侥幸生还。

新楚军统领吴彭年正在山下督战，突然看见八卦山上已经升起了日本太阳旗，气得眼冒金花，当即掉转马头，带领三百官兵前去反攻八卦山。

日军施放排炮，吴彭年率领的三百抗日联军伤亡惨重，难以前进。吴彭年的亲兵见日军炮火猛烈，担心吴彭年的安危，劝他立即后退。

吴彭年大声喝道："大丈夫从军，马革裹尸是最好的结局。退什么退！"说完，拍马向前。这时候，山上敌弹密如雨落。吴彭年身中数弹，壮烈殉国。

吴彭年的牺牲，标志着新楚军最终的覆灭。此后的台湾保卫战，唱主角的将是刘永福的黑旗军，新楚军余部虽然也参加了之后的许多战斗，但只是陪衬。

八卦山被日军占领后，彰化无险可守，随即落入日寇手中。不久之后，日军就占据了台中全境。黎景嵩领导的台中保卫战，以抗日联军的失败而告终。

随后，日军向台南进攻。10月21日，日军占领台南。10月27日，日军正式宣布占领台湾全岛。从此以后，宝岛台湾沦入日寇之手长达五十年。

台湾保卫战之所以会失败，主要原因在于敌我力量对比过于悬殊以及清廷的不支援，而不是抗日联军作战不力。新楚军在大陆援助断绝的情形下，以主力身份参加台中保卫战，迟滞日军行动长达四个月之久，写下了中国人民抗日战争史上辉煌而悲壮的一页，可歌可泣。黎景嵩、杨载云、胡轮等新楚军将领的抗日功绩，永远值得我们铭记。

第十五章 八国联军侵华战争

自曾国藩、左宗棠湘军崛起之后，清廷开始迷信湖南兵。每逢外敌侵扰，清廷总能想起湘军。像中法战争中调往广西的苏元春部、中日甲午战争中调往辽东的刘树元部，原本都是湖南的驻兵。到了八国联军侵华的时候，清廷依旧想到了湘军。由当时的湖南布政使锡良带领北上勤王的劲字五营、武功五营，在抵御八国联军侵略的战斗中，扮演了重要角色。

1900 年 6 月，八国联军入侵，京津危急。湖南布政使锡良受湖广总督张之洞、湖南巡抚俞廉三的委托，率领湖南劲字五营、湖北武功五营北上勤王。

劲字五营纯是湘军。武功五营的士兵构成，据张之洞《会派藩司统军北上折》的记载，是清一色的湖南籍士兵。张之洞说："湖北亦将武功、武恺、武防等营湘省勇丁挑选添募，共为五营，计步队二千五百名，委前南韶连镇总兵方友升为统带。"

方友升这个人，我在前文中已经提到过多次。他是收复新疆的大功臣，在中法战争中的观音桥大捷以及镇南关大捷中都扮演过重要角色，后来又参加了中日甲午战争，可谓是外战高手。八国联军侵华战争爆发，方友升再次被推向风口浪尖，受张之洞委派，与锡良一道，率领湖北武功五营北上勤王。

总而言之，湖北武功五营士兵全是湖南人，统帅也是湖南人。虽然挂着湖北军队的名，实际上却是一支湘军。

当锡良统率着十营军队来到直隶柏乡的时候，得知慈禧太后和光绪皇帝已经逃往了山西大同。于是，他立即率军赶往山西。

当时，慈禧太后、光绪皇帝一行人相当狼狈，生怕八国联军会追上来将他们抓住。锡良率领的勤王之师被慈禧太后视作救命稻草，她几次三番在谕旨中催问锡良的部队是否已经前来。

当锡良率军来到山西后，慈禧太后那颗悬着很久的心终于放了下来。为了表彰锡良的忠心，慈禧太后任命他为山西巡抚。

当时，北上勤王的军队并非仅有锡良所率领的这两支队伍。当时的山西大同镇总兵刘光才并不在大同任上，而是在江南归两江总督刘坤一管辖。逃到山西的慈禧太后觉得并不安全，于是命刘光才带着他的忠毅军五营，迅速北上勤王。

刘光才，湖南新宁人，1857 年加入湘军。后来成为湘军江忠源、刘长佑系的重要将领。他长期跟随刘坤一，参加过中日甲午战争。

刘光才率军来到山西的时候，由于锡良身为巡抚，要将更多的精力放到行政事务上，所以劲字五营的统率工作，就落到了刘光才身上。锡良带来的另一支军队湖北武功五营，仍由湘军老将方友升统率。

当时，刘光才、方友升的军队都驻守在直隶、山西交界的井陉一带。这里是从直隶进入山西的重要通道。慈禧太后知道，要确保西逃的朝廷中枢的安全，井陉一带的防御至关重要。只要井陉一带能守住，八国联军就很难攻入山西，也就不能威胁到慈禧太后一行人。

这时候，八国联军侵华战争的第一阶段已经结束。关于是否要向山西进军，继续追击慈禧太后一行人，联军内部有了分歧。第一阶段侵华的主力日本和俄国，出于各自利益的考虑，不愿继续追击。其他列强也不愿西进。只有德国和法国主张继续追击。

德国是后起的帝国主义国家，在华的利益远远比不上老牌殖民国家英国、法国，也比不上近水楼台先得月的日本、俄国，它极其渴望通过一场大规模的战争证明实力，扩大它的在华利益。法国也想扩大它在直隶、山西一带的势力。于是，德、法两国狼狈为奸，向驻守井陉一带的清军发难了。

首先动手的是法国人。1900 年 11 月 20 日，由十六名骑兵和九十名步兵组成的法军先头部队，携带军火二十车，大炮数尊，占据了井陉东面的获鹿城。

法军占领获鹿后，清军加强了井陉一带的防御。井陉防御的重点是东天门。东天门位于获鹿、井陉之间。山上南北两峰对峙，中间关隘地势狭窄，封锁着直隶、山西两省往来的道路，向来是兵家必争之地。

刘光才将指挥部设在东天门以西八公里处的微水一带，准备与法军决战。然而这时候，清廷准备和八国联军讲和，多次命令东天门守军，只准防守不准反击。他们生怕反击会激怒联军，破坏和谈。

刘光才按照清廷求和的指示，派人与驻守获鹿的法国人约定，两军以获鹿为界，互不侵犯。奸诈的法国人虽然口头上答应，却不打算认真执行，多次派人窥视清军阵地，蓄意挑衅。

12月10日，法军第一次进犯东天门。这天，七十名法军带领着两百多名教民，朝清军阵地放了三次排枪和二十余发炮弹。法军的蓄意挑衅引起了清军下级官员的强烈不满，他们违背了清廷只准防守不准反击的命令，向法军开了三炮，当场轰毙法军三名。其他的法军吓得屁滚尿流，赶紧逃往获鹿。

1月28日，法军再次进犯东天门。一百多名法军，携带四门大炮，占据一处高地，准备炮击东天门。

清军的巡逻队正好路过此处，责问法军为什么不遵守以获鹿为界的约定。法军恼羞成怒，开炮杀害清军一名。

清军忍无可忍，奋起反击，当场击毙法军多名，击伤十九名。当时，在出事地点附近，清军的兵力相当雄厚。如果奋力一战，清军完全可以全歼这伙侵略者。然而，清廷只准防守不准反击的命令，就像一把利剑一样横在每一位清军将士的脖颈，使得他们不敢尽力作战。遭受重创的法军因此得以逃出东天门。

法军两次进攻东天门，都被清军击退，丢尽了脸面。他们准备在谈判桌上夺回他们在战场上所失去的。

当时，负责条约谈判的是庆亲王奕劻和李鸿章。法国人知道这两人都是软骨头，于是千方百计地对他们施压，逼迫他们将驻守井陉的清军撤回山西。法国人还说，只要清军撤至山西，西进的法军就会撤回获鹿。

庆亲王、李鸿章生怕激怒法国人，连续五次电告山西巡抚锡良，命他将驻守在井陉的清军撤回山西。

在后撤井陉驻军的问题上，慈禧太后并不完全同意庆亲王、李鸿章的主张。

虽然她同意为了合约的签订满足法国人的要求，但同时她又担心法国人使诈，乘清军退兵之机进击山西，进而威胁朝廷中枢所在的陕西。所以，她多次电告锡良谨慎撤兵，一定要法军先撤，然后我军才撤。

刘光才按照慈禧太后的指示，先派人去看法国人撤兵了没有。结果发现，法国人根本就没有撤兵。于是，刘光才也不撤兵。撤兵一事就这么僵持了两个月。

在此期间，法国侵略者不断地要挟庆亲王、李鸿章，逼迫清廷退兵。清廷不得已，只得将责任推到山西巡抚锡良身上，撤了他的职，并任命岑春煊为新的山西巡抚。

到了 4 月中旬的时候，清廷见法国人依旧坚持要清军先撤，而八国联军统帅瓦德西又增派大量德军前往井陉一带，只好让岑春煊命令刘光才将军队撤回山西，以避免激怒列强，重开战端。刘光才、方友升谨遵清廷的指示，分别将部队撤至山西境内的固关、娘子关。

列强的欲望是没有止境的，清廷的屈服并没有换来列强的同情。当时，在和谈中，清廷和列强在赔款等问题上存在着较大分歧。为了逼迫清廷让步，法、德两国准备继续挑衅，恐吓清廷。

法国向庆亲王、李鸿章提出了一个非常无理的要求，要求派出一支军队前往井陉一带查看清军是否已经撤退至山西境内。

这本是法军进犯山西的借口，然而这时候的清廷，已经失去了讨价还价的资本。庆亲王、李鸿章答应了法国人的要求，并命令岑春煊准许法军自由通行，不得阻击。

岑春煊也是个软骨头，他不仅完全遵照庆亲王、李鸿章的指示办事，并且向军机处请旨，说"不必阻止法军前来察看"。

4 月 22 日，清军发现在直隶井陉、山西盂县等地，大批法军、德军以及教民在积极活动。种种迹象表明，这绝不是小分队的查探，而是大规模的武装进攻！

面对这种局势，岑春煊依旧抱定妥协主义，严禁各军阻击敌军。刘光才虽不赞同岑春煊的做法，但也只能服从命令，一再向部下强调，不准阻击敌军。

4 月 23 日，法、德两军终于发动了他们蓄谋已久的对山西的进攻。刘光才驻守的固关、方友升驻守的娘子关，是侵略者重点攻击的目标。

娘子关、固关都在井陉以西数十里。娘子关是晋冀交通的咽喉要塞，自古以来就是兵家必争之地。固关位于娘子关东南二十里处的另一条入晋大道上，两侧都是高耸入云的山峰，中间是一条狭窄的山谷。峡谷正中便是固关关口，大道从关中穿过，有一夫当关万夫莫开之势。地势的险要，注定了娘子关、固关将成为这场战斗的主战场。

4 月 23 日凌晨，德军及教民两千多人在夜幕的掩护下，悄悄地逼近娘子关。凌晨 3 点多，德军兵分两路对娘子关发起猛攻。由于岑春煊有令在先，方友升并未组织反击，在付出一百多人伤亡的沉痛代价之后，他率部撤离了娘子关。

德军攻克娘子关后，又继续向固关进犯，向关外后山发起猛烈的攻击。与此同时，法军及教民数千人也向固关的核桃园、甘桃驿两处发起攻击。法、德两军妄图前后夹击，迫使清军放弃固关。

刘光才谨遵岑春煊的指示，准备放弃固关，但是他手下的将领却并不准备听他的。驻守固关后山的总兵彭定云率领着忠毅后营依托险要的地势，猛烈轰击前来进攻的德军及教民。

德军做梦也没有想到清军会还击。他们以为这次的战斗只是一次军事游行，根本就不需要战斗，所以并没有带重武器。于是，在激烈的对射中，他们落了下风。没有军事素养的教民成了清军的靶子，成片地被击毙。固关后山的这场持续时间并不算太长的战斗中，清军击毙德军及教民百余人。

与此同时，驻守甘桃驿的清军副将李永钦也率领着忠毅左营，猛烈轰击前来攻击的法军及教民。由于地势不利，法军的多轮进攻都被清军瓦解。

这时候，除彭定云、李永钦两营以外的由刘光才统辖的几营军队，包括湘军劲字五营在内，都按照刘光才的指示，主动地撤出了固关。彭定云、李永钦孤掌难鸣，随后不久也率军撤出了固关。

法、德两军攻克娘子关、固关后，得以进入山西境内。这时候，如果法、德两军长驱直入，将会对当时在西安的清廷中枢造成巨大的威胁。然而，令人备感意外的是，法、德两军并没有继续西进，只是在山西烧杀抢掠一番后，就主动退回了直隶境内。

法、德两军为什么不乘胜追击呢？原来，八国联军中的其他几个大国，像俄国、美国、日本、英国等，都反对继续扩大战争。法军虽然参加了对山西的进攻，但法国政府并不支持这一类的行动。真正想扩大战争的是德军，然而没有友军的支持，势单力薄的德军是根本无法扩大战争的。所以，法、德两军虽然费尽精力好不容易突破了清军的晋东防御，却依旧不得不放弃西进，重新回到谈判桌上来与清军商量和谈事宜。

此后，清廷和八国联军再也没有发生大的战争。刘光才所率领的忠毅五营、劲字五营，方友升所率领的武功五营，已经完成了它们的历史使命。

湘军劲字五营、武功五营北上勤王，虽然没有取得显赫的战绩，但是对阻击八国联军的西进，还是起到了一些作用。劲字五营、武功五营的士兵经过这一次战争的洗礼，眼界得到了极大的开阔，这对他们日后的人生道路产生了重大影响。

辛亥革命中的风云人物、文学社的重要领导人杨载雄就是劲字五营中的一员。他正是从这次北上勤王的经历中，得出了清廷不可救药的结论，最终义无反顾地走上了反清道路。

杨载雄的选择也是当时许多湖南热血青年的共同选择。维新的思想在湖南已经不再吃香，取而代之的是革命的思想。同盟会三巨头中就有两位湖南人，即黄兴和宋教仁。直接促成武昌起义的文学社和共进会，其主要领导人也大多是湖南人。

曾国藩、左宗棠等湖湘名人苦苦维系的清朝，最终被一群以湖南人为主的革命志士推翻，这或许也是一种宿命吧。总而言之，属于湘军的传奇还将继续，但属于曾国藩、左宗棠这些人的旧的封建时代已经一去不复返了。

附录：大事年表

嘉庆十三年（1808）

1月19日　罗泽南出生。

嘉庆十六年（1811）

11月26日　曾国藩出生。

嘉庆十七年（1812）

7月14日　胡林翼出生。

8月1日　江忠源出生。

11月10日　左宗棠出生。

嘉庆二十二年（1817）

1月30日　彭玉麟出生。

嘉庆二十三年（1818）

6月21日　李续宾出生。

12月16日　刘长佑出生。

道光二年（1822）

12月21日　杨载福（后改名岳斌）出生。

道光三年（1823）

是年，李续宜出生。

道光四年（1824）

10 月 12 日，曾国荃出生。

道光五年（1825）

2 月 26 日　王鑫出生。

道光十年（1830）

1 月 21 日　刘坤一出生。

道光二十年（1840）

6 月 21 日　英国海军司令伯麦率舰船四十八艘、士兵四千余人到达澳门。鸦片战争爆发。

道光二十二年（1842）

8 月 29 日　中英《南京条约》签订，中国沦为半殖民地半封建社会。

道光二十九年（1849）

11 月 27 日　李沅发率众起义，戕官毁署，占领新宁县城。

道光三十年（1850）

1 月 3 日　林则徐乘船抵达长沙，左宗棠前往拜见。两人谈及安定新疆的问题。

6 月 15 日　李沅发受伤被擒。纵横湘、桂、黔三省，坚持长达半年之久的李沅发起义失败。

咸丰元年（1851）

1 月 11 日　洪秀全等在广西桂平金田村起义，建号太平天国，称天王。

咸丰二年（1852）

6月6日　太平军在蓑衣渡被江忠源击败。南王冯云山伤势恶化去世。

9月10日　太平天国西王萧朝贵率队抵长沙，离城十里扎营。

9月12日　萧朝贵被清军炮火轰伤。旋因伤重去世。

9月24日　驻郴州太平军大队在洪秀全、杨秀清率领下，北上赴援长沙。

9月26日　江忠源率部抵达长沙。

10月5日　郴州太平军前锋抵长沙城外，即与清军交战，伤江忠源。

10月17日　太平军分兵二三千人，西渡湘江，筹集军粮。

10月31日　太平军设伏于湘江水陆洲，大败向荣军。

11月30日　太平军攻打长沙八十一日，不克。本日晚撤围，由浮桥渡湘江西趋。

12月2日　太平军进占湖南益阳，得民船数千。

咸丰三年（1853）

1月8日　咸丰帝令曾国藩帮办湖南团练乡民、搜查"土匪"诸事务。

1月12日　太平军攻克武昌城，湖北巡抚常大淳自尽。

1月29日　曾国藩自湘乡行抵长沙，与湖南巡抚张亮基筹划"堵剿"太平军事宜。

1月30日　曾国藩上奏称省城兵力单薄，不足御敌，拟于省城立一大团，就各县曾经训练之乡民，招募来省，实力操练。

3月20日　太平军攻克江宁。

6月22日　江忠源率部驰赴南昌。

6月23日　太平军开始攻打南昌。

7月7日　江忠源等率部进攻南昌城外的太平军，被击败。

7月28日　太平军轰塌南昌德胜门一带城墙，为江忠源等部阻堵，未能入城。

7月29日　太平军毙清九江镇总兵马济美。

8月28日　太平军败湘军罗泽南等部于南昌。

9月15日　曾国藩具奏，言湖南衡、永、郴、桂各属数月以来巨案迭出，拟即日移驻衡州，就近调遣。

9月24日　太平军围南昌九十三日不克，撤围北趋。

9月29日　曾国藩抵达衡州。

10月15日　太平军大败清军于田家镇，江忠源遁广济。

11月27日　安徽巡抚江忠源自湖北行抵安徽六安州，接巡抚关防。

11月　曾国藩于衡州仿造之冲艚，试之水面，钝滞难用，乃买民船，改造炮船。

12月10日　安徽巡抚江忠源抵庐州。

咸丰四年（1854）

1月8日　罗泽南率二营湘勇抵衡州，曾国藩与之商榷兵事，更定陆军营制，以五百人为一营，营四哨，每哨八队，亲兵哨六队，火器刀矛各居其半。自此湘勇转战各省，悉以所定规制行之。同日，贵州知府胡林翼自镇远率黔勇援湖北。

1月14日　太平军攻克庐州，安徽巡抚江忠源自尽。

2月12日　太平军在堵城大败清军，湖广总督吴文镕自杀。

2月25日　曾国藩发布《讨粤匪檄》，督湘军水师、陆师计一万七千余人，自衡州起程，会师于湘潭。水路以褚汝航为各营总统，陆师以塔齐布为诸将先锋。

4月7日　太平军败曾国藩湘军，再占岳州，王鑫等南退。

4月28日　曾国藩自督战船四十号，陆勇八百，合乡团攻靖港太平军，水陆俱败。曾国藩羞愧投水自杀，左右援救以出。湘军褚汝航、杨载福等水军战于湘潭获胜。

7月7日　湘军经整顿后启程北伐。

7月25日　湘军进占岳州，太平军退守城陵矶。

8月8日　曾国藩率军行抵岳州。

8月9日　太平军败湘军于城陵矶，湘军水师将领褚汝航、夏銮、陈辉龙等阵亡。

8月11日　太平军与湘军再战于城陵矶，大败，名将曾天养阵亡。

8月19日　太平军攻湘军罗泽南、塔齐布诸营于岳州凤凰山，未胜而退。

8月25日　湘军水陆环攻城陵矶，太平军作战不利，退向武汉。

10月14日　湘军攻克武昌，太平军东退。

10月26日　以攻陷武昌、汉阳，清廷赏曾国藩二品顶戴，署湖北巡抚。

11月2日　以曾国藩辞任，清廷改授曾国藩兵部侍郎衔办理军务，另授陶恩培为湖北巡抚。

11月23日　湘军罗泽南部攻下半壁山，太平军败退北岸田家镇。

12月2日　湘军水师杨载福、彭玉麟等分四队攻田家镇，太平军船只被焚四千余艘，被俘五百余艘。

12月3日　太平军自焚营垒，弃田家镇，东退黄梅。

咸丰五年（1855）

1月29日　湘军水师营官萧捷三等率战船一百二十余艘猛攻梅家洲，深入鄱阳湖。太平军断其归路。自此，湘军水师被肢解，遂有外江、内湖之分。

2月11日　太平军以小艇夜袭湘军外江水师，焚其战船十余艘，俘曾国藩座船拖罟。曾国藩投江遇救，走罗泽南陆营。

4月3日　太平军攻克武昌，湖北巡抚陶恩培自杀。

4月18日　湖北布政使胡林翼署湖北巡抚。

7月31日　湘军水师副将杨载福在岳州添船募勇，于本日率外江水师至湖北金口镇。

8月27日　彭玉麟督率湘军水师猛扑汉口，烧毁太平军船只三百余艘。是夜，太平军撤离汉口镇，彭玉麟督率湘军水师进入。

8月30日　湘军名将塔齐布病逝。

9月4日　湘军内湖水师进犯湖口，统领萧捷三中炮阵亡。

9月6日　曾国藩自九江回驻南康水营，札调彭玉麟来江西督领内湖水师。

9月12日　太平军韦俊等部自武昌会同崇、通守军击溃李孟群水陆兵勇，占领金口。

9月17日　罗泽南由义宁单骑赴南康，与曾国藩晤于舟次，指画吴楚形势，定计出崇、通，以援武汉。

9月26日　罗泽南率军五千人自南康西援湖北。

咸丰六年（1856）

3月24日　太平军大败湘军周凤山部于江西樟树镇。

4月4日　太平军攻占江西建昌府城。时太平军占江西半数以上州县，曾国藩困守南昌。

4月12日　罗泽南伤重逝于武昌军中，李续宾总领其军。

5月7日　胡林翼遣同知曾国华统湘勇四千一百名，由咸宁、通城援江西曾国藩。

5月31日　汉阳太平军师船受湘军杨载福外江水师火攻，损失几尽。

7月14日　石达开率太平军自天京抵江西湖口附近，回援武汉。

8月11日　石达开统军援鄂，本日猛攻武昌府东路要隘鲁家港，为湘军蒋益澧部所阻。

8月28日　石达开进逼武昌猛攻鲁家港，韦俊派军出城接应，夹击胡林翼军，为湘军李续宾、杨载福部所阻，未能会合。

9月2日　凌晨，太平天国北王韦昌辉杀东王杨秀清及其部属、家眷等，天京变乱起。

9月4日　深夜，石达开自武昌鲁家港撤兵东去，为胡林翼、李续宾部湘军追击，战至次日晨，石军损失颇重。

10月23日　英军攻陷广州外城，第二次鸦片战争爆发。

12月19日　湘军攻陷武昌，太平军东退。

12月25日　以攻陷武昌省城，清廷实授胡林翼湖北巡抚。

咸丰七年（1857）

3月15日　太平天国国宗韦俊败湘军刘长佑于江西临江。

3月16日　曾国藩自江西回籍奔父丧。

6月2日　太平天国翼王石达开不满天王猜忌，自天京出走。

8月8日　清廷允曾国藩请，开兵部侍郎之缺在籍守制。

9月21日　王鑫病逝于江西乐安县，所部由张运兰、王开化分别统率。

10月13日　太平天国国宗石某率部援临江府，与湘军刘长佑部战于太平墟，失利退回。

10月26日　湘军攻陷江西湖口，外江、内湖水师会合。

咸丰八年（1858）

1月22日　湘军刘长佑部攻克临江。

5月19日　湘军攻陷九江府城。

7月1日　清帝令曾国藩迅赴江西，督率萧启江等军星驰援浙。

8月18日　清廷命曾国藩以援浙之师由江西铅山赴闽"援剿"。

9月21日　湘军曾国荃等部攻克吉安。

11月25日　李秀成军抵安徽三河镇，合陈玉成军大败湘军，李续宾自尽。

12月11日　太平天国陈玉成、李秀成合军与清军都兴阿、多隆阿、鲍超等部战于二郎河。太平军失利，退回太湖。

咸丰九年（1859）

3月2日　石达开军入湖南，进占桂阳县。

6月3日　石达开在宝庆分十数路攻清军赵焕联、周宽世等军，宝庆大战开始。

6月17日　石达开军合围宝庆城，阻梗城中文报、饷道。

6月21日　清廷诏命曾国藩统兵赴四川夔州扼守，防止石达开由湘入川。

6月22日　官文、胡林翼遣李续宜统军援宝庆，于本日由黄州、武昌分别出发。

7月27日　李续宜攻宝庆田家渡、清水塘石达开军，石军失利，营卡四十余处被毁。

7月28日　石达开督大军围裹李续宜军于宝庆城西，大败，营卡二百余处被毁，大军渡资江东退。

8月13日　湘军李续宜、刘长佑部大败石达开于宝庆。次日，石达开部撤宝庆围南去。

9月9日　以宝庆解围，清廷命曾国藩暂驻湖口，俟湖南定后合军援皖。

9月19日　曾国藩抵武昌，晤湖广总督官文，决定援皖。

10月20日　太平天国右军主将韦志俊（原名韦俊）遣人至湘军水师杨载福处乞降。

11月11日 官文、曾国藩、胡林翼等会奏四路攻皖之策，分由曾国藩、多隆阿、胡林翼、李续宜统之。

12月6日 曾国藩军进驻安徽宿松县。

咸丰十年（1860）

1月8日 陈玉成合捻军龚得树进援安徽潜山、太湖，拒曾国藩、胡林翼。

2月17日 多隆阿、鲍超率部大败太平军陈玉成部于安徽潜山小池驿，占太湖。19日占潜山。

5月6日 李秀成、陈玉成率部击溃江南大营，和春、张国梁败退镇江。

6月8日 清廷赏曾国藩兵部尚书衔署两江总督，命统率所部兵勇，径赴苏州，以保东南大局。

6月9日 从曾国藩奏请，清廷命左宗棠以四品京堂候补襄办曾国藩军务。

7月3日 曾国藩自率马步万余人自宿松渡江。28日，进驻祁门。

8月10日 清廷实授曾国藩两江总督，并命为钦差大臣督办江南军务，大江南北诸军均归其节制。

9月21日 英法联军在八里桥与清军激战，僧格林沁败退，胜保受枪伤。

10月9日 太平天国侍王李世贤率部击败湘军李元度部，攻克安徽徽州府。

10月13日 英法联军进入北京城。

10月28日 左宗棠率湘军自湖南抵江西乐平。同日，清廷批准中英、中法《北京条约》。

11月26日 陈玉成偕捻军龚得树等进至桐城西南，以解安庆之围，本日与多隆阿大战，稍有失利。

12月1日 李秀成统军由皖南羊栈岭攻入黟县，祁门曾国藩营大震。3日，李秀成由羊栈岭退出。

12月10日 多隆阿、李续宜败陈玉成于桐城，陈玉成退走庐江。

12月14日 太平天国定南主将黄文金等军自池州西攻，于本日占领东流县。

12月23日 黄文金分兵攻占江西浮梁，曾国藩三面受敌，仅留下景德镇一线。

12月24日 黄文金等统军攻湖口县不胜。

12 月 26 日　黄文金等军自湖口撤退。

咸丰十一年（1861）

2 月 18 日　鲍超、左宗棠率部败太平军于景德镇，黄文金负重伤。

3 月 22 日　太平天国侍王李世贤败左宗棠军于江西乐平。26 日，左宗棠退还景德镇。

4 月 9 日　李世贤率部攻占景德镇。次日左宗棠败遁乐平，祁门曾国藩粮路断绝。

4 月 14 日　曾国藩率部攻打徽州，失败。

4 月 16 日　太平军李世贤部退出景德镇。

4 月 19 日　曾国藩率部再次攻打徽州。21 日，被太平军击败。

4 月 23 日　李世贤督军攻江西乐平左宗棠营，大败，旋由广信趋浙江。

5 月 2 日　太平天国干王洪仁玕、章王林绍璋、前军主将吴如孝率军西援安庆，与多隆阿军作战失利，退回桐城。

5 月 6 日　黄文金合林绍璋及捻军与多隆阿等战于桐城新安渡、香铺街、挂车河，不利。

5 月 10 日　曾国藩自祁门移扎东流，就近调度安庆围军。

5 月 19 日　陈玉成图解安庆之围不成，由冷水铺退走桐城。

5 月 24 日　陈玉成合洪仁玕、林绍璋、黄文金等三万余众分三路援安庆，与多隆阿战于挂车河，又败，退回桐城。

6 月 8 日　驻守赤岗岭的三垒太平军降清。

6 月 10 日　太平军悍将刘玱琳弃垒东走，被湘军俘杀。

6 月 20 日　太平军全部退出徽州，前往浙江。

6 月 22 日　入川湘军将领黄淳熙阵亡于四川定远。

7 月 7 日　湘军曾国荃部陷安庆菱湖南北两岸太平军营垒。

8 月 22 日　咸丰帝驾崩。

8 月 24 日　陈玉成、杨辅清等人入集贤关再援安庆。27 日，与曾国荃大战于安庆西北，未破敌壕。

9 月 5 日　湘军曾国荃部攻陷安庆。

9 月 29 日　以安庆克复，清廷加官文、胡林翼太子太保，曾国藩太子少保，曾国荃布政使衔以按察使记名。

9 月 30 日　胡林翼病逝。

11 月 2 日　两宫太后及恭亲王奕䜣发动政变，免除载垣、端华、肃顺等八人赞襄政务王大臣职。

11 月 20 日　诏命曾国藩统辖江苏、安徽、江西、浙江四省军务，所有四省巡抚、提督以下各官悉归节制，并专饬太常寺卿左宗棠赴浙江，浙省提督以下各官均归其调遣。

同治元年（1862）

1 月 7 日　从曾国藩奏荐，清廷命左宗棠督办浙江军务，并准其自行奏事。

1 月 23 日　清廷以左宗棠为浙江巡抚。

5 月 18 日　曾国荃、彭玉麟率部攻陷安徽太平府。

5 月 30 日　湘军彭玉麟水师进泊江宁护城河口，曾国荃率湘军扎营雨花台。

6 月 4 日　太平天国英王陈玉成在河南延津遭杀害。

9 月 14 日　太平天国忠王李秀成统军自苏州回援天京。

10 月 7 日　李世贤统军三四万人自浙江往援天京。

10 月 22 日　李秀成军猛攻天京围敌，伤曾国荃面颊。

11 月 26 日　太平天国忠王李秀成、侍王李世贤围攻曾国荃雨花台大营四十五日未破，撤围分趋苏州、秣陵关。

同治二年（1863）

1 月 2 日　湘军魏喻义部攻克浙江严州府。

1 月 7 日　曾贞干病逝军中。

1 月 30 日　石达开在横江双龙场受湘军胡中和、刘岳昭、萧庆高、何胜必等军攻击，大败。

2 月 28 日　湘军蒋益澧、康国器等部攻克浙江汤溪县。

3 月 2 日　湘军高连升、熊建益等部进入浙江金华府。

3 月 18 日　湘军魏喻义等部攻克浙江桐庐县。

5 月 14 日　石达开军进抵大渡河边紫打地。

5 月 21 日　石达开军抢渡大渡河，未成。

6月3日　石达开军抢渡大渡河，为清兵所阻。9日再次抢渡大渡河，被阻，退走老鸦漩。

6月13日　石达开被诱擒。

6月25日　鲍超、彭玉麟、杨岳斌水陆各军攻占浦口、江浦。

6月30日　湘军水陆各军攻陷九洑洲。

8月13日　清廷命四川布政使刘蓉入陕，督办陕南军务。

9月20日　湘军蒋益澧等部攻克浙江富阳县。

11月17日　彭玉麟、鲍超水陆各军攻占高淳县东坝镇。至此，太平天国首都天京的所有物资补给通道全部被切断。

12月4日　李鸿章督率淮军攻克苏州。

12月8日　李续宜病逝。

同治三年（1864）

4月1日　左系湘军攻陷杭州。

6月1日　太平天国天王洪秀全在天京病逝。

7月19日　湘军攻克江宁。太平天国运动失败。

7月24日　太平天国幼天王由干王洪仁玕拥护至广德。

7月28日　曾国藩自安庆抵江宁。

8月1日　以攻克江宁省城，清廷赏加两江总督曾国藩太子太保衔，赐封一等侯爵；浙江巡抚曾国荃太子少保衔，一等伯爵；湖广总督官文赐封一等伯爵；江苏巡抚李鸿章赐封一等伯爵；陕甘总督杨岳斌、兵部侍郎彭玉麟赏给一等轻车都尉世职，并赏加太子少保衔；四川总督骆秉章、浙江提督鲍超赏给一等轻车都尉世职。

8月5日　湘军鲍超部进扑许湾，大败太平军汪海洋部。

8月13日　太平天国听王陈炳文等率部六万多人，投降鲍超。

8月14日　曾国藩裁撤湘军二万五千人。

10月9日　干王洪仁玕在江西广昌被湘军席宝田部所俘，幼天王失散走脱。

10月25日　幼天王在江西石城荒山中被湘军席宝田部所俘。

11月9日　以太平天国幼天王被擒，清廷赐封鲍超一等子爵，席宝田云骑尉世职。以全浙肃清，清廷赐封左宗棠一等伯爵，蒋益澧骑都尉世职。

同治四年（1865）

1 月　浩罕军阀阿古柏率部入侵新疆。

2 月 22 日　太平军汪海洋部与湘军刘典部大战于连城新泉，所部精锐丧失几半。

3 月 1 日　湘军刘典等部败汪海洋于福建汀州连城，汪海洋军退上杭永定。

4 月 22 日　湘军刘典、康国器等部进攻龙岩、永定等处，败汪海洋。太平军损失六千余人。

5 月 15 日　湘、淮军败李世贤，攻陷漳州。

5 月 23 日　清廷以僧格林沁战亡，诏命曾国藩赴山东督师剿捻，以李鸿章暂署两江总督。

5 月 26 日　湘军刘典等部大败李世贤于福建永定，李世贤只身脱险。

6 月 4 日　湘军高连升等部败汪海洋于福建上杭。

6 月 15 日　汪海洋率部入广东境内，占镇平县。

8 月 19 日　李世贤入广东镇平汪海洋军，23 日被汪海洋所派心腹刺杀。

8 月 31 日　湘军席宝田等部败汪海洋，招降太平军万余。

9 月 28 日　湘军高连升等部克广东镇平，太平军汪海洋等部分三路自西北走平远。

同治五年（1866）

1 月 28 日　湘军刘典、高连升、王德榜等部败汪海洋于嘉应州。汪海洋受伤回城后去世。

2 月 7 日　太平天国偕王谭体元弃嘉应州，启西南门走黄沙嶂。湘军左宗棠、鲍超等部入嘉应州。

2 月 9 日　谭体元率部与湘军左宗棠、鲍超等部追军战于黄沙嶂，落崖身亡。长江南部太平军余部败灭。

3 月 12 日　清廷以曾国荃为湖北巡抚。

12 月 7 日　清廷命曾国藩回两江总督任，授江苏巡抚李鸿章钦差大臣，专办剿捻军事。

同治六年（1867）

1月11日　东捻军大败新湘军于湖北钟祥。新湘军将领郭松林受重伤。

1月23日　西捻军在西安灞桥大败刘蓉所统率的湘军，斩汉中镇总兵萧德扬等，围攻西安。

1月26日　东捻军败淮军于湖北德安府，阵斩张树珊。

2月4日　湘军刘松山部抵达西安，进驻城外雨花寨。

2月19日　东捻军败淮军刘铭传部于湖北安陆尹隆河。湘军鲍超部随后赶到，重创东捻军。

3月23日　东捻军赖文光大败新湘军于鄂东蕲水，杀彭毓橘。

同治七年（1868）

1月5日　东捻军首领赖文光被擒，东捻军失败。

8月16日　刘铭传等大败西捻军，捻军起义至此失败。

同治十年（1871）

7月　俄国出兵占领伊犁。

同治十一年（1872）

3月12日　曾国藩病逝。

同治十三年（1874）

3月15日　越南与法国订立《法越和平同盟条约》，越南受法国保护。中国对越南的"宗主权"遭否认。

10月5日　清廷命左宗棠督办西征粮饷转运一切事宜。

光绪元年（1875）

3月10日　李鸿章奏，新疆各城与俄、英、波斯等国交界，非中国目前力量所能兼顾，请谕西路各统领，但严守现有边界，不必急图进取，其已出塞及未出塞各军，酌量撤停，即以撤停之饷，匀作海防之用。

4月20日　左宗棠奏陈海防塞防及新疆情形,谓此时停兵节饷,自撤藩篱,不独陇右堪虞,即北路科布多、乌里雅苏台等处亦难晏然。停兵节饷于海防未必有益,于边塞则大有所妨。

5月3日　命左宗棠以钦差大臣督办新疆军务,以金顺为乌鲁木齐都统,仍帮办军务。

光绪二年（1876）

3月16日　左宗棠自兰州西进。4月7日,抵达肃州。

4月26日　刘锦棠率领湘军自肃州西进。

7月21日　刘锦棠抵达济木萨,会晤金顺。

8月17日　刘锦棠、金顺联军攻克古牧地。

8月18日　刘锦棠、金顺联军攻克乌鲁木齐。

10月3日　以克复古牧地、乌鲁木齐等城,赏刘锦棠骑都尉世职。

10月4日　刘锦棠派麾下将领罗长祜、谭拔萃、黄万鹏、董福祥等助金顺攻打玛纳斯南城。

11月6日　清军攻克玛纳斯南城。

光绪三年（1877）

2月　侵略军头子阿古柏在吐鲁番布置军事,并于托克逊筑炮台。

4月14日　刘锦棠率领湘军自乌鲁木齐南进。

4月19日　刘锦棠率领湘军攻克达坂。

4月26日　张曜等率部攻克吐鲁番。同日,刘锦棠率领湘军攻克托克逊。

5月　侵略军头子阿古柏毙命。

8月17日　左宗棠奏,重新疆所以保蒙古,保蒙古所以卫京师,主张新疆设行省,改郡县。

9月19日　郭嵩焘奏,英国外部尚书屡为阿古柏调处,照会章程三条,请乘机妥定章程,保境息兵。

10月7日　刘锦棠率领湘军收复喀喇沙尔。

10月9日　湘军骁将余虎恩等率部收复库尔勒。

10月18日　刘锦棠率领湘军收复库车。

10 月 26 日　刘锦棠率领湘军收复乌什。

12 月 17 日　湘军骁将余虎恩、黄万鹏率部攻克喀什噶尔。

12 月 21 日　刘锦棠率领湘军收复叶尔羌。

12 月 24 日　刘锦棠率领湘军收复英吉沙尔，随即进军喀什噶尔，派董福祥率部进军和阗。

光绪四年（1878）

1 月 2 日　董福祥率部收复和阗。

3 月 15 日　清廷以新疆底定，晋左宗棠为二等侯，刘锦棠为二等男，余虎恩、谭拔萃、罗长祜、黄万鹏、董福祥等一百五十余人均升赏有差。

6 月 22 日　清廷派崇厚充当出使俄国钦差大臣，前往办理交付伊犁事宜。

11 月 7 日　阿古柏余孽阿里达什、阿卜杜勒哈马等进袭喀什噶尔。

11 月 10 日　刘锦棠督率罗长祜、谭慎典等湘军名将大破阿里达什。

11 月 23 日　侵略军头目阿里达什毙命。

光绪五年（1879）

1 月 5 日　阿古柏余孽阿卜杜勒哈马自俄境入寇。

2 月 2 日　刘锦棠率领湘军在乌帕尔等地击破阿古柏余孽。侵略军余部逃入俄境。

8 月 4 日　阿古柏余孽阿卜杜勒哈马等窜至乌鲁克恰提，再谋入寇。

9 月 5 日　阿古柏余孽入寇新疆，围攻色勒库尔。

9 月 12 日　色勒库尔守军诈降，斩侵略军头目阿卜杜勒哈马。

9 月 13 日　刘锦棠自喀什噶尔抵达英吉沙尔，指挥剿灭阿古柏余孽战斗。

9 月 24 日　董福祥等击破阿古柏余孽。侵略军残部逃入俄境。

10 月 2 日　崇厚在沙俄胁迫下，擅自签订《里瓦几亚条约》。条约规定：中国割让伊犁以西以南土地给俄国。

12 月 17 日　左宗棠奏筹伊犁事件，先主之以议论，委婉而用机，次决之以战阵，坚忍以求胜。

光绪六年（1880）

2月19日　命曾纪泽充当出使俄国钦差大臣，将崇厚所议条约章程等件，再行商办，以期妥协。

3月1日　密谕李鸿章统筹营口、烟台海防，湘军宿将彭玉麟、李成谋整顿长江水师，左宗棠筹划新疆防务，湘军宿将刘坤一、曾国荃等筹备沿海及内外蒙古、东三省防务。同日，命刘锦棠帮办新疆军务。

4月16日　左宗棠奏以金顺扼扎精河，张曜由阿克苏前进，刘锦棠由乌什前进，逼近伊犁。

6月8日　左宗棠抵达哈密。

7月30日　以俄国兵船纷纷调往日本，勾结滋事，命曾国荃督办山海关防务。同日，曾纪泽抵达圣彼得堡。

8月11日　以俄国意存启衅，召左宗棠来京以备顾问，并命鲍超募勇万人，限月内北上，于天津、山海关间适中之地驻扎，策应海防。

9月26日　以刘锦棠署理钦差大臣督办新疆军务。

10月14日　曾国荃抵达山海关。

10月26日　鲍超抵达天津。

11月8日　刘锦棠自喀什噶尔抵达哈密。

11月15日　左宗棠自哈密东返。

光绪七年（1881）

1月3日　左宗棠离开兰州赴京。

2月7日　命湘军宿将杨昌濬（时任护理陕甘总督）会办新疆善后事宜。

2月24日　《中俄伊犁条约》签订。中国收复伊犁，赔款九百万卢布。同日，左宗棠抵达北京。

10月16日　实授刘锦棠为钦差大臣督办新疆军务。

光绪八年（1882）

2月16日　云贵总督刘长佑奏，请派大员驻广西，进规越南。

7月12日　命两广总督曾国荃、云贵总督岑毓英筹划滇粤边防。

光绪九年（1883）

5月19日　刘永福黑旗军败法军于河内附近，斩法将李威利。

8月3日　左宗棠命麾下嫡系将领王德榜自江宁回湘募勇，准备开赴滇粤边境。

9月22日　清廷命彭玉麟往广东会同督抚办理海防，左宗棠、李鸿章办理南北洋防务，吴大澂带吉勇三千来天津，防法兵船寻衅。

12月11日　彭玉麟、张树声赴虎门布防。

光绪十年（1884）

1月1日　命杨岳斌往福州筹办海防，彭玉麟移师琼州。

2月23日　左宗棠前往吴淞口布置海防。

2月29日　王德榜率恪靖定边军抵达龙州。

4月18日　王德榜率恪靖定边军抵达谅山。

4月19日　清廷调湘军宿将苏元春、方友升等率部前往广西。

6月23日　法将杜尼森率军强行前进，限清廷三日内交出谅山。驻守观音桥之清将王德榜、万重暄督率湘、淮军抗击。法军伤亡近百人。

6月24日　王德榜、方友升、万重暄督率湘、淮军再败法军于观音桥，击毙法军十一人，击伤三十五人。

6月29日　清廷命鲍超统兵自川赴滇抗法。

7月19日　授曾国荃为全权大臣，克日往上海与法使商讨议和条款。

7月30日　曾国荃允以恤款名义，赔款五十万两，法使拒绝。

8月5日　法舰炮击基隆。

8月6日　淮军宿将刘铭传、湘军名将曹志忠督率湘、淮军，击退登岸之法军，击毙法军两名，取得第一次基隆保卫战的胜利。

8月23日　法水师提督孤拔突袭福建师船，击沉我军舰七艘，炸毁船厂。

8月26日　清廷正式对法国宣战。

9月7日　清廷授左宗棠为钦差大臣，督办福建军务，福州将军穆图善、闽浙总督杨昌濬帮办军务。

10月1日　孤拔攻陷台湾基隆炮台，清军退往台北，改援沪尾。

10月8日　法军在台湾沪尾登陆，淮军宿将刘铭传、湘军名将孙开华督率湘军、淮军以及台湾土著兵击败之。是役，法军阵亡十七人，伤四十八人。

  10 月 10 日 清廷命杨岳斌帮办左宗棠军务，设计渡台。

  11 月 18 日 清廷以刘锦棠为甘肃新疆巡抚。

  12 月 14 日 左宗棠抵达福州。

光绪十一年（1885）

  1 月 29 日 杨岳斌率部抵达福州。

  3 月 1 日 法舰攻击镇海招宝山，湘军宿将欧阳利见督率湘、淮军击退之。

  3 月 4 日 基隆法军大举进攻。

  3 月 5 日 基隆法军陷深澳坑、月眉山。

  3 月 7 日 湘军将领王诗正、曹志忠督率湘军反攻基隆月眉山。同日，杨岳斌率部抵达台湾。

  3 月 23 日 法军大举进攻镇南关，冯子材、苏元春、王德榜督率湘军、淮军及其他清军击退之，毙敌四名，击伤二十五名。

  3 月 24 日 法军再次大举进攻镇南关，冯子材、苏元春、王德榜督率湘军、淮军及其他清军力战却之，毙敌七十名，击伤一百八十八名。法军退回谅山。

  3 月 28 日 冯子材、苏元春、王德榜督率湘军、淮军及其他清军进攻谅山，法将尼格里受重伤。

  3 月 29 日 冯子材、苏元春、王德榜督率湘军、淮军及其他清军克复谅山。

  4 月 2 日 苏元春率领湘军克复谷松。

  9 月 5 日 左宗棠病逝。

光绪十二年（1886）

  10 月 7 日 鲍超病逝。

光绪十三年（1887）

  9 月 30 日 刘长佑病逝。

光绪十六年（1890）

  4 月 24 日 彭玉麟病逝。

8 月 12 日　杨岳斌病逝。

11 月 13 日　曾国荃病逝。

光绪二十年（1894）

12 月 28 日　清廷命湘军宿将、两江总督刘坤一为钦差大臣，关内外防剿各军均归节制。

光绪二十一年（1895）

2 月 7 日　刘坤一率领湘军自天津赴山海关。

2 月 16 日　湘军配合其他各路清军，发起第三次反攻海城战役。

2 月 21 日　湘军配合其他各路清军，发起第四次反攻海城战役。

2 月 27 日　湘军配合其他各路清军，发起第五次反攻海城战役。

3 月 4 日　日军奇袭牛庄，魏光焘、李光久率湘军奋起反击，击毙日寇七十余，击伤三百多，终因寡不敌众而溃败。

4 月 17 日　中日《马关条约》签订。条约规定：中国承认朝鲜"完全独立"，割让辽东半岛及所属诸岛、台湾全岛及所有附属岛屿和澎湖列岛，赔偿日本军费二亿两。

5 月 25 日　台湾绅民宣布成立"台湾民主国"。湖南湘潭人黎景嵩为"民主国"国务委员，兼任台湾知府，统摄台中军政，兼理中路营务处。

5 月 27 日　黎景嵩在台湾府署临时议事厅，率领台中文武官员，为"保卫台湾，反对割让日本"登坛盟誓。

6 月 27 日　清廷命直隶提督聂士成总统淮军驻扎津沽，江西布政使魏光焘总统湘军驻扎山海关，四川提督宋庆总统毅军驻扎锦州，三军俱听北洋大臣调度。

6 月 28 日　新楚军第一次反攻新竹。

7 月 10 日　新楚军第二次反攻新竹。

7 月 25 日　新楚军第三次反攻新竹。

8 月 8 日　日军兵分三路，向苗栗进犯。

8 月 10 日　日军进攻新楚军大本营头份。新楚军将领、湖南湘潭人杨载云力战牺牲。

8 月 14 日　日军占领苗栗。

8 月 22 日　日军进攻大甲溪，清军奋起反击，毙敌五十余。

8 月 23 日　日军占领大甲溪。

8 月 28 日　日军猛攻八卦山，新楚军将领、湖南平江人胡轮力战牺牲。随后，日军占领彰化。

10 月 21 日　日军占领台南，台湾全境陷落。

光绪二十六年（1900）

7 月 21 日　张之洞上《会派藩司统兵北上》折，奏报派湖南布政使锡良、湘军宿将方友升统率湘军劲字五营、湖北武功五营北上勤王事宜。

11 月 20 日　法军攻陷获鹿。

12 月 10 日　法军第一次进犯东天门，刘光才督率劲字五营、忠毅五营击退之。

光绪二十七年（1901）

1 月 28 日　法军再次进犯东天门，刘光才督率劲字五营、忠毅五营击退之。

4 月 23 日　德、法侵略军越长城侵入山西，攻占娘子关、固关。湖北武功五营、湘军劲字五营溃退。

光绪二十八年（1902）

10 月 6 日　刘坤一病逝。